Ein Buch aus dem Verlag
NIEDERSÄCHSISCHER Jäger

Paul-Joachim Hopp

# Auf den Wechseln der Zeit

*Wild und Gejaid, Reviere und Jäger und der suchenden Hunde Geläut*

Landbuch
Verlag Hannover

*Autor*

Paul-Joachim Hopp, 1928 in Ludwigslust/Mecklenburg geboren, begann 1947 eine Forstlehre im Stadtwald Parchim. 1949 zwangen ihn politische Gründe zur Flucht aus der DDR in die Bundesrepublik Deutschland, wo er ein Studium an der Forstlichen Fakultät der Göttinger Universität begann und 1956 promovierte. Nach seiner Referendarzeit leitete er die Forstliche Wirtschaftsberatung beim Hessischen Forstamt Beerfelden im Odenwald. 1965 wechselte er als Forstamtsleiter in das Spessartforstamt Burgjoß (Jossgrund). Seinen Berufsweg beendete Hopp als Referent für Forstnutzung und Holzmarkt beim Landwirtschaftsminister des Landes Mecklenburg-Vorpommern in Schwerin.
Von 1968 bis 1988 war er Vorsitzender des Rotwildringes Rotwildgebiet Spessart. Nebenamtlich betätigte er sich bei Jagdbehörden. In den Jahren von 1974 bis 1995 gehörte er dem DJV-Schalenwildausschuss an. Darüber hinaus wurde Hopp als Jagdschriftsteller bekannt.

**Hopp, Paul-Joachim**
Auf den Wechseln der Zeit: Wild und Gejaid, Reviere und Jäger und der suchenden Hunde Geläut / Paul-Joachim Hopp.
– 1. Auflage – Hannover: Landbuch Verlag, Hannover, 2000.
ISBN 3-7842-0589-5


Postfach 160, 30001 Hannover
Kabelkamp 6, 30179 Hannover
Tel.: 0511/67806-0
Fax: 0511/67806-220
http://www.landbuch.de



Projektleitung: Ulrike Clever, Landbuch Verlag Hannover
Lektorat: Erhard Brütt, Landbuch Verlag Hannover
Titelbild: Jürgen Weber, Bad Münder
Illustrationen: siehe Bildquellennachweis auf Seite 316
Umschlaggestaltung, Karte und Layout:
Leidecker & Schormann, Hannover/Bad Oeynhausen
Gesamtherstellung: Landbuch Verlag Hannover

ISBN 3 7842 0589 5

## Inhalt

*Die Dinge sind nicht so, wie sie sind,*
*sondern wie wir uns an sie erinnern.*

*Mario Vargas Llosa 1987 auf einem Kongress in Valencia*

# Berichtigung

Als ich noch ein Schulbub war, ärgerten mich Berichtigungen. Sie erinnerten mich an eine Unachtsamkeit oder das Unvermögen im schulischen Alltag. Aber die Berichtigung, die ich zu Beginn dieses Buches vornehmen möchte, führe ich gern und dankbar aus.

In meiner Schrift „Weite Pürsch" (1984) schrieb ich zum Schluss des Kapitels „Plattdeutsche Lieder", dass ich Mecklenburg, meine Heimat, die ich 1949 verlassen musste, bisher nicht wieder betreten hätte. Und ich versah diese traurige Feststellung mit dem Zusatz, „dass die nun schon lange währende Teilung des deutschsprachigen Raumes (durch) eine neue Etappe" gekennzeichnet würde. Das war zugleich das bittere Eingeständnis, dass ich nicht mehr daran glaubte, Mecklenburg als Bestandteil eines geeinten Deutschlands in meinem Leben wieder zu sehen. Dabei hatte ich die Hoffnung auf eine Wiedervereinigung unseres Vaterlandes nicht aufgegeben, aber sie war für mich in weite Ferne gerückt und erschien mir nur möglich unter dem Dach eines vereinten Europas.



Oder hatten Sie, die diese Zeilen lesen, den Altjahrsabend 1988 etwa in dem Bewusstsein begangen, dass im neuen Jahr die DDR zusammenbrechen würde? Nein, wir alle, die im Westen Deutschlands lebten, wussten beim Jahreswechsel nicht, dass in der abgegrenzten östlichen Hälfte unseres Landes schon das Feuer einer unerwarteten Revolution glimmte. Selbst die Regierung und Opposition in Bonn ahnten die Wende nicht.

Aber sie kam! Am 9. November 1989 wurde in Berlin die Mauer durchbrochen, und der Stacheldraht an der innerdeutschen Grenze war kein unüberwindliches Hindernis mehr. Die Bewohner der DDR hatten zuvor durch Massenflucht und anhaltende friedliche, aber druckvolle Demonstrationen für Freiheit und Demokratie das Gefüge des moralisch und wirtschaftlich maroden „Arbeiter- und Bauernstaates" erschüttert. Dabei begünstigten außenpolitische Entwicklungen, insbesondere die Veränderungen in der Sowjetunion unter Parteichef und Staatspräsident Gorbatschow sowie Kursänderungen in Ungarn, Polen und der damaligen Tschechoslowakei, das erfolgreiche und unblutige Aufbegehren von Bürgerinnen und Bürgern gegen Gewalt und Unrecht in der Deutschen Demokratischen Republik. Die Regierung der Bundesrepublik Deutschland nutzte im Sinne der überwältigenden Mehrheit des Volkes die Gunst der Stunde, um im Verein mit der Mehrzahl der demokratischen Kräfte des Landes das ihre für die Wiedervereinigung zu tun.

Am 20. September 1990 billigten der Bundestag und die DDR-Volkskammer jeweils den „deutsch-deutschen Einigungsvertrag". Zuvor hatten die Siegermächte des Zweiten Weltkrieges, die UdSSR, die USA, Großbritannien und Frankreich, im sogenannten „Zwei-plus-Vier-Vertrag" auf ihre Rechte und Pflichten im künftig vereinten Deutschland verzichtet. Deutschland gewann dadurch seine Souveränität zurück. Am 3. Oktober 1990 wurde die Vereinigung beider deutscher Staaten mit einer Feier vor dem Reichstag in Berlin vollzogen.

Meine Frau und ich verfolgten den Akt der Wiedervereinigung im Fernsehen. Freude und Dankbarkeit kamen in uns auf. Das Geschehen, die Geschichte, hatte meine falsche Annahme ob der Möglichkeit einer baldigen Wiedervereinigung korrigiert.



Ich berichtige mich daher, denn ich habe inzwischen Mecklenburg wiedergesehen. Ja, ich war sogar in der Heimat noch einmal als Forstmann tätig, konnte verschüttete menschliche Beziehungen beleben und neue Verbindungen knüpfen. Im vertrauten Bereich begann ich alsbald auch verhalten zu jagen. Ich jage noch heute in der herrlichen Wildbahn des Bundeslandes Mecklenburg-Vorpommern und genieße dabei immer wieder die Kostbarkeiten seiner Lebensräume.

# *Zwei Türme*

Parchim, die Ackerbürger- und Garnisonsstadt an der Elde, die Stadt, die meine Jugend prägte, war der Hafen meines Heimwehs nach Mecklenburg. Auch „im Westen“ blieb ich diesem zwischen Wockersee und Sonnenberg gelegenen Ort gedanklich besonders verbunden. Ob in Hann. Münden während der Studienzeit oder in den forstlichen Wanderjahren, ob im Odenwald oder Spessart, ich träumte von dieser Stadt mit den beiden wuchtigen Türmen der Ziegelkirchen St. Georgen und St. Marien. Sie waren die Dalben, an denen meine Träume festmachten.

Von diesen „Burgen des Glaubens“ aus wanderte ich in Gedanken um den Wockersee, durchstreifte das Buchholz und das Slater Moor, um in Kiekindemark Heiner Brockmann im Forsthaus zu treffen. Unvergessen ist dieser knorrige und originelle Forstmann, dem ich das forstliche Rüstzeug verdanke, un de mi plattdüütsch snacken lihrt hett. Heiner Brockmann, der 1977 im 93. Lebensjahr starb, ruht auf dem Parchimer Waldfriedhof oberhalb des Wockersees. Immer, wenn ich die Gräber der Eltern aufsuche, verweile ich auch an seinem Grab. Solange man mit den Toten lebt, leben auch die Toten.



Jagdlich war Heiner Brockmann ebenfalls mein erster „Ziehvater“. Unter den gegebenen Umständen konnte er mich allerdings nur theoretisch in das Waidwerk einweisen. Aber das genügte mir, um jagdlich aktiv zu werden.

In der ersten Nachkriegszeit war das Jagen für Deutsche in Mecklenburg sehr gefährlich. Die Jagdausübung bedrohte nicht nur das eigene Leben, sondern auch das anderer Menschen, und sie war gegenüber der Familie und den Vorgesetzten unverantwortlich. Doch wir waren damals jung und manchmal unbedacht. Fast hätten mein Schulfreund, Kollege und späterer Kommilitone Albrecht Freiherr von Maltzan und ich blutiges Lehrgeld gezahlt. Auf einer Pirsch im Wockertal pfiff uns eine fremde Kugel um die Ohren. Es gingen eben auch noch andere auf die Jagd.

De Scheit güng 1949 mit na Höltingsdörp in Mäkelborg, meiner letzten Station vor der Flucht. Der Revierförster Werner Hasselmann, der weit vor der Wende starb, war dort mein Ausbilder. Er trennte sich nach meinem Fortgang und unliebsamen Erfahrungen mit den Potentaten der „neuen Zeit“ von den ihm „verbliebenen“ Waffen. Sie verschwanden in einem Wasserloch. Dabei dürfte auch meine Büchse „untergegangen“ sein.

Von der „Versenkung“ erfuhr ich erst im Winter 1991/92 bei der Vorbereitung der ersten Wertholzversteigerung des Landes Mecklenburg-Vorpommern. Im Übrigen, die Eichen aus Höltingsdorf, Forstamt Neukloster, verkauften sich gut auf der Auktion in Schwerin.

Am 18. Oktober 1949 hatte ich Mecklenburg in einer „Nacht- und Nebelaktion“ verlassen, am 3. April 1990 sah ich die Heimat wieder. Mehr als vierzig Jahre waren vergangen.

Mit dem Kraftwagen fuhren meine Frau und ich durch die Lüneburger Heide Richtung Elbe. Bei Dömitz überquerten wir mit der Fähre den Fluss. Schnell erreichten wir meine Geburtsstadt Ludwigslust. Dort, wo früher das „Hamburger Tor“ stand, verließ ich den Pkw. Wie zur Zeit meiner Kindheit grüßten nach wenigen Schritten links das klassizistisch ausgerichtete Schloss und rechts die tempelartige Kirche. Dann ging es in die ehemalige Luisenstraße, die heute den Namen der früheren Reichstagsabgeordneten Clara Zetkin (KPD) trägt. Einzelne Geschäfte erkannte ich wieder. Manchmal wiesen die Firmenschilder jedoch fremde Namen auf. Andere Läden waren verschwunden. Aber ich fand mich zurecht. Vor meinem Geburtshaus hielt ich inne. Dann gab es in der Schlachterei Lange ein Wiedersehen mit dem getreuen Schulfreund Friedrich. Von meinen vier Spielkameraden ist er der einzige, der dem Moloch Krieg entkam.



Schon am Nachmittag reisten wir weiter nach Parchim. Neustadt-Glewe, Neu-Brenz, Brenz und Spornitz wurden durchfahren. Die Spannung stieg, ich wartete auf das Auftauchen der beiden Türme. Aber ich musste mich gedulden, ein Kiefernwald war herangewachsen. Er verstellt heute die Sicht. Erst als wir die Brücke über die Elde erreichten, sah ich die Wahrzeichen der Stadt.

Neben dem Haus, in dem ich in Parchim aufwuchs, bezogen wir bei Hildegard Henningsen, einer Freundin unserer Familie, Quartier. Wir waren wieder daheim, ganz nahe am See, in dem ich als Junge Plötze und Barsche, Aale und Karpfen geangelt hatte. Noch am Abend ging es hinaus zur Markower Mühle. Als die Ulenflucht kam, strichen Enten über die Wiesen. Sie begrüßten mich breitschnäbelig mit ihrem Schnatterplatt. Draußen am See war es wie früher. War die Zeit stehen geblieben?

Nein, sie war es nicht, denn die Geschichte kennt kein Beharren, das Geschehen entsteht im Fortschritt der Zeit. Vierzig Jahre sind mehr als das Dreifache der Zeitspanne, in der die Schatten des so genannten „Tausendjährigen Reiches“ das Leben in Deutschland und großen Teilen Europas verdunkelten. Viele Menschen erlitten grässliches Leid, verloren ihr Leben. Auch die Spaltung unseres Vaterlandes und die Einteilung der Welt in „Machtblöcke“ waren eine Folge des entsetzlichen „Zweiten Weltkrieges“.

Diktaturen verändern durch brutale Gewalt und einhergehende Verunsicherung das Verhalten der einzelnen und erreichen so den Zusammenbruch sozialer Strukturen. Wenige herrschen über Viele, und ein allgegenwärtiger, vielschichtiger, weit verzweigter Machtapparat sorgt unbarmherzig für die Ausrichtung und Erhaltung der angestrebten Ordnung. Die Freiheit wird eingeschränkt, Widerstand gebrochen, Leib und Gut Andersdenkender missachtet, verletzt oder sogar zerstört. Wer das nicht mitgemacht hat, der sollte vorsichtig sein im Urteil über Menschen, die unter der Knute der Unfreiheit lebten und sich ohne Aussicht auf Wandlung der Verhältnisse mehr oder weniger mit der Macht im Staate arrangierten.

Der Prozess der Wiedervereinigung ist trotz großer Fortschritte beim Ausbau der Infrastruktur, bei der Modernisierung der Landwirtschaft, im Bereich des Wohnungsbaues und der Bildung leistungsfähiger Verwaltungen sowie der Erfolge im industriellen Sektor auch heute – 1998 – noch längst nicht abgeschlossen, weder menschlich noch ökonomisch. Unüberlegte Zusagen sowie westdeutsche Wohlstandsarroganz und Besserwisserei haben der Wiedervereinigung mehr geschadet, als manche von uns ahnen. Andererseits müssen auch die Bürgerinnen und Bürger im Osten Deutschlands erkennen, dass alles seine Zeit braucht und hier und dort ein Wandel der Einstellung zum Staat erforderlich ist. Wir alle sollten lernen, dass die öffentliche Hand nicht mehr geben kann, als sie von uns erhält.

Von Parchim fuhren wir quer durch Mecklenburg. Slate, Kiekindemark, Schwerin, Goldberg, Rosenow, Neukloster, Babst, Höltingsdorf, Satow, Alt-Bukow, Lischow und Groß-Schmölen hießen die Stationen. Dort wurden Verwandte oder Freunde besucht, Erinnerungen belebt. Manche Freunde, so Günther Möller, einst Revierförster im Forstamt Neukloster, hatten sich trotz Drangsal behauptet, andere waren von der Last der dunklen Jahre wie ihre Umwelt zerstört.

Unvergessen bleibt der letzte Tag unserer Rundreise, an dem wir eine einst schmucke, doch 1990 vom Verfall gekennzeichnete Revierförsterei besucht hatten. Am Abend beleuchtete der volle Mond fast gespenstisch das anklagende Bild zerbrochener menschlicher Werke und beschädigter persönlicher Strukturen. Ich wurde an Szenen aus Brechts „Mutter Courage" erinnert. Sehr nachdenklich fuhren wir in die Nacht hinein.

Auf der Rückfahrt in den Jossgrund merkte ich, dass sich Mecklenburg für mich nicht nur wieder geöffnet hatte, ich spürte auch wie selten zuvor die enge Bindung an das Land der Ostsee und

*Die weithin sichtbaren, wuchtigen Türme der Ziegelkirchen St. Georgen (links) und St. Marien (rechts) sind die Wahrzeichen der um 1200 gegründeten Stadt Parchim. In der Niederung fließt die Elde.*

der Seen, der Buchendome und der Kiefernbackstuben, der Kornschläge und der Kartoffelfelder.

Weiter kam das Gefühl der Verpflichtung hinzu, mich persönlich einzubringen in den Aufbau dieses Landes, bei der Wiedereinrichtung seiner traditionsreichen Forstverwaltung mitzuhelfen. Denn ich hatte 1949 meine Freiheit behalten, durfte mehrere Jahre im herrlichen Odenwald als Forstmann tätig sein und leitete schon fast 25 Jahre lang ein bekanntes Spessart-Forstamt.

Nur die verheerenden Sturmschäden, die die Orkane „Vivian" und „Wiebke" im Forstamt Jossgrund verursacht hatten, banden mich damals noch im Spessart. Die Aufarbeitung und den Verkauf des nutzbaren Schadholzes wollte ich auf jeden Fall auf einem Großteil der Kalamitätsflächen noch selbst lenken und abwickeln. Bei ungestörtem Ablauf erschien dieses Ziel für Ende 1991 erreichbar. Danach musste ich frei sein für die angepeilte Aufgabe, am Ende meiner Dienstzeit beim Aufbau der Forstverwaltung des Landes Mecklenburg-Vorpommern mitzuwirken.

Als wir das kurhessische Bergland durchfuhren, war mit Zustimmung meiner Frau die eigene Entscheidung gefallen: Ich wollte den dienstlichen Wechsel und mich um ein forstliches Tätigkeitsfeld in meiner Heimat bewerben.

# *Auf der Paulshöhe*

Meinem Wunsch nach dienstlicher Veränderung nahm sich 1991 der zwischenzeitlich pensionierte Landesforstmeister Dr. Georg Volquardts an. Als Chef der Landesforstverwaltung des Bundeslandes Schleswig-Holstein unterstützte er mit seinen Mitarbeitern hilfsbereit und engagiert in Nachbarschaftshilfe das Entstehen einer zeitgemäßen Forstverwaltung in Mecklenburg Vorpommern. Volquardts war ein Mann der ersten Stunde auf dem unbegangenen Terrain der Wiedervereinigung.

In den Hann. Mündener Jahren lernte ich Volquardts kennen. Er studierte dort wie ich Forstwissenschaft. Wir beide erinnern uns noch gern an das Jagdgericht des Heiligen Hubertus, das die Forststudenten alljährlich am Abend des 3. Novembers im Rahmen einer Art „akademischer Feier“ einsetzten und „Recht“ über tatsächliche oder unterstellte Verfehlungen am Festtag ihres Schutzpatrons sprechen ließen. Dabei hatten die „armen Sünder“, vorgeführt von einem martialisch dreinblickenden und mit einer Saufeder bewehrten Büttel, nichts zu lachen. Der den Delinquenten häufig eingetrichterte „Schwedentrunk“ war ein grässliches Gesöff aus Fusel mit Pfeffer, Salz, Senf und einer Prise Schwarzpulver. Nach mehrfacher Verabreichung machte es selbst hartgesottene Angeklagte „geständig“.

Im Jahr 1953 fiel der 3. November mit dem letzten Prüfungstag des Diplomexamens für das Sommersemester 1953 zusammen. Professor Dr. Dr. Mantel, damals hochverehrter Dekan der Forstlichen Fakultät der Georg-August-Universität Göttingen in Hann. Münden, prüfte vormittags das Fach „Jagdrecht“. Just als ich eine Frage beantwortete, bewegte der Prüfer plötzlich unruhig seine Oberschenkel und unterbrach mich. Das war bei Mantel durchweg ein schlechtes Zeichen. Aber weit gefehlt, der Professor tadelte mich nicht. Vielmehr sagte er äußerst liebenswürdig: „Herr Kollege, es genügt. Danke. Wir sehen uns doch heute Abend?“ Ich bejahte die Frage und war entlassen.

In meiner Studentenbude setzte ich mich noch einmal an den Schreibtisch. Es entstand die persiflierende Fest- und Abschiedsrede über die historische Entwicklung der Jagdgerichte. Ich hielt die Ansprache beim Festakt am Abend. Dabei wurde Seiner Spektabilität unter großem Beifall die Würde eines „Doktors humoris causa der Dianöcischen Jagdwissenschaften“ angetragen. Danach nahm der Herr Dekan als erster ziviler Laienrichter inmitten des Gerichtes Platz. Der Geheime Forstliche Friseurrat Schoel und der Taxichauffeur Schütz, der eine Träger des Goldenen Pinsels und der andere ausgezeichnet mit dem Silbernen Autoschild der Forstlichen Fakultät, flankierten als Beisitzer die Mitglieder des Hohen Gerichtes. Das Bier sprudelte frisch aus den Fässern. Ein Lebensabschnitt war beendet.

Volquardts war also mein Fürsprecher bei Dr. Helmuth Schrötter, dem Leiter der im Aufbau befindlichen Landesforstverwaltung Mecklenburg-Vorpommerns. Wir begegneten uns erstmals Anfang Mai 1991 im Landwirtschaftsministerium auf der Paulshöhe in Schwerin. Das Kennenlernen sollte zugleich der Beginn einer vertrauensvollen Zusammenarbeit und eines freundschaftlichen Verbundes werden.

Dr. Schrötter ist einer der drei letzten Oberlandforstmeister, die die Forstverwaltung des Landes Mecklenburg(-Vorpommern) leiteten. Das Land Mecklenburg entstand 1933 durch den von den Nationalsozialisten betriebenen Zusammenschluss der beiden mecklenburgischen Freistaaten Mecklenburg-Schwerin und Mecklenburg-Strelitz, die nach dem Ersten Weltkrieg aus den gleichnamigen Großherzogtümern hervorgegangen waren.

Von 1934 bis 1943 leitete Oberlandforstmeister Alexander von Bülow die Forstverwaltung des Landes Mecklenburg. Ihm folgte bis zum Kriegsende Oberlandforstmeister Achim Freiherr von Willisen als Chef der mecklenburgischen Forstverwaltung nach. Freiherr von Willisen, der Angehöriger des Widerstandskreises vom 20. Juli 1944 war, entkam wie durch ein Wunder den Schergen Hitlers.

Nach der Wende wurde 1991 Dr. Schrötter zum Leiter der Landesforstverwaltung des Bundeslandes Mecklenburg-Vorpommern ernannt. Er trat Ende Januar 1997 als „letzter Oberlandforstmeister“ dieser traditionsreichen norddeutschen Forstverwaltung in den Ruhestand. Heute trägt der Leiter der Forstverwaltung im Zuge der Verwaltungsangleichung den Titel „Ministerialdirigent“.

Der „junge Pensionär“ Schrötter ist der Urtyp eines Mecklenburgers: groß und breitschultrig, zurückhaltend und beharrlich, abwägend im Urteil, zielbewusst und des Plattdeutschen mächtig. Aber dieser Mann ist erstaunlicherweise kein Mecklenburger von Geburt. Er stammt vielmehr aus dem Sudetenland und wurde 1946 in den plattdeutschen Raum verschlagen.

Geprägt wurde Schrötter, Forstmann und Jäger zugleich, von seinem habsburgisch ausgerichteten Elternhaus. Wien, die Kaffeehäuser und Literatenzirkel, das Burgtheater und die Staatsoper, der Heurige und das Lied der Geigen, wäre in normalen Zeiten seine Welt gewesen. Dieser Forstmann, ein Meister der Imitation von Mundarten, hätte auch Schauspieler werden können. Und ich bin sicher, er wäre auf den Brettern, die die Welt bedeuten, ein guter Darsteller menschlicher Schicksale geworden.

Aber das Leben in der DDR war für ihn alles andere als komödiantenhaft. Schrötter war kein „Parteigenosse", doch ein gläubiger Katholik. Das Abseits von der SED und das praktizierte Christentum machten ihn für das System suspekt. Schrötter wurde gedemütigt. Er musste lange Zeit Arbeiten verrichten, die unter seinen Fähigkeiten lagen und befand sich im „real existierenden Sozialismus" der DDR in einer bedrückenden Isolation.

Gewiss es gab Bekannte und Freunde, die ihm halfen zu bestehen, aber es gab auch schmerzhafte Enttäuschungen. Schrötter hat sich nicht gerächt. Er versuchte vielmehr, Gerechtigkeit zu üben und litt unter den oft folgenschweren Personalentscheidungen. Der letzte der drei vorgestellten Oberlandforstmeister setzte die Grundmauern für die Forstwirtschaft Mecklenburg-Vorpommerns. Wie viele seiner Mitarbeiter in der Forstabteilung des Landwirtschaftsministeriums war er ein unermüdlicher, bis zur Leistungsgrenze sich einsetzender Arbeiter.



Als sich 1991 der Sommer neigte, kehrte ich aus dem Jossgrund in den Forstdienst meiner Heimat zurück. Ab September leitete ich das Referat „Forstnutzung und Holzmarkt" beim Landwirtschaftsminister des Landes Mecklenburg-Vorpommern. Aus der ursprünglich für ein halbes Jahr vorgesehenen Abordnung wurde ein zweieinhalbjähriger Einsatz.

Meine forstliche Dienstzeit umfasst 42 Jahre. Ihre letzte, in Schwerin abgeleistete Phase, bildet den interessantesten Zeitabschnitt. Er bereitete in besonderem Maß Freude. Als Holzhandelsreferent galt es in Mecklenburg-Vorpommern bei den Forstleuten das marktwirtschaftliche Denken mit dem Gespür für die jeweilige Tendenz des Holzmarktes zu fördern, für eine marktgerechte Holzaushaltung und -bereitstellung zu werben und die Bedeutung betriebswirtschaftlicher Überlegungen im Holzgeschäft sichtbar zu machen. Auch der Umgang mit monetären Vorgängen war zu schulen. Gleichzeitig mussten potente Unternehmungen als Holzkäufer gewonnen und besondere Anliegen der örtlichen Käuferschaft im Rahmen des Möglichen berücksichtigt werden.

Durch erhebliche Sturmschäden im Wald in der Zeit von November 1992 bis Januar 1993 wurde die Aufbauarbeit empfindlich gestört. Aber auch diese zusätzliche Belastung des damals zur Schwäche neigenden Holzabsatzes durfte und konnte das Ziel einer Neuordnung des Holzmarktes nicht lange beeinträchtigen.

Gewiss, nicht alles gelang und sicherlich unterliefen auch mir Fehler, aber viele Vorhaben konnten begonnen werden und manche Zielsetzung wurde erreicht. Das ist nicht mein Verdienst, sondern das Ergebnis einer überwiegend reibungslosen und fruchtbaren Zusammenarbeit mit allen Forstdienststellen des Landes und den Referaten der Forstabteilung. Vor allem aber schenkten mir Minister Brick, Staatssekretär Roeloffs und Dr. Schrötter Vertrauen. Sie gewährten mir Freiheit im Gestalten der Arbeit. Auch die hessische Forstverwaltung unterstützte mich. Insbesondere bin ich Herbert Heckemann, mit dem ich 1958 gemeinsam das Große Staatsexamen ablegte, zu Dank verpflichtet. Er, der 1999 starb, wirkte in meinen Schweriner Jahren noch als äußerst engagierter und erfolgreicher Holzhandelsreferent in Wiesbaden.



Die Tätigkeit als „oberster Holzverkäufer" erforderte auch eine Umschau im Land. Ich bereiste die Mehrzahl der Forstämter und besuchte etliche Betriebe der Holzindustrie. Dadurch wuchsen meine Kenntnisse über die Forst- und Holzwirtschaft in Mecklenburg-Vorpommern. Die abwechslungsreiche Landschaft zwischen Ostsee, Elbe, Mecklenburgischer Seenplatte und polnischer Landesgrenze wurde mir immer vertrauter. Ich wurde wieder heimisch in der Heimat.

Der Waldbaureferent Dr. Dietrich Köhler und der Jagdreferent Klaus-Jürgen Beindorf waren mir beim Hineinwachsen in die neuen Verhältnisse besonders hilfreich. Sie ergänzten und korrigierten meine auf den Reisen gewonnenen Eindrücke, Daten und Schlussfolgerungen, indem sie mir die Erfahrungen und Ergebnisse ihrer langjährigen Arbeit am Mecklenburger Wald zur Verfügung stellten. Auch die „Adjutanten" Hartmut Krützmann, Hans-Joachim Wilck und Ingo Nadler, von denen letzterer im März 1994 mein Nachfolger in Schwerin wurde, mehrten die Ortskenntnis und das Fachwissen ihres Chefs. Gleichfalls wurde Bernd Vollerthun als ortskundiger und umsichtiger Sachbearbeiter für mich zu einer wertvollen Datenquelle.

Beindorf kann nicht nur die jagdlichen Gegebenheiten des Landes prägnant wiedergeben und erläutern, sondern ist als vorzüglicher, praxisorientierter Waldbauer auch in der Lage, standörtliche und waldbauliche Fragen kompetent und instruktiv zu beantworten. Waldbau und Jagd, das ist eine äußerst zweckmäßige Kombination von forstlichen Fachgebieten bei Organisationsvorhaben auf oberer und oberster Verwaltungsebene. Wird der Verbund als „Vernunftehe" gestaltet, kann die Verbindung für Wald, Wild und Jagd nur vorteilhaft sein.

# *Brunft in der Lewitz*

Als ich das Amt des Holzhandelsreferenten in Schwerin übernahm, wusste ich, dass die Fülle der Aufgaben meine Freizeit schmälern würde. Auch die Abende und Wochenenden benötigte ich, um mich dienstlich einzuarbeiten und voranzukommen. „Familienheimfahrten" in den Spessart waren rar und gejagt wurde anfangs kaum. Nur selten nutzte ich jagdliche Möglichkeiten. Eigentlich jage ich erst seit meinem Ausscheiden aus dem Dienst unbeschwert in der Heimat.

Allerdings waren im Jahr 1991 die Gelegenheiten zur Jagdausübung für mich auch eingeschränkt. Nach den Übergangsregelungen des Einigungsvertrages bejagten die Jagdgesellschaften der DDR bis zum 31. März 1992 ihre Jagdflächen. Erst seit dem Jagdjahr 1992 wird in Mecklenburg-Vorpommern die Jagd in Eigenjagdbezirken und Gemeinschaftlichen Jagdbezirken ausgeübt. Die jagdrechtlichen Bestimmungen entsprechen den Regelungen des Bundesjagdgesetzes. Die staatlichen Eigenjagdbezirke der Landesforstverwaltung werden von den jeweils zuständigen Forstämtern verwaltet, während die Regelung des Jagdbetriebes in den Nationalparken den inzwischen eingerichteten Nationalparkämtern obliegt.

Für die Rückkehr in die Heimat spielten jagdliche Ambitionen keine Rolle. Und denjenigen, die zunächst annahmen oder gar verkündeten, dass der Hopp sich in Mecklenburg-Vorpommern satt schießen wolle, mangelte es an Sensibilität, um zu begreifen, was Heimatverbundenheit bewirken kann. Als ein neugieriger hessischer Besucher 1992 den Leiter einer der drei Forstdirektionen des Landes mit einer entsprechenden Frage konfrontierte, lautete dessen Antwort: „Ne, nich dat ik wüsst. Por lütt Swien un Kälwer hett hei schaten. Dat is alls." Kommentar überflüssig.

Und dennoch erfasste mich etwas Wehmut, als die Brunft 1991 heranrückte, ich keine Hirsche verhören, beobachten oder mit Jagdgästen bejagen konnte. Das bemerkte Reinhard Hube, damals Personalreferent und heute als Nachfolger von Dr. Schrötter Chef der Landesforstverwaltung von Mecklenburg-Vorpommern. Er jagte schon als Mitglied der zuständigen Jagdgesellschaft in der so genannten „Wald-Lewitz“ und verschaffte mir dort Gelegenheit zur Einzeljagd. Ich schoss jedoch im Jagdjahr 1991 kein Stück Wild in der Lewitz. Dafür begleitete ich Hube gern, als er mich Ende September zum Verhören von Hirschen einlud.

Über Friedrichsmoor fuhren wir in die „Wildnis“ des großen Feuchtgebietes. Erlenbrücher dominieren in der Bestockung. Knorrige alte Eichen, wüchsige Eschen, bizarre Buchenhölzer und junge Nadelholzbestände ergänzen die manchmal an das ferne Masuren erinnernden Bildkompositionen.

Bald saßen Hube und ich selbander auf einem niedrigen Sitz am weiten Wiesengrund der von zwei Eichengruppen gegliederten „Wulfshorst“. Jagdliche Erinnerungen und Erfahrungen standen im Mittelpunkt des leisen Gesprächs.

Dann kam die Dämmerung. Nebel stieg und fiel. Gänse zogen über uns hinweg. Auf der Wiese fingen Füchse Mäuse. Ein träger, satter Reiher teilte mit seinen Schwingen den Abendhimmel, und das Geklingel zahlreicher Enten wurde zum Nachtgeläut. Da meldete fern ein Hirsch. Verhalten schreiend kam er näher.

Plötzlich erschien in den Nebelschwaden der Umriss eines Alttieres. Sein Kalb folgte. Und dann löste sich aus dem Schatten der Erlen ein im Ziehen leicht nickender Hirsch. Das Geweih zeigte Masse, aber dem Körper fehlte die Schwere des Alters.

Die Sterne blinkten, und der Mond rollte auf seine Himmelsbahn, als wir abbaumten. Glücklich und dankbar kehrte ich nach Mirow zurück. In Mecklenburg hatte mich ein Hirsch begrüßt. Der Abend ist unvergessen.

Im Jahr 1992 war ich schon Pirschbezirksinhaber in der Lewitz. Ich jagte zwischen dem „Störkanal“ im Norden und dem „Goldenstädter Weg“ im Süden links und rechts vom „Heiligen Damm“, der zwischen dem „Friedrich-Carl-Rondeel“ und der „Kreuzbrücke“ unter der Bezeichnung „Albrechts-Damm“ weitergeführt wird. „Breiter Graben“ und „Tweel-Graben“ flankieren die Fläche.

Mitte September hockte ich abends auf einer Leiter am Rande des aufgelassenen Wildackers der „Distelwiese“ unweit des Heiligen Damms. Das milde Lächeln des Altweibersommers lullte mich ein. Eine Ricke ohne Kitz verführte mich nicht zum Schuss. Auch ein recht passabler Bock lockte mich nicht aus der Reserve. Ich erwartete

Rotwild, zumindestens hoffte ich, dass Hirsche in der Nähe schreien würden.

Ich wurde nicht enttäuscht. Als der schon abnehmende Mond über den Wipfeln der Bäume stand und ab und an zwischen den Wolken hervorlugte, hörte ich den ersten Hirsch. Er knörte in Richtung Friedrichsmoor faul vor sich hin. Ein wenig später meldete ein Hirsch auf der Wulfshorst.

Nach einer Weile begann das Konzert zur Nacht. Es erklang ein Quartett, vier Hirsche imponierten mit ihren Stimmen. Als ich den Sitz verließ, hatte der Hirsch vom Wulfshorster Wiesengrund den Breiten Graben erreicht. Er schrie mit markanter Stimme auf der „Langen Wiese". Mit einem mächtigen Schrei bot er seinen Widersachern Paroli.

Im leicht von Frankfurt aus zu erreichenden Jossgrund ist es nicht ungewöhnlich, wenn einzelne Hirsche schon Ende August, meistens am 28. als Reminiszenz an Goethes Geburtstag, melden. Die eigentliche Brunft setzt aber in den Wäldern des Spessarts erst Mitte September ein. Im letzten Drittel des Monats treibt sie dem Höhepunkt entgegen.



Es ist durch viele Beobachtungen belegt, dass das Klima den Brunftbeginn beeinflusst. Im Allgemeinen setzt sie in kontinentalen Gebieten früher ein als in atlantisch getönten (Raesfeld, von, Reulecke, 1988). Dennoch war ich erstaunt, als am 29. August 1993, an einem schon herbstlich kühlen Morgen, die Hirsche in der Lewitz nicht nur schrien, sondern sogar schon lebhaft brunfteten. So trieb ein Hirsch im Bereich des Friedrich-Carl-Rondeels ein Tier. Er trenzte dabei unentwegt. Leider sah ich den Hirsch nur schemenhaft, als er mit dem brunftigen Stück jenseits des Tweel-Grabens in den Ellern verschwand.

Die Brunft des Jahres 1996 wird in die Annalen des Lewitz-Forstamtes Friedrichsmoor, das dem gleichnamigen Jagdschloss benachbart ist und bis Ende 1997 den Namen „Bahlenhüschen" trug, eingehen. Am 24. September erlegte ein Jagdgast in der Revierförsterei Bahlenhüschen auf der „Pinnower Wiese" einen 10- bis 12-jährigen Hirsch. Die Stangen des ungeraden Sechzehnenders sind mit 113 und 112 Zentimeter ausgesprochen lang. Das Geweihgewicht betrug 12,6 Kilogramm, und der Wildkörper brachte aufgebrochen und ohne Haupt 160 Kilogramm auf die Waage. Die Bewertung der

Trophäe ergab 230,40 IP. Das ist für die Lewitz ein bisher einmaliges Resultat.

Der große Nimrod von Bülow, der seinerzeit gern von Schwerin aus zum Jagen in die nahe Lewitz fuhr, schoss dort in den Jahren 1935 und 1936 „je einen guten Brunfthirsch". Der erste, ein Vierzehnender, wurde auf den „Ruscher Wiesen" erlegt. Der andere war ein Zwölfer und fiel beim Pirschenfahren in Friedrichsmoor. Die Punktzahl des Geweihs vom „Wiesenhirsch" gibt von Bülow in seinem Buch „Jägerleben aus dem Vollen" (1951) mit 186 an. Weitere Hirsche bejagte der Oberlandforstmeister in der Wald-Lewitz, die bis 1945 Kern eines einst großherzoglichen Gatterreviers war, nicht. Sie waren ihm „zu sehr angebunden".

Ob ich den gewaltigen Hirsch von der Pinnower Wiese in der Brunft 1993 kurz am Tweel-Graben gesehen habe? Ich weiß es nicht, weil meine Augen nur Schemen des treibenden Hirsches wahrnahmen. Aber möglich ist es durchaus, denn der Erlegungsort des Recken liegt nur zwei Kilometer entfernt vom Ort der Beobachtung. Allerdings ist es wahrscheinlicher, dass es sich bei dem Hirsch des Jahres 1996 um einen „Wanderhirsch" aus der Nossentiner Heide oder um einen „Zuzügler" aus dem Sternberger Raum handelte. In beiden Bereichen wachsen häufiger Hirsche mit besonders starken Trophäen heran, während in der Lewitz die Geweihe der Hirsche im Allgemeinen mit 190 bis 200 IP ausgereizt sind.



Doch Punktzahl hin und Punktzahl her, meistens bestimmt die Qualität des jagdlichen Erlebnisses für den Erleger den Stellenwert des Geweihes in der Erinnerung. Und wir sollten nicht vergessen, dass das Alter eines Hirsches das entscheidende Abschusskriterium ist. Ausformung und Stärke des Geweihs sind demgegenüber wildbiologisch für die Bejagung der Hirsche von geringerer Bedeutung. Kenner der Materie wissen allerdings, dass alte Hirsche überwiegend auch starke Geweihe tragen, es sei denn, der bejagte Hirsch ist überaltert und hat schon zurückgesetzt. Ausnahmen von der Regel können auch die Veranlagung, Krankheiten und Verletzungen durch äußere Einwirkungen bedingen.

# *Saujagd im Darzer Moor*

Anfang Oktober 1991 überraschte mich ein Anruf. Am Telefon meldete sich Forstoberrat Peter Wagner aus dem Taunus. Er kündigte für Ende des Monats eine Saujagd im Bereich der Oberförsterei Parchim an. Gleichzeitig fragte der hessische Forstamtsleiter nach, ob ich mich an der Jagd beteiligen möchte. Ich bekundete mein Interesse und erfuhr, dass sich die Forstleute aus dem Forstamt Weilrod im Hochtaunus mit den Grünröcken aus Parchim an der Elde nach der Wende im Rahmen einer Partnerschaft verbunden hatten.

Einige Tage darauf erhielt ich von Christoph Scheer, dem Leiter der Oberförsterei und späteren Forstamtsleiter, eine persönliche Einladung. Danach wollte die örtliche Jagdgesellschaft das Darzer Moor bejagen. Ich sagte zu und freute mich auf die Jagd vor den Türmen meiner Heimatstadt.

Das Darzer Moor zählt nach Dahnke (1954) zu den größeren Hochmooren Mecklenburgs. Es umfasst rund 250 Hektar und entstand aus den Wandlungen des Darzer Sees. Am Ende der Eiszeit war die flache Mulde zur Gänze mit Wasser gefüllt. Unterschiedliche Klimaperioden führten zum Wechsel von Wasserstand und Pflanzenbewuchs. Im Laufe der Zeiten entstand das Moor. Leber-, Schilf-, Sumpf-, Rasen- und Moostorf belegen die einzelnen Entwicklungsphasen. Die letzte Trockenperiode, die noch anhält, führte zu einer erheblichen Absenkung des Wasserspiegels. Der Mensch förderte diese Entwicklung, indem er den Darzer See mit der nahen Wocker, einem kleinen Bach, verband. Durch diese Maßnahme wurde der Betrieb der Voigtsdorfer- und der Markower-Mühle, die beide an der Wocker mit Wasserkraft Korn mahlten, für längere Zeit gesichert und das Moor weitgehend entwässert. Gleichzeitig entstanden durch das Torfstechen jedoch neue Wasserflächen („Pütten"). Derzeit hat man den Wasserabfluss aus dem Bereich des Moores unterbunden und fördert dadurch auf ganzer Fläche wieder das Entstehen von Moostorf.

Das Darzer Moor, unweit der Straße Parchim – Mestlin – Dabel gelegen, ist ein Naturschutzgebiet von hohem floristischen und faunistischen Rang. Es ist auch jagdlich interessant. Im Moor hat das Rotwild seinen Einstand, stecken häufig Sauen und verbirgt sich das Rehwild. Allerdings zieht sich das Schalenwild mit zunehmender Vernässung aus dem Gebiet zurück. Als meine Frau und ich 1990 auf unserer ersten Reise durch Mecklenburg von Dabel kommend das Moor passierten, äste Kahlwild an seinem Rand.

Das Gut Dabel, zu dem der gleichnamige See gehörte, war etwa 200 Hektar groß. Es wurde vom Vater meines Landsmannes und Spessarter Weggefährten Carl Dincklage 28 Jahre als Eigentum bewirtschaftet. Durch die „Bodenreform", die 1945 mit einer Vertreibung der betroffenen Grundbesitzer und der Enteignung ihres Grundeigentums einsetzte, verlor die Familie Dincklage diesen herrlichen Flecken Erde. Auch die durch Zupachtung vergrößerte Gutsjagd hatte keinen Bestand. Das schlichte, in Fachwerk gehaltene und im Baustil an das Jagdschloss Friedrichsmoor erinnernde Gutshaus wurde abgerissen.

Die im Zuge der Bodenreform geschaffenen Neusiedlerstellen existierten überwiegend nicht lange. Bereits 1952 setzte in der DDR die Sozialisierung der Landwirtschaft ein. Der „freiwillige" Zusammenschluss von Einzelbetrieben zu Produktionsgenossenschaften verschiedener Typen wurde „gefördert". Der „sozialistische Frühling in der Landwirtschaft" beendete 1960 ihre Kollektivierung. Die Sozialisten hatten das Ziel, sowohl die überkommenen Eigentums- und Produktionsstrukturen als auch die eben erst geschaffene neue Ordnung zu zerschlagen, erreicht. Großgrundbesitz und Bauerntum existierten nicht mehr. Dabei verkannten die Mächtigen den Kraftquell des Eigentums und negierten die aus ihm sprudelnde Eigenverantwortung. Diese Fehler waren eine der Ursachen des Ruins der DDR.

Der Jagdtag im Darzer Moor war ein Sonnentag. Die Farben der Blätter leuchteten im herbstlichen Glanz. Einbezogen in das Farbenspiel der Laubbäume von Braun, Gelb und Rot wirkte das Grün der Nadelhölzer als beruhigender Kontrast.

Mein Stand war vielversprechend. In seinem Bereich grenzt das Feuchtgebiet fast unmittelbar an ein schwaches Baumholz aus Kiefern, Eichen und Birken. Es war wahrscheinlich, dass das beunruhigte Wild die dicht bewachsene Verbindung zwischen Moor und hohem Holz zur Flucht annehmen würde. Doch war diese Passage infolge ungenügender Einsicht nur schwer zu bejagen. Lediglich ein schmaler „Trampelpfad“, wohl an die zwei Meter breit, ließ auf kurzer Strecke einen sicheren Schuss zu. Hier und dort war auch eine Lücke im Gewirr der Bäume und Sträucher, der Halme und Stubben, die mich umgaben, zu entdecken. Wenn ich Erfolg haben wollte, musste ich hellwach und schnell sein: hören, sehen, ansprechen, schießen! Im Übrigen vertraute ich meiner auch auf Treib- und Drückjagden erfolgreich geführten Nachsuchenbüchse, dem maßgeschäfteten Repetierer vom Kaliber 8 x 57 IS mit kurzem Lauf und aufgesetztem zweieinhalbfachen Schmidt & Bender-Zielfernrohr.

Als die mitgeführten Bracken vom Rüdemann Urban aus Kiekindemark geschnallt waren, wurde es bald laut im Moor. Die Hunde hatten Sauen gefunden und versuchten, sie lauthals vor die Schützen zu bringen. Hin und her wogte das Geläut. Hohem Hetzlaut folgte dunkler, giftiger Standlaut, und dieser wandelte sich wieder in die sichtlaute Hatz.

Dann fielen bei meinem linken Nachbarn, dem Hessen Wagner, die ersten Schüsse. Kurz darauf verließ ein Fuchs das Rohr und schnürte durch Weiden, Eichen, Birken und Aspen direkt auf mich zu. Als er auf dem Pfad erschien, brach der Schuss, doch die Kugel verfehlte das Ziel.



Weiter ging das Treiben, sprachen ab und an die Büchsen, drang der Laut hetzender und stellender Hunde an mein Gehör. Der Wind harfte durch das Laub. Blätter tanzten und raschelten am Boden. Ich war mit meinen Gedanken allein und erfasste erst allmählich die Realität: Nach über vierzig Jahren jagte ich wieder in der Nähe von Parchim.

Da zeigte sich erneut ein Fuchs an der Grenze des Moores. Er sicherte und wagte die Flucht nach vorn. Ich ließ ihn kommen. Der Stachel des Zielfernrohres glitt im Glas über den roten Balg. Als Reineke Voss in einer Lücke auftauchte, zerriss der Schuss die inzwischen eingetretene Stille und das Leben des schlauen Gesellen.

Es schien schon alles vorüber zu sein, als plötzlich ein Frischling vertraut auf mich zutrollte. Erst am Rande des engen Gestells eräugte er mich. Doch sein Spurt um das Leben kam zu spät. Blitzschnell war ich fertig, und die Kugel traf tödlich das Blatt.

Gegen Mittag wurden die Hunde müde. Die Sauen hatten sie im schwierigen Gelände gefordert. Die Jagd wurde abgeblasen. In knapp drei Stunden hatten zwölf Schützen ohne Einsatz von Treibern sechs Sauen und zwei Füchse erlegt. Ein gutes Ergebnis, an dem FOR Wagner mit drei Schwarzkitteln und einem Fuchs beteiligt war. Wir freuten uns mit ihm.

Auf der Hütte am „Steinberg“ gab es Wildschwein vom Spieß un achteran säuten Platenkauken. Langsam verfing sich der Singsang des Plattdeutschen im Tabaksqualm, Heimkehr und Einkehr auf engem Raum.

Bleibt nachzutragen, dass Forstmeister Christoph Scheer, dieser Waldbauer mit Gespür, der erfahrene Führer von Wachtelhunden und Jäger aus Passion im Juli 1997 starb. Er wurde nur 61 Jahre alt.

# Pirschbezirk „Friedrichsmoor“

Die Lewitz ist ein großes Feuchtgebiet im Südwesten Mecklenburgs. Sie liegt im Dreieck der Städte Ludwigslust, Parchim und Schwerin und erstreckt sich über rund 120 Quadratkilometer. Als Kind und heranwachsender Bursche lebte ich in ihrer Nähe, als Angler und Wanderer lernte ich sie kennen.

In meiner Schweriner Zeit wohnte ich in Mirow am westlichen Lewitzrand. Das Straßendorf beeindruckt durch seine Bauernhäuser mit stilgerechten Reetdächern und eine Lindenallee. Ursprünglich war die Siedlung ein Ort kleiner Landwirte, heute ist sie Herberge für Pendler und Rentner sowie Platz weniger Handwerksbetriebe.



Mit Beginn des Jagdjahres 1992 durfte ich im Pirschbezirk „Friedrichsmoor“ jagen. Damit hatte ich Gelegenheit, in zwei Jahren die Wald-Lewitz kennen zu lernen. Sie besteht aus knapp 3 000 Hektar Holzung und umfasst die Waldflächen der Revierförstereien Bahlenhüschen, Banzkow und Friedrichsmoor. Auch der so genannte „Klinker-Wald“ ist Bestandteil der Wald-Lewitz. Die Waldinsel umgibt ein Gürtel von Weiden und Wiesen. Sie sind mit rund 6 600 Hektar das dominierende Landschaftselement in der Niederung. Dem Ackerbau sind nur zirka 1 000 Hektar vorbehalten.

Die geologische Entwicklung im Bereich der „Lewitzwanne“ wurde entscheidend von der Weichseleiszeit beeinflusst. Ihre Hinterlassenschaft waren flache Niederungsmoore, Sümpfe und Sandbänke. Viel später, erstmals im 16. Jahrhundert, versuchte der Mensch durch Entwässerung die Agrarnutzung auf bestimmten Flächen zu erleichtern und deren Ernteerträge zu erhöhen.

Noch zur Zeit meiner Kindheit wurde der größte Teil des nassen Landes von Bauern, Büdnern und Häuslern, also Inhabern kleinerer landwirtschaftlicher Betriebe, als Wiesen genutzt. Die arbeitsintensive Heuernte bestimmte im Sommer das Bild der Lewitz.

Damals war das Grünland der Lewitz jedoch nicht kahl. Der Blick fing sich immer wieder an den Begleithölzern der zahlreichen Rinnsale, Gräben, Kanäle oder der Elde, an Baumgruppen und Horsten aus Laub- und Nadelhölzern. Auch Solitäre waren Blickfänge.

Das Landschaftsbild und die Qualität des Lebensraumes wandelten sich jedoch, als die Lewitz nach Zerschlagung der überkommenen landwirtschaftlichen Besitzstruktur und Kollektivierung der Landwirtschaft von 1972–1980 großflächig durch eine Grundwasserregulierung mittels Ent,- und Bewässerung melioriert wurde. Vornehmlich sollte durch die Schaffung von Weideland und Flächen für Grünfutter eine Massentierhaltung beim Rindvieh ermöglicht werden. Die requisitenreiche Wiesenlandschaft, Lebensraum für viele wildlebende Tiere, verwandelte sich dadurch in ein monotones Grünland. Die tiefe Entwässerung und hohe Düngergaben, die den Grünfutterertrag steigern sollten, führten mit dem Entzug von großen Mengen pflanzlicher Substanz zu einem weiteren Abbau der noch vorhandenen Niedermoorzonen.

Mit 23 Schöpfwerken versucht man den Wasserhaushalt in der Lewitz zu regulieren. Zur Verbesserung ihrer Erschließung für moderne landwirtschaftliche Maschinen und Transportfahrzeuge wurden 75 Kilometer Wirtschaftswege gebaut.



Die Lewitz ist ökologisch längst nicht mehr das, was sie einst war. Das floristische und faunistische Kleinod ist sichtbar ärmer geworden, aber gegenüber durch Flurbereinigungen häufig großräumig ausgeplünderten Agrarlandschaften in Ost und West ist sie zumindestens noch punktuell reizvoll.

In der Wald-Lewitz kam es durch die Meliorationsmaßnahmen in der offenen Flur zu erheblichen Veränderungen im Wasserhaushalt der forstlichen Standorte. Einerseits wurde der Grundwasserhorizont beachtlich abgesenkt, andererseits entstanden durch Wassereinleitung Zonen der Vernässung. Zur Ausschaltung der mit diesen Begleiterscheinungen der großen Lewitz-Melioration verbundenen Gefahren wurde daher für die Wald-Lewitz ein eigenes Schöpfwerk gebaut und das vorhandene Grabensystem verbessert. Bisher sind großflächige, meliorationsbedingte Ausfälle im Baumbestand nicht eingetreten. Entscheidend für die Bewahrung des Charakters der Wald-Lewitz ist, dass für ihre Hauptbaumart, die Roterle, genügend Wasser zurückgehalten wird.

Trotz der gravierenden Eingriffe in den Naturhaushalt ist die Lewitz immer noch ein bedeutender Lebensraum für Wasservögel und gefiederte Liebhaber von Feuchtbiotopen. Eine Bereicherung des Lebensraumes stellen sowohl die bespannten als auch die aufgelassenen und von Röhricht bedeckten Karpfenteiche (etwa 1700 ha) dar. Ebenfalls hat der Landstrich seine Bedeutung als Rastplatz für den Vogelzug beibehalten. Wildenten und -gänse gibt es weiterhin in großer Zahl und Artenvielfalt. Der Seeadler zieht wie früher majestätisch seine Kreise. Den Schwarzen Milan und die Rohrweihe kann man beobachten. Graureiher, Schwäne, Störche und Brachvögel beleben das Bild. Kiebitze bevölkern die Weiden. Die Bekassinen meckern immer noch, und die Männchen der Waldschnepfe quorren und puitzen im Schaukelflug. Auch der Eisvogel ist nach wie vor präsent. Nur die Birkhähne, die von Bülow in seinen Schweriner Jahren noch erfolgreich auf den Wiesen bejagte und auch Fritz von Dewitz-Cölpin (1952) in seinem anrührenden Jagdbuch „Überm Wald im stillen Schein" als „Bewohner der Lewitz" erwähnt, kullern nicht mehr. Am stärksten vertreten sind jedoch wie eh und je die Mücken. Sie sind nicht zu zählen, aber zu spüren.



Wie früher ziehen in der Wald-Lewitz Rotwild, Sauen und Rehe ihre Fährten, jagt der Baummarder im Astgewirr und der Fischotter im Wasser. Die Jagdausübung auf das Schalenwild ist jedoch erschwert. Überall wachsen Gräser, Kräuter und Sträucher, füllt dichtes Unterholz die Bestände. Die Wald-Lewitz ist ein „Dschungel".

Wenn man zum jagdlichen Erfolg kommen will, muss man die Wechsel kennen, das Wild beim Überqueren von Schneisen abpassen oder auf den hilfreichen (aber seltenen) Schnee warten. Das Wild findet fast überall im Sommer und im frühen Herbst Deckung und Äsung zugleich. Das Schalenwild kann noch weitgehend ungestört und im arteigenen Rhythmus äsen oder Fraß aufnehmen.

Deswegen überrascht es, dass außer der Roterle alle Laubbäume im Kulturalter durch Gatter gegen Wildverbiss geschützt werden müssen. Aber, das bei der Äsungsaufnahme selektierende Rehwild liebt die Abwechslung im Äsungsangebot.

Trotz der Nähe zur Landeshauptstadt Schwerin ist die Wald-Lewitz in den Sommermonaten nicht überlaufen. Die zuhauf vorkommenden Mücken halten manche Wanderer von einem Eindringen in die feuchten Waldungen ab. Mi daun de Beister oewer nickts. Ik heff woll sur Blaut, un wenn se doch supen, denn sünd se glieks besapen.

Meine Jagdausübung im Pirschbezirk war auf Wochenenden und Feiertage beschränkt. Aber auch an diesen Tagen musste die Bockbüchsflinte manchmal im Schrank bleiben. Wetter, Akten oder Abwesenheit hinderten mich am Jagen. Außerdem waren mir die Revierverhältnisse nicht vertraut genug, um ohne große Störungen dem Wild nachzustellen. Schließlich galt es, Ansitzmöglichkeiten zu schaffen. Ich wollte wenigstens auf Kulturflächen und Jungwüchsen ein paar Einblicksmöglichkeiten erhalten. Hier und dort musste auch das Schussfeld bereinigt werden und die Kontrolle des Fährtenbildes erforderte ebenfalls Zeit.

So wurde ich erst allmählich heimisch im Revier. Ich lernte die Wechsel und Einstände des Wildes kennen, beobachtete Rotwild, Sauen und Rehe. Im Altweibersommer schoss ich auf der Distelwiese zwei Schmalrehe. Im übrigen setzte ich auf den Winter, dann würde sich der Lewitz-Dschungel lichten.

Im Herbst und Winter fegten jedoch heftige Stürme über das Land. Sie zehnteten den Wald in Mecklenburg-Vorpommern. Ich war im Ministerium gebunden und musste auch vor Ort behilflich sein, um das angefallene Kalamitätsholz trotz der angespannten Situation am Holzmarkt abzusetzen.



Da nimmt es nicht wunder, dass die Einzeljagd im Pirschbezirk für den Rest des Jagdjahres 1992 ausfiel. Dafür nahm ich an der ersten „Holzjagd" der Landesforstverwaltung von Mecklenburg-Vorpommern teil. Sie fand Mitte November 1992 im Forstamt Rothemühl statt. Bei Sturmgebraus und Regen erlegte ich am „Ginstersee" einen Überläuferkeiler, dem auf einem gemeinschaftlichen Ansitz im Forstamt Jasnitz kurz vor dem Ende der Jagdzeit noch ein nichtführendes Damtier folgte.

Der Holzverkauf lebt wie alle Geschäftsbeziehungen nicht allein vom Gegenstand des Geschäftes, sondern auch von der Gestaltung der zwischenmenschlichen Beziehungen zwischen Kaufinteressenten und Verkäufern. Diese Verbindungen können gut auf der Jagd gepflegt werden, denn nicht selten sind Holzkäufer auch Jäger.

Aus diesem Grund hatte ich Dr. Schrötter empfohlen, auch in Mecklenburg-Vorpommern alljährlich für die Geschäftspartner mit jagdlichem Interesse eine Holzjagd auszurichten. Er erhielt die

Zustimmung des Ministers Brick. Seit 1992 erscheint der Fachminister als Jagdherr zu den Holzjagden und überreicht den erfolgreichen Schützen vor dem gemeinsamen Schüsseltreiben die Brüche.

In Rothemühl wurden in 3½ Stunden 1500 Hektar Waldfläche in den Revierförstereien Brohm und Johannisberg bejagt. Das Wild wurde durch Treiber, die ohne zu lärmen einzeln oder in Trupps operierten, rege gemacht. Wenige Teckel und Jagdterrier unterstützten die Störer. Das Ergebnis war trotz des stürmischen und regnerischen Wetters beachtlich. Vierzig Jägerinnen und Jäger erlegten 15 Stück Rotwild, 10 Sauen und 4 Rehe.

Im Sommer 1993 machte ich im Pirschbezirk die „Bekanntschaft" mit einem stets allein ziehenden Schmaltier. Nur selten, aber immer abseits, stand es in der Nähe von einem Familienverband. Dieser bestand aus Alttier, Kalb und Schmaltier.

Das Haupt der Einzelgängerin zeigte bereits Züge eines Alttierkopfes. Auch der Rumpf wirkte manchmal alttierhaft. Mir kamen Zweifel ob meines Ansprechens. Sollte es sich bei dem vermeintlichen Schmaltier vielleicht um ein Übergehendtier handeln? Ich wollte es wissen und beschloss, das Stück zu bejagen.



An einem Wochenende im August, als in der Natur schon ein Hauch von Herbst zu spüren war, pirschte ich frühmorgens auf dem Heiligen Damm. Bevor ich das Friedrich-Carl-Rondeel erreichte, sprangen drei Rehe ab. Zum Glück schreckten sie nicht.

Am Rondeel küselte der Wind. Da pirschte ich weiter und nahm auf dem Albrechts-Damm Kurs Kreuzbrücke. Ich war nur ein paar Schritte vorangekommen, als mir plötzlich eine Bache gegenüberstand. Sie blies und verschwand in den älteren Erlen zum Tweel-Graben hin. Was folgte war eine „Schweinerei". Über zwanzig Stück Schwarzwild überfielen den Weg. Ich erkannte vier Bachen und einen Kujel. Die übrigen Stücke waren Frischlinge. Die Bachen waren tabu, die Frösche zu klein und der einzige Überläufer verhöhnte mich. Er stellte den Pürzel hoch, zeigte das Weidloch und ward nicht mehr gesehen.

Meine Erregung war noch nicht abgeklungen, als neben mir in der Erlenkultur Rotwild anwechselte. Der bekannte Familienverband zog auf den Damm. Das kleine Rudel verhoffte. Dabei wandte sich das führende Tier mir zu, stellte die Lauscher und nickte zweimal, fast den Boden berührend, mit dem Haupt. Dann stürmte es, Kalb und Schmaltier mitreißend, hochflüchtig in das nahe Altholz hinein.

Viel Wild hatte ich gesehen, aber nichts erlegt. Einerseits war ich glücklich, andererseits etwas enttäuscht. Die Sonne vertrieb den Dunst. Ich war müde und kletterte auf einen Sitz an der Kultur. Ein letzter Rundblick und die Reise in das Land der Träume konnte beginnen. Das Frühstück hatte noch Zeit.

Aber war da nicht eben ein roter Fleck im nassen Grün der Erlen gewesen? Ich nahm das Fernglas und erkannte ein Stück Kahlwild, das hier und dort noch „Nachtisch" rupfend durch die sich schließenden jungen Erlen zog. Es war allein, es war meine Bekannte.

Behutsam nahm ich die Bockbüchsflinte zur Hand, hob die Beine über das Sitzbrett und drehte mich Richtung Kreuzbrücke. Dann legte ich die Waffe auf die Brüstung des Hochsitzes und stach ein. Der Jäger war fertig und erwartete das Tier auf dem Albrechts-Damm.

Als es ruckartig im Graben vor dem Damm verhoffte und Wind holte, knallte es schon. Das Stück zuckte im Schuss, ging wie ein Lipizzaner auf die Hinterläufe, drehte und knickte vorn ein. Doch es wurde sofort wieder hoch, übersprang die Grabenkante und brach durch das Unterholz des benachbarten Bestandes davon.



Im Graben standen die Eingriffe des Stückes, aber Schnitthaar oder andere Pirschzeichen fand ich zunächst nicht. Endlich entdeckte ich auf einem Brennnesselblatt ein Tröpfchen Schweiß. Er war dunkel. Da ich im Kammerbereich abgekommen war, musste das Tier etwas schräg gestanden haben, denn offensichtlich hatte die Kugel auch die Leber verletzt.

Nach einer Weile „suchte ich nach". „Alf", mein Hannoverscher Schweißhund, stand nicht zur Verfügung, aber das geübte Auge und die als Schweißhundführer gesammelten Erfahrungen halfen. Die Fluchtfährte war tief in den weichen Boden gestanzt, und der anfänglich spärliche Schweiss nahm stetig zu. Schließlich lag er beidseitig der Fluchtfährte wie gegossen. Lungenschweiß kennzeichnete jetzt die Wundfährte. Nach etwa 120 Metern stand ich am verendeten Stück.

Es war ein Schmaltier. Der Schuss saß wie vermutet: schräger Kammerdurchschuss mit Leberanriss. Dann kam die Freude, denn trotz des zunächst unergiebigen Morgens hatte es im Sonnenlicht noch gemocht. Selten habe ich mich über ein Stück Rotwild so gefreut wie über dieses mir bekannte Schmaltier.

Das Friedrich-Carl-Rondeel war jedoch nicht nur eine „Drehscheibe“ für Rotwild und Rehe, hier konnte man auch Sauen in Anblick bekommen. Häufig standen die Schwarzkittel schon am frühen Nachmittag jenseits des Tweel-Grabens im Gebräch. Morgens bummelten sie gern am Graben entlang. Aber beide Möglichkeiten konnte ich nicht nutzen. Der Wasserlauf bildete die Grenze des Pirschbezirkes.

Doch der Albrechts-Damm war ebenfalls „eine feine Adresse“ für die Bejagung von Schwarzwild. Der Hauptwechsel der Sauen lag seinerzeit zwischen dem Sitz am Roterlen-Jungwuchs und dem Hochsitz beim Rondeel. Dort, wo zwei ältere Erlen-Bestände fast aneinanderstoßen, überquerten die schwarzen Gesellen bevorzugt den Damm. Aus der Deckung des Unterholzes der einen Seite trollten sie in den Schutz des Unterstandes der Gegenseite. Die enge Passage bot ihnen ein hohes Maß an Sicherheit.

Anfang August 1993 wollte ich am Rondeel Blattzeitnachlese halten, aber die Böcke sprangen nicht mehr aufs Blatt, sie waren matt und faul. Dafür erschien plötzlich eine stramme Überläuferbache mit drei Frischlingen auf dem Damm. Im Nu lag die Bockbüchsflinte an der Wange, stach ich ein, fasste als Ziel im Glas den letzten Frosch, schwang mit und krümmte den Zeigefinger. Es ging alles sehr schnell, aber es hatte geklappt. Der Frischling lag auf dem Weg und klagte. Bald wurde er still. Ich hatte eine Frischlingsbache erlegt. Ihr Wildbretgewicht betrug 11,00 Kilogramm.

150 Meter sind für kleine, in Bewegung befindliche Ziele zu weit. Der Schuss war zwar tödlich, aber nicht gut. Das Geschoss hatte beide Keulen angerissen und den Hinterziemer verkürzt. Ich gelobte Besserung.

Erst Anfang Oktober, die Brunft war schon abgeklungen, jagte ich wieder im Pirschbezirk. Ich hatte verschlafen. Es hellte bereits auf, als ich den Heiligen Damm erreichte und zu pirschen begann. Rotwild querte den Weg, und Sauen überfielen seitwärts ein Gestell. Am Friedrich-Carl-Rondeel, dem Ziel meines Pirschganges, brach eine starke Rotte Sauen im Bereich der Bankette. Zwei junge Hirsche bummelten über den Damm, und am Tweel-Graben zeigte sich ein Rudel Kahlwild. Ich entschloss mich für einen Frischling und schoss.

Die Notiz im Schussbuch schließt mit der Feststellung: Frischlingsbache/7 Monate, Blattschuss, 26,00 Kilogramm. Abends gab es bei Lichtenauers, meinen Wirtsleuten in Mirow, Frischlingsleber mit Apfelscheiben, gerösteten Zwiebeln und Kartoffelpüree.

Der Rehe Zahl in der Wald-Lewitz ist groß, sie ist wahrscheinlich zu hoch. Rehe sind immer wieder da, selbst dann, wenn man glaubt, sie scharf bejagt zu haben. Die Biotopkapazität des bewaldeten Feuchtgebietes ist beachtlich, und Deckung findet das kleine, sich duckende Reh überall. Rehe sind Meister im Verstecken.

Aber vielleicht ist die Äsungsqualität und -masse gerade bei dem überwiegend solitär und in kleinen Familienverbänden lebenden Waldreh nicht das Alleinentscheidende für die durchschnittliche Verfassung einer Population. Bedeutsam erscheint mir auch die Besiedlungsdichte eines Lebensraumes zu sein. Je mehr Rehe auf einer bestimmten Fläche leben (müssen), desto größer werden die „Reibungsflächen" im Beziehungsgeflecht.

Die Wildbretgewichte des einjährigen und älteren Rehwildes der Wald-Lewitz liegen trotz des dortigen Äsungsreichtums meistens nur zwischen 13,00 und 17,00 Kilogramm. Höhere Gewichte werden im bewaldeten Teil der Lewitz derzeit weniger erreicht als in anderen Landesteilen.



Die Gehörne der Rehböcke erreichen in der Wald-Lewitz im Durchschnitt nur Mittelmaß. Das Gewichtl meines stärksten Lewitz-Bockes, eines 3- bis 4-jährigen angedeuteten Sechsers, hat zwar lange Stangen, aber keine Masse. Auch die Rosen sind schwach, und die Perlung ist allenfalls leidlich.

Das war früher nicht so. Oberlandforstmeister von Bülow, der allerdings nicht nur im Wald, sondern auch noch auf den Wiesen der Lewitz jagte, schoss dort mehrere gute Böcke. Sein bester Bock trug eine Krone mit hohen und reichgeperlten Stangen. Die Enden waren lang und weiß, die Rosen knuffig. Der Erleger, der sparsam mit Superlativen umging, gab dem Gehörn das Prädikat „kapital".

Der dritte Nachfolger von Bülows im Amte, Ministerialdirigent Reinhard Hube, „versucht es, ihm nachzumachen". Er erlegte zur Blattzeit 1993 in der Wald-Lewitz einen bemerkenswerten Sechser mit einem Gehörngewicht von rund 350 g. Ich kannte diesen Ausnahmebock auch, aber ließ ihn ein Jahr zuvor auf der Distelwiese ziehen. Wahrscheinlich tränten meine Augen, als ich ihn sah. Doch die

*Hofjagdlager des Großherzogs Friedrich-Franz IV. von Mecklenburg-Schwerin (1882–1945) im Jagdschloss Friedrichsmoor in der Lewitz. SKH der Großherzog (stehend mit Stock) bei der Entgegennahme der Meldung eines Schweißhundführers.*

*Das Bild malte Ernst Hugo Freiherr von Stenglin (1862–1914). Der Druck befindet sich im Kgl. Jagdschloss „Het Loo“ in den Niederlanden und wurde dort von Wilhelm Puchmüller, dem langjährigen Zuchtwart des Vereins Hirschmann e. V., fotografiert.*

Wahrheit ist, dass ich damals auf Rotwild ansaß und den Bock für standorttreu hielt. Aber Liebe kennt keine Grenzen und der Breite Graben, der unsere Pirschbezirke trennte, ist selbst für Rehwild kein unüberwindbares Hindernis.

Reinhard Hube ist ein entschlussfreudiger Jäger mit Gespür und ein exzellenter Schütze. Es gibt kaum Chancen, die er nicht verwertet. Wir hatten viel Spaß miteinander, sowohl in Friedrichsmoor als auch auf der Paulshöhe. Montags tauschten wir unsere „jagdlichen Wochenendberichte" aus. Ich gestehe neidlos, Hube sammelte die meisten Punkte.

Die Lewitz ist mir auch in meinem Domizil im Spessart gegenwärtig. Es hat sich alles eingeprägt: die jagdlichen Erfolge und die Enttäuschungen auf Pirsch oder Ansitz, die Stationen Heilige-Damm, Friedrich-Carl-Rondeel und Kreuzbrücke, die melancholische Weite des Weidelandes und der Zauber der Erlenbrücher, der Gänse Zug und das Schreien der Hirsche. Trotz der Mücken: Ich liebe die Lewitz.

# *Jagd auf Usedom*

Von den Ostseeinseln des Landes Mecklenburg-Vorpommern bin ich dem Eiland Usedom besonders zugetan. Es liegt lang gestreckt in der Pommerschen Bucht. Im Süden wird die Insel vom Stettiner Haff begrenzt, während der breite Peenestrom entlang der Häfen Anklam, Wolgast und Kröslin sie im Westen vom Binnenland trennt. Eine tiefe, von der Peene gespeiste Süßwassereinbuchtung ist das Achterwasser. Die Wellen der Ostsee treffen das Eiland im Osten und Norden. Bei stürmischer See geht in bestimmten Küstenabschnitten Land verloren, dafür kommt es anderenorts zu Sandanlandungen.

Die Insel, die nach dem Zweiten Weltkrieg geteilt wurde, umfasst einen deutschen und einen polnischen Hoheitsbereich. An Polen fiel der östliche Teil mit der Stadt Swinemünde, während die Hauptflächen in deutscher Hand blieben.



Der südöstliche Inselteil ist mit der nordwestlichen Hälfte durch einen schmalen Landstreifen verbunden. Bei Koserow kommen sich Ostsee und Achterwasser so nahe, dass man ohne großen Fußmarsch abwechselnd im Meer und im Süßwasser baden kann.

Der Waldanteil im deutschen Bereich beträgt rund 29 %. Von der Bestockung entfallen annähernd 70 % auf das Nadelholz, 30 % werden vom Laubholz eingenommen. Bei den Baumarten dominieren Kiefer und Rotbuche.

Die Bestockungsverhältnisse entsprechen vielerorts den standörtlichen Voraussetzungen, doch könnte (und sollte) der Laubholzanteil gemessen am Leistungsvermögen der Standorte noch ausgedehnt werden. Stauchendmoränen, Grundmoränen, Sander und Sandablagerungen wechseln miteinander ab. Die Nährstoffversorgung der Böden erstreckt sich von arm bis reich. Die jährlichen Niederschläge sind mit 492 mm gering. Die Reliefbildung ist überwiegend schwach.

Das Meer und das Achterwasser, die Buchten und Binnenseen, der mächtige Peenestrom und der relativ hohe Waldanteil, die Moore und Heiden, die Wiesen und Felder und die sandigen Strände an der

Ostsee bestimmen das Mosaik der Insellandschaft. Ihre Vielfalt lockt die Touristen – die Sonnenanbeter und Wassernixen, die Wanderer und Radfahrer.

Die Seebäder haben sich seit der Wiedervereinigung gut entwickelt. Ahlbeck, Heringsdorf, Bansin und Zinnowitz sind wieder Zentren des Badebetriebes. Aber auch der Norden der Insel wirbt mit seinen ansprechenden Bademöglichkeiten. Bereits 1996 wurden auf Usedom 430 000 Gäste gezählt und 4,2 Millionen Übernachtungen registriert. Der Aufwärtstrend im Fremdenverkehr hält an. Usedom ist wieder auf dem Weg, die „Badewanne Berlins" zu werden.

Im Bereich des Forstamtes Neu Pudagla, das fast die Hälfte der gut 10 000 Hektar Gesamtwaldfläche selbst bewirtschaftet (Landes- und Treuhandwald), sind die Sanierung und Pflege des Küstenschutzwaldes (600 ha) und die Gestaltung des Erholungswaldes (3 000 ha) besonders bedeutsame öffentliche Anliegen. Auch der Betrieb des Wirtschaftswaldes (2 800 ha) hat sich bei allen Waldbesitzarten dem Inselschutz und der Öffnung des Waldes für Besucher anzupassen.

Außerdem gibt es im Bereich von 1 300 Hektar Waldfläche Trinkwasserschutzzonen. Etwa 450 Hektar Wald sind erosionsgefährdet. Diese Waldflächen erfordern ebenfalls spezielle forstliche Maßnahmen.



Darüber hinaus gilt es, den wildlebenden Tieren Freiräume zu sichern und Biotopgestaltung zu betreiben. Ein Mittel dafür ist auch die Jagdausübung, wobei dem Wann, Wie und Wo besondere Bedeutung zukommt. Die Jagd ist vorrangig eine Angelegenheit der Jäger und der Inhaber des Jagdrechts. Beide Gruppierungen, vor allem die Jagdausübungsberechtigten, Jagdgäste und Jagdhelfer, müssen Verständnis für die Besucher und Einheimischen des Eilandes aufbringen und Sensibilität für den Umgang mit ihnen entwickeln.

Die Fauna der Insel, deren deutscher Teil 35 400 Hektar umfasst (Polen: 9 100 ha), ist artenreich, das gilt auch für die Wildbahn. In ihr dominieren Enten, Gänse und Möwen. Rot- und Damwild kommen ausreichend vor. Sauen und Rehwild sind zahlreich. Das im Bereich des Peenemünder Hakens eingebürgerte Muffelwild findet auf Usedom keinen artgerechten Lebensraum.

Ornithologen und Jäger sind über das zurzeit gesicherte Vorkommen des Seeadlers erfreut. Er ist ganzjährig geschützt, ebenso der auf Usedom noch recht häufige Fischotter. Kraniche brüten und rasten auf der Insel. Die europäische Sumpfschildkröte, die nach 1945 noch auf dem Eiland beobachtet wurde, konnte in den letzten Jahren allerdings nicht mehr bestätigt werden.

Beim Rotwild und den Wildschweinen kann es auf der Insel Usedom zu keiner genetischen Verarmung kommen. Beide Wildarten kommunizieren mit den Populationen des nahen Festlandes. Rot- und Schwarzwild durchrinnen die Tiefen des Peenestromes und ziehen durch seine Flachwasserzonen. So sind für diese Wildarten „Wasserfernwechsel" in der Nähe von Lassan und Kröslin bekannt. In beiden Fällen handelt es sich mit rund 1 200 beziehungsweise 450 Metern um relativ enge Passagen zwischen Festland und Insel.

Schließlich sei erwähnt, dass es auf dem Eiland 13 Naturschutzgebiete gibt, und die gesamte Insel als Landschaftsschutzgebiet ausgewiesen ist. 900 Hektar der Naturschutzgebiete liegen im Wald. Schutzwald benötigt auch die Archäologie (1 300 ha), denn Usedom ist reich an frühgeschichtlichen Zeugnissen.

Zu diesem auf engstem Raum befindlichen Spannungsfeld unterschiedlichster Interessen gesellen sich noch die Wünsche der Landwirtschaft und Fischerei. So ist es auf Usedom nicht leicht, die Anliegen von Forstwirtschaft und Jagd zu vertreten. Ökologische und historische Kenntnisse, Fachwissen und seine Umsetzung sind ebenso erforderlich wie die Präsenz rechtlicher Grundlagen. Vor allem aber müssen Forst- und Jägersleute befähigt sein, der Bevölkerung und den Kommunen, den politischen Parteien und den Interessensvertretungen die Zielvorstellungen ihrer Verwaltung oder ihres Verbandes zu vermitteln. Im Rahmen dieser Vorgaben sind eigene Lösungsvorschläge für Problemfälle vor Ort einzubringen. Dabei ist sowohl Flexibilität im Bereich des Möglichen als auch Standfestigkeit im Grundsätzlichen gefragt, denn die Demokratie lebt vom Geben und Nehmen, vom Konsens. Auf dem Parkett der verschiedenen Interessen darf weder der Forstmann noch der Jäger ein ideologischer Starrkopf sein, beide müssen vielmehr unvoreingenommen diplomatisches Gespür für das Machbare besitzen.

Sicherlich bin ich auch deswegen so gern auf Usedom, weil der derzeitige Forstamtsleiter seit seiner Kindheit und dem späteren forstlichen Einsatz mit der Insel verbunden ist, ihre Verhältnisse kennt und Probleme mit erstaunlichem Geschick löst. Er ist ein „kleiner Diplomat" und hat mit dazu beigetragen, dass das Verhältnis der Landesforstverwaltung des Landes Mecklenburg-Vorpommern zur benachbarten polnischen Forstverwaltung ein gutes ist.

Forstoberrat Sündermann, eben jener Forstamtsleiter, ist auch Jäger und zugleich ein liebenswürdiger Jagdleiter. Bescheiden in den eigenen Ansprüchen am jagdlichen Geschehen, bemüht er sich gemeinsam mit seinen Mitarbeitern, Jagdgästen zum Erfolg zu verhelfen.

In der ersten Hälfte des Monats September 1993 weilte der „Bamberger Freundeskreis", ein lockerer Zusammenschluss von einigen Forstleuten und Jägern aus Franken und Hessen, auf der Insel Usedom. Während des Aufenthaltes, der durch forstliche und geschichtliche Exkursionen mit FOR Sündermann und Revierförster Houben bereichert wurde, hatte ich Gelegenheit an einem gemeinschaftlichen Morgenansitz des Forstamtes in der Revierförsterei Mellenthin teilzunehmen.

Sündermann meinte es gut, er wollte mich auf einen Hirsch der Klasse III zu Schuss bringen. Ich dagegen war – zumal die Brunft schon eingesetzt hatte – auf Sauen eingestellt. Die sollten aber am verlandeten „Schwarzen See", der unser Ziel war und noch bis 1962 befischt wurde, nur selten vorkommen. Meine Hoffnung auf eine Begegnung mit Schwarzwild schwand dennoch nicht. Der frühere See glich einer großen „Brennnesseldickung", und Brennnesseln eignen sich hervorragend als Fraß und Einstand für die schwarzen Gesellen. Ich saß deshalb recht erwartungsvoll auf dem zugewiesenen Hochsitz.

Im Erlenbruch zur Rechten begann ein Hirsch mit besserer Stimme zu melden. Zwei Japper reizten ihn. Der Platzhirsch schrie nun durch und zog im Bruch hin und her. Aber ich sah ihn nicht. Dafür erschien im Morgengrauen auf einer freigemähten Schussschneise ein drei-, allenfalls vierjähriger Achter. Tier und Kalb gesellten sich zu ihm. Doch ihr Aufenthalt in der Brennnesseldickung währte nicht lange. Der Wind drehte, und das Kahlwild ging flüchtig ab. Der junge Hirsch setzte nach, und ich hatte das Nachsehen.

Doch die Spannung wuchs wieder, als plötzlich ein Überläufer aus dem gegenüber liegenden Altholz zog und am Hochsitz vorbei wechselte. Er entpuppte sich als Bache, denn drei Frischlinge folgten, und ich konnte mit dem Glas beim stärkeren Stück Striche erkennen. Da zögerte ich nicht, sondern griff zur Waffe, backte an, zielte und schoss. Der letzte der Frösche quittierte die Kugel mit hellem Klagen.

Als er wieder auf die Läufe kam, folgte der zweite Schuss und warf ihn zurück in das Gras. Ich hatte wieder einmal ein „Hauptschwein" erlegt. 17 Kilogramm wog die Frischlingsbache. Die erste Kugel hatte das linke Blatt durchschlagen, die zweite saß hinter dem rechten Teller. Ich war zufrieden.

Im Übrigen beeinträchtigten beide Schüsse den nahen Brunftbetrieb nicht. Für einen Moment verstummten zwar die Hirsche, aber dann schrien sie weiter bis in den Vormittag hinein. Am Abend wurde das Konzert fortgesetzt.

Forstamtsleiter Sündermann hatte mir bei einem dienstlichen Aufenthalt in Neu Pudagla Usedomer Rehkronen, die zur DDR-Zeit erbeutet waren, gezeigt. Hohe und starke Stangen mit markanten Perlen und kräftigen Enden zeichneten sie aus. Knuffige Rosen mehrten den Reiz. Auch für Rehböcke war die Insel Usedom offensichtlich eine Reise wert.

Anfang Juni 1994, als ich schon aus dem Dienst geschieden war, erinnerte ich mich der Böcke von Usedom. Mit meinem „Privat-Jet", einem schnellen VW-Passat, reiste ich nonstop von St. Andreasberg im Harz über Wolgast zum „Forsthaus Damerow" zwischen Zemplin und Koserow auf Usedom. An Bord war mein Freund Kurt Reulecke, den man ob seiner langjährigen, erfolgreichen und souverän gehandhabten Tätigkeit als Geschäftsführer beim „Rotwildring Harz" (Westharz) auch den „Fürsten vom Harze" zu nennen pflegt. Wie es sich gegenüber einem Fürsten gehört, begleite ich „SD" als Fahrer stets in einer schlichten mausgrauen Livree und halte auch sprachlich die gebotene Distanz, indem ich diesen vornehmen alten Herrn nur in der zweiten Person Mehrzahl anrede. Dafür darf ich abends dann als Vortrinker und Eintänzer fungieren, denn der Herrscher im Fond des Wagens liebt zur späten Stunde einen reifen Bordeaux und das Flair einer anregenden Gesellschaft.

Noch am Abend des Anreisetages ging es hinaus in die Revierförsterei Trassenmoor. Dort nahm uns Revierleiter Schiebe in Empfang. Es folgte die Einweisung. Während Kurt Reulecke an einer Kulturfläche postiert wurde, besetzte ich im Forstort „Piepenkopp" an der „Mellwiese" eine Ansitzleiter.

Ein Damm vor mir trennte die Wiese vom Achterwasser. Segelboote glitten ihren Liegeplätzen entgegen. Ein Fischerkahn tuckerte vorüber, und Angler holten die Ruten ein. Es wurde Abend.

Ein Schmalreh zeigte sich auf dem Damm, und aus dem Rohr traten Ricke und Kitz. Die Mücken tanzten im letzten Sonnenlicht. Es nahte die „Stunde der Wahrheit“. Ich wartete auf den angesagten älteren Sechser.

Die Zeit verstrich, aber der Bock erschien nicht. Doch dann stand er wie hingezaubert auf der Wiese. Der Sechser hatte noch bei gutem Büchsenlicht seinen hinter mir liegenden Einstand, einen jüngeren Laubholz-Mischbestand verlassen.

Das Gehörn entsprach der Beschreibung. Die hohen, etwas steil gestellten Stangen waren gut geperlt, und die kräftigen Vordersprossen prägten die Vereckung. Aber stimmte auch das Alter? War der Bock mit dem relativ schlanken Körper und dem dünnen Hälschen, den flotten und unruhigen Bewegungen wirklich fünf Jahre alt? Sollte sich vielleicht der „Sohn“ für den Vater „opfern“ wollen? Ich wurde unsicher und überlegte, kam aber zu keiner Entscheidung. Der Sechser nahm sie mir auch ab, denn er zog spitz von mir weg. Er zog immer am Waldessaum entlang, bis er den Bestand passiert hatte. Der Bock wechselte in die freie Feldflur hinaus. Schließlich verschwand der „Pfeifenkopf“ in einem Gebüsch. Ich hatte die Partie am ersten Abend offensichtlich verloren, aber war nicht böse darüber. Die Spannung blieb für den folgenden Tag erhalten.



Doch wer kam dort? Es war kaum zu glauben, der Sechser trat den „Rückmarsch“ an. Er hatte es sogar eilig. Immer schneller näherte er sich der Leiter. Ein paar Meter noch, dann konnte ich – so ich wollte – den Schuss wagen. Allerdings, der Bock musste beidrehen, seine „Breitseite“ zeigen. Und er erfüllte mir auch diesen Wunsch. Aber ich zögerte einen Moment, mich beschäftigte wieder das Alter, und fort war erneut der Kavalier. Er verschwand in den jungen Erlen, Buchen und Eschen.

Ich ärgerte mich, denn bei den Rehböcken sollte man auf Grund der gegenüber den Rothirschen wesentlich verkürzten „Umtriebszeit“ und der im Winter liegenden Phase der Geweihentwicklung nicht so pingelig mit dem Alter sein. Im Jossgrund habe ich es keinem Erleger, gleich ob Gast oder Mitarbeiter, verübelt, wenn er einen drei- oder vierjährigen Bock auf die Decke legte. Selbst zweijährige Böcke wurden toleriert, allerdings nicht mit „Freudengesängen“ begleitet. Böcke mit starken Gehörnen sollte man unter der Voraussetzung der Freigabe dann bejagen, wenn sie auftauchen. Der

Abschuss von „Kümmerern“ – sowohl nach der körperlichen Verfassung als auch nach der Ausbildung des Gehörns – ist im Interesse der stückzahlmäßigen Begrenzung einer Population selbstverständlich. Wir können Wild nur nach dem Phänotyp bejagen.

Der Bock war weg. Das Licht nahm ab. Ich richtete mich auf das Gespött des Freundes ein, dessen Büchse allerdings bisher ebenfalls nicht „gesprochen“ hatte. Aber sicherheitshalber schwor ich mir, bei einer nochmaligen Rückkehr des Bockes auf die Mellwiese sofort zu schießen.

Die Order war vorausschauend, denn der Bock erschien noch einmal. Er trollte über die Wiese zum Damm. Als er Kurs auf die Schilfpartie nahm, rief ich ihn an. Der Sechser verhoffte und äugte zurück – er sah in das Mündungsfeuer.

Erst als ich auf den Bock zuging, bemerkte ich, dass die Wiese völlig vernässt war. Ich wurde zum „Wassertreter“. Aber die Nässe spürte ich nicht, als ich das Gehörn umfasste. In mir kam Freude auf. Die Trophäe hielt, was sie versprochen hatte und wog 330 g. Nach dem Abschliff der Zähne des Unterkiefers zu urteilen war der Bock drei oder vier Jahre alt. Es war kein „Malheur“ passiert.

Freund Reulecke freute sich mit mir. Wir tranken ein wenig Sekt. Das Zielwasser wirkte. Der Fürst erlegte am Morgen des neuen Tages einen braven Bock. Er schoss ihn en passant auf dem Weg zum Ansitz. Die Freude war allerseits groß und nahm noch zu, als es Kurt Reulecke gelang, einen zweiten Rehbock zu strecken.



Auf der Insel weilte gerade Landforstmeister Hansjürgen Hube, der Leiter der Forstdirektion Vorpommern. Er nutzte die Gelegenheit zum Vorbeischauen in Damerow und schmunzelte, als wir ihm die Gehörne zeigten. Der Chef der Direktion freute sich mit den Erlegern der Böcke.

„Hube-Stralsund“ ist ein Forstmann der „ersten Stunde“, der zu denjenigen zählt, die bis zur Grenze ihrer Leistungsfähigkeit arbeiteten, um den Aufbau der Landesforstverwaltung möglichst schnell und sicher voranzutreiben. Dabei liegt die Forstdirektion Vorpommern in einer Region, die besonders unter den Substanzverlusten an Gebäuden und Produktionseinrichtungen durch Krieg und Unvermögen der DDR gelitten hat. Sie ist daher auch durch eine überdurchschnittlich hohe Arbeitslosenquote gekennzeichnet. Diese nimmt zu, je näher die Grenze zu Polen rückt.

Aber damals im Juni 1994 wurden die Sorgen des Alltags beiseite geschoben. Gemeinsam mit Hube und Sündermann aßen wir im Forsthaus Damerow zu Mittag und sprachen über die Jagd in einer veränderten Umwelt.

Die Jäger haben es auf Usedom nicht immer leicht. Die Jagdausübung ist häufig schwierig. Aber manchmal gelingt auf dem Eiland dennoch ein schneller jagdlicher Erfolg. Allerdings ist der ortsfremde Jäger dafür auf die Hilfe der Gastgeber angewiesen, und ein Quentchen Glück ist auch vonnöten.

# *Blattzeit in Woitendorf*

Im Frühsommer 1962, zehn Monate nach der Absperrung der innerdeutschen Grenze und dem Bau der „Berliner Mauer“ im Bereich der DDR, stand ich am Culpiner See im Kreis Herzogtum Lauenburg. Ich schaute nach Mecklenburg hinüber. Grenzwall und Stacheldraht im Verbund mit der Szenerie des Todes hatten den politischen Horizont verdunkelt. Der Glaube an die baldige Wiedervereinigung unseres Vaterlandes schwand diesseits und jenseits der schmerzenden Grenze.

Damals ahnte ich nicht, dass ich dreißig Jahre später, nur fünf Kilometer vom Culpiner See entfernt, in der mecklenburgischen Revierförsterei Woitendorf mit meinem Freund Kurt Reulecke auf Rehböcke jagen würde. 1962 interessierten mich die Böcke jedoch nicht. Ich blickte über das weite Land und dachte an die Stadt meiner Kindheit, an den „Ort der zwei Türme“, der so nah und doch unerreichbar war.



Im Herbst des Jahres 1991 weilte ich zum ersten Mal in der Revierförsterei Woitendorf und der anschließende Winter sah mich wieder dort. Anlass der Dienstreisen war die Aushaltung von Buchen-Stammholz für einen größeren Holzverkauf an westdeutsche Kaufinteressenten. Dabei unterhielt ich mich nebenbei mit dem zuständigen Forstamtsleiter Kleps und dem Revierförster Schmudlach, beide vorzügliche Forstmänner, über die jagdlichen Verhältnisse im Forstamt Gadebusch, zu dem der Dienstbezirk Woitendorf gehört.

Sauen gibt es dort zahlreich. Rehwild sieht man oft. Rot- und Damwild dagegen sind nur selten anzutreffen. Der Lebensraum des Wildes wird im Forstamtsbereich durch die kuppige End- und Grundmoräne geprägt. Die Gemengelage von Wald, Feld und Wasser, der häufige Wechsel unterschiedlicher Standortformen, die Sölle als „biologische Fettaugen“, das dominante Laubholz mit Naturverjüngungen und äsungsreichen Kraut- und Strauchschichten sagen vielen wildlebenden Tieren zu. Beim Schalenwild profitieren die Rehe besonders von der Vielfalt der Biotope.

Die Woitendorfer Böcke tragen zwar nicht durchweg auffallend starke Gehörne, doch gibt es unter ihnen immer wieder Individuen mit beachtlichen Kronen. Es ist verständlich, dass die Lust, in Woitendorf den Böcken nachzustellen, wuchs.

Dr. Schrötter und Jagdreferent Beindorf hatten 1992 nichts dagegen einzuwenden, dass ich einen Jagdgast einführen und mit ihm „aushäusig" – abseits der Lewitz – jagen wollte. Kurt Reulecke war als erfahrener Forstmann und bekannter Experte auf jagdlichem Gebiet ein in Mecklenburg-Vorpommern gern gesehener Jägersmann. Ministerialrat Rogga, der damals noch die für das Forstamt Gadebusch zuständige Forstdirektion West in Güstrow leitete, erteilte seine Genehmigung. So verließ denn, als die Hohe Zeit des Rehwildes gekommen war, der Fürst vom Harze das raue Umfeld des Brockens und reiste mit einem „Sonderzug" hinab in die fruchtbaren Niederungen Mecklenburgs.

In Mirow hieß ich „Dörchläuchting" Reulecke geziemend mit „Spessart-Sprudel" (Sekt) willkommen und schob ihn nach der zweiten Flasche behutsam in die „Staatskarosse" HU-PJ 620, meinen VW-Passat. Jenes Gefährt, das 1994 am Ende meiner Dienstzeit als „U-Boot" in einem Kanal der Lewitz „abtauchte".



Wir fuhren über Spornitz nach Kiekindemark und von dort durch den Sonnenberg nach Slate, um zur Freude über das Wiedersehen im gepflegten Hotel „Zum Fährhaus" an der Elde den Matjeshering „Don Carlos" in „Lübzer Pils" schwimmen zu lassen.

Am nächsten Tag nahmen wir Kurs Woitendorf. Kurz vor Lützow wurde der Forstort „Rosenower Fichten" passiert. Dort fiel am 26. August 1813 der Offizier und Dichter Karl-Theodor Körner, Adjutant des Majors von Lützow und Angehöriger des Lützowschen Freikorps, während eines Gefechtes mit französischen Truppen. Ein Gedenkstein erinnert an seinen Tod und mit ihm an die deutschen Befreiungskriege. Das Grab Körners befindet sich in Wöbbelin, einem kleinen Dorf an der B 106 zwischen Ludwigslust und Schwerin.

In Renzow begrüßten uns auf dem Forstamt Klaus Rogga und der Forstamtsleiter. Über Gadebusch und Rehna näherten wir uns dem Ziel. In der Revierförsterei empfing die Familie Schmudlach die Jäger herzlich mit Kaffee und Kuchen. Auch der getreue Forstmann Scherwinski, ein „Funktionsbeamter" und „Tausendsassa" mit Schalk in den Augen und Geschick für besondere Aufgaben im forstlichen und jagdlichen Alltag, war zugegen.

Mit dieser Eröffnung der Jagdtage war zugleich der Anfang des „Woitendorfer Protokolls“ markiert, das in den Folgejahren ergänzt und vollendet wurde. Heute läuft es wie folgt ab: Am Anreisetag Begrüßung vor Ort an der Kaffeetafel, am Ende des Jagdaufenthaltes ein abendliches Essen mit Räucherfisch und „Branntewein“. Dazwischen morgens und abends, aber auch am Tage, Ansitz und Pirsch. In der Nacht bei Feuer und Grillspezialitäten Umtrunk unter den Linden beim alten Forsthaus. Die anstrengende Tätigkeit des Nichtstuns fällt in den Schlaf, der einen schnell und ungestört in einem ansprechenden Bungalow unmittelbar am Röggeliner See überkommt. Man kann auch in Mecklenburg „leben wie Gott in Frankreich“, zumal wenn es zur Regeneration gebratene Rippen vom Schwein mit Backpflaumen, Äpfeln und Rosinen gibt.

Noch am Abend ging es hinaus in das Revier. Wir wurden eingewiesen und jagten allein. Ein jeder folgte seinen Gedanken und warf erst auf, als der monotone Lärm der Mähdrescher auf den Feldern verstummte. In die Stille hinein fielen zwei Schüsse. Kurt hatte einen braven Sechser erlegt, und auch ich streckte meinen ersten Rehbock in Mecklenburg. Sein Gehörn ist nicht überwältigend, und dennoch war ich glücklich, als ich es ergriff.



Am nächsten Morgen tappte ich in ein „Schweinekarussell“. Sauen aller Altersklassen umgaben mich: Bachen, Frischlinge und Überläufer. Schließlich schoss ich eine „kleine, schwarze Prinzessin“. Mit 8,00 Kilogramm Wildbretgewicht reichten ihre zarten garnierten Keulchen gerade als Dreingabe für die Brautleute bei einem Hochzeitsmenü.

Auch am dritten Tag blieb mir der Erfolg treu. Im „Woitendorfer Moor“, wo noch die Kraniche trompeten und die Schnepfen liegen, aber die Bagger infolge alter Verträge dennoch den Torf abräumen, hatte ich am „Tag der Schweine“ einen alten Bock mit hohen, enggestellten und gerillten Stangen entdeckt. Ihm trachtete ich in der Gewitterschwüle des letzten Abends nach dem Leben.

Aber es kam ganz anders als erwartet. Ich saß erst eine knappe Viertelstunde auf dem Sitz und in der Ferne grummelte schon das nahende Gewitter, als es im Grün der Birken und Sträucher rot aufleuchtete. Ein Bock wollte den Weg entlang des Moores überfallen. Beim kurzen Verhoffen erkannte ich die nicht hohe, aber wuchtige Krone. Ihre linke Stange mündete in eine „Elchschaufel“ mit drei Enden.

Ein ungerader Achter stand vor mir und sicherte. Dann zog er an, um sogleich wieder zu verhoffen. Er quittierte auf 130 Meter die Kugel. Am Anschuss lag Lungenschweiß, doch der Bock war verschwunden. Endlich entdeckte ich ihn in einem Entwässerungsgraben. Er war bereits verendet, und ich durfte in der grünbraunen Brühe „baden“. Das Gehörn mit seinen hellen und kurzen, aber etwas flächigen Stangen brachte wider Erwarten 320 g auf die Waage. Es hatte gemocht!

Nur Kurtchen sah nichts mehr. Dafür war er im nächsten Jahr, als wir erneut in Woitendorf den roten „Hochzeitern“ nachstellten, besonders erfolgreich. Bei strömendem Regen und mit nassem Hintern schoss er über jungen Ellern einen treibenden Bock, der wie mein Moorbock aus dem Vorjahr ein ungerader Achter war. Die Trophäe „Neptuns“ wog 350 g. Unsere Freude war groß.

Ich nahm in der regnerischen Blattzeit 1993 mit einem relativ weit ausgelegten, aber dünnstangigen vierjährigen Sechser vorlieb. Als wir ihn bargen, saß im hohen Gras der Waldwiese ein Rehbock mit „schwedischem Hauptschmuck“. Die Stangen waren hoch und stark, übersät mit Perlen und gut vereckt. Abends überlistete ich den kapitalen Sechser. Er trieb eine Ricke, als ich auf den Sitz kletterte, und er war eigentlich mein, als ich anbackte und schoss. Aber die Bockbüchsflinte doppelte. Ich hatte schon eingestochen und vor Aufregung den hinteren Abzug bedient. Mit der Brenneke flog so auch die Kugel in die Weite.



Doch Diana blieb uns weiter gewogen. 1994 kreisten schon nach dem ersten Ansitz abends die Humpen, wurde es lebhaft unter den Linden. Sowohl Kurt als auch ich waren zu Schuss gekommen. Der Jäger aus dem Harz hatte einen geringen Gabler, dessen „Gehörn von den kräftigen Rosen lebt“, gestreckt, während ich den „Erlenkönig“ erlegte. Letzterer hatte seinen Einstand auf der Fläche, über der Freund Reulecke ein Jahr zuvor Neptun bei der „Hochzeit im Regen“ überraschte. Allerdings wachsen Roterlen in nährstoffreichen und feuchten Dellen schnell. Das Bild der Kultur hatte sich innerhalb Jahresfrist erheblich gewandelt. Die Ellern waren aufgeschossen, und man musste die wenigen Lücken nutzen, um Wild zu bejagen.

Der Bock, auf den mich Scherwinski einwies, sollte gut bei Wildbret sein und eine ideale Sechserkrone tragen. Als ich mich an der steilen Leiter des Sitzes emporzog, fiel schon der Schuss bei Kurt.

Ich erschrak und erstarrte als ich aufblickend vor mir den Erlenkönig entdeckte. Er saß im Bett und döste. Müde drehte er das Haupt in die Richtung des Schusses, sicherte einen Moment und schlummerte wieder dahin. Ich nutzte die Unachtsamkeit meines Gegenübers und erklomm die Plattform.

Doch gelang mir das Einschieben des Sitzbrettes nicht geräuschlos. Der Bock kam auf die Läufe, sicherte erneut und zog etwas verunsichert spitz von mir weg, mich erfasste der Beutetrieb. Ich ließ mich verleiten und schoss, als der Sechser leicht beidrehte. Für einen Augenblick hatte sich der Trägeransatz in einer winzigen Lücke zwischen den Zweigen als Ziel angeboten.

Der Sechser zeichnete nicht. Er trollte einfach davon. Mein Erstaunen war groß und wuchs, als sich der Erlenkönig noch in Schussentfernung niedertat und meinen Blicken entzog. Hatte ich getroffen? War der Bock krank oder nur erschöpft von der Blattzeit? Das Rätseln begann. Ich wartete. Die Zeit verging, und der Abend fiel ein. Da blattete ich zart eine Liebesstrophe.

Und siehe, plötzlich stand der König wie hingezaubert auf einer kleinen Blöße. Aggressiv fegte er eine Erle. Als der streitbare Herrscher sich beruhigt hatte, schoss ich. Dort, wo der Bock im hohen Bewuchs verschwunden war, bewegten sich längere Zeit Sträucher und Roterlen.



Trotz des (vermeintlichen) Freiraumes hatte das 10,5 g schwere TIG-Geschoss vor dem Bock eine Erle durchschlagen. Der Kern war dennoch in das Blatt gedrungen, Splitter vom Mantel steckten im Gescheide. Die erste Kugel dagegen hatte im Bereich des Vorderziemers lediglich die Decke aufgeschlitzt und Wildbret freigelegt. Ein Streifschuss also, aber vielleicht ein Touch mit traumatischer Wirkung im Bereich der Rückenwirbel.

Das Aufbrechen geschah im Nu. Hunderte von Mücken fielen über mich her. Die ohne Beschwer ertragene Mückenplage in Masuren und der Lewitz war nichts gegen diesen nimmer endenden Angriff blutgieriger Geschwader. Ich schlug, wischte und spuckte und wurde doch zerstochen. Fluchtartig verließen der hinzugekommene Scherwinski und ich mit dem Bock das bewehrte Reich des Erlenkönigs.

Das dunkelgefärbte, hohe und leicht korbförmige Sechser-Gehörn, versehen mit mittelstarken Rosen und ausreichender Perlung, ist eine formvollendete Krone. Ihr Gewicht lag bei 340 g.

Offensichtlich gibt es Territorien, die immer wieder Böcke anziehen und gute Gehörne erwarten lassen. Ein solcher Einstand ist die sich schließende Roterlen-Kultur in der Nähe des Forsthauses, wo die Rehböcke Neptun und Erlenkönig zur Strecke kamen. „Exzellenz" folgte 1995.

Um diesen Bock mit den ungleichen, dunklen, knuffigen und gut geperlten Stangen, links Achter mit respektabler Vereckung, rechts nur drei unterentwickelte Sprossen aufweisend, hatte sich schon Seine Exzellenz der Botschafter der Republik Österreich bei der Regierung der Bundesrepublik Deutschland vergeblich bemüht. Die Exzellenz von Woitendorf war für die Exzellenz aus Bonn unerreichbar.

Der Bock hatte die Nachstellungen verübelt. Er war heimlich geworden. Dennoch, ich sollte und wollte versuchen, ihn zu bejagen. Unweit des aus dem Vorjahr noch vertrauten Roterlen-Jungwuchses bezog ich am Rande eines Buchen-Voranbaues unter Lärchen Posten. Nach einer knappen halben Stunde Wartezeit blattete ich. Exzellenz geruhte zur Sondierung zu erscheinen. Er begegnete dem Tod.

Doch auch das ist Jagd: Der eine Jäger bemüht sich redlich, aber der Erfolg bleibt aus, der andere ist mit seinen Gedanken noch gar nicht vor Ort und kommt schon zu Schuss. Seine Exzellenz hätten sicherlich den exzellenten ungeraden Achter mehr verdient gehabt, als der just angereiste Jager Hopp. Aber, man soll ehrlich sein, der Erleger hat sich über die markante Trophäe gefreut.

Hatte es zur Blattzeit 1993 häufig geregnet, brütete Ende Juli 1995 tagelang dörrende Hitze über dem Land. Die Böcke waren faul, sie trieben nicht. Dabei hatte mein wohlwollender Referendarvater Dr. Hackmann, langjähriger Forstamtsleiter in Burgjoß und später als Oberlandforstmeister Leiter der Forstabteilung beim Regierungspräsidenten in Wiesbaden, einmal drastisch bemerkt, dass Blattzeitwetter dann wäre, wenn den Böcken die .... kochen würden. Aber er hatte damals wohl die schwüle Wärme gemeint, die im Hochsommer, ab und an von kühlenden Gewittern unterbrochen, die Lust der roten Freier stimuliert. Bei der trockenen „Sahara-Hitze" des 95er-Aufenthaltes in Woitendorf hätten aber auch die Rehböcke des Spessarts sicherlich kein Glied gerührt.

Freund Reulecke, älter als der durch Nachsuchen damals noch springlebendige Hopp und nicht mehr so robust wie früher, litt geradezu unter der extremen Hitze. Vor allem aber bedrückte ihn die Tatsache, dass er kaum Wild sah. Außer einigen Liebhabern, die zur Klasse der „Stürmer und Dränger“ gehörten, zeigten sich keine Böcke. So dämmerte Kurt recht verdrossen dahin, zumal der Tag unserer Abreise nahte.

Da gab es am vorletzten Abend eine unerwartete Begegnung. Auf der Rückfahrt vom Ansitz entdeckte ich in der Dämmerung unmittelbar vor dem Forsthaus ein starkes Reh. Die Statur sprach für einen Bock. Ich stoppte den Passat und griff zum Fernglas. Dann sprach ich das Stück mit Hilfe des Glases an. Ich wurde immer unruhiger, denn das Gehörn des georteten ungeraden Sechsers war hoch und massig. Die Rosen überspannten wie ein Büffelhelm das Haupt. Ein Mordsbock äste dort auf einem Kleestück, nur 150 Meter entfernt vom Gehöft. Allerdings hatte er den Staatswald und eine forstfiskalische Wiese hinter sich gelassen. Er stand im angrenzenden gemeinschaftlichen Jagdbezirk. Dennoch, ich hatte einen Rehbock für Kurt entdeckt! Der Sechser musste beim Aus- oder Einwechseln vor dem hohen Holz zu bekommen sein.

Familie Schmudlach kannte den „alten Herrn“. Aber der Hausherr hatte ihn wegen der Nähe der Jagdgrenze und des Forsthauses unter Schutz gestellt. Auch war der Bock im kuppigen Gelände nicht risikofrei zu bejagen. Doch die traurigen Augen des Fürsten und das bevorstehende Ende unseres Jagdaufenthaltes stimmten Walter Schmudlach um. Kurt Reulecke sollte versuchen, den „Hausbock“ am letzten Tag zu überlisten.



Am nächsten Morgen lag jedoch dichter Nebel über den Wiesen. Kurt hockte dennoch auf einer Leiter am Waldesrand. Er blieb bis die Schleier sich hoben. Eine Ricke äste vorüber. Der Bock ward nicht gesehen.

Der letzte Abend brach an. Ich saß in einem Buchenaltholz jenseits der Betonstraße. Ein Seeadler kontrollierte einen Tümpel im Feld. Ihn reizten offensichtlich die dort liegenden Enten. Aus der Ferne drang der Schall eines Schusses. Ob Kurt geschossen hatte? Er hatte geschossen und getroffen!

Die Trophäe des Bockes entsprach meiner Beschreibung. Sie wog gut 380 g. Das ist schon etwas. Kurt und ich wussten es auf unsere Art zu würdigen. Ich zog meine mausgraue Livree an und servierte mitgeführte Weine aus dem fürstlichen Keller. Am nächsten Tag, auf der

Rückfahrt in den Harz, war der Passat ein „Schlafwagen Erster Klasse". Ich fuhr, und der Fürst träumte im Fond vom „großen Rätzbock aus Woitendorf".

Im Jahr 1996 versuchten die beiden „lustigen Brüder" wiederum zur Blattzeit ihr Glück in Woitendorf. Kurt kam in Feldnähe auf einen unbekannten Gabler mit starken Rosen zu Schuss. Der Rauhaarteckel von Schmudlach brachte ihn nach kurzer Totsuche in einem Birkenwäldchen zur Strecke. Zuvor hatte ich am selben Morgen mit schnellem Schuss an einem Entwässerungsgraben in der „Krim" einen Sechser erlegt.

Die Krim ist ein Forstort mit jungen Laub- und Nadelhölzern, die kaum Freiräume zum Schießen gewähren. Der Schuss durch das Kreuz hatte nicht viel Wildbret zerstört, aber schlagartig getötet. Trotz der Nähe des Wassers brauchte ich nicht zu „baden". Das Gehörn des Bockes erfreut. Es wird von den hohen und eng beieinander stehenden Stangen geprägt. Die Gehörngewichte beider Böcke liegen im Rahmen der „300-g-Linie".

Alles nimmt einmal ein Ende. Nach der Rehbrunft 1996 befanden Kurt Reulecke und ich, dass wir genug Gehörne erbeutet hätten. Und wir dachten auch an die Gesundheit, die nicht mehr so intakt ist wie bei jungen „Waldläufern". Also beschlossen wir, 1997 den Blattzeitreigen in Woitendorf zu beenden.



Das Revier empfing uns darob mit „Trauermusik", unentwegt trommelte der Regen sein eintöniges Lied auf die Blätter. Bei der nasskalten Witterung verlief die Blattzeit „still und heimlich". Wir sahen zwar Böcke, aber durchweg nur „Geraffel". Lediglich einmal gewahrte ich nahe der Revierförsterei den Nachfolger des Hausbockes. Er hatte hochauf, und die Stangen waren gut vereckt und rau. Doch weder Kurt noch ich wollten diesen Bock bejagen. Nicht immer sollte man die Kirschen im Garten des Nachbarn pflücken. So war das Ergebnis der Blattzeit 1997 in Woitendorf mager. Kurt Reulecke erlegte einen „Prahlhans", und ich akzeptierte eine „Nullrunde".

Doch die Jagd auf Rehböcke in Woitendorf wird für Kurt Reulecke und mich immer ein Leuchtfeuer der Erinnerung sein. Dankbar gedenken wir daher derer, die uns das Jagen in diesem herrlichen Landstrich Mecklenburgs wohlwollend ermöglicht haben: der Spitze der Landesforstverwaltung mit Jagdreferent Klaus-Jürgen

Beindorf, dem Troupier und Leiter der Forstdirektion West Klaus Rogga, den Leitern des Forstamtes Gadebusch Wolfram Kleps und Arnold Durdel, dem Hausherrn Walter Schmudlach und seiner Familie und Eckhard Scherwinski, dem „Mädchen für alles“. Nichts ist selbstverständlich auf dieser Welt. Erst recht nicht, wenn man Menschen gleicher Sprache über 40 Jahre lang voneinander trennte, die Verständigung unterband.

# *Rülpser-Barch und Häfkenbruch*

Weder in meiner Kindheit noch in der forstlichen Ausbildung begegnete mir Damwild in freier Wildbahn. Auch kann ich mich nicht erinnern, wo und wann ich dieses Wild erstmals sah.

Unvergessen ist aber der Abschuss meines ersten Stückes Damwild. Es war ein älterer Hirsch mit respektablen Schaufeln. Ich streckte ihn am 20. März 1969 im Wildpark von Bad Orb. Dieses Gehege befindet sich im Bereich der beiden Gaststätten „Waldfrieden" und „Wildpark" oberhalb der Straße von Bad Orb nach Villbach. Es ist knapp 14 Hektar groß, durch Wiesen und Wald gut strukturiert und mit Dam- und Muffelwild besetzt.

„Theobald", so hieß der Schaufler, hatte eine alte Dame, die mit zwei Enkeln den Park besuchte, attackiert und zu Boden gestoßen. Er wollte seinem Wunsch, Futter zu erhalten, Nachdruck verleihen.



Der Angriff blieb für den Hirsch nicht ohne Folgen. Er wurde „zum Tode verurteilt". Nach dem Willen des Bürgermeisters Robert Bauer, der ein begabter Kommunalpolitiker mit Gespür für Geldquellen, Macht und Gestaltungsmöglichkeiten war, sollte ich die Hinrichtung vollziehen. Offensichtlich hatte der Herr Bürgermeister an einem „Jagdessen mit Umtrunk" Interesse, zumindestens war der damalige erste Bürger der Kurstadt Bad Orb den festen und flüssigen Genüssen des Gaumens nicht abgeneigt.

Das einzige, was bei der Tötung des Damschauflers an Jagd erinnerte, war der saubere Blattschuss auf 90 Meter Distanz. Ich schoss kniend. Vier Tage später verspeisten Bürgermeister Bauer, die damals noch städtischen Revierleiter Storck, Haas und Weisbecker, Karl Junk aus dem Orber Forstbüro und ich gemeinsam die Leber des aufdringlichen Hirsches im Café Wildpark, und bis in den Morgen hinein vergnügten wir uns mit dem simplen Wechselspiel „Ein Doornkaat – ein Pils!".

Die seligen Zeiten sind längst vergangen. Bis auf den getreuen Albrecht Weisbecker sind meine damaligen Gäste alle tot. Und man fragte sich unvermittelt, warum der Fährmann einen selbst noch nicht an das andere Ufer des Lebens rief. Willi Haas, unser Orber Original, überquerte bereits 1983 den Fluss. Heinrich Storck, der bekannte Forst- und Rüdemann, blieb fünf Jahre später auf einer Nachsuche. Karl Junk starb 1989, und Robert Bauer, der 1986 nach 18 Dienstjahren aus dem Amt des Bürgermeisters geschieden war, bildete im Jahr 1990 den vorläufigen Beschluss beim Abgang des einst „alkoholisierten Sextetts".

Erst am 14. Januar 1978 erlegte ich mein erstes Stück Damwild in freier Wildbahn. Es war ein Schmaltier und fiel im Büdinger Wald, dem großen Eigenjagdbezirk des Hauses der Fürsten zu Ysenburg und Büdingen. Ich freute mich über diesen Abschuss und streckte am selben Tag noch einen Überläufer daselbst.

Seine Durchlaucht Otto Friedrich Fürst zu Ysenburg und Büdingen, der 1990 hochbetagt starb, pflegte bewusst die Nachbarschaft mit den an seine Besitzungen grenzenden staatlichen Forstämtern. Das Forstamt Burgjoss (Jossgrund) erfüllte in meiner hessischen Dienstzeit zwar nur für wenige Jahre diese Voraussetzung, aber ich gehörte weiterhin zum Einladungskreis des Fürsten.

Ich habe die Wildjagden im Büdinger Wald außerordentlich geschätzt. Nicht nur, weil Sauen, Damwild und Füchse durchweg reichlich vorkamen und abends meistens in großer Stückzahl die Strecke zierten, sondern weil es schon ein Erlebnis war, den vitalen, klare Entscheidungen liebenden Fürsten bei der Jagdleitung zu beobachten.



Mein bestes Ergebnis im fürstlichen Wald erzielte ich am 10. Januar 1991. Damals gelang mir im Revier Rinderbügen an einer Waldstraße in der Nähe der „Waschbach" eine Dublette auf Sauen. Jeweils mit Blattschuss fielen ein Frischlings- und ein Überläuferkeiler. In der Revierförsterei Gettenbach folgte noch eine stärkere, aber nicht führende Überläuferbache. Auch sie kam durch Blattschuss zur Strecke.

Zu meiner besonderen Freude lud mich der „regierende Fürst", SD Wolfgang Ernst Fürst zu Ysenburg und Büdingen, auch nach meinem Fortgang aus Hessen weiterhin zu der jährlich wiederkehrenden „Nachbarschaftsjagd des fürstlichen Hauses" ein. Allerdings konnte ich in den Jagdjahren 1991, 92 und 93 den Einladungen nicht folgen. Ich war dienstlich in Schwerin gebunden. Dafür durfte ich mich 1994, nach meiner Rückkehr aus Mecklenburg-Vorpommern, mit einem Kugelfuchs aus dem Büdinger Wald verabschieden. Ich habe dem Fürstenhaus für viele Jahre jagdlicher Gastfreundschaft zu danken.

Außer dem Damwild des Büdinger Waldes weist mein Schussbuch für das Hessenland noch die Erlegung eines Damhirschkalbes im Forstamt Walldorf-Mörfelden nach. Kennenlernte ich das Damwild jedoch vor allem in Mecklenburg-Vorpommern. Dort bejagte ich Kahlwild in den Forstämtern Kogel, Krakow und Zinow. Dabei machte auch ich die allgemein bekannte Erfahrung, dass Damwild sensibel ist und ausgezeichnet äugt. Besonders erfolgreich stellte ich dieser Wildart in den Forstämtern Jasnitz und Strelitz (Lüttenhagen) nach.

Die Flächen des ehemaligen, nach der Wende gebildeten Forstamtes Strelitz, die zwischenzeitlich großenteils in den Müritz-Nationalpark aufgegangen sind, liegen südöstlich von Neustrelitz, der alten Residenzstadt des Großherzogtums Mecklenburg-Strelitz. Es handelt sich um einen Teil jenes Landstriches, der forstlich durch seine geradschaftigen und feinastigen Kiefern mit engem Jahrringaufbau bekannt wurde. Die jagdlichen Verhältnisse hat Oberlandforstmeister von Bülow in seinem bereits von mir erwähnten Buch „Jägerleben aus dem Vollen“ anschaulich beschrieben. Das Forstamt Strelitz besteht übrigens dem Namen nach fort, es umfasst Restflächen des alten Amtes und Flächen des aufgelösten Forstamtes Neustrelitz, das erst am 1. Januar 1992 entstanden war.



Meine Einführung in die von Kiefern und Buchen geprägten Waldungen zwischen der Mecklenburgischen Seenplatte und der Landesgrenze zum Bundesland Brandenburg übernahm der Ltd. Forstdirektor Peter Scheel, Leiter der Forstdirektion Ost in Neustrelitz. Forstlich und jagdlich wurde er dabei vom Holzmarktdezernenten Peter Hartwig und dem seinerzeitigen Strelitzer Forstamtsleiter Jürgen Krüger unterstützt.

Das „Dreigestirn“ wies mich sozusagen auf die Fährte Alexanders von Bülow ein, der als Forstassessor und Jagdjunker, ab 1925 als Chef der Landesforstverwaltung von Mecklenburg-Strelitz und ab 1934 als mecklenburgischer Oberlandforstmeister stets gern im Strelitzer Raum gejagt hat. Nach der Spurensuche in der Lewitz folgte ich nun den „Pirschzeichen“ des großen Jägers in seinem ursprünglichen Wirkungsbereich.

So wurde ich vertraut mit den Forsten der früheren großherzoglichen Forstämter Glambeck, Hinrichshagen, Langhagen, Lüttenhagen, Mirow, Zinow und Strelitz. Lediglich den Kern des untergegangenen Forstamtes Rowa bereiste ich nicht. Außen vor blieb bei meinen Dienstfahrten auch der Raum des bekannten Forstamtes Steinförde, der dem Land Brandenburg zugeschlagen wurde. Heute teilen sich die Waldbewirtschaftung und Forstaufsicht im skizzierten Bereich die neugebildeten Forstämter Hinrichshagen, Lüttenhagen, Mirow, Neubrandenburg, Strelitz und Wilhelminenhof.

Peter Scheel lernte ich bereits 1949 kennen. Sein Vater gehörte zu den wenigen Angehörigen des höheren Forstdienstes, die nach Kriegsende in den mecklenburgischen Landesdienst übernommen wurden. Er leitete das Forstamt Neukloster, meine letzte mecklenburgische Station vor der Flucht in den Westen.

Am 2. September 1991, dem Tag meines Dienstantrittes in Schwerin, erschien auf dem Referat Forstnutzung und Holzmarkt ein schlanker, gut aussehender, mittelalter Forstmann. Die Begrüßung zwischen Besucher und Referent verlief wie folgt: „Gun Dach!" – „Dach ok!", „Scheel" – „Hopp." „Scheel?" „Ja", lautete die Antwort. „Scheel, Niekloster?" Wiederum stimmte der Gast zu. Da wusste ich, dass ich die „vergrößerte Ausgabe" des kleinen Knirpses von 1949 vor mir hatte und sagte: „Tschjä, denn kenn wi uns all'n bäten, blot dunnemals bi Vaddern, dor wären Se noch 'n lütten Hein Mück." Peter Scheel spricht übrigens ein vorzügliches Plattdeutsch. Er wurde neben Dieter Lichtenauer, dem Hausherrn des Mirower Domizils, mein Lehrer im „Auffrischungskursus der Muttersprache".



Im Forstamt Strelitz jagte ich ausschließlich in der Revierförsterei Gnewitz und vor allem im „Häfkenbruch". Hier, in der Nähe seiner verschwiegenen Jagdhütte am „Grammertiner Teich", hatte auch der Oberlandforstmeister von Bülow gern und erfolgreich gejagt. Dabei dürfte die weite Wiesensenke zu seiner Zeit urwüchsiger gewesen sein, als sie heute ist. Durch Melioration hat man die Wildheit des Bruches gezähmt. Eine ebene Wiesenfläche mit Entwässerungsgräben, Baumgruppen und Solitären ist entstanden. Aber auch diese Komposition ist im Einerlei der benachbarten großflächigen Kiefernbestockungen noch reizvoll, erfreut die Augen, wenn die Nebel wallen, der Herbst in farbenfrohen Gewändern tanzt und das Wild auf den weiten Flächen steht. Gelegentlich kann man Rotwildrudel und Sauen beobachten, vor allem aber ist das Damwild hier zu Hause. Rehe sieht man dagegen selten. Hoch über Wald und Wiesen segeln die Seeadler, rufen die Kolkraben. Glückliche Stunden verbrachte ich nach des Tages Hast im Häfkenbruch. Ich habe Scheel und Krüger zu danken, dass sie mir dieses Paradies, ihren Pirschbezirk, öffneten.

Im Altweibersommer 1994 kam mir am „Patronen-Sitz" des Bruches in der Frühe ein starkes Rudel Damwild. Ich rechnete mir eine Chance aus, es vor dem Einziehen am Waldessaum abzufangen. Doch die Annahme trog, plötzlich wurden die Stücke flüchtig und verschwanden im hohen Holz. Als ich noch missmutig auf dem Hochsitz verharrte, erschien auf der Wiese ein schwacher Damspießer, ein Bummelant. Ihn warf die schnell angetragene Kugel in das taunasse Gras.

Schon beim Aufbrechen der Jährlings kreisten zwei Seeadler über mir, und die Kolkraben sammelten sich. Den Spießer zog ich in den angrenzenden Bestand und verblendete ihn, der Aufbruch blieb auf der Wiese liegen.

Als später Krüger und ich den Spießer mit einem Kraftwagen abholten, atzten sich fünf (!) Seeadler am Aufbruch. Sie umgab ein Kreis „devot nickender" Kolkraben. Ein sicherlich seltener Anblick, ein erlebnisreicher Morgen!



Etwa 800 Meter östlich des Häfkenbruches befindet sich im Endmoränenbogen von Strelitz ein größerer Hügel. Er stellt nur eine kleine Erhebung dar, aber ist für Mecklenburger schon ein „Barch" (Berg). In seinem Bereich brunftet seit Jahrzehnten unter alten Kiefern mit eingesprengten Eichen und Buchen das Damwild. Nähert man sich zur „Hohen Zeit" der Bodenwelle, sind vor allem morgens und abends bald eigentümliche „Schnarchtöne" zu hören. Sie entweichen hektisch gestoßen dem Äser der Schaufler. Sie „rülpsen" in einem fort.

Je näher man an den Brunftplatz herankommt, desto eindringlicher ertönt der abgehackte Minnesang. Die brunftigen Tiere, die häufig mit Anhang zum Brunftplatz ziehen, suchen die paarungsbereiten Schaufler. Beim Damwild kommt das brunftige Kahlwild zum Hirsch, beim Rotwild sucht der Hirsch das brunftige Stück. Die alten und starken Schaufler, die das Brunftgeschehen im Wesentlichen bestimmen, ziehen zwischen der Ansammlung brunftiger Tiere in

*Oben: Forstamtsleiter Jürgen Krüger mit meinem am 24. 10. 1994 im Revier Gnewitz am „Rülpser-Barch" erlegten 10- bis 11-jährigen Damschaufler.*
*Unten: Einblick in das (leider) kultivierte „Häfkenbruch" im Jahr 1997.*

höchster Erregung hin und her oder warten in der Brunftkuhle sitzend auf die Aufforderung zum nächsten Beschlag. Auf dem Brunftplatz ist immer Bewegung, steigert sich manchmal das Stakkato der Rülpser zu einem furiosen Lautgewirr.

So war es auch 1994 zur Zeit der Hochbrunft, als der damalige Forstamtsleiter Krüger und ich an einem kühlen Morgen und noch fast im Dunkeln dem „Rülpser-Barch“ entgegenstrebten. Ich durfte den mir von Minister Brick freigegebenen „Abschiedsschaufler“ bejagen.

Drei Schaufler hatten die Beamten des Forstamtes Strelitz für mich zur Auswahl vorgesehen: Einmal handelte es sich um einen neun- bis zehnjährigen Schaufler mit einem hohen und massigen Geweih. Der zweite Hirsch sollte erst acht Jahre alt sein, aber ebenfalls schon imposante Schaufeln tragen. Außerdem hatte man noch einen wirklich alten Schaufler mit bereits recht schmalen, brettförmig ausgezogenen und relativ glatten Schaufeln bestätigt. Die Stangen wurden als kurz, aber kräftig und dunkel beschrieben. Das Geweih sollte etwas korbförmig ausgebildet sein.

Der Brunftplatz rückte näher. Die für einen Rotwildjäger doch recht eigenartige Rülpserei nahm zu. Bald verschwanden wir in einem kreisförmig gestalteten und über mannshoch mit Fichtenzweigen bestückten Schirm. Wenn wir das Reisig zur Beobachtung auseinander schoben, stand uns der Wind in das Gesicht.



Im Morgengrauen entdeckten wir unter zahlreichem Kahlwild den allenfalls achtjährigen Schaufler. Er brunftete in der unmittelbaren Nähe des Schirmes und wurde als noch nicht ausgereift befunden und pardoniert.

Bald darauf erkannten Krüger und ich den starken Damhirsch mit den hohen und breiten Schaufeln. Er hatte mindestens das Zielalter von acht Jahren erreicht. Das Geweih reizte durch Höhe und Stärke. Der Schaufler, der am Rande eines benachbarten Kiefern-Stangenholzes brunftete, war fortwährend in Bewegung. Er rülpste und trieb. Endlich verhoffte er hinter einer mächtigen Kiefer. Als sich der Träger verschob und frei wurde, schoss ich.

Das Wild stob davon. Der Brunftplatz war im Nu leer. Es gab keine Pirschzeichen im Anschussbereich. Auch die Kontrollsuche mit dem Teckel Krügers erbrachte keine Anhaltspunkte für einen Treffer. Ich hatte gefehlt und fragte mich vorwurfsvoll, warum ich eigentlich bei diffusem Licht auf den Träger geschossen hatte, zumal der Morgen noch vor uns lag.

Mein Begleiter blieb trotz des Malheurs gelassen. Er lud mich freundlich zu einer zweiten Sitzung in der Manege ein, denn nach seiner Erfahrung würde das Wild bald zurückkehren und der Brunftbetrieb wieder einsetzen. So verschwanden wir erneut im Schirm und nahmen auf „Kiefernröllern", den „Polstermöbeln des Etablissements", Platz.

Es war kaum eine halbe Stunde nach Schuss und Suche vergangen, als die ersten Schaufler wieder auf dem Brunftplatz erschienen und sich im nahen Stangenholz Kahlwild zeigte. Doch uns elektrisierte ein kurzer Rülpser und das Knacken eines Astes in der unmittelbaren Nähe des Schirmes. Über den Pirschsteig wechselte Wild. Es war der angesagte alte Schaufler, der klein, aber bullig wirkte und mit schiebendem Gang den muskulösen Körper bewegte. Der Hirsch war liebestoll, er zog gegen den Wind und missachtete unsere Wittrung, er überquerte unsere frischen Spuren ohne Reaktion. Erst im Zentrum des Brunftplatzes verhoffte der Schaufler und sicherte.

Sofort nach dem unverhofften Auftauchen des alten Hirsches hatte ich zur Waffe gegriffen und Krügers fragenden Blick mit einem Nicken beantwortet. Die Spitze des Stachels im Zielfernrohr verharrte auf dem Blatt des Schauflers, als er die Umgebung prüfte. Im Knall des Schusses schnellte der Alte empor und stürmte flacher werdend in die jüngeren Kiefern hinein. Ich war gut abgekommen, und der Hirsch hatte gezeichnet. Der Schaufler musste die Kugel haben.



Aber Pirschzeichen fanden sich auf dem zertretenen Boden nicht. Auch der Teckel vermochte uns nicht zu helfen. Doch ich war mir meiner Sache sicher. Während Krüger mit dem Hund nochmals den Anschussbereich kontrollieren wollte, sollte ich ein „bergab" führendes Gestell im Stangenholz abfährten und dann „hangauf" an der Außenkante des jungen Holzes mit den Augen vorhinsuchen.

Im schwachen Bestand entdeckte ich weder Schweiß noch Knochensplitter, auch im Grenzbereich der ungleichaltrigen Hölzer sah ich keine Pirschzeichen, und Krüger meldete sich nicht. Es war alles wie verhext. Oder sollte etwa die rötliche Verfärbung am Grasbüschel voraus abgestreifter Schweiß sein? Ich kontrollierte sicherheitshalber die Konsistenz der Farbvariante und siehe, es war Schweiß, Lungenschweiß gar! Just als ich zu einem Jubeljauchzer ansetzte, um all den angestauten Frust auszustoßen, rief auch Krüger das erlösende Wort „Schweiß!"

Der Rest war Routine. Wir gingen die Wundfährte aus. Der Schweiß nahm ständig zu. Der Teckel wedelte mit der Rute, er ahnte das Ende „seiner" Suche. Mit gutem Blattschuss war der Schaufler noch 220 Meter gegangen. Offensichtlich hatte sich die Decke zunächst über Ein- und Ausschuss gezogen, den Austritt von Schweiß vorübergehend verhindert. Jetzt aber glitten meine Hände über die dunklen, brettförmig ausgezogenen Schaufeln. Ich hatte meinen Abschiedsschaufler erlegt. Sein Geweih ist nicht kapital, aber markant, und mit Sicherheit war der Hirsch 10 bis 11 Jahre alt. Krüger gratulierte, und auch der Dezernent Hartwig, der den Schuss beim Ansitz gehört hatte, kam auf den Rülpser-Barch. Da standen dann drei mecklenburgische Forstleute in der wärmenden Morgensonne und freuten sich vor dem gestreckten Hirsch über den jagdlichen Erfolg.

Gewiss, jagdlich beansprucht die Damwildbrunft am Rülpser-Barch den Jäger nur wenig. Er tritt kaum in Aktion. Das bei der Rotwildbrunft so reizvolle Angehen des schreienden Hirsches ist kaum möglich. Am Rülpser-Barch muss man Geduld besitzen, warten können, bis ein zum Abschuss vorgesehener Schaufler freisteht. Und natürlich muss der Schütze diesen dann auch treffen. Dennoch, die Brunft des Damwildes auf dem flachen Hügel ist faszinierend. Man erlebt das Brunftgeschehen ebenerdig hautnah, wird geradezu mitgerissen von der pulsierenden Strömung des Lebens.



Am Nachmittag des erfolgreichen Jagdtages fuhr ich nach Grammertin, einem kleinen Ort unweit der Straße von Fürstensee nach Wokuhl. Ich wanderte bei herrlichem Sonnenschein durch die herbstlich getönte Flur am Lutowsee. Später stand ich vor dem erhaltenen gebliebenen Gutshaus. Es ist ein schlichter Ziegelbau, der allerdings durch den Lauf der Zeit gelitten hat.

Hier waren einst die Brüder Werner und Hans-Bernd von Haeften ein- und ausgegangen. Sie gehörten dem Widerstand gegen Hitler an. Werner von Haeften war als Oberleutnant Adjutant des Obersten Claus Graf Schenk von Stauffenberg, dem Auslöser des Attentats vom 20. Juli 1944. Beide wurden mit dem General der Infanterie Friedrich Olbricht und dem Oberst i. G. Mertz von Quirnheim in der Nacht nach dem missglückten Anschlag in Berlin im Hof des

Allgemeinen Heeresamtes (Bendler-Block) „auf Befehl von Generaloberst Fromm ohne Standgerichtsverfahren und -urteil erschossen" (Georgi, 1988). Hans-Bernd von Haeften wurde am 15. August 1944 vom berüchtigten Volksgerichtshof zum Tode verurteilt und noch am selben Tag hingerichtet.

Deutschland trägt an der Last von zwei Diktaturen, der braunen und der roten. Ihre Schatten sind lang.

In Mecklenburg-Vorpommern fand ich entlang der Straßen die Spuren Alexander von Bülows. Aber ich entdeckte bei meinen Fahrten durch das weite Land nicht nur die schon fast verwachsenen Pfade des passionierten Forstmannes und Jägers. Ich blickte in die Tunnel der Alleen und erkannte im Schatten der Bäume die Umrisse untergegangener Herrenhäuser und in Gedanken begleiteten mich die Gutsherren auf ihren Pferden, die Bauern und Tagelöhner. Erntewagen, Hochzeitskutschen und Leichenzüge rollten an mir vorüber. Soldaten, Gefangene, Kranke und Hoffnungslose, Mädchen und Buben, Männer, Frauen und Greise kreuzten meine Wege. Ich sah den Tross der Heimatlosen und die Kolonnen der Sieger. Ich entdeckte Vergessenes, belebte Vergessene und weiß, dass auch ich einst vergessen sein werde.

# Unweit der Griesen Gegend

Im Herbst 1995 weilte ich erneut in Mecklenburg. Standquartier war meine frühere Bleibe in Mirow. Ich hatte das vertraute Dorf in einer „zügigen Passatdrift ohne Blitz" am 8. November erreicht.

Der nächste Tag führte mich vom Lewitz-Rand nach Zarrentin, wo die Landesforstverwaltung im „Schaalseehotel" ein Holzmarktkolloquium veranstaltete. Zahlreiche Holzkäufer waren als Gäste erschienen. Vorträge und Diskussionen wurden ein voller Erfolg für die Verwaltung und meinen Nachfolger.

Zarrentin, die kleine Landstadt, erinnerte mich an ein Aalessen. Es fand 1992 oder 93 statt und bildete den Beschluss eines größeren Holzgeschäftes. Den noch warmen Spickaal kauften wir beim Fischer am Schaalsee, die Brötchen beim Bäcker vor Ort. Und dann gab es Aal satt aus der Hand, dazu im Wechsel Korn und Bier. Oewer hulpen hett dat Supen ok nich. De Aale kröpen fuurts wedder rut.

Dem Kolloquium folgte anderentags die „Forst- und Holzjagd" im Forstamt Schildfeld. Der herrschaftliche und nach der Wende teilweise renovierte Backsteinbau des Amtes wurde um 1890 errichtet. Das parkartige Umfeld, der so genannte „Botanische Garten", entstand schon 1863 und rundet zusammen mit der 300-jährigen Eichen-Allee das Ensemble aus Forstamtssitz und reetgedeckten Wirtschaftsgebäuden harmonisch ab. Diese Anlage ist fürwahr ein ansprechender Platz zur Begrüßung und zum Legen der Strecke.

Morgens war das Wetter trübe und nasskalt, aber dann mauserte sich der Tag. Der Wind vertrieb die Wolken, und die Sonne schien. Der Herbst offenbarte seine farbenfrohe Herrlichkeit unweit der Griesen Gegend. Hundegeläut und Treiberstimmen erklangen, und immer wieder fielen Schüsse.

Vielleicht hatte die Jagdleitung für das wildreiche Revier der Treiberinnen und Treiber zu viele aufgeboten. Im Revier Schildfeld kann man fast überall auf Damwild, Sauen und Rehe stoßen. Es bedarf keiner großen Unruhe, um die Rudel, Rotten und Sprünge auf die Läufe und vor die Schützen zu bringen. Es genügen daher sicherlich wenige ortskundige Störer, um die Wildbahn zu beunruhigen. Selbst Sauen werden locker, wenn sich die fast lautlose Störung im Treiben wiederholt.

Im Forstamt Schildfeld hat auch Rotwild seinen Einstand. Doch wurde es nicht zum Abschuss freigegeben. Der Bestand ist stückzahlmäßig gering. Er darf aber aus forstwirtschaftlicher Sicht auch nur geringfügig anwachsen. Voraussetzung ist, dass der sicherlich überhöhte Damwildbestand gleichzeitig verringert wird. Man kann nicht alles zahlreich haben: Rotwild, Damwild und Rehe, wenn der Wald, die Heimstatt des Wildes, gedeihen soll.

Bejagt wurden in der Revierförsterei Schildfeld in zwei Treiben rund 1000 Hektar. Schon am frühen Nachmittag endete die Jagd. Etwa 50 Jägerinnen und Jäger hatten in knapp vier Stunden mit 87 Schüssen 44 Stücke Wild erlegt. Zur Strecke kamen 25 Stück Damwild, 11 Sauen, 7 Rehe und 1 Fuchs. Gäste und Jagdleitung freuten sich über den erfolgreichen Jagdtag.

Im ersten Treiben sah ich nur einen Überläuferkeiler. Er überfiel hochflüchtig eine schmale Schneise. „Hube-Schwerin“ erlegte ihn im hohen Holz. Auch im zweiten Treiben des Tages verhielt sich Diana mir gegenüber reserviert. Eine flüchtige Ricke und ihre beiden Kitze ließ ich passieren. Später wechselte in großer Entfernung eine Bache mit einem Frischling durch das vorgelagerte Fichten-Altholz. Ich ging nicht in Anschlag.



Erst als sich kurz vor dem Abblasen zwei Frischlinge durch das mich umgebende Bruch davonstehlen wollten, hob ich die Büchse. Die Sauen erreichten noch das etwas höher gelegene Buchen-Stangenholz, dann fiel der Schuss. Im Knall ruckte der vordere Frosch, wurde unsicher auf den Läufen und brach vor einem Graben zusammen.

Der Rottenkamerad stürmte wie von einer Tarantel gestochen über das benachbarte Feld. Aber er kam nicht weit. Im angrenzenden Holz stoppte ihn Hube, der auch in diesem Treiben mein unsichtbarer Nachbar war, mit sicherem Schuss.

Den Sonntag des „Kurzurlaubes“ verbrachte ich in Bennin. Die Gemarkung dieses abseits der großen Straßen gelegenen Dorfes prägt die Landschaft der „Möllner Sander“, flache Sanderflächen wechseln mit kuppigen Grundmoränen ab. Sie sind Reste des

*Das Forstamtsgebäude des Forstamtes Jasnitz kündet von der Bedeutung und dem Ansehen der Forstverwaltung im Großherzogtum Mecklenburg-Schwerin.*

„Warthe-Vorstoßes" der „Saale-Eiszeit". Dementsprechend hat der Boden im Moränenbereich auch „Fett", er ist reicher als der „Streusand" der Griesen Gegend.

Ich suchte eine „Scheune", die Behausung von Paul Eckler, eines Bürgers der Hansestadt Hamburg und Diplomaten, der mit seiner Familie das „einfache Leben" auf dem Lande sucht. In der Lüneburger Heide, auf seinem Besitz in Grauen, hat er wie sein dortiger Nachbar, der Hamburger Unternehmer Haymo G. Rethwisch, in Fintel, viel für wildlebende Tiere getan. Auch in Mecklenburg-Vorpommern wollen die beiden Hanseaten Landschaft bewahren und gestalten, Wild hegen und bejagen oder wie Rethwisch über die boco-Stiftung in der Wildtier-Forschungsstation auf Gut Klepelshagen sogar wildbiologische Forschungen initiieren und finanzieren.

Die Scheune Ecklers – tatsächlich eine neue Scheune! – fand ich am Rande von Bennin. Sie liegt umgeben von Wiesen am Fuße eines bewaldeten „Berges". Im Inneren ist der Bau ein Kleinod, er vereint im Wohntrakt norddeutsche Distanz und plattdeutsche Wärme. Es wurde ein gemütlicher, besinnlicher Nachmittag, das Gespräch bei Tisch und auf der Fahrt zur Jagd, die Stille beim Ansitz und am Feuer des Kamins.



Ich sah ein Rudel Damwild und einen Sprung Rehe. Ein Kitz hätte ich schießen können, aber ich mochte nicht. Ich lauschte dem Rauschen der ziehenden Gänse, dem vielstimmigen „Wiwiwa, wiwiwa, wiwiwa" des Fluges und dem „Gi, ga, gack – gack, gack", dem metallisch lauten Ruf.

An den letzten drei Tagen der Herbstreise nach Mecklenburg jagte ich im Forstamt Jasnitz. Dieses Amt liegt ebenfalls am Rand der Griesen Gegend. Die Hauptbaumart ist die Kiefer. Sie stockt überwiegend auf nährstoffärmeren Sanden. Bessere Standorte finden sich nur bei Picher. Hier dominieren Eiche und Buche. Auf feuchten Partien sind Bruchwälder angesiedelt, geprägt von Roterlen, Birken und Stieleichen, hier und dort lugen auch einzelne Fichten hervor. Gerade diese Forstorte sind es, die einen bezaubernden Reiz von Ursprünglichkeit ausstrahlen und für den kargen Kiefernwald eine nicht zu unterschätzende Biotopbereicherung darstellen.

Das Forstamt Jasnitz, zu dem wie beim Forstamt Schildfeld ein eindrucksvoller Gebäudekomplex als Amtssitz gehört, zählt zu den jagdlich bekanntesten Forstämtern des Landes Mecklenburg-

Vorpommern. Bis 1945 waren Teile des Amtes mit einem Wildzaun umgeben, der den ehemals großherzoglichen Wildpark begrenzte.

In der Wildbahn von Jasnitz ziehen wie in früheren Jahren Damwild, Sauen und Rotwild ihre Fährten. Auch Rehwild ist vertreten. Das Damwild überwiegt bei weitem. Sein Bestand ist überhöht. Er wird daher reduziert. Die Jasnitzer Schaufler waren und sind berühmt. Sie zogen Jagdgäste an. Auch heute sind sie Ziel des Begehrens vieler Jäger.

Forstrat Baum, damals Leiter des Forstamtes und heute Referent der Landesforstverwaltung, wies mich zur Jagdausübung in die Revierförsterei Lüblow ein, in der ich schon 1993 unter Forstamtsleiter Dr. Schorcht und Revierförster Martin Haak, einen Kenner des Damwildes, gejagt hatte. Nun bemühte sich der junge Forstinspektor Prüß um mich, und ich spürte, dass mir auch die verjüngte Forstamtsleitung und -mannschaft wohl wollte.

In erster Linie beabsichtigte ich Damwild zu bejagen, aber auch den Sauen galt mein Trachten. Prüß hatte drei Hochsitze für mich ausgewählt. Zwei davon standen am Rande verwilderter Wiesen und in der Nähe von Schilfgürteln. Dort steckten die Sauen, aber ich sah sie nicht. Sie kamen offensichtlich spät und wechselten früh in den Einstand.



Dafür beobachtete ich reichlich Damwild. Schon am ersten Abend schoss ich ein Hirschkalb, nachdem ich zuvor bei sinkender Sonne im diffusen Gegenlicht ein Kalb gefehlt hatte. Am nächsten Nachmittag fiel ein Schmaltier. Nur am letzten Morgen mochte es nicht. Ich sah zwar genügend Wild, aber das Kahlwild kam mir nicht schussgerecht.

Doch ich war glücklich über die Tage des Alleinseins. Die Augen hafteten an der urigen Landschaft und folgten den Gänsen, wenn sie in der Frühe zu den Äsungsplätzen flogen oder abends zu den Seen und Teichen zurückkehrten. Hunderte von Gänsen waren manchmal über mir, erfüllten die Luft mit Flügelschlag und Rufen. Mecklenburg ist nicht nur ein Land der Buchendome und Kiefernbackstuben, es ist auch ein Königreich für Gänse.

# *Forstamt Schuenhagen – eine Perle*

Wenn man die Jägerschaft der Bundesrepublik Deutschland über das Forstamt Schuenhagen befragen würde, wären höchst unterschiedliche Antworten zu erwarten. Die meisten Jägerinnen und Jäger würden es wahrscheinlich nicht kennen. Einige Mitglieder der Grünen Zunft, die das Buch „Verklungen Horn und Geläut“ von Wolfgang Frank (1992) gelesen, aber den Inhalt nicht mehr genau im Gedächtnis haben, könnten den Ort irrtümlich mit der Halbinsel Darß in Verbindung bringen, denn im Mittelpunkt der von Frank geschriebenen Chronik, steht der Forstmeister Franz Mueller-Darß, dem Schuenhagen einst Heimat war.

Doch Schuenhagen liegt nicht auf dem Darß, sondern westlich von Stralsund in der Nähe von Velgast. Das Forstamtsgebäude steht unmittelbar an der Barthe. Franz Mueller, der zeitweise in diesem Haus lebte, schätzte den schlichten Bau nicht sonderlich. Er bedachte ihn mit sarkastischen Kennzeichnungen wie „ein roter Ziegelkasten scheußlichsten preußischen Fiskalstils“ oder „ein Denkmal bürokratischen Ungeschmacks“.



1902 war Forstmeister Hans Mueller, der Vater von Mueller-Darß, vom Forstamt Lonau bei Herzberg im Harz nach Schuenhagen versetzt worden. Er leitete das dortige Forstamt zwanzig Jahre und war weit über Vorpommern hinaus als tüchtiger Revierverwalter und erfahrener Rüdemann bekannt. Hans Mueller war Gründungsmitglied des Vereins Hirschmann, der am 17. Juni 1894 in Erfurt gegründet wurde.

So sind es wohl vor allem die Hirschmänner, die aus der von Wilhelm Puchmüller (1982), Springe, geschaffenen Chronik des Vereins Hirschmann den Namen des Forstamtes Schuenhagen und seine Lage kennen. Auf Hans Mueller stößt man in der Geschichte des Vereins Hirschmann bis 1924 fast alljährlich und Schuenhagen wird mehrfach erwähnt. Auch fand die Ortsbezeichnung als Zwingername Verwendung.

Der pensionierte Forstmeister Mueller starb am 3. Dezember 1924. Er ruht im Forstort „Buxholz“ des Forstamtes Schuenhagen auf dem kleinen Waldfriedhof seiner Familie. Die Grabstätten haben die wechselhaften Zeiten überstanden, sie wurden und werden von vorpommerschen Forstleuten gepflegt.

Nachfolger von Hans Mueller in Schuenhagen wurde Forstmeister Richard Kanzow. Ihm oblag die Leitung des Forstamtes von 1922 bis 1932. Zuvor war er Forstamtsleiter in Neuenstein im Regierungsbezirk Kassel. Den ehemaligen Dienstsitz dieses inzwischen aufgelösten Forstamtes, eine Burg, passiert der Reisende auf der Bundesautobahn 7 rechter Hand, wenn er von Kassel kommend den „Pommer“ gen Süden hinabfährt. Forstmeister Kanzow wurde seinerzeit aus Gründen der Fürsorge von Kurhessen nach Vorpommern versetzt. Er hatte einen Wilderer erschossen und sollte vor Racheakten geschützt werden.

Schuenhagen galt schon zu Zeiten der DDR auf Grund seiner zahlreichen Bestände mit Edellaubhölzern als eine der Perlen des Waldbaues. Man kann es in etwa mit dem ebenfalls an Edellaubholz reichen Universitätsforstamt Eldena, vor den Toren von Greifswald gelegen, vergleichen. Der Erhalt des beachtlichen Wertholzvorrates in beiden Forstämtern ist das Verdienst von Forstleuten, die diese einmaligen Zeugnisse leistungsfähiger Standorte und waldbaulichen Feingefühls in der Zeit der Teilung Deutschlands nicht der Devisenbeschaffung opferten.

Die Waldfläche des Forstamtes, die derzeit rund 6 200 Hektar mit einem Anteil von 58 % Landeswald umfasst, wird ab 1998 durch Flächenzugänge aus dem benachbarten Forstamt Eixen, das aufgelöst wird, auf über 10 000 Hektar ansteigen. Da auch die Zugangsflächen über wertvolle Laubholzbestockungen verfügen, wird Schuenhagen dann eines der größten und bedeutendsten Laubholzforstämter Mecklenburg-Vorpommerns sein.

Das Laubholz profitiert von den reichen oder kräftigen Böden, die 70 % der Fläche des Forstamtes einnehmen. Sie sind vor allem im Bereich der Grundmoräne zu finden, die besonders die Reviere Lendershagen und Jakobsdorf prägt. Neben Buchen und Eichen sind daher dort auch Berg- und Spitzahorn, Esche, Kirsche und Flatterulme zahlreich und mit hohen Wertholzanteilen vertreten.

Das Defizit der Niederschläge, die jährlich nur 600 mm erreichen, wird durch einen überdurchschnittlich hohen Grundwasserstand weitgehend ausgeglichen. Die mineralischen und organischen Nassstandorte dominieren. Sie bewirken auch, dass die Roterle, die in Mecklenburg-Vorpommern Stammholz von hoher Güte liefern kann, in Schuenhagen ebenfalls zu den nennenswerten Baumarten zählt.

Aber es gibt auch Sanderflächen mit mäßig nährstoffhaltigen oder gar armen Böden im Bereich des standörtlich so gesegneten Forstamtes. Diese Flächen bereichern jedoch mit ihrem von den Standorten der Grundmoräne abweichenden Bewuchs Flora und Fauna.

Das Spektrum der Biotope ist vielfältig und dementsprechend beeindruckt auch die Artenvielfalt der vorkommenden Pflanzen und Tiere. Kraniche, Enten und Gänse verschiedener Arten sowie Sing- und Höckerschwäne kann man beobachten. Der Seeadler ist präsent und der Fischotter anzutreffen. Beim Schalenwild überwiegt das Rehwild. Es lebt vielfach verborgen im „grünen Dschungel". Sauen gibt es häufig und auch ein stückzahlmäßig begrenzter, aber durch körperlich kräftige Individuen auffallender Rotwildbestand ist vorhanden. Die Hirsche tragen starke, ja gar kapitale Geweihe, und mancher Bock imponiert mit einer massigen Krone.



Im Wald entstehen kaum Wildschäden durch Schalenwild, denn die Lebensräume sind äsungs- und deckungsreich. Auch dürfte die Störung des Wildes durch Waldbesucher gering sein, da Mecklenburg-Vorpommern das dünnbesiedeltste Bundesland der Bundesrepublik Deutschland ist, und der Tourismus sich vor allem auf den Nahbereich der Ostseeküste und der großen Seen erstreckt.

Schuenhagen ist nicht nur eine forstliche Perle, es ist auch ein Juwel für wildlebende Tiere und ein jagdliches Paradies. Seine Welt ist offensichtlich (noch) in Ordnung. Die aus der Qualität des Lebensraumes resultierende Lebensraumkapazität ist ein bedeutender Eckpfeiler für das Beziehungsgeflecht zwischen Wald, Wild und Jagd. Der Lebensraum in Schuenhagen wird nicht durch „zuviel Wild" strapaziert, zumal die in den Wald einspringenden oder ihm vorgelagerten Felder dem Wild ebenfalls zur Äsung offenstehen. Dennoch sollte man die Entwicklung der Rehwildpolulation fortlaufend kontrollieren und diese Wildart erforderlichenfalls schärfer bejagen. Das gilt mit Rücksicht auf die Landwirtschaft auch für das Schwarzwild.

In diesem „Himmelreich auf Erden" wirkt seit 1992 der Forstmeister Peter Krüger als „Statthalter Gottes". Der etwas untersetzte, aber sehr behände und sensible Forstmann ist ein Waldbauer mit Gespür und ein akurater Verwaltungsbeamter. Er ist dem Schöngeistigen zugewandt und ein Künstler mit der Kamera. Und, was zumeist zunächst nicht unbedingt zu erwarten ist, Krüger jagt mit Passion, Eingebung und handwerklichem Können, er führt Gäste mit großer Umsicht zum Erfolg. Manchmal, wenn man ihn länger beobachtet, blitzt in seinen Augen der Schalk. Es ist nicht ratsam, den charmanten Plauderer zu unterschätzen. Unter dem jetzigen Forstamtsleiter hat sich auch die Forstamtsanlage zum Vorteil des Dienstgebäudes, das außen und innen renoviert wurde, gewandelt. Der „rote Ziegelkasten" hat an Format gewonnen.

Mitte Juli 1992 kam ich zum ersten Mal nach Schuenhagen. Ich prüfte die Holzeinnahme- und ausgaberechnung. Die Kontrolle verlief harmonisch. Am Abend ging es hinaus in das Revier Lendershagen. Dort sollte ich einem besseren Sechser nachstellen.

Der Sommer hatte sich erschöpft. Die vorangegangene Hitze wirkte nach, ein früher Herbst kündigte sich an. Auf vielen Feldern leuchtete schon das matte Gelb der Stoppeln, und im Wald färbte sich bereits das Laub mancher Bäume. Die Böcke begannen zu treiben.



So erwartete ich an einer verschwiegenen Erlenkultur recht hoffnungsvoll den „Achtuhrdreißig-Bock". Die Zeit ging dahin und überschritt die gesetzte Marke. Der Bock blieb aus. Nur ein fahles Alttier mit aufallend breitem Aalstrich äste entfernt im hohen Kraut. Spät zeigte sich eine Ricke und noch später erschien ein wohl zweijähriger Sechser mit relativ starken Stangen. Aber die Waffe blieb unberührt, diesen Bock wollte ich nicht. Als vor mir über der flachen Delle Nebelschwaden aufkamen und der Mond das Gewölk durchbrach, baumte ich ab. Krüger war enttäuscht, ich nicht. Ich freute mich auf eine neue Begegnung mit Schuenhagen.

Es dauerte vier Jahre, bis ich zurückkehrte. Nach der Blattzeit in Woitendorf fuhren Kurt Reulecke und ich 1996 aus dem Nordwesten Mecklenburgs nach Vorpommern. Schuenhagen war das Ziel. Während der Reise sangen wir überkommene Lieder der Bündischen Jugend oder übten uns im Waidgesang. Kurt kannte jeweils fast alle Strophen, während ich meistens nach dem ersten oder zweiten Vers verstummte. Mein Gedächtnis hat leider weder Gedichte noch Lieder vollkommen parat. „Ich habe eben mehr Hirn als du", sagte das „Brütärchen" und intonierte das Lagerfeuerlied: „Jenseits des Tales standen ihre Zelte …".

Manchmal sangen wir auf unseren Fahrten auch die „Internationale". Zuneigung für die Kommunisten verspürten wir dabei nicht, aber die Melodie nahm uns gefangen, diese mitreißende Tonwoge der Revolutionäre. Die Diktaturen der Neuzeit haben die Musik gern als Einstieg zur Betörung der Bevölkerung genutzt. Die „braunen und roten Vorsänger" pfiffen wie Rattenfänger das Lied der Verführung.

In Velgast bezogen wir Quartier im Gästehaus der Familie Tews und waren recht vergnügt bei guter Küche und bekömmlich leichtem Rotwein. Schon am Anreisetag ging es abends hinaus in das bekannte Revier Lendershagen, und Kurt hatte Erfolg. Er schoss auf schmaler Schluppe im „Kronholz" am „Waidmannsheil-Gestell" mit der ihm eigenen Präzision einen älteren Bock mit sauberem Blattschuss. Das Gehörn ist weit ausgelegt, aber es fehlt ihm die Masse. Uns jedoch genügte es, um weiter Rotspon zu trinken.

Am zweiten Tag saß ich bei Sonnenaufgang und zur Ulenflucht an einem Graben im Bereich der „Otternwiese". Das Wasser floss träge dahin. Immer wieder kontrollierte ich vom Hochsitz aus einen nahen „Otternausstieg", an dem Forstmeister Krüger einen Fischotter beobachtet hatte, als dieser einen starken Hecht „verspeiste". Ich hatte kein Glück, der Wassermarder „stieg nicht aus". Dafür sah ich mehrere Böcke, aber es waren alles Jünglinge, die sich im vom Wald umschlossenen Geviert tummelten.

So wurde die „Hauptkampflinie" zurückgenommen, und ich auf einem niedrigen Sitz an der „Grünen Schneise" im „Wolfshäger Holz" postiert. Eingetaucht in ein „Meer von Grün" überblickte ich eine etwa fünf Meter breite Schneise und ein paar Lücken im dichten Unterholz, das wüchsige Eichen, Eschen, Ulmen und Buchen sowie Berg- und Spitzahorn überschirmten. Angesagt war ein alter Bock mit wuchtigem Gehörn, unverwechselbar sollten seine langen und kräftigen Kampfsprossen sein. Bestätigt hatte ihn Forstreferendar Wulf Köhler, und der Forstamtsleiter kannte ihn auch. Seinen Einstand nahm der Sechser durchweg in einem nahen Horst gut mannshoher Fichten. Auf dieses „Wohnzimmer" für Sauen, die zur Zeit im Feld stecken würden, sollte ich besonders achten.

*Oben: Der brave Sechser von der „Grünen Schneise“, Forstamt Schuenhagen, Blattzeit 1996.*
*Unten: Das Forstamtsgebäude Schuenhagen in Vorpommern ist renoviert und gepflegt, kein „Denkmal bürokratischen Ungeschmacks“ mehr.*

Ich tat wie mir geheißen und drehte den Kopf im Halbkreis von links nach rechts und von rechts nach links. Nur am Fichten-Jungwuchs ließ ich beim Rechtsdrall den Blick etwas länger verweilen. Einmal sah ich weit entfernt ein Reh über die Schneise huschen. Es war das einzige Stück Rehwild, das sich mir in den drei Stunden zeigte.

Als sich schon die Sonnenstrahlen durch das Geflecht der Äste fingerten und den Sieg des Tages über die Nacht verkündeten, entdeckte ich plötzlich linker Hand neben mir im grünen Blattgewirr den Kopf eines Rehes. Es äugte zurück und siehe, da näherte sich ein leicht fahles Stück. Auf einer freien Stelle erkannte ich, dass es ein Bock war, auf der nächsten Lücke stellte ich fest, dass der „Steckbrief" zu ihm passte. Unverkennbar prägten die dominanten Kampfsprossen das respektable Sechsergehörn. Als der Körper des Bockes sich über eine winzige Blöße schob, schoss ich – und traf einen Ast. Für den Rest des Tages war ich ungenießbar, ich trank nicht einmal den beruhigenden Roten.

Abends stierte ich in das stille Wasser des Grabens an der Otternwiese, und nachts wälzte ich mich im Bett. Am frühen Morgen hatte ich Mühe, den späten Schlaf abzuschütteln. Wenig später hockte ich aber erneut auf dem Sitz an der Grünen Schneise und konzentrierte mich ausschließlich auf die einsichtbare Randzone der „Weihnachtsbäume". So entging mir das brunftige Schmalreh des vorausgegangenen Tages nicht. Ihm folgte wieder der Bock mit der fahl getönten Decke und den auffallend langen und starken Vordersprossen. Das Reh war schon im Buchen-Unterstand verschwunden, als sich sein Freier der Deckung näherte. Jetzt galt es. Ich rief den Sechser an und schoss, als er verhoffte. Der Bock blieb im Feuer. Der Einschuss saß auf dem linken Blatt, der Ausschuss hatte den Stich geöffnet. Dieses Mal packte mich das Jagdfieber erst beim Griff in die Krone. Ich hatte einen meiner besten Böcke erlegt.



Kurts Schlaf in den Sonntag – er war nicht hinausgegangen – wurde unsanft beendet. Danach verständigte ich Revierförster Helm, der noch seinen Enkel, einen liebenswerten Knirps, herbeirief. Zu viert fuhren wir dann in den Wald, um den Bock zu holen.

Zum Abschluss lagen drei Böcke auf der Strecke, denn Kurt hatte auf der „Großen Wolfshäger Wiese" am Wolfsbach noch einmal Erfolg gehabt. Das Gewichtl seines zweiten Bockes gleicht der Krone meines starken Sechsers. „Vater und Sohn" könnte man meinen. Der letzte Abend vor der Rückreise vereinte die Gastgeber aus Stralsund und Schuenhagen mit den Erlegern bei Tews. Es war eine frohe Runde.

Mit den Fehlschüssen, die ich verursache, habe ich meine Last. Sie sind zwar nicht so häufig oder gar ein persönliches Kennzeichen, wie meine Erzählungen Kritikern vorgaukeln könnten, aber sie sind ärgerlich. Da besitzt man jagdliches Gespür und verfügt über solides Handwerkszeug, aber doch mangelt es beim Abschluss der jagdlichen Handlungen manchmal an Selbstzucht. Jeder, der viel (und erfolgreich) jagt, schießt auch vorbei, aber man kann Fehlschüsse reduzieren, wenn man die Passion zügelt und Weitschüsse trotz weittragender und gut schießender Waffen meidet. Ebenfalls sollten anderweitig riskante Schüsse unterbleiben. Immer, wenn ich diesen Maximen gehorcht habe, klappte es auf Anhieb. Die Tatsache, dass ich trotz des Fehlverhaltens einiges Wild – und zwar dass weitaus meiste – mit dem ersten Schuss erlegt habe, ist tröstlich, aber eben nur ein Trostpflaster.

Überwiegend treffe ich hochblatt. Schlechte Schüsse unterlaufen mir selten, denn die hoch angetragene Kugel bannt das Wild zumeist auf dem Anschuss. Krellschüsse kamen allerdings vereinzelt vor, verpatze ich den „Wildererschuss“, geht die Kugel ins Leere. 

Und noch etwas haben Jäger, mit denen ich zusammen jagte, bemerkt: Der Hopp trifft, wenn es schnell gehen muss. Das deckt sich mit meinen vorstehenden Ausführungen zum Malheur: Das Jagdfieber hat mich bei Chancen, die sich plötzlich ergeben, noch nicht erfasst. Es wallt aber auf beim langen Zuwarten.

# Knoblochsaue

Ein vortrefflicher Kugelschütze bin ich also nicht, aber trotz der erwähnten Fehlschüsse reichen die Ergebnisse wohl aus, um mir eine befriedigende Treffsicherheit zu attestieren. Anders verhält es sich hinsichtlich der Resultate beim Flintenschießen. Hier kann die Benotung allenfalls „ausreichend" lauten. Hersteller von Schrotpatronen verdienen an mir. Ich habe selten Gelegenheit gehabt, auf Niederwild zu jagen, allerdings auch nie eine sonderliche Neigung für große Gesellschaftsjagden auf Fuchs, Hase, Kaninchen und Fasan empfunden. Lediglich der Entenstrich reizt mich, aber dafür mangelt es im Jossgrund an konstanter Gelegenheit. Doch wurde allmählich mein Umgang mit der Flinte besser, wuchs das Vertrautsein mit der Simson-Doppelflinte des Kalibers 16/70, die ich 1976 erworben hatte. Aber das Trefferresultat verschlechterte sich rapide, als ich 1992 das schlichte Handwerkszeug verkaufte und mir dafür eine entzückende, ältere Suhler-Doppelflinte gleichen Kalibers zulegte. Diese gut erhaltene und elegante Waffe hatte früher eine Dame geführt. Mir liegt die Flinte trotz aller Bemühungen von Büchsenmachermeistern nicht. Unbegreiflicherweise liebe ich sie dennoch. Liebe kann man nicht erklären.



Im Jahr 1967 war ich zum ersten Mal Jagdgast in der Knoblochsaue, diesem urwüchsigen, am Rhein gelegenen Waldkomplex. Er ist im Süden dem Kühkopf, den einige Altrheinarme umfließen, benachbart. Beide Landschaftsteile sind im Naturschutzgebiet „Kühkopf" vereint. Mit etwa 2 500 Hektar ist es das größte Schutzgebiet im Hessenland.

Eingeladen zu der Treibjagd auf Niederwild hatte der spätere Leitende Forstdirektor Rudolf Graulich, der von 1968 bis 1978 die obere Forstbehörde und danach bis 1984 die Bezirksdirektion für Forsten und Naturschutz in Darmstadt leitete. Sein Nachfolger als Chef dieser Direktion wurde der heutige Abteilungsdirektor Gerhard

Dumm, der nach der Eingliederung der selbstständigen forstlichen Mittelinstanzen in die Verwaltung der zuständigen Regierungspräsidenten (RP) im Jahr 1988 die Leitung der Forstabteilung beim RP Darmstadt übernahm.

Graulich wollte mit der Jagdeinladung dem Schweißhundführer und Leiter einer Hochwildjagd eine Freude bereiten. Die freundliche Geste wurde ab und an wiederholt, wie auch sein Nachfolger Dumm entgegenkommenderweise an diesem Brauch festhielt. Denn in der Knoblochsaue freut sich der Jagdgast nicht nur auf das Jagen, sondern auch auf das Schüsseltreiben in der berühmt-berüchtigten „Saubucht", dem ehemaligen Saal für Versteigerungen von Holz und Nebennutzungen beim Forsthaus.

Da gibt es dann Bier und Knoblochsauer Zwetschenschnaps, wird Hausmacherwurst, Spickaal und geräucherte Forelle gegessen, Streuselkuchen verzehrt und Kaffee getrunken, da jauchzt die „Stradivari" des „Konzertmeisters" Heinz Leonhardt und singt der „Operettenstar" Martin Tümmler zu Tränen gerührt das Lied „Ein armer Fischer bin ich nur…". Und der Chor der Leeheimer Treiber wetteifert mit diesem bekannten Solisten. Selbst die uns schon vorangegangenen „Knoblochsauer Gardejäger" Kurt Schmidt und Heinrich Trüller, der eine „Dippelinsch" seligen Angedenkens und der andere weiland „Dirrigent" beim Kultusminister, treten aus dem Dunst des rauchgeschwängerten Raumes, und das Erinnern an die mit ihnen erlebten Stunden nimmt kein Ende.



Am 15. November 1967 wurden mit 14 Flinten 100 Kreaturen erlegt. Zur Strecke kamen 42 Hasen, 7 Kaninchen, 25 Fasanenhähne, 25 Hennen und 1 Rebhuhn. Ich brachte es mit meiner Bockbüchsflinte bei 25 Schrotschüssen lediglich auf 2 Hasen und war nach der Jagd recht deprimiert. Erst mehrere hochprozentige „Knoblochsauer" verklärten das Resultat.

Im Dezember 1974 kam ich immer noch mit der Bockbüchsflinte zur Jagd in die Knoblochsaue. Aber damals war die kombinierte Waffe zweckmäßig, denn Sauen sollten vorkommen. Auch beherrschte ich den Schrotschuss schon besser. Zwar brauchte ich noch 31 Schrotpatronen, um einen Fuchs, fünf Hasen und eine Henne zu erlegen, doch war ich damit immerhin schon nennenswert an der Gesamtstrecke beteiligt. Sie umfasste 9 Sauen, 1 Fuchs, 65 Hasen, 7 Kaninchen und 6 Hennen.

Zuvor hatte ich in den Jagdjahren 1968 und 1969 auf der Hammeraue im Forstamt Jugenheim bei zwei Jagden ein paar Fasanen geschossen. Im ersten Jahr brachte ich dort jeweils zwei Hasen, Hähne und Hennen zur Strecke. Das nächste Jahr gelang mir wiederum der Abschuss von vier Fasanen. Ein Hase rollierte zusätzlich.

Die Gockel in der Hammeraue kamen 1969 hoch und schnell. Als ich einen Hahn, der wie ein Jet die Luft durchschoss, in beachtlicher Höhe tödlich traf, bekam ich Beifall von den versierten Flugwildschützen Willy Grubel und Ludwig Rothmann. Die Anerkennung der beiden Landforstmeister wirkte beim jungen Forstmeister wie ein Ritterschlag, doch er blieb Knappe.

Mit dem allmählichen Niedergang des Hasenbesatzes, der Schrumpfung der Kaninchenpopulation und dem Rückgang der Fasanen nahm im Bereich der Knoblochsaue die Bedeutung des Schwarzwildes jagdlich zu. Es hatte sich zeitweise stark vermehrt. Das Rehwild blieb in der Aue, die reichlich Äsung und Deckung bietet, zunächst ebenfalls stückzahlreich. Heute – zu Beginn des Jagdjahres 1997 – haben die Bestände an Hasen, Kaninchen, Fasanen, Rehen und Sauen merklich abgenommen. Man freut sich, wenn wenigstens ein paar Schwarzkittel und einige Stücke weiblichen Rehwildes auf den Gemeinschaftsjagden zur Strecke kommen. Die Signale „Hase tot" und „Fasan tot" (bzw. „Flugwild tot") erklingen nicht mehr.



Die Ursache dieser betrüblichen Entwicklung ist sicherlich komplexer Natur, denn die Abnahme des Wildbestandes kann nicht nur eine Folge der außerordentlich großflächigen und hohen Überschwemmungen der Jahre 1978, 1980,1983 und 1988 sein. Derartige Überflutungen hat die Knoblochsaue schon immer hinnehmen müssen. Der Wildbestand litt dadurch nie für längere Zeit. Doch dürfte die ausgeräumte Landschaft im Umkreis der Aue im Verbund mit dem Einsatz von Spritzmitteln auf landwirtschaftlichen Nutzflächen dem Niederwild abträglich sein. Auch hat die Zunahme der vierbeinigen und gefiederten Beutegreifer sicherlich die abgesunkenen Populationen von Hase und Fasan weiter geschwächt, während beim Kaninchen die wiederkehrende Myxomatose das örtliche Vorkommen stückzahlmäßig begrenzte. Schließlich wurde die Bejagung von Hase und Fasan im NSG „Kühkopf" untersagt. Beim Schalenwild ist die Jägerei zu fragen, ob sie bei der Bejagung von Schwarz- und Rehwild die erforderlichen Eingriffe art- und biotopgerecht gestaltet hat. Dabei ist dem unterschiedlichen Aktionsradius der beiden vorkommenden Schalenwildarten ebenso Rechnung zu tragen wie dem Umstand, dass den Auewald eine hohe Lebensraumkapazität auszeichnet. Die Knoblochsaue, dieser einmalige Biotop, verdient es, dass man den Ursachen der Veränderungen im Wildbestand nachgeht.

1989, als das Schwarzwild schon das jagdliche Geschehen in der Knoblochsaue bestimmte, nahm mich Forstamtmann Leonhardt an einem Jagdtag beim Anstellen beiseite und kündigte mir einen hervorragenden Stand an. Nun ja, ich hörte die Lobpreisung, aber misstraute dennoch der Beteuerung. Der Revierleiter ist nämlich ein Schalk. Er „verkaufte" selbst „Lumpenplätze" als „Königsstände". Doch dieses Mal traf seine Ankündigung zu. Die „Salzlachschneise", an der ich unweit ihrer Kreuzung mit einem Waldweg angestellt wurde, bildet bei Treiben auf Schwarzwild eine Art „Hauptkampflinie". Die zugewiesene Position befand sich zudem in der Nähe eines stark angenommenen Wechsels, der zwei Verhaue, diesseits und jenseits der Schneise, miteinander verband.

Etliche Schüsse waren bereits gefallen, und das verhaltene, langgezogene „Hopp – hopp" der Treiber näherte sich der Schneise, als es im Unterholz brach und eine Rotte Sauen anwechselte. Die Bache war durch die Unruhe im Holz offensichtlich irritiert. Sie konnte sich nicht entscheiden, ob sie links oder rechts vom Wegekreuz die Deckung verlassen sollte. Schließlich brach sie rechts aus und überquerte hochflüchtig vor mir das Gestell. Dicht auf folgten ihr drei Frischlinge. Sie „flogen im Dreisprung" über die Schneise. Als der Wildkörper des ersten Frosches im 2½fachen Zielfernrohr meiner Nachsuchenbüchse auftauchte, schwang ich mit und krümmte den Zeigefinger. Die Sau rutschte im Schuss, aber flüchtete weiter. Blitzschnell repetierte ich, doch der letzte Frosch entkam. Ich fehlte ihn. Der zweite Frischling hatte sich unbeschossen retten können.



Das Keilerchen, das gezeichnet hatte, war nur noch wenige Meter geflüchtet. Es wies einen sauberen Blattschuss auf. Insgesamt hatten 21 Schützen mit etwa 30 Schüssen einen Keiler, zwei Überläufer und vier Frischlinge erlegt.

Während meines Aufenthaltes in Schwerin fuhr ich alle vier bis sechs Wochen über ein Wochenende in den Spessart. Zur Jagdzeit legte ich diese „Familienheimfahrten" möglichst so, dass sie mit der Teilnahme an einer Gesellschaftsjagd in Hessen verbunden werden konnten. Ich wollte den Kontakt mit hessischen Jagdfreunden nicht unterbrechen. Meine Frau hat beides akzeptiert. Dr. Schrötter meinte in seiner Laudatio aus Anlass meiner Verabschiedung aus dem Dienst des Landes Mecklenburg-Vorpommern sogar, sie hätte „die Unbill nur besuchsweisen Familienlebens in großen Abständen mit Verständnis, Geduld und Humor hingenommen".

Als ich jedoch am Samstag, dem 5. Dezember 1992, an unserem 39. Hochzeitstag, zur Saujagd in die Knoblochsaue fahren wollte, schmolz der Humor meines Weibes dahin. Aber der erbetene Dispens wurde mir schließlich dennoch gewährt. Meine Frau hat viel Nachsicht für ihren Mann aufgebracht. Einmal meinte eine Dame, dass der Hopp der best verheiratete Junggeselle sei. Das war wohl etwas indiskret und übertrieben, doch ich protestierte nicht. Ich lächelte lediglich leicht verlegen.

So reiste der „beurlaubte Ehemann" geschwind an den Rhein, wo in der Knoblochsaue teilweise blank das Wasser stand. Monsieur Leonhardt war besonders liebenswürdig, er wies mich in den Mittelabschnitt der Salzlachschneise ein. Hier konnte man immer mit Sauen rechnen. Leider zeigte sich nur wenig Schwarzwild. Es wechselte zudem außer Schussweite über das Gestell. Auf flüchtige Rehe wollte ich nicht schießen, und zwei Füchse schwenkten die Standarten, als sie den Ort der Gefahr ohne Gefährdung passiert hatten. Aber ein „dummes Schwein" gibt es immer, findet sich auch unter den allgemein intelligenten Sauen.



Ein Überläufer durchrann vor mir eine wassergefüllte Mulde, erklomm unbeschossen eine trockene Erhöhung und steckte sich dort im dichten Bewuchs. Als die Treiberwehr sich näherte, erschien das Schwein wieder am Böschungsrand, entdeckte mich und verhoffte erschrocken auf etwa 40 Meter Distanz. Dieser Moment reichte mir, um dem Kujel die Kugel hinter das beigedrehte Haupt anzutragen. Er verschwand mit einem „Überschlag" im aufspritzenden Wasser. Als das Stück noch schlegelte, gab ich ihm den Fangschuss. Die Treiber hatten Mühe, das „Wasserschwein", einen Überläuferkeiler mit 48,00 Kilogramm Wildbretgewicht, zu bergen. Die Strecke der Jagd umfasste zusätzlich 2 Frischlinge, 10 Rehe und 5 Füchse.

Einen Tag vor dem 40-jährigen Ehejubiläum wurde 1993 in der Knoblochsaue gejagt. Das Wetter war freundlicher als im Vorjahr

*Das Gemälde „Sichern am Dickungsrand“ von Fritz Laube soll daran erinnern, dass es die Alttiere sind, die ihre Kälber in die Zukunft führen und damit den Fortbestand einer Rotwildpopulation sichern. Die Bejagung der Alttiere hat daher äußerst sorgfältig zu erfolgen, sie ist eine Aufgabe für erfahrene Hochwildjäger. Als Jagdarten werden besonders der Ansitz und außerdem die Drückjagd empfohlen.*

und der Wald relativ trocken. Der Rhein führte kein Hochwasser. So rechnete die Jagdleitung mit mehr Sauen als 1992. Ich stand wieder auf der Salzlachschneise, allerdings „allein auf weiter Flur“ und mitten im Treiben, das man gegenüber den vorangegangenen Jahren vergrößert hatte. Zunächst spielte ich „Vorstopper“, das Treiben kam auf mich zu, dann hatte ich die Schneisenseite zu wechseln und auf „Rückgaben“ zu achten.

Es waren erst wenige Schüsse gefallen, als die Treiber die Salzlachschneise erreichten und sich neu formierten. Just hatten sie sich wieder in Bewegung gesetzt, als wütender Standlaut erklang. Die Hunde hatten Sauen gefunden, stellten und sprengten die Rotte. Zahlreiche Schüsse fielen in kurzen Abständen. Die Schwarzkittel waren auf den Läufen und versuchten auszubrechen. Ich beobachtete aufmerksam den Hauptwechsel und erhaschte im Unterholz eine Bewegung.

Ein hellrötlich gefärbter Frosch versuchte, sich davonzustehlen. Als der „Ausreißer“ die Schneise überfiel, rollierte er mit sauberem Schuss durch die Blätter. Der Winzling schlegelte noch, da versuchte „ein schwarzer Geselle“ sein Heil in einer rasanten Flucht. Kurz vor der Wegebegrenzung stoppte ihn jedoch eine Kugel hinter den Tellern. Meine Freude war groß, und sie wuchs, als ich feststellte, dass beide Frischlingsbachen, die 21 und 27 Kilogramm wogen, frische Streifschüsse aufwiesen. Der einen hatte ein Geschoss im Bereich des letzten Rippenbogens die Schwarte aufgerissen, während der anderen mit Blei das „Waidloch geputzt“ war.

Auch die Verursacher der „Kratzer“ freuten sich über meinen Erfolg, und die Korona war glücklich, dass es keine Nachsuchen gab. Die Jagdgesellschaft konnte ohne Aufschub mit dem Schüsseltreiben beginnen. Das Zwetschenwasser floss, denn sieben Sauen, drei Rehe und zwei Füchse lagen auf der Strecke.

Knoblochsaue, eine Reminiszenz an das alte, großherzogliche Darmstadt, verbunden mit Erinnerungen an die lustigen Treiben in der Saubucht und an Jagdfreunde, die waren oder noch unter uns weilen.

# *Rauher Berg und karger Mann*

Der Gemeinschaftliche Jagdbezirk Salmünster I firmiert ortsüblich unter dem Namen „Rauher Berg". Die Flächen dieses Buntsandsteinhöhenzuges bilden den östlichen Abhang der Alsberger Anhöhe. Der markanteste Punkt des Rauhen Berges ist der in 360 Meter Höhe gelegene Forstort „Jägerheilige".

Ursprünglich war das Revier vor allem von der Traubeneiche bestockt. Sie wurde früher überwiegend im Stockschlagbetrieb genutzt. Heute werden über 90 Prozent der Waldfläche vom Nadelholz eingenommen. Es dominiert die Kiefer, die örtlich in Mischung mit durchgewachsenen Eichen vorkommt. Der Wald befindet sich weitgehend im Eigentum der Stadt Bad Soden-Salmünster.

Abfallend zur Kinzig hin sind dem Forst kleine Acker- und Grünlandparzellen vorgelagert. Sie sind mit aufgeforsteten Grundstücken, vornehmlich Weihnachtsbaumkulturen, vermischt. Positiv für den Lebensraum sind auch die häufig eingesprengten Hecken. Der Revierteil in der Feldflur ist grenzlinienreich.



Insgesamt umfasst der Jagdbezirk knapp 490 Hektar. Rund 280 Hektar oder 60 Prozent werden vom Wald eingenommen. Etwa 130 Hektar (= 25 %) unterliegen noch der landwirtschaftlichen Nutzung. Auf die befriedeten Bezirke, die zunehmen, entfallen derzeit annähernd 80 Hektar (= 15 %).

Das Revier liegt im Rotwildgebiet Spessart. Die geschlossenen Waldflächen des Rauhen Berges enthalten Einstände für das Rotwild. Schwarzwild kommt ebenfalls als Standwild vor. Rehwild ist gut vertreten.

In den Jagdjahren 1968 bis 1988 wurden im Jagdrevier alljährlich im Durchschnitt ein Hirsch und drei Stück Kahlwild gestreckt. Seit 1989 hat die Jahresstrecke an Rotwild im Rauhen Berg erheblich abgenommen. In den letzten acht Jagdjahren kam durchschnittlich pro Jahr nur noch ein Stück Rotwild zur Strecke. Seit 1973 wurde im Rotwildgebiet Spessart die Reduzierung dieser Wildart konsequent betrieben. Sie hat auf großen Flächen gegriffen.

Die in das warme Kinzigtal hinabreichenden Felder und Grünlandflächen eignen sich standörtlich gut als Lebensraum für Hasen, Kaninchen, Fasanen und Rebhühner. Aber Hasen sind außerhalb des Waldes rar geworden. Fasanen kommen nicht mehr vor. Rebhühner werden nur noch selten beobachtet. Lediglich die Kaninchen flitzen weiterhin über die Sandwege und Teerstraßen im Revier. An der Kinzig ist die Jagd auf Stockenten reizvoll.

Dabei haben der langjährige Jagdpächter und sein Nachfolger alles getan, um die übermäßige Ausdünnung der Wildbestände zu verhindern. Die Bejagung der einzelnen Wildarten erfolgte schonend, und Biotopverbesserung wurde betrieben. Schon seit mehreren Jahren wird im Rauhen Berg die Jagd auf Hasen und Rebhühner nicht mehr ausgeübt. Beim sonstigen Niederwild bejagt man lediglich noch Kaninchen und Enten. Es stimmt sehr nachdenklich, wenn selbst noch relativ intakte Lebensräume und jagdliche Enthaltsamkeit bestimmten wildlebenden Tieren nichts mehr nützen, kein Refugium für sie begründen.

Pächter des GJB Salmünster I war seit 1968 Dr. med. dent. Ernst Böhle. Im Jahr 1991 trat der Sohn des Salmünsterer Zahnarztes, Jürgen Böhle, als Pächter in den Pachtvertrag ein. Vater und Sohn haben „ihre Jagd“ beispielhaft gestaltet und bejagt. Dabei handelten sie stets im Einvernehmen mit der Jagdgenossenschaft und dem bekannten, aber zwischenzeitlich aufgelösten hessischen „Eichen-Forstamt“ Bad Soden-Salmünster.



Dr. Böhle wurde auf Grund seiner Kenntnisse über die Hege und Bejagung des Rotwildes und seines Engagements für das örtliche Hochwild bald einer der angesehensten Mitglieder des Rotwildringes Rotwildgebiet Spessart (RRS). Er gehörte mit Oberamtsrat Karl Blume/Jossgrund, Dr. Egon Fuchs/Frankfurt a. M., Forstdirektor Helmut Kreusler/Sinntal, Rechtsanwalt und Notar Helmut Röder/Dreieich-Buchschlag, Unternehmer Karl Schneider/Wiesbaden-Naurod, Forstoberrat Helmut Thomé/Biebergemünd und dem Inhaber von Fleischereibetrieben Erich Zeiss sen./Hanau a. M. zu den Pionieren des RRS. Seine wildbiologischen Kenntnisse hatte Dr. Böhle im Rotwildgebiet Gieseler Forst erworben, wo er über 40 Jahre Pächter des GJB Rommerz war und vor allem Rot- und Schwarzwild im Mittelpunkt seines jagdlichen Interesses standen.

Als ich den Waldecker Ernst Böhle, der aus einer mit Forst- und Landwirtschaft verbundenen Familie stammte, durch Vermittlung von Karl Blume näher kennenlernte, wohnte er bereits allein. Seine Frau war 1966 gestorben und Tochter wie Sohn lebten außer Haus.

Allmählich fanden der „karge Mann“ vom Rauhen Berg, der mit Worten sparte, seine Gefühle oftmals verbarg und manchmal knapp und bestimmt sein konnte und der junge Forstamtsleiter aus dem Jossgrund zueinander. Das gegenseitige Verständnis wuchs, Vertrauen entstand, und es entwickelte sich eine späte, verlässliche Männerfreundschaft. Daher freue ich mich heute besonders, dass sich der freundschaftliche Verbund auch auf unsere Familien übertragen hat.

Manche Stunde verbrachte ich im Haus Böhles, zur Vesper vor dem Ansitz oder zum Nachtmahl nach der Jagd. Dann gab es als Spezialitäten des Metzgers und Gastwirtes Waldemar Zeller aus Jossa „rote Wurst“, Schinken, Blut- und Leberwurst sowie scharfen Käse und gut gehopftes Bier. Zum Ausklang tranken wir eine Flasche Wein oder Sekt, wobei der „Fürst von Metternich“ bald die Oberhand gewann. Die vom Freund bevorzugten schweren Weine mied ich möglichst, denn bei der Heimfahrt aus dem Kinzigtal über die „Wegscheide“ in den Jossgrund ging es bergauf und bergab und der Kurven auf der Strecke gab es viele. Besonders genussreich waren die Besuche zur Weihnachtszeit. Dann reichte Frau Anneliese Zeller, die dem „Doktor“ in der Sprechstunde und im Haushalt half, nach dem Essen köstliche Plätzchen. Das norddeutsche „Süßmaul“ delektierte sich.



Im Jagdjahr 1975 jagte ich erstmals im Rauhen Berg. Vater und Sohn Böhle hatten zu einer Streife im Feldteil des Revieres geladen. Ein Jäger mit Vorstehhund und ich waren ihre Gäste. Wir genossen das milde Licht der sommermüden Sonne und freuten uns, als auf einem Altarm der Kinzig Enten schnatterten. Beim Abstreichen wurden vier Breitschnäbel unsere Beute. Danach galt es den Rebhühnern. Mehrere Ketten lagen in den Rüben, auf den Stoppeln und im Bereich der Raine. Noch unbejagt hielten die Hühner gut. Zehn abstiebende Hähne und Hennen kamen an die Galgen.

Für das Revier war die Strecke gut. Das Quartett freute sich. Meine Freude war besonders groß, denn ich hatte mit 18 Schüssen vier Hühner und zwei Enten erlegt. Bei den Rebhühnern erzielte ich sogar eine Dublette. Das waren noch Zeiten: ausreichend Hühner im Revier und ein Hopp, der mit der Flinte traf!

Im selben Jahr fiel in dem GJB Salmünster I der „letzte Fasanenhahn". Er himmelte im Schuss. In der Erinnerung sehe ich noch heute den Erleger, den ehemaligen Nachbarn Paul, der ein ausgezeichneter Flintenschütze ist, den bunten Gockel aufnehmen und gegen die Sonne halten. Er betrachtete den Vogel längere Zeit, als ob er ahnte, dass ihm ein solcher Überraschungserfolg im Rauhen Berg nicht mehr beschieden sein würde. Aber die Jäger kann man für die heutige Wildarmut in den meisten Niederwildrevieren nicht generell verantwortlich machen, vielmehr sind es zumeist die veränderten Umweltverhältnisse und steigende Beutegreiferpopulationen, die die Wildbahn im Feld verarmen ließen.

Im nachfolgenden Jahr durfte ich im Rauhen Berg einen Rehbock bejagen. Eines Abends saß ich Anfang Juni an der großen, gut gepflegten Wildwiese des Reviers. Auf der Fläche ästen zwei Alttiere und ein Schmaltier. Ein Tier führte ein Kalb, das säugte. Außerdem vergnügte sich ein Mümmelmann auf der Wiese, und fünf Stück Rehwild zupften Klee. Unter den Rehen befand sich ein Sechser. Ich schätzte sein Alter auf zwei Jahre und pardonierte ihn darob.



Auch beim Rehwild bin ich ein Anhänger des „Altersklassenprinzips". Dabei folgte ich schon früh, inspiriert durch die Vorschläge von Ludwig Rothmann (1968) zur Reform der Rehwildbewirtschaftung, dem Gedankengut der hessischen Richtlinien für die Hege und Bejagung des Rehwildes (Der hessische Minister für Landwirtschaft und Forsten, 1987). Sie gliedern sowohl das männliche als auch das weibliche Wild in zwei Altersklassen. Die Jugendklasse setzt sich aus Bock- und Geißkitzen sowie Jährlingen und Schmalrehen zusammen. Die Altersklasse wird von den zweijährigen und älteren Böcken sowie den Ricken gebildet.

Die Bestimmungen des Landes Mecklenburg-Vorpommern (M-V) sind ähnlich, aber das männliche Rehwild ist in vier Altersklassen (A) eingeteilt. Außer den Altersklassen für Bockkitze (AO), Jährlinge (AIII) und alte Böcke (AI) enthält die Wildbewirtschaftungsrichtlinie (Der Landwirtschaftsminister des Landes M-V, 1993) noch die Altersklasse für mittelalte Böcke (AII). Sie umfasst die Rehböcke von 2 bis 4 Jahren. Bei der Abschussplanung, die nach Altersklassen erfolgt und vollzogen werden soll, werden die Altersklassen O und III sowie II und I zusammengefasst. Zweijährige Böcke sollen, soweit sie als solche ansprechbar sind, bei normaler Körper- und Gehörnentwicklung geschont werden. Für die mittelalten und alten Böcke können die Hegegemeinschaften – bezogen auf ihren Zuständigkeitsbereich – spezielle Richtlinien festlegen.

Persönlich halte ich die Regelung des Landes M-V bei den zweijährigen Böcken für akzeptabel. Außerdem begrüße ich die Einteilung der zweijährigen und älteren Böcke nach der Erlegung in mittelalte und alte Böcke. Diese Daten fördern die Transparenz des Altersklassenverhältnisses und sollten deshalb auch für die Ricken erhoben werden.

Keineswegs sollte aber das Altersklassenprinzip durch altersbezogene Vorgaben bei der Körper- und Gehörnentwicklung an Priorität verlieren. Der Rehbock ist zwar der „Hirsch des kleinen Mannes", aber das Rehwild ist kein Rotwild. Die Rehe haben nicht nur eine kürzere „Umtriebszeit" als das Rotwild, ihr Alter ist auch schwerer anzusprechen als das der Individuen der körperlich größeren und individueller ausgeprägten Wildart. Schließlich erfolgt die Geweihentwicklung bei den Rehböcken und Rothirschen jahreszeitlich unterschiedlich. Die Böcke bilden ihr Gehörn im Winter und zeitigen Frühjahr. Die Gehörne sind bei den älteren Böcken normalerweise bis Ende April verfegt. Die Hirsche beginnen mit dem Schieben des Geweihes nach dem Abwerfen der Stangen im späten Winter oder zeitigen Frühjahr. Die älteren Hirsche fegen ihre Stangen im Juli. Es ist offensichtlich, dass in strengen Wintern die Geweihbildung bei den Rehböcken durch die Äsungsverknappung und den erhöhten Energieverbrauch beeinträchtigt werden kann.



Ich weiß, dass die vorgetragene Auffassung von vielen Jägern nicht oder noch nicht geteilt wird. Freund Böhle machte mir nach derartigen Anmerkungen zur Erlegung eines Bockes stets Vorhaltungen, aber verweigerte mir nach Bekundung des Missfallens den Zutrunk nicht.

Doch zurück zur Bockjagd im Rauhen Berg, zum Abend an der „Großen Wiese". Die Dämmerung kam, es wurde still im Wald. Lediglich aus dem Kinzigtal drang das Rauschen der Züge zu mir herauf. Da vernahm ich hinter dem Hochsitz anziehendes Wild. Vorsichtig lugte ich über die Brüstung und erkannte ein Reh. Es bewegte sich im hohen Holz hangauf. War es ein Bock? Ja, auf einer kleinen Blöße konnte ich das Stück ansprechen: Der Durchzügler war ein Sechser mit hohen und weit ausgelegten Stangen. Es reizte mich, ihn zu bejagen. Aber bevor ich handeln konnte, war der Bock im Unterholz verschwunden.

Bald danach zog ein weiteres Stück Rehwild auf die Wildwiese. Es war der „Passant vom Hochsitz". Er hatte im Halbkreis die Äsungsfläche umschlagen und begann gegenüber vom Sitz zu äsen. Die Entfernung war weit, sie mochte 150 Meter betragen. Dazu schwand das Büchsenlicht, doch es konnte gerade noch reichen.

Der Umhang glitt von den Schultern. Er wurde als Unterlage genutzt. Als die Waffe fest im Loden ruhte, zielte ich sorgfältig und krümmte den Zeigefinger. Im peitschenden Knall des Schusses verschwand der Bock im Klee, floh das andere Wild in das nahe Kiefern-Altholz. Der erste Rehbock aus dem Rauhen Berg war mein. Die Höhe der Stangen, die weite Auslage und die markante Perlung prägen das Gehörn, nur die Stärke der Trophäe des 4- bis 5-jährigen Sechsers lässt zu wünschen übrig. Man kann nicht immer alles haben.

Von nun ab gab mir Ernst Böhle alljährlich einen Rehbock in seinem Revier zur Bejagung frei. Allerdings kam ich nicht immer zum Erfolg. Manchmal beschränkten Dienst, Nebenämter und Nachsuchen die Zeit. Trotz des Kopfschüttelns vom Jagdherrn erlegte ich auch geringe Jährlinge. Ihr Abschuss bereitete mir ebenfalls Freude. Leider verursachte ich auch zwei Laufschüsse. Die kranken Böcke kamen trotz langer Suchen nicht zur Strecke. Wer mehrfach Rehwild mit einem trockenen Vorderlaufschuss nachgesucht hat, kennt die Schwierigkeit eines derartigen Unterfangens.

Das Angebot, auch auf Rotwild im Rauhen Berg zu jagen, nahm ich nicht an. Der Jossgrund bot mir Gelegenheit genug, mich dieser Wildart zu widmen. Dagegen hätte ich die Abschusserlaubnis für Sauen gern erfüllt, doch mir kamen keine „Gesellen von der schwarzen Zunft". Ich jagte im Jagdbezirk Salmünster I meistens abends und baumte ab, bevor die Sauen rege wurden. Nur einmal hörte ich zur Ulenflucht das Rumoren einer zum Auswechseln drängenden Rotte. Sie bekam Wind und blieb in der Dickung.

Meinen letzten Rehbock im Revier über der Kinzig erlegte ich Ende Mai 1989. Der Beständer, schon von seiner Krankheit gezeichnet, ließ es sich nicht nehmen, mich vor Ort auf einen Bock mit

„Pendelstange“ einzuweisen. Ich schoss das „Einhorn“. Die Pendelstange über dem linken Licht erwies sich als verwachsener Anhang eines Rosenstockbruches.

Als ich den Bock versorgt und im Auto verstaut hatte, lenkte ich den Wagen zur Erfolgsmeldung in Richtung Bad Soden-Salmünster. Aber ich kam nicht weit, an einer Wegegabel saß Ernst Böhle. Er, der bereits selbst kaum mehr jagen konnte, war draußen geblieben, um „zu hören und zu sehen“. Der Freund hatte auf mich gewartet. Wir freuten uns beide über die Erlegung des Bockes mit dem abnormen Gehörn und mich berührte die Fürsorge.

1990 vermochte ich der Jagdeinladung nicht zu folgen. Anfang des Jahres hatten mehrere gewaltige Stürme in zahlreichen Wäldern Europas große Schäden verursacht. Ein Schwerpunkt der Verwüstungen war die Bundesrepublik Deutschland. Allein in Hessen fielen durch die Orkane Vivian und Wiebke und fünf andere starke Stürme 14 Millionen Festmeter Schadholz an. Wie bereits erwähnt, hatten auch die Waldungen des Spessarts empfindlich gelitten. Ich war daher dienstlich gebunden.

Mitte Dezember desselben Jahres fand im damals noch vom Ehepaar Harder geführten Villbacher „Jagdhaus Horst“, der Endstation zahlreicher Gesellschaftsjagden und Nachsuchen des Forstamtes Jossgrund, die Feier zum 80. Geburtstag Ernst Böhles statt. Die Familie und ihre Freunde scharten sich um den Jubilar. Es war eine sehr beeindruckende, den Gastgeber wie die Gäste berührende Zusammenkunft.



Danach griff die Krankheit wieder zu. Ende Januar 1991, Ernst Böhle sollte erneut ein Krankenhaus aufsuchen, besuchte ich den Freund in Salmünster. Wir ahnten die bevorstehende Trennung. Als ich ging, stand der karge Mann am Fenster und schaute mir nach. Wenige Tage später kam der Tod, mit ihm ging mein väterlicher Freund.

Dr. Ernst Böhle war im Forstamt Jossgrund ein gern gesehener Jagdgast, der auf Gesellschaftsjagden verantwortungsbewusst jagte und eine saubere Kugel schoss. Als er bei einer winterlichen Saujagd oberhalb des „Minenwerfergrundes“ irrtümlich eine Bache erlegte, war er unglücklich und äußerst unzufrieden mit sich. Mich dagegen reut es noch heute, dass ich ihn auf einer Nachsuche tadelte, als er eine kranke Sau vor dem fährtenlaut hetzenden „Arko“ auf 15 Meter

Entfernung unbeschossen passieren ließ. Bei aller körperlichen Anspannung als Schweißhundführer hätte ich mich zügeln und Nachsicht üben müssen. Der manchmal strenge und auf Benimm bedachte Freund verzieh mir.

# Im Steiner Wald und an der Mümling

In meinen Odenwälder Jahren (1958–1965) gehörte der verpachtete Staatliche Eigenjagdbezirk „Steiner Wald" zu den feinsten Adressen für eine Einladung zur Jagd auf Fuchs, Hase, Fasan und Kanin in Hessen. Der Auenwald, durch den die Weschnitz fließt, grenzt an den Rhein und wird von den Gemeinschaftlichen Jagdbezirken Biblis I, Nordheim und Wattenheim im Halbkreis umschlossen. In diesen Jagdbezirken kennzeichnet eine intensive Agrarnutzung die Landwirtschaft.

Die Reviere Steiner Wald und Biblis I befanden sich lange in der Hand von Bürgermeister Walter Karl Glaser, der im Frühjahr 1994 hochbetagt als Ehrenbürgermeister von Nordheim starb. Er war eine markante Persönlichkeit im hessischen Ried und nahm zahlreiche Ehrenämter in kommunalen Institutionen und landwirtschaftlichen Verbänden wahr. Außerdem war Glaser Mitglied des Jagdbeirates bei der Oberen Jagdbehörde.



Wer zur großen Gesellschaftsjagd im Steiner Wald eingeladen wurde, galt etwas in der hessischen Politik oder Verwaltung, repräsentierte Verbände oder vertrat die örtliche Jägerschaft. Gern sah die Jagdleitung auch gute Flintenschützen unter den Gästen. Die Forstdirektoren Albrecht Stein von Kamienski und Horst Klier, der eine Leiter des Forstamtes Gelnhausen (früher Kassel im Spessart), der andere Amtsvorstand im Forstamt Mörfelden-Walldorf, zählten zu der Riege meisterlicher Flintenschützen. Ihre Vorgesetzten freuten sich allerdings nicht immer, wenn die beiden Forstamtsleiter als Standnachbarn Gockel um Gockel trafen oder die Hasen zur Linken wie zur Rechten rollieren ließen.

Auf der „großen Jagd" im Steiner Wald, die sich zeitweise auch auf einen geringen Flächenanteil des GJB Biblis I erstreckte, wurden alljährlich etwa 140 Hektar Wald und rund 60 Hektar Feld bejagt. Auf diesem Terrain kamen in der Zeit von 1960 bis 1965 jedes Jahr am Jagdtag rund 600 Kreaturen zur Strecke, jeweils etwa 200 Hasen,

Fasanen und Kaninchen. Außerdem wurden auf diesen Jagden im Durchschnitt jährlich fünf Füchse erlegt. Es war die „Blütezeit“ der Niederwildjagd im Steiner Wald.

Heute wird nur noch der Steiner Wald, der inzwischen zum Naturschutzgebiet (NSG) erklärt wurde, bejagt. Die Strecke der jährlichen Gemeinschaftsjagd ist erheblich abgesunken. Ihr durchschnittliches Ergebnis umfasst nur noch 25 Hasen sowie jeweils 5 Gockel, Kaninchen und Füchse. Der Rückgang der Strecke kann jedoch weder mit dem Wegfall der früher in die Jagd einbezogenen kleinen Feldfläche des GJB Biblis I erklärt werden noch besteht ein Zusammenhang zwischen der Strecke und der Einrichtung des NSG. Die Ursachen der Ausdünnung sind unbekannt, vermutlich ist die Verschlechterung der Lebensraumqualität im Umfeld ein entscheidender Grund.

Das Rehwild ist im Steiner Wald heute zahlreicher vertreten als früher. Doch hat die körperliche Verfassung der Rehe abgenommen. Auch die Qualität der Gehörne befindet sich im Abwärtstrend. Schwarzwild taucht zunehmend auf und wird vereinzelt erlegt.



Dem Bürgermeister Glaser begegnete ich erstmals im Hinteren Odenwald. Dort sollte der Grenzverlauf zwischen zwei Jagdbezirken wegen Unübersichtlichkeit verändert werden. Auf dem Ortstermin war Glaser als Mitglied des Jagdbeirates zugegen, während ich das vom Änderungsantrag eines Jagdnachbarn betroffene Forstamt vertrat. Der Begang ergab, dass die Grenze im fraglichen Abschnitt klar und übersichtlich war und damit dem Recht genügte. Allerdings verriet die Frische der Stubben, dass der Aufhieb der Linie erst unmittelbar vor dem Termin geschah. Doch das war rechtsunerheblich. Das Forstamt obsiegte. Die Grenze wurde nicht verlegt. Es erfolgte keine Abtrennung staatlicher Jagdflächen. Glaser und ich haben später das Treffen, das ja auch eine Art „Stunde der Wahrheit“ war, oft zitiert.

Mehrfach traf ich den Bürgermeister von Nordheim sodann auf Gesellschaftsjagden im Forstamt Gelnhausen. Damals begleitete ich häufig die dortigen Jagden auf Hochwild mit meinen Wachtelhunden als Nachsuchenkommando. Im Januar 1977 half ich dem Jagdgast Glaser, der auf einer Drückjagd einen Überläufer laufkrank geschossen hatte, mit einer Suche.

Bei hohem Schnee und böigem Wind mit Schneeschauern arbeitete „Zerro“, mein letzter und bester Wachtelhund, zuverlässig am langen Riemen in der Revierförsterei Alteburg. Die Schweißarbeit nahm Kurs Stadtwald Bad Orb. Dem Rüden folgte ich als Hundeführer. Der Büroleiter Hubertus Pönicke bildete als „zweiter Mann" den Beschluss. Schließlich häuften sich die Widergänge und Wundbetten. Nach einer Strecke von etwa drei Kilometern war die kranke Sau müde geworden. Sie steckte im bruchartigen Gelände des Forstortes „Eschenkahr" im Grenzbereich zum Orber Stadtwald.

Bald stellte der geschnallte Hund das Stück, das den linken Vorderlauf nachzog. Ich näherte mich dem Ball und sah den hin und her wogenden Kampf zwischen dem Rüden und dem Kujel. Immer wieder fasste Zerro zu, aber er konnte den Überläufer nicht halten. Der Wirrwarr der Äste hinderte mich, dem Schwarzkittel stehend freihändig einen sicheren Schuss anzutragen. Daher legte ich mich in den Schnee und beschoss zweimal auf schmaler Schluppe die ab und zu vorprellende Sau.

Die Schüsse verfehlten jedoch das Ziel, und ich repetierte vergebens. Das Magazin war überraschenderweise leer. Die restlichen Patronen, die ich mitführte, steckten unerreichbar unter dem „Nachsuchenfrack" im Hosensäckel. Da reichte mir Pönicke seine Büchse. Es klappte, ich traf mit der fremden Waffe. Die Sau zeichnete deutlich, aber blieb auf ihren drei Läufen, brach aus und nahm mich unvermittelt an. Überrumpelt kam ich nicht mehr zum Nachladen, sondern wehrte mich mit dem blanken Lauf der Büchse und Fußtritten gegen den „schwarzen Teufel". Pönicke konnte mir nicht helfen, denn er war waffenlos, aber Zerro gelang es, das Schwein abzudrängen. Bald stellte er es an einem Bach.

Nachdem ich nachgeladen hatte, näherte ich mich dem Bail. Als der Kujel mich wahrnahm, ging er erneut zum Angriff über. Doch dieses Mal bremste ihn eine Kugel, sie traf das Haupt zwischen den Lichtern. Erst nach dem Aufbrechen des verendeten Stückes bemerkten Pönicke und ich, dass Zerro schweißte. Er leckte mehrere Blessuren und legte sich. Die Sau hatte ihn verletzt.

Der Begleiter verschwand als Melder im Laufschritt in Richtung „Altes Forsthaus" im „Kasselgrund". Bald kam der angeforderte „Krankenwagen", und ab ging es über Kassel nach Bad Orb zum bereits verständigten Tierarzt. Mit acht Klammern versah dieser die Schmisse. In Burgjoss kam der Rüde in das „Lazarett". Die zur Strecke gekommene Überläuferbache wog aufgebrochen 46 Kilogramm. Sie hatte nicht geführt.

Nachsuchen verbinden oftmals die an ihrer Durchführung beteiligten Jäger. So erschien Bürgermeister Glaser bald auch im Jossgrund als Jagdgast und seine Söhne folgten ihm auf der „Straße der Nibelungen“ zur Burg an der Jossa. Der Sohn Walter ist Landwirt, sein Bruder Otto Offizier. Die Familie Glaser jagte allzeit mit Disziplin. Vater und Söhne erlegten auf der Einzeljagd einige Stücke Rotwild und einen Fuchs.

Oberstleutnant Glaser ist zugleich Mitglied eines Quartetts von Jägern, das man im Jossgrund das „Korps der Rache“ nennt. Außer dem Soldaten gehören zu dieser „ehrenwerten Gesellschaft“ Dipl.-Ing. Karl-Peter Kothe, der doppelt diplomierte Wirtschaftsingenieur Alfred Maier und der Medikus Dr. Rainer Zeilfelder. Sie alle sind dem Wein zugewandt und lieben deftige Kost. Im Beruf sind die Mitglieder der Vereinigung alle gestandene Männer. Ihr Ruf als Jäger ist untadelig und schießen können sie wie einst die Cowboys in der Prärie: Schuss vorwärts, Treffer rückwärts, geeignet für Westernfilme. Otto Glaser war 1982 bester Flintenschütze Hessens und Peter Kothe gewann bereits Ende der siebziger Jahre die hessische Landesmeisterschaft im Kugelschießen.



Kein Regisseur der großen Häuser Deutschlands, der Schillers „Räuber“ auf den Spielplan setzen würde, könnte sich blamieren, wenn er das „Fähnlein der Freischützen aus dem Ried“ als „Libertiner, nachher Banditen“ auf der Bühne agieren ließe. Im Jossgrund läuten jedenfalls die Glocken, wenn die „Gerechten der Bergstraße“ sich nähern, und die Gastwirte des Tales verschließen ihre Schenken und Keller sobald die Truppe in Burgjoss Quartier genommen hat.

Jeder Bruder dieser Zunft schoss übrigens als zahlender Jagdgast im Forstamt Jossgrund einen alten Hirsch. Sie erlegten ihre Hirsche alle in der Brunft. Kothe eröffnete 1983 in der „Arena“ mit einem 12- bis 13-jährigen Sechzehnender, „Bacchus“ genannt, den Reigen. Ihm folgte 1985 Otto Glaser mit dem Hirsch „Ungestüm“. Das Geweih dieses Hirsches, Kronenzwölfer links und Eissprossenzwölfer rechts, ist knuffig. Sein Träger war 10 bis 11 Jahre alt. Er brunftete bereits voll, als ihn die tödliche Kugel am 8. September auf der Wildwiese am „Staatssekretär“ traf. Dr. Zeilfelder jagte 1989 ebenfalls in der Arena und erbeutete dort das Geweih des „Dicken“, die Trophäe eines 9- bis 10-jährigen Kronenzwölfers.

Das große Los aber zog Alfred Maier. Er hatte im Forstamt Jossgrund lange ohne Erfolg auf Rotwild gejagt. Mein Nachfolger, Forstoberrat Hans Jürgen Bachmann, brachte ihn 1996 am „Bergsitz“ auf einen 13- bis 14-jährigen ungeraden Vierzehnender zu Schuss. Sein Geweih ist für den Spessart besonders stark. Dieser Hirsch fiel im übrigen unweit der Stelle, wo 1987 Dr. Helldorfer den „Beischläfer“, einen 11-jährigen ungeraden Sechzehnender, strecken konnte. Auch dessen Geweih fällt in die Klasse der starken Trophäen des Rotwildgebietes Spessart.

Am Steiner Wald weilte ich erstmals Anfang Oktober 1982. Damals war ich einer von fünf Schützen, die nachmittags mit vier Hunden durch die Felder vor dem Auenwald im GJB Biblis I streiften. Zu jener Zeit gab es noch einige Gockel und Hasen in der Feldgemarkung. Zur Vesperzeit, dem Ende der Jagd, hatten wir 10 Hasen, 14 Gockel und 1 Kaninchen erlegt. Durch die Zurückhaltung der neben mir gehenden Jäger konnte ich mit zwölf Schrotschüssen drei Hähne für mich verbuchen.

Ein Jahr darauf wiederholten wir das Unternehmen „Herbststreife“. Wieder kamen fünf Flinten und vier Hunde zum Einsatz. Hasen zeigten sich kaum. Aber immerhin lagen am Abend 13 Fasanen und 10 Karnickel auf der Strecke. Ich war an diesem Ergebnis nur mit einer Kreatur beteiligt, wenngleich mein Munitionsverbrauch ein außergewöhnlich hohes Niveau erreicht hatte. 

Die Jagd vom 5. November 1989 ging als „Wasserjagd am Rhein“ in die Geschichte der kleinen Jagden der Familie Glaser ein. Es regnete kräftig und ohne Unterlass. Die Teilnehmer waren schon durchnässt, bevor sie Alkohol getrunken hatten. Dennoch umfasste die Strecke 12 Gockel und 4 Hasen. Davon schoss Schwiegersohn Müntze zwei Mümmelmänner. Ein Fasan stand auf meinem Konto. Trotz der „Sintflut“ war die Stimmung gut. Man erwärmte sich. Dabei packten Glaser, Kothe und Zeilfelder ihre in Afrika erbeuteten und gerade eingetroffenen Trophäen aus. Im Traum hörte ich nachts das Gebrüll der Löwen. Es verlor sich in den weiten Steppen Afrikas. Träumte ich wirklich?

Auch 1990 behinderten Sturm und Regen die „Familienjagd“ am und im Steiner Wald. Aber es kamen in drei Stunden noch 1 Fuchs, 7 Hasen, 3 Kaninchen und 2 Gockel zur Strecke. Davon war ein Hase meine Beute.

In den Jahren danach fehlte ich auf den Jagden. Der Dienst in Mecklenburg-Vorpommern verhinderte meine Teilnahme. In dieser Zeit ging es mit dem Niederwild (außer Rehen) rapide bergab. Als ich 1994 nach Hessen zurückkehrte, lohnte es sich kaum noch, im Auenwald mit wenigen Schützen zu jagen. Im Jahr 1997 veranstaltete daher Otto Glaser „seine Jagd" schon Anfang Mai auf dem „Jagdparcours am Fischerhof" bei Idar-Oberstein. Die Teilnehmer schossen auf Tontauben und bemühten sich, sie zu treffen. Der Idar-Obersteiner Spießbraten und das herbe Bitburger Pils schmeckten vorzüglich.

Drei Niederwildreviere habe ich vorgestellt: zwei Auenwaldungen, die früher durch ein wildbiologisch weitgehend intaktes Vorfeld über lange Zeit die Noten „gut" beziehungsweise „sehr gut" verdienten und ein Mittelgebirgsrevier das im Feld nach Besatz und Strecke voll befriedigte. Der Lebensraum der beiden Jagdbezirke am Rhein profitierte in vergangener Zeit nicht nur von der Wärme des Rheingrabens und der Fruchtbarkeit der Böden im Ried, sondern auch von der Vielfalt der betriebenen landwirtschaftlichen Nutzung samt der vorhandenen zahlreichen Requisiten. Das Niederwild auf der Feldflur unterhalb der Waldungen des Rauhen Berges im Spessart wurde durch den Wärmeeinzug im Kinzigtal begünstigt und zog Nutzen aus der Kleinfelderwirtschaft in einem überwiegend ländlich strukturierten Realteilungsgebiet.

Heute ist in allen drei Jagdbezirken der Niederwildbesatz derart abgesunken, dass die Jagdausübung auf Hasen, Fasanen, Rebhühner oder Kaninchen stark eingeschränkt ist oder gar ruht. Dabei basiert die Enthaltsamkeit der Jäger entweder auf einer freiwilligen Entscheidung der Jagdausübungsberechtigten oder auf einer behördlichen Anordnung. Der Niedergang der Niederwildjagd ist leider auch in anderen Teilen Deutschlands festzustellen. Er ist vor allem dort signifikant, wo eine intensive Agrarnutzung betrieben wird.

Die Ausrichtung der Bewirtschaftung von großen Flächen auf eine einzige Pflanzenart und die durch die wirtschaftliche Lage der Landwirtschaft bedingte Zielsetzung, möglichst anhaltend Höchsterträge zu erzielen, führte zum vermehrten Einsatz von Handelsdünger und Pflanzenschutzmitteln. Die monotone Großfelderwirtschaft verursachte zudem die Ausräumung der Flur von wichtigen Strukturelementen wie Hecken, Gehölze, Raine, Tümpel und Sölle.

Sie beseitigte darüber hinaus den Grenzlinienreichtum im Feld und schmälerte zugleich das Nahrungsspektrum für einzelne Wildarten. Diese buchstäblichen „Flurbereinigungen“ waren außerdem die Voraussetzung für den ebenfalls aus wirtschaftlichen Gründen forcierten Einsatz von Großmaschinen mit beachtlichen Arbeitsbreiten und wesentlich gesteigertem Arbeitstempo. Die damit verbundene Verdichtung der Arbeitszeit, die Erhöhung der „Schlagkraft“ der Landwirtschaft, führt bei vielen betroffenen Tierarten zu erheblichen Verlusten und löst den sogenannten „Ernteschock“ aus.

Doch nicht allein die Landwirtschaft ist schuld an den negativ veränderten Umweltverhältnissen für wildlebende Tiere, auch die Zunahme der Zersiedlung der Landschaft, das Entstehen immer neuer Versorgungseinrichtungen, die rasante Steigerung des Verkehrsaufkommens und das anhaltend engmaschiger werdende Netz der Verkehrswege, der Tourismus und die vielfältige Entfaltung der Freizeitgestaltung sind bedeutsame Faktoren. Sie können im Verbund mit der Zunahme vierbeiniger und gefiederter Beutegreifer einschließlich Rabenvögel geschwächte Niederwildpopulationen zusätzlich gefährden. Die gleiche Wirkung erzielen heutzutage Ereignisse wie großflächige Überschwemmungen und Waldbrände sowie außerordentlich strenge Winter. Vielerorts ist das Fließgleichgewicht in der Natur gestört. 

Wer aber glaubt, durch die Ausgliederung von Tierarten aus dem Jagdrecht oder der Ausdehnung der ganzjährigen Schonzeit auf weitere jagdbare Tiere den bedrohten Niederwildarten helfen zu können, irrt sich. Derartige Maßnahmen sind nur „Flickwerk“, weil sie das Grundübel, die destabilisierten Lebensräume, unangetastet lassen. Erst die Instandsetzung der Heimstätten des Wildes kann Wandlung schaffen, wobei der Befund der Örtlichkeit über die Reihenfolge und Dosierung der „Heilmaßnahmen“ entscheiden muss.

Dabei kann man auf Grund der wirtschaftlichen Schwierigkeiten vieler Landwirte nicht erwarten, dass die Landwirtschaft allein und überall die Umkehr betreiben und ihre finanzielle Last tragen kann. Auf landwirtschaftlich genutzten Standorten, die Höchstleistungen erbringen oder erwarten lassen, sind entscheidende Strukturverbesserungen für die Lebensräume außerdem kaum erreichbar. Dort aber, wo die Landwirtschaft infolge geringen Leistungsvermögens ihrer Standorte immer unergiebiger wird und Flächen abstößt, sollte man den Hebel ansetzen, um Refugien für die Tierwelt zu schaffen. Hier sind vor allem auch die Jäger gefragt, um in Zusammenarbeit mit den Jagdgenossenschaften die zur Disposition stehenden Grundstücke anzupachten oder zu erwerben. Dadurch können die erforderlichen Voraussetzungen geschaffen werden, um die vielfach verarmten Lebensräume aufzubessern. Feldholzinseln, Hecken und Feuchtbiotope vermögen verlorengegangene Strukturelemente zu ersetzen, und der Anbau verschiedener Feldfrüchte ermöglicht die Ausweitung des häufig eingeengten Nahrungsspektrums. Gleichzeitig kann der beseitigte Grenzlinienreichtum neu entstehen. Dass so etwas möglich ist, soll mit der Darstellung eines Revieres an der Mümling aufgezeigt werden.

Der Gemeinschaftliche Jagdbezirk Zell liegt im Grenzbereich zwischen dem Vorderen und Hinteren Odenwald. Er deckt zwischen Bad König und Michelstadt im Bereich des mittleren Mümlingtales in 200 bis 350 Meter Höhe einen Teil des steilen Osthanges und seiner plateauartig verflachenden Seitentäler ab. Geologisch ist der Bereich dem „Buntsandstein-Odenwald" zuzurechnen.



Das Revier, das seit 1928 in der Hand der Familie Scharmann ist, umfasst 290 Hektar. Davon sind 94 % bejagbar und 6 % befriedet. Der Wald stockt auf 120 Hektar. Er umgibt die Feldflur, die mit 150 Hektar bei den Nutzungsarten dominiert, halbkreisförmig. Die Seitenflügel sind dabei weit geöffnet. Vor allem ist der Steilhang bewaldet. Beim Nadelholz, das rund zwei Drittel der Waldfläche einnimmt, überwiegen die Baumarten Kiefer, Fichte und Lärche, während das seit den großen Stürmen des Jahres 1990 zunehmende Laubholz vornehmlich durch Buche und Eiche vertreten wird. Unverkennbar ist die Tendenz zum Mischwald, wobei die aufkommenden Naturverjüngungen wertvolle Ansatzpunkte bilden. Auffallend ist die enge Verzahnung von Wald und Feld. Die Wald-Feld-Grenze erreicht eine Länge von rund 11 Kilometern.

Die Wasserfläche liegt im Bachbett der Mümling. Ihr revierbezogener Flächenanteil ist mit annähernd zwei Hektar zwar klein, aber jagdlich interessant. Die Mümling ist ein Tummelplatz für Enten. Sie wird besonders im Winter von den breitschnäbeligen Wasservögeln bevölkert. Das Wasser des in Beerfelden entspringenden Baches bleibt auch bei starkem Frost meistens offen.

Das Bild der Feldflur bestimmen der Getreidebau, die Maisfelder und das Grünland. Rüben und Kartoffeln werden nicht mehr angebaut. Einprägsam ist das Mosaik der relativ kleinen Äcker. Auf engem Raum liegen Felder verschiedener Getreidearten mit Mais- und Grünlandflächen in bunter Mischung nebeneinander. Dazu gesellen sich noch Streuobstbestände. Aber besonders wertvoll für das Revier ist wohl das, was die Jagdpächter Werner und Walter Scharmann im Einvernehmen mit den Jagdgenossen zur Förderung der Qualität des Lebensraumes hinzugefügt haben.

Die Jagdausübungsberechtigten verfügen in der Feldflur über 5 Hektar Wildäcker, 8 Hektar Daueräsungsflächen und 1 Hektar Feldholzinseln. Die entsprechenden Grundstücke sind angepachtet oder angekauft. Sie umfassen rund 5 % der bejagbaren Fläche und sind auf 29 Bewirtschaftungseinheiten verteilt. Die rechnerische Durchschnittsgröße der Daueräsungsflächen umfasst 0,7 Hektar, während die durchschnittliche Größe der Äcker 0,4 Hektar beträgt. Die Feldholzinseln sind im Durchschnitt 0,2 Hektar groß.

Die einzelnen Wildäcker werden streifenweise mit verschiedenen Feldfrüchten bestellt. Zur Unterstützung der Herbstmast gelangen Hafer, Weizen, Roggen und Waldstaudenroggen zur Aussaat und Reife. Kohl und Raps sind als Zusatznahrung für den Winter bestimmt, während Klee und Buchweizen als Leckerbissen für den Sommer angebaut werden. Außerdem findet man auf den Äckern noch Streifen mit Topinambur, Sonnenblumen und Ackerbohnen.



Das alles fördert nicht nur die Vielfalt des Nahrungsspektrums, sondern hebt auch den Grenzlinienreichtum und macht den GJB Zell zu einer beispielhaften „Niederwildoase“. Hier gibt es noch ausreichend Hasen, sind Enten und Tauben zahlreich vertreten, zieht starkes Rehwild seine Fährten. Nur die Fasanen haben sich überraschenderweise rar gemacht, und die Rebhühner sind sogar verschwunden. Diesen Mangel führen die Revierinhaber auf den Wegfall des Anbaues von Rüben und Kartoffeln zurück. Das mit den beiden Hackfruchtarten verbundene Insektenvorkommen fehlt nach ihrer Meinung den Hühnervögeln bei der Kükenaufzucht. Außer den Rehen kommen auch Sauen als Schalenwild vor.

Der weitgehend intakte Lebensraum ist nicht zum „Nulltarif“ zu haben, sondern erfordert Werbung um Verständnis für die Biotoppflege bei den Jagdgenossen, Geld für die Anpachtung, den Erwerb

*Lebensraumverbesserung im GJB Zell/Odw.:*
*Einer der Wildäcker des Jahres 1997. Streifenwiese von links nach rechts: 1-j. Rotklee, Hafer mit Sonnenblumen, 2-j. Rotklee,*

*reifer Weizen, Fläche zur Neueinsaat, Hafer mit Sonnenblumen, 2-j. Rotklee und Sonnenblumen mit Ackerbohnen. Im Hintergrund der bewaldete Morsberg, 518 m ü. NN.*

und die Bestellung von landwirtschaftlich genutzten Grundstücken, vor allem aber auch Zeit und Kenntnisse für die Pflege aller Anlagen und ein diszipliniertes Jagen.

In dem kleinen Zeller Revier gibt es keine Stöberjagden oder Streifen auf Niederwild. Treibjagden auf Hase und Fuchs erfolgen nur in mehrjährigen Abständen und dann nur einmal im Jahr. In den letzten Jahren wurden keine Hasentreiben veranstaltet, wenngleich man auch derzeit sicherlich die frühere jährliche Durchschnittsstrecke von etwa 25 Hasen erreichen könnte. Auf der Einzeljagd darf lediglich der „Weihnachtshase“ erlegt werden. Das Rehwild kommt beim Ansitz oder auf der Pirsch zur Strecke. Die Konstitution und das geschätzte Alter des einzelnen Stückes entscheiden über die Entnahme aus der Wildbahn.

Mit der Gestaltung des Lebensraumes und einer verhaltenen Jagdausübung will die Familie Scharmann auch ein Zeichen für das Umfeld setzen. Die im allgemeinen miserable Situation beim Niederwild erfordert vielerorts ein Umdenken, um eine Wende auf größeren Flächen herbeizuführen. Wildgerechte oder nahezu wildgerechte Lebensräume und ihre Pflege sind unabdingbare Voraussetzungen, wenn es mit dem Niederwild wieder aufwärts gehen soll. Jäger und Jagdgenossen müssen bereit sein, dafür zusätzliche Aufwendungen zu erbringen. Auch gilt es, Disziplin beim Jagen zu bewahren. Mit dem Ruf nach dem Staat und einer oft zur Schau getragenen Selbstgefälligkeit ist es nicht getan.

Es ist daher erfreulich, dass das Beispiel Zell im zuständigen Hegering Michelstadt Wirkung zeigt. So wird auch in den Nachbarrevieren zunehmend die Qualität des Lebensraumes für wildlebende Tiere verbessert. Im Jahr 1984 erhielt der Jäger und Naturschützer Walter Scharmann mit zwei weiteren Anwärtern den Umweltpreis des Oldenwaldkreises. Diese Auszeichnung ist ein Beweis dafür, dass auch der Öffentlichkeit besondere Leistungen der Jäger nicht verborgen bleiben.

Meine Verbindung zur Familie Scharmann kam auf zwei Wegen zustande. Einmal führte der Forstwirtschaftsmeister Kurt Weismantel die Brüder Scharmann als Jagdgäste im Forstamt Jossgrund ein, und zum anderen weilten Lore und Werner Scharmann gemeinsam mit meiner Frau und mir als Gäste bei einem kleinen Gartenfest des Freundes Heinz-Jürgen Weber in Erbach. Im Januar 1984 besuchte ich erstmals Scharmanns im „Haus Finkenberg". Mit 8 Flinten schossen wir damals im Revier Zell 3 Erpel und 5 Enten. Ich gab drei Schüsse ab und erlegte einen „Supererpel". Lästermäuler sind noch heute der Ansicht, dass ich dieses Prachtexemplar nur traf, weil es die Größe einer Graugans gehabt hätte. Das ist schlicht eine Übertreibung.

Auch an den Entenjagden der Jagdjahre 1985, 87 und 89, die mit 30, 25 und 20 Enten recht erfolgreich waren, nahm ich teil. Insgesamt erbeutete ich dabei 4 Enten mit 11 Schüssen. Für mich ein zufriedenstellendes Ergebnis.

1984 und 1988 genoss ich jeweils eine der seltenen Treibjagden in der Scharmannschen Jagd. Beide Gesellschaftsjagden bestachen durch mustergültige Anordnung und Durchführung. Sie erfassten vornehmlich den Wald. Der Kreis der Jäger harmonisierte, und die Stimmung war dementsprechend gut. Im Jahr 1984 kamen 27 Hasen, 1 Gockel, 19 Stockenten und 1 Marder zur Strecke, 1988 wurden abends 23 Hasen, 9 Enten und 2 Füchse verblasen. Ich erlegte jeweils einen Hasen.

Infolge der verhaltenen Jagdausübung, die den Wegfall der Treibjagd über längere Zeiträume einschließt, betrug die durchschnittliche Jahresstrecke beim Niederwild außer Rehen im GJB Zell seit dem Jagdjahr 1989 3 Hasen, 25 Enten und 5 Füchse. Fasanen und Rebhühner kamen nicht zur Strecke. Auf Tauben wurde die Jagd bisher nicht ausgeübt. Auffallend ist die geringe Zahl der erlegten Füchse. Sie werden vor allem in einem Nachbarrevier, das eine Mülldeponie aufweist, scharf und erfolgreich bejagt.

Den Abschluss der Hasenjagd des Jahres 1984 bildete das Schüsseltreiben im Gasthaus „Vierstöck". Es war ein gar lustiges Treiben. Walter Scharmann, im Nebenberuf „Alleinunterhalter", lief zu großer Form auf. Aber an diesem Abend bestimmten auch der Frohsinn und die Schlagfertigkeit von Lore Scharmann das Geschehen. Diese heitere Frau und charmante Gastgeberin ist nicht mehr, sie starb Anfang 1992 und ruht unweit vom Haus Finkenberg auf dem Zeller Friedhof.

Walter Scharmann sowie Werner Scharmann und Sohn Stefan erlegten im Forstamt Jossgrund ein paar Stücke Rotwild. Alle drei Scharmänner waren bescheidene, verantwortungsbewusste und beliebte Jagdgäste. Sie schossen eine saubere Kugel.

Werner Scharmann kam zudem in der Brunft 1988 auf den Hirsch „Erpel", einen elfjährigen Kronenzwölfer, zu Schuss. Das Geweih zeigt links eine doppelte Stiefelknechtskrone und wird rechts von einer gefächerten Handkrone geprägt. Bei einer gemittelten Stangenlänge von knapp einem Meter messen die Augsprossen 41 und 42 cm. Ich hatte diesen Hirsch im Morgengrauen des Erlegungstages im oberen Bereich des „Pfaffenhäuser Weges" beobachtet und vermutete, dass er am Tag in der „Kleinen Hungerbach" stehen und gegen Abend zur Brunft auf die Wildwiese am „Hamburger" ziehen würde.

So führte ich am frühen Nachmittag den eilig abgerufenen Jagdgast Scharmann vom „Heldenhain" kommend zum „Bürositz" in der Nähe der Jagdhütte des Dienstbezirkes Birkenacker. Gerade hatten wir auf dem Sitz Platz genommen, als im Gegenhang schon der Kronenzwölfer erschien. Ich fragte den Gast, von dem ich wusste, dass er erfolgreich im Hochgebirge gejagt hatte, ob er sich den weiten Schuss zutrauen würde. Werner Scharmann bejahte die Frage, und ich mahnte den Hirsch an. Ruckartig verhoffte Erpel und wandte sein bulliges Haupt in unsere Richtung. Aber der erwartete Schuss brach nicht, es machte nur „klick". Die Waffe des Schützen war nicht entsichert. Offensichtlich hatte das Geräusch den „Hochzeiter" jedoch nicht gestört, denn er setzte sich bedächtig in Bewegung und begann, dem Brunftplatz entgegen zu ziehen. Da mahnte ich noch einmal, und der Hirsch stand wieder. Nun zerriss der mit Nachdruck erbetene Schuss die Stille. Der Zwölfer hob leicht die Vorderläufe, wendete abrupt und stürmte in wilder Flucht auf dem benutzten Wechsel zu Tal.

Die Kugel hatte ihn nach 230 Metern getroffen. Auf dem Anschuss lag Lungenschweiß. Schon am Rand der nahen Dickung war der kranke Hirsch zusammengebrochen und verendet. Das Aufbrechen geschah rasch, aber die Bringung des Kronenzwölfers, der ohne Haupt 118 Kilogramm wog, bereitete Schwierigkeiten. Meine Versuche, im Nahbereich Funkkontakt mit Beamten des Forstamtes zu erhalten, scheiterten. Aber der Revierleiter Axel Schäfer aus Breungeshain bei Schotten vernahm im „Hohen Vogelsberg" meine Rufe und antwortete. Er sagte mir zu, umgehend den damaligen Forstamtmann Eckel in Pfaffenhausen per Telefon zu informieren. Es dauerte nicht lange, da erschien Eckel mit Haumeister Schneider am

„Ort der Tat". Gemeinsam zogen wir den Hirsch hangan zur Waldstraße. Auf dem Burghof wurde Erpel verblasen, und die „Hirschfeier" im „Lärchenzimmer" schloss sich an.

Kurz vor meiner Rückkehr nach Mecklenburg luden mich die Brüder Scharmann auf einen Rehbock in das Zeller Revier ein. Ich nahm diese Einladung gern an, aber es fiel mir schwer den bestätigten Bock zu erlegen. In der mit der Aufbruchstimmung verbundenen Unruhe fehlte mir die für ein erfolgreiches Jagen erforderliche Ausgeglichenheit. So klappte es erst beim dritten Versuch. Im „Loch" fiel der mir zugedachte, etwas enggestellte Sechser mit den guten Rosen und den langen, kräftigen Kampfsprossen. Ich betrachte dieses Gehörn mit der besonderen Note oft an der Wand der Trophäen. Es erinnert mich wie die Beerfelder Rehkronen an den immer noch geliebten Odenwald.

# Oben Jumbos, unten Sauen

Am 23. November 1989 hatte der Regierungspräsident in Darmstadt zur Jagd in das Hessische Forstamt Mörfelden-Walldorf gebeten. Es sollten Damwild, Sauen und Füchse bejagt werden.

Die Waldfläche des Forstamtes umfasst rund 7000 Hektar. Die Forsten liegen südwestlich der Mainmetropole Frankfurt und sind eingebettet in das südhessische Ballungsgebiet. Staats- und Körperschaftswald überwiegen.

Der Wald grenzt zum Teil an den Flughafen Rhein-Main. Auf dieser internationalen Drehscheibe des Luftverkehrs finden heute bis zu 74 Flugbewegungen pro Stunde statt. Mithin kann auf dem Airport alle 50 Sekunden ein Flugzeug landen oder starten.

Das relativ kompakte Waldgebiet wird von zahlreichen Verkehrswegen – Autobahnen, Straßen und Bahntrassen – durchschnitten. Verkehrssicherungszäune begleiten häufig die stark frequentierten Verkehrsadern.

Täglich suchen viele Menschen den Wald zur Erholung auf und ihre Siedlungen bilden in seinem Umfeld eine dichte Kette, die im Verbund mit dem engmaschigen Verkehrsnetz den Lebensraum der wildlebenden Tiere einengt. Die Fluktuation innerhalb einer Population wird beim Schalenwild erschwert.

Trotz all dieser außerordentlichen Belastungen sind im Bereich des Forstamtes Mörfelden-Walldorf Damwild und Sauen zahlreich vertreten. Die Geweihe der Damschaufler des Damwildgebietes Rhein-Main sind zwar im Durchschnitt nicht so stark wie die Trophäen ihrer „Vettern“ aus Schleswig-Holstein und Mecklenburg-Vorpommern, aber brauchen den Vergleich mit ihnen nicht zu scheuen.

Beim Schwarzwild, das in vielen Teilen Deutschlands hauptsächlich durch Frischlinge und Überläufer repräsentiert wird, kommen auf den von den Bundesautobahnen 3, 67 und 5 halbkreisförmig umschlossenen Flächen immer noch eine nennenswerte Anzahl alter Bachen und Keiler vor.

Der damalige „Hausherr“, der scharfzüngige Forstdirektor Horst Klier, begrüßte am Jagdtag die Jagdgäste für das Forstamt und gab die „Jagdordnung des Tages“ bekannt. Je länger er redete, desto schneller trafen die mit Anspielungen auf Verwaltungsvorgänge, Politik und Personen gespickten „Wortsalven“ die Schar der Gäste. Angehörige der Zielgruppen und „Gerechte“ wurden gleichermaßen eingedeckt. Der Scharfschütze Klier repetierte in einem fort und schoss unentwegt. Aber die meisten Zuhörer kannten ihren „Pappenheimer“, man blickte sich an, freute sich über das eine oder andere Wortspiel, aber schüttelte manchmal auch den Kopf. Doch als der Jagdleiter jedem Teilnehmer, der eine Sau von über 50 Kilogramm Wildbretgewicht erlegen würde, die öffentliche Hinrichtung durch Hängen androhte, gingen die Hände einiger Gäste zum Hals oder zum Portemonnaie. Es war bekannt, dass ein in Rage geratener Klier mit unbotmäßigen Jägern nicht viel Federlesen machte.

Ein wenig später hatte ich im „Mönchbruch“ meinen Stand eingenommen. Ich hielt ihn für gut. Die Jagdleitung hatte mich an einem breiten Weg postiert. Vor mir lag ein Altholzkomplex mit eingesprengtem Unterstand, hinter mir befanden sich Einstandsflächen. Doch ich hatte die Rechnung ohne die Startbahn West gemacht. Just als ich die kurze Umschau beendet hatte, schob sich der erste Jumbo mit ohrenbetäubendem Lärm über die Wipfel. Es schien so, als ob er die Bäume berühren würde. Dann folgte Flugzeug auf Flugzeug. Alle 90 Sekunden bis zwei Minuten zog heulend eine Maschine nah und niedrig seitswärts an mir vorüber.

Das Gehör, mein feines Ortungssystem für anwechselndes Wild, war ausgeschaltet. Zum Ausgleich setzte ich verstärkt die Augen ein. Bei steter, aber langsamer Drehung des Kopfes überwachte ich so einen „Sektor von Schulter zu Schulter“. Aber diese Notlösung hielt ich nur eine Weile durch, der Nacken begann zu schmerzen.

Eine weitere Beschneidung meiner jagdlichen Möglichkeiten bedingte das Einsetzen des Besucherverkehrs. Mit fortschreitender Zeit erschienen zunehmend Jogger, Radfahrer, Wanderer, Frauen mit Kinderwagen und Kindern, Hunde mit Herrchen oder Frauchen auf dem Weg. Besondere Vorsicht bei der Schußabgabe war geboten.

Sauen flüchteten über den Weg, aber sie blieben unbeschossen: Zwei Spaziergänger kamen daher. Andere Schwarzkittel winkten schon mit dem Pürzel, wenn ich sie entdeckte. Drei Überläufer überrumpelten mich. Sie brachen in meiner unmittelbaren Nähe aus dem Unterholz hervor und überfielen den angrenzenden Weg. Der war in diesem Augenblick zwar frei von Besuchern, aber der Schuss auf den letzten der flotten Kujels ging daneben. Die Kontrolle des Schussfeldes hatte zuviel Zeit beansprucht.

Zum Schluss des Treibens kam mir ein Rudel Damwild. Schätzungsweise 30 Stücke verhofften zusammengeballt in einem Stangenholz. Da war nichts zu machen. Auch als sie flüchtig abgingen, kam ich nicht zu Schuss. Zuvor waren schon drei Damhirsche an meinem Stand vorübergezogen. Sie hatten ihre starken Schaufeln quasi als „Passierschein“ vorgezeigt.

„Demoralisiert“ vom Lärm der Jetliner und leicht ermüdet durch das angespannte Wachsein auf dem schwierigen Stand erschien ich zur Mittagszeit auf dem Essensplatz. Dort wurde lebhaft diskutiert, denn es war viel Wild vorgekommen und mancher Schuss gefallen. Horst Klier blickte mich schelmisch an und fragte leicht süffisant:„Na, mein Lieber, wie war es?“ „Verheerend“, lautete meine Antwort, und ich berichtete dem Jagdleiter, wie es mir ergangen war. Da kündigte mir mein Gegenüber für das zweite Treiben einen „Kaiserstand“ an.



Der Platz befand sich in der Nähe einer größeren Schilffläche, die im Schussbereich an ein Buchen-Stangenholz grenzte. Dort „residierte“ ich bis zum Ende der Jagd als „Kaiser vom Mönchbruch“. Der Lärm der Triebwerke war in diesem Forstort abgeschwächt, er war erträglich. Ich kam wieder zu mir und harrte der Sauen. Und die schwarzen Gesellen kamen, sie verließen das Schilf oder flüchteten in das Rohr. Immer wieder umgaben mich Schweine. Siebenmal kam ich zu Schuss, dreimal traf ich. Gewiss, das war keine Meisterleistung, aber immerhin, ich konnte trotz des Schocks am Morgen noch schießen. Alle drei Sauen wiesen gute Schüsse auf.

Als die Jagd abgeblasen war, gesellte sich Klier zu mir. Er hatte von einem benachbarten Stand aus mein Verhalten beobachtet und freute sich mit mir über die Strecke. Zunächst begutachtete er den erlegten Frischlingskeiler (12 kg) und gratulierte. Auch die gestreckte zweijährige Bache, die nicht geführt hatte und später 52 Kilogramm auf die Waage brachte, bedachte er mit einem herzlichen „Waidmannsheil“. Nur am dritten Stück, einem Überläuferkeiler (62 kg), meinte er: „Das hättest Du nicht tun sollen“. Mehr sagte er nicht, brauchte er auch nicht zu sagen.

Klier ließ im Übrigen am Abend keinen Sünder vom Tage „hängen“ oder zur Kasse bitten. Aber er sagte seine Meinung zu den vorgekommenen Gewichtsüberschreitungen. Dabei wurde deutlich, dass auch der Jagdleiter um die Problematik von Gewichtsbegrenzungen bei der Bejagung von Schwarzwildpopulationen, die überborden wollen, wusste. Seine Direktiven sollten nur grobe Fehlabschüsse vermeiden, und die hatte es am Jagdtag glücklicherweise nicht gegeben. Dennoch, Jagdgäste haben Anweisungen zur Jagdausübung zu beachten.

Die Gesamtstrecke des Tages betrug 18 Stück Damwild, 18 Sauen und 3 Füchse. An diesem guten Ergebnis hatten die Jossgründer Jäger in besonderem Maße Anteil. Auch Oberamtsrat Blume vom Forstamt in Burgjoss war mit zwei Stücken Damwild, einer Sau und einem Fuchs sehr erfolgreich.

Heute sind Horst Klier und ich schon längere Zeit pensioniert. Er trinkt in Bad Kreuznach die kräftigen und blumigen Weine der Nahe, während ich im Spessart reife Silvaner aus Thüngersheim am Main genieße. Und mit dem Wein tropft die Erinnerung aus den Bocksbeuteln. Wenn an manchen Tagen die Düsenflugzeuge über Lettgenbrunn zum Landeanflug Richtung Frankfurter Flughafen ansetzen, denke ich oftmals an den Jagdtag im Mönchbruch, an die Jumbos und an die Sauen, aber auch an Horst Klier.

# *Auf Muffelwidder an der Eder*

Muffelwild betrachte ich nicht als Fremdkörper in der Fauna deutscher Mittelgebirge. Reinblütige Muffel leben überwiegend im Wald. Sie können zwar durch Verbiss, Schälen und Rammen Schäden an Bäumen verursachen, aber das Ausmaß dieser Wildschäden kann man begrenzen, wenn die Größe der Population nach der Lebensraumkapazität ausgerichtet wird. Dabei ist das Vorkommen anderer Schalenwildarten zu berücksichtigen. Zu bedenken ist auch, dass sich beim tagaktiven Muffelwild die Schäden meistens über größere Flächen verteilen als zum Beispiel bei dem stärker örtlich gebundenen Rotwild. Ein Lebensraum, dessen Qualität nicht immer unveränderlich zu sein braucht, sondern durchaus Entwicklungsmöglichkeiten bieten kann, sollte insgesamt nur soviel Wild beherbergen wie seine Kapazität zulässt. Die Schäden durch Schalenwild im Wald müssen zudem für die Eigentümer der Forsten wirtschaftlich tragbar und somit zumutbar sein.



Nach dieser Vorbemerkung ist es wohl nicht verwerflich, wenn ich bekenne, dass ich den munteren „Teufelchen“ und den kraftvollen älteren Widdern, den anmutigen Lämmern und den wachsamen Schafen, zugetan bin. Ich freue mich immer, wenn ich ab und an auch Muffelwild beobachten kann.

Zweimal habe ich an der Eder auf Muffelwidder gejagt. 1983 durfte ich im „Wildschutzgebiet Edersee“ des Hessischen Forstamtes Edertal einen Widder der Klasse A/B bejagen, während 1990 in der freien Wildbahn des benachbarten Forstamtes Frankenau ein bestimmter A-Widder das Ziel meiner jagdlichen Wünsche war. Beide Male ermöglichten mir besondere Umstände die Jagdausübung.

Anfang Oktober 1981, Zerro, der alt gewordene brave Wachtelrüde, weilte noch als „Rentier“ unter uns, kam „Arko von der Eifel“ – Zb.HS.Nr. 1670, ein dreijähriger Hannoverscher Schweißhund, dank der Vermittlung des Vereins Hirschmann e. V. und des Vertrauens der Eigentümerin Ursula Koch aus Oberrosphe als „Familienmitglied“

auf die Burg an der Jossa. Der hirschrote Rüde war führig und willig. Trotz seiner geringen Praxis auf der Wundfährte stellte er bald seine guten Anlagen für Nachsuchen unter Beweis. Arko erzielte zunehmend Erfolge und war zudem ein aufmerksamer Begleiter und wachsamer „Burgherr".

Erst später entwickelte sich dieser sympathische und die Zuneigung der Familie suchende Hund zu einem ausgesprochenen „Kopfhund". Mit zunehmendem Alter des Rüden wurde es immer schwieriger, das von ihm zur Strecke gebrachte Wild in seinem Beisein zu versorgen. Arko „verteidigte" aggressiv und vehement seine Beute.

Die Burg war das ureigenste Revier des Rüden. Er hielt Besucher auf Distanz und veranlasste Mitarbeiterinnen und Mitarbeiter zur Vorsicht. Das war nicht immer angenehm. Nur meiner hochbetagten Schwiegermutter gehorchte der kräftige Schweißhund aufs Wort. Eines Tages bemerkten wir, dass sie ihn zusätzlich fütterte, sobald die übrige Familie aushäusig war. Zur Mitternacht, wenn die „weiße Frau" erschien und die Käuze die Gespenster riefen, war Arko für die Urgroßmutter aus dem Land der „Spökenkieker" der gute Geist des Hauses.

Arko war gerade ein Jahr bei uns, als er im Herbst 1982 auf einer Hauptprüfung des Vereins Hirschmann im Rotwildgebiet Spessart unerwartet in die Prüfung einbezogen wurde. Es waren mehr Wundfährten angefallen, als die erschienenen Prüfungshunde umgehend im Interesse des Tierschutzes und der Wildbrethygiene arbeiten konnten. Daher wurden Arko und sein Führer als zusätzliches Prüfungsgespann eingesetzt. Das Gespann hatte zwar schon 53 Einsätze absolviert, doch war sein Verbund noch nicht so eingespielt, dass es prüfungsreif war.



Das Zusammenwachsen eines Gespannes braucht Zeit. Dabei spielen sicherlich das Naturell und die Erfahrung des Hundes und seines Führers eine Rolle, aber von großer Bedeutung für die Dauer des Einspielungsprozesses ist auch das Alter des Hundes, in dem er seinem Führer anvertraut wurde. Hat ein Schweißhund schon im Welpenalter, dem Prägestadium, alltäglich mit seinem Führer Kontakt gehabt, wird das Gespann in der Regel schneller eine verlässliche Einheit bilden als bei einer späteren Zusammenführung.

Arko und ich erhielten am Prüfungsmorgen drei Suchen im Forstamt Sinntal zugewiesen. Die erste Prüfungsaufgabe, ein spitz von vorn beschossenes Kalb zu finden, löste der Rüde im Handumdrehen. Das Hirschkalb lag nur 30 Meter vom Anschuss entfernt verendet in einer Dickung. Die leichte Totsuche konnte nicht bewertet werden, weil sie nach den Maßstäben der Prüfungsordnung zu einfach war.

Die zweite Suche ließ sich schwieriger an. Der Anschuss des zum Kalb gehörenden Alttieres sollte im Bereich des Beginns der ersten Arbeit liegen. Er war verbrochen. Pirschzeichen gab es jedoch nicht. Daher versuchte ich durch Vorgreifen die beiden Wundfährten zu separieren und den Abgang des Tieres von der „Schuss-Schneise" zu finden. Schließlich fiel der Hund bei einer stark frequentierten Salzlecke eine Fährte an. Sie führte wie beim Kalb in den Jungwuchs. Arko und ich tauchten wieder in die Schonung ein. Aber der Rüde verwies weder Schweiß noch Knochensplitter, und ich glaubte, er hätte das Kalb „im Kopf". So trug ich den Hund ab.

Als wiederholtes Vorhinsuchen zu keinem Ergebnis führte, wurde die Suche abgebrochen und als Kontrollsuche gewertet. Die Beteuerung des Schützen, gut abgekommen zu sein, vermochte die Auffassung der Richter und des Führers nicht zu wandeln. Sie nahmen an, dass ein Fehlschuss vorliegen würde.



Dem aber war nicht so, denn als der Revierleiter Dersch nach Durchführung aller in seinem Dienstbezirk angefallenen Nachsuchen zur Bringung des Kalbes wieder den Bereich der Sulze aufsuchte, ließ er seinen mitgeführten alten Deutschen Langhaar sicherheitshalber noch einmal vorsuchen. Der erfahrene Nachsuchenhund verschwand dort, wo Arko die Dickung angenommen hatte und führte zum längst verendeten Tier. Der Einschuss befand sich am Stich, ein Ausschuss war nicht vorhanden.

Das frühe Abtragen hatte Arko um den Erfolg gebracht. Es war mein Fehler, der auf der Unterschätzung des Rüden beruhte. Ich hatte dem Hund nicht getraut, weil sein Verhalten auf der Wundfährte von mir trotz einjähriger Zusammenarbeit noch nicht voll ausgelotet war. Die Zurücknahme von der Wundfährte führte zur Verunsicherung des erst wenig erprobten Schweißhundes.

Im Übrigen lehrte mich dieses Malheur wieder, dass man nach einer erfolgreichen Nachsuche nicht unmittelbar mit der nächsten Arbeit beginnen soll. Schon eine kurze Beruhigungspause erleichtert dem Gespann die anschließende Suche. Der Hund kann sich von dem vorangegangenen Erfolgserlebnis lösen und die neue Schweißarbeit mit der erforderlichen Konzentration aufnehmen. Das gilt auch für manche Führer, siehe oben.

Die Wandlung der Kontrollsuche zur Fehlsuche war noch nicht bekannt, als Arko die ihm zugewiesene dritte Arbeit begann. Sie sollte nur eine Kontrolle sein. Der Schütze hatte auf einer Äsungsschneise aus einem Rudel Rotwild ein Tier beschossen, aber kein Zeichnen des Stückes beobachtet oder gar Pirschzeichen gefunden. Die Stehzeit der Fährte betrug 19 Stunden.

Bei der Kontrolle des Anschusses entdeckte das Richterduo Bauschke und Dersch gemeinsam mit mir zwei kleine Büschel Schnitthaare vom Rumpf. Außerdem bemerkten wir, dass sich der Rüde auffallend für einen Wechsel, der von der schmalen Grünfläche in einen großen Dickungskomplex mündete, interessierte. Zur Suche aufgefordert arbeitete der Hund trotz vieler Verleitungen durch frische Fährten von Rotwild und Sauen intensiv eine leicht gestanzte Rotwildfährte, fand ihren Abgang vom Hauptwechsel, verbesserte eine kurze Abweichung selbst und lag wieder stramm im Riemen. Dann verwies Arko plötzlich dunklen Schweiß und führte mich zügig zum kalten Alttier. Die Kugel hatte im Bereich der Zwerchfellregion den Wildkörper durchschlagen.



Mit einer Riemenarbeit von 200 Metern handelte es sich um keine ausgesprochen schwere Nachsuche, aber die Arbeit war infolge der zahlreichen Verleitungen, der vorübergehenden Verstopfung von Ein- und Ausschuss sowie der relativ langen Stehzeit der Wundfährte auch nicht unbedingt leicht gewesen. Auf jeden Fall hatte sich der Rüde deutlich vom Kalb der ersten Suche und von dem nachfolgenden Fehler seines Führers gelöst. Er wusste wieder, was er sollte, und es reichte zu einem III. Preis mit der Wertziffer 4FF3. Mit diesen Leistungsnoten erreichte Arko überraschenderweise sogar den zweiten Rang der Prüfung. Prüfungssiegerin wurde die Hündin „Bärbel von der Silberhütte“ – Zb.HS.Nr. 1610. Sie hatte mit ihrem Führer Albrecht Schöllchen im „Mittelgrund“ des Forstamtes Jossgrund eine schwierige Totsuche von über 1 200 Meter Länge gemeistert. Die übrigen drei Hunde gelangten nicht in die Preise, weil sich ihre Einsätze entweder als einfache Totsuchen oder Kontrollarbeiten erwiesen. Auf den Hauptprüfungen des Vereins Hirschmann müssen die Schweißhundführer mit dem vorliebnehmen, was der Jagdbetrieb bietet.

Am Abend des letzten Prüfungstages versammelten sich die Prüfungsteilnehmer und Gäste mit ihren Damen im Jagdhaus Horst. Nach der Bekanntgabe der Prüfungsergebnisse wurden die Ehrenpreise überreicht. Rüdemann Schöllchen, der Prüfungssieger, erhielt von Seiner Königlichen Hoheit Dr. Ernst August Prinz von Hannover, Herzog von Braunschweig und Lüneburg, dem damaligen Schirmherrn des Vereins Hirschmann, die Abschussfreigabe für einen Gamsbock in Österreich. Mir wurde der Preis der Hessischen Staatsforstverwaltung zuteil. Er erlaubte mir die Bejagung eines Muffelwidders im Forstamt Edertal. Schöllchen und ich waren hocherfreut. Es wurde eine lange und stimmungsvolle Nacht.

Anfang August 1983 fuhr ich mit dem Wagen an den Edersee. Forstdirektor Hugo Hücker, der Leiter des Hessischen Forstamtes Edertal, wies mich zur Jagdausübung in die Revierförsterei Hemfurth ein. Der Dienstbezirk gehörte damals zum „Wildschutzgebiet Edersee". Heute trägt das Terrain die Bezeichnung „Waldschutzgebiet Edersee". Bald wird es vielleicht unter dem Schild „Nationalpark Kellerwald" firmieren, denn der Bürgerentscheid gegen die Einrichtung des Parkes ist trotz der Zusagen maßgeblicher Politiker, die Entscheidung der Region, des Kreistages, zu respektieren, für das Land Hessen formal nicht bindend. Der Wandel des Namens kennzeichnet die Änderung der Zielsetzung für das menschliche Handeln in diesem Gebiet.



Leiter der Revierförsterei Hemfurth war der bekannte Schweißhundführer, Forstmann und Jäger Walter Tassius. Das Ehepaar Tassius empfing mich mit Kirschkuchen und Kaffee. Dann ging es zur Erkundungsfahrt in das Revier. Schafe und Lämmer sowie geringe Widder sahen wir. Auch Rotwild und Damwild zeigte sich. Schließlich begegneten wir noch einer Rotte Sauen.

Am nächsten Morgen standen auf den Wiesen der „Finsteren Hölle" stärkere Sauen im Gebräch. Auch das „Schlappohr", ein Rothirsch aus Ungarn mit 14 Enden im Geweih, erwies uns seine Reverenz. Nur das gesuchte Rudel von vier Muffelwiddern mit einem in der Decke dunkel getönten „Einwachser" sichteten Tassius und ich nicht.

Erst am Abend des zweiten Tages entdeckten wir drei der gesuchten Schneckenträger. Der A-Widder fehlte zwar, aber die angekündigten besseren B-Widder waren dabei. Ich wählte von ihnen den

Muffelwidder mit der schwärzlichen Decke und den starken, einwachsenden Schläuchen. Jedoch verfehlte die Kugel das Ziel. Verdutzt schaute mich Walter Tassius an. Die Kontrollsuche mit seiner Hannoverschen Schweißhündin „Laja“ bestätigte den Sachverhalt: Die Entfernung von 170 Metern war am 4. August 1983 für Hopp zu weit.

Am neuen Morgen pirschte ich allein durch die Hölle. Ich hatte guten Anblick: Das Schlappohr zeigte sich wieder. Eine alte Bache winkte mit ihrem geschundenen Pürzel. Nur drei Überläufer beachteten mich nicht, sie schmatzten im Klee. Weiter oben im Hang, fast unter der Kuppe, gab mir ein starker Widder Rätsel auf. Wie alt war der „Schafsbock“?

Auch den Abend des dritten Tages verbrachte ich im „Domizil der Teufel“. Ich saß auf einem Hochsitz, von dem aus ich zwei Wiesen einsehen konnte. Über die eine Matte wechselte äsend Rotwild, sonst tat sich nichts. Der Wind schlug hin und her. Ich wollte gerade abbaumen und „umziehen“, da steinerlte es vor mir in einer Schrunde zwischen Wiese und Hochwald. Alsbald erschien rechts das schon bekannte Muffelwiddertrio. Zuerst zog der schwache, braune Widder in das Grün. Dann folgte der „begnadigte“ B-Widder, und schließlich tänzelte mit zwei, drei Luftsprüngen der dunkle Einwachser herbei.



Kurz darauf übertönte der Schuss das Rauschen der Blätter. Ein leichtes Rucken ging durch den schwarzen Körper. Die Flucht mündete in die Todesvolte. Als die Hinterläufe des Widders sich spreizten und nachgaben, wusste ich, dass der „Schwarze“ mein war. Walter Tassius und Hugo Hücker freuten sich mit mir. Ich hatte mein erstes Stück Muffelwild, einen braven Widder, erlegt.

Die ehemaligen Forstreferendare des Forstamtes Jossgrund pflegen die Erinnerung. Sie treffen sich fast alljährlich mit dem „Referendarvater“ bei einem aus ihrer Mitte. Manchmal wird auch gemeinsam gejagt. Derjenige der Referendare, der ein Forstamt übernimmt oder verlässt, veranstaltet eine Antritts- oder Abschiedsjagd. Dabei wird vor allem auch den „Ziehsöhnen“ Jagdgelegenheit geboten, die keine Anstellung im Forstdienst gefunden haben. Ich halte das für bemerkenswert, weil in der heutigen Zeit die Pflege des Beziehungsgeflechtes zwischen den Menschen häufig vernachlässigt wird. Der Wahrung oder Mehrung des eigenen Besitzstandes wird Vorrang gegenüber dem Gemeinwohl eingeräumt, der Nächste bleibt oft auf der Strecke.

Am 16. Dezember 1988 gab Julius Durst, im Jahr 1977 Forstreferendar im Jossgrund und seit März 1988 Leiter des Hessischen Forstamtes Frankenau, seine Einstandsjagd für die Jossgründer Referendarsfamilie. Bejagt wurden Waldflächen westlich der Eder.

Wenige Treiber rührten zu zweit oder dritt stumm das Wild in den Einständen an. So kam es vertraut den an Wechseln postierten Schützen, und mancher von ihnen konnte eine Chance nutzen. Mein Standnachbar war sehr erfolgreich. Er erlegte ein Rotwildkalb und drei Rehe. Nur ein Fuchs und ein schwaches Muffellamm entkamen ihm.

Stimuliert durch die Schüsse des Nachbarn saß ich angespannt auf einer hohen Leiter am Rand einer kleinen Blöße. Sie trennte ein Kiefern-Altholz von einem leicht durchbrochenen, jüngeren Kiefern-Lärchen-Mischbestand und stand mit einer Äsungsfläche im Verbund. Doch an dem klaren Wintertag kam mir an diesem buchstäblich herausgehobenen Posten auf der Kuppe des „Langenberges" kein Wild. Ab und an fegte ein kalter und böiger Wind über die Freifläche. Ich nahm daher an, dass das Wild auf der Leeseite des Höhenrückens stehen und im windgeschützten Hang versuchen würde, sich durch das Treiben zu mogeln.

Erst kurz vor dem Ende der Drückjagd erfasste ich im Stangenholz eine Bewegung. Durch das Gewirr der Stämme und Zweige schob sich ein manchmal dunkler, dann wieder hellerer Wildkörper. Im Glas erkannte ich die Konturen eines mächtigen Widders. Fast majestätisch zog er auf die Blöße, verhoffte, wendete sein Haupt und äugte zur Leiter. Im Licht der sinkenden Sonne boten das Farbenspiel der Decke mit der ausgeprägten Schabracke und das von den geschwungenen, massigen Schläuchen der Schnecke eingefasste Haupt ein imponierendes Bild. Der kompakte, muskulöse Körper wirkte urig.

Dieser Einzelgänger, der so plötzlich wie er gekommen war auch wieder verschwand, musste der mir angekündigte „Alte vom Langenberg" sein. Er war der „Methusalem" des in freier Wildbahn an der Eder vorkommenden Muffelwildes. Der „alte Herr" war nur wenigen Jägern bekannt, aber beschäftigte die örtliche Jägerei wie ein Fabeltier. Ich war beeindruckt von der Begegnung und äußerte beim

Schüsseltreiben beiläufig, dass ich einen solchen Widder lieber als einen Hirsch zum Abschied bejagen würde.

Über ein Jahr verging. Das Bild des Alten vom Langenberg belebte zwar gelegentlich noch die Leinwand des Bewusstseins, aber das en passant bekundete Interesse an einer Jagdmöglichkeit auf einen starken Widder hatte sich nicht einmal zu einer Wunschvorstellung entwickelt. Da erinnerte mich der Forstamtsleiter von Frankenau an die Existenz des Fabeltieres und versah den Hinweis mit einem nicht alltäglichen Vorschlag: Die Möglichkeit, im Jagdjahr 1990 einen A-Widder zu bejagen, möchte er nicht wahrnehmen, vielmehr beabsichtigte er, den Abschuss an mich abzutreten.

Ich habe über dieses außerordentliche Entgegenkommen, das wohl auf dem freundschaftlichen Verbund des ehemaligen Forstreferendars mit seinem Referendarvater beruhte, längere Zeit nachgedacht. Schließlich wurde das Anliegen vom Jagdleiter und von mir der Verwaltung vorgetragen. Sie war äußerst wohlwollend und

*Der HS-Rüde „Alf vom Orbgrund“ – 1964 am gestreckten „Methusalem“, 13. 10. 1990.*

genehmigte die beantragte Abschussabtretung. Dafür verzichtete ich auf einen eventuellen „Abschiedshirsch" im Forstamt Jossgrund.

Mitte Oktober 1990, an einem von Sonnenstrahlen durchwirkten Herbsttag, reiste ich mit Alf in das Waldecker Land. Erst am Nachmittag erreichte ich Altenlotheim, den Sitz des Forstamtes Frankenau. Im „Nadelöhr" zwischen Gießen und Marburg hatte ich über eine Stunde mit dem Auto im Stau zugebracht.

Die Begrüßung war kurz. Es ging sofort in die Revierförsterei Buchenberg. Auf der Anfahrt erfuhr ich, dass drei ältere und starke Muffelwidder bestätigt seien. Auch Methusalem sollte noch leben. Sein rechter Schlauch würde neuerdings eine Beschädigung aufweisen, und die „Schwerter", die Spitzen der Schläuche, wären stumpf geworden. Im Übrigen könnte ich mir auch einen anderen Widder der Klasse A aussuchen. Das Mindestalter betrüge 6 Jahre. Das klang alles gut, und die Freiheit der Wahl war eine großzügige Geste.

Am Fuße des Langenberges wurde der Pkw abgestellt. Vorbei an „Müllers Wieschen" pirschten wir zur „Muffelwiese" und erklommen eine recht eigenartig konstruierte Leiter. Sie war eng und neigte sich vornüber. Wie dicht bei dicht gelegte Ölsardinen in der Büchse quetschten wir uns nebeneinander auf den für eine Person geeigneten Sitz und erwarteten gefasst den freien Fall.

Plötzlich zeterten Amseln. Kurz danach zog ein recht dunkel gefärbter und im Wildbret starker Widder in die Delle. Unter den auf der Wiese stockenden Kastanien nahm er deren Früchte auf. Die Schnecke hatte eine weite Auslage. Die Schläuche drehten nach außen und schwangen durch. Der Widder war begehrenswert und jagdbar. Ich begrüßte ihn mit einem „Salutschuss".

Ob dieser Ehrerbietung überrascht, äugte er erstaunt in die Runde und empfahl sich hangauf in das hohe Holz. Die Kontrolle ergab, dass ich gefehlt hatte. Eine für Hopp nicht unbekannte Eröffnung, wenngleich ich dieses Mal das Missgeschick mit der vermaledeiten Leiter begründen konnte. Jung', weitste keen Uträd', krist' Schacht!

Der „schwarze Freitag" war zwar vorüber, aber der 13. Oktober stand bevor. Doch ich war nicht mehr ungehalten, sondern frohgemut, als wir am Samstagmorgen wieder in das Revier hinausfuhren. Ziel war der „Emde Hochsitz", eine hohe Kanzel auf dem Rücken des Langenberges, unweit der Blöße, auf der ich 1988 Methusalem kennengelernt hatte.

Als wir den Hochsitz erreicht und Platz genommen hatten, graute der Tag. Im Tal schnatterten auf der Eder Enten, und ein müder Hirsch meldete noch verhalten am „Hessenkopf". Behutsam zog die aufkommende Sonne das Tuch der Nacht von der Buchen-Naturverjüngung. Ein junger und ein mittelalter Widder sorgten für Unterhaltung.

Zur Frühstückszeit baumten wir ab. Die alten Herren waren offensichtlich nicht daheim. Wir pirschten zurück zum Wagen und fuhren in den Osthang des Berges. Vielleicht beteten die Widder dort noch die Sonne an und ließen sich angehen. Kurz vor dem vorgesehenen Haltepunkt erschreckte uns ein hell eingefärbter Muffelwidder. Er sprang unmittelbar vor dem Auto über die Waldstraße und verschwand in der angrenzenden Fichten-Dickung.

Der Wagen rollte aus. Der Beutetrieb war stärker als der Schreck. Wir sprangen aus dem Gefährt, ergriffen die Waffen und liefen die Straße zurück. Am Ende der Dickung schob mich Julius Durst in die Gasse eines Pirschpfades. Er führte zu einer Leiter, die in einer Eichenkrone endete. Auf dem einfachen Sitz sollte ich für eine Stunde allein Posten beziehen, um vielleicht unseren „Vorstopper" abzupassen. Während meiner Wacht wollte der Führer als „Spaziergänger" dem Widder den Rückwechsel in den Unterhang verleiden.



Da hockte ich nun im Wipfel der Eiche, kontrollierte eine kleine Äsungsfläche zur Rechten und blickte auf eine schmale, hangauf führende Schneise vor mir. Links war die Sicht durch höheres Holz begrenzt. Auf der Wiese erwartete ich kein Wild, sie lag im Wind, aber über das Gestell, dort, wo der Hang sich brach, mochte der abgesprungene Widder ziehen. Ich stellte den Sicherungsflügel hoch und harrte der Dinge. Aber der „Eulenspiegel" kam nicht.

Die Zeit verrann, die Stunde füllte sich. Da setzte eine Schimpfkanonade von Drosseln ein. Sollte der Widder doch noch kommen? Ich griff zur Waffe und entsicherte die vertraute Nachsuchenbüchse, die ich auch auf Gesellschaftsjagden führe. Mit ihr vermag ich schnell und ziemlich sicher auf Wild, das in Bewegung ist, zu schießen. Daher trug die Büchse in Frankenau – wie bei den Wildjagden – ein Zielfernrohr mit 2½facher Vergrößerung.

Just als ich schussfertig war, erschien im leichten Troll ein dunkler, kräftiger Widder auf der Schneise. Er trug starke Schläuche mit stumpfen Schwertern. Dieser Widder war nicht der „Springer", der uns das Fürchten lehren wollte. Die Decke war nicht hell getönt, sondern markant dunkel abgesetzt, und die Güte der Schnecke übertraf die Qualität des Hauptschmuckes vom „Verkehrssünder“. Blitzschnell passierten im Gedächtnis Erinnerungsbilder Revue, und schon rastete es ein: Methusalem querte die Linie! Ein Schrei, das Verhoffen des Widders und der Schuss waren eins. Als sich sein Echo verlor, war das Gestell leer, der Spuk verschwunden.

Auf dem Anschuss lag dunkler Schweiß. Auch Partikel von der Leber fand ich, und die Trittsiegel hatten das Erdreich aufgestoßen. Der Alte vom Langenberg musste eine tödliche Kugel haben. Aber ich versagte mir die Suche ohne Hund. Der Widder sollte schwerkrank werden oder in Ruhe verenden. Deshalb wollte ich zunächst Altenlotheim ansteuern und erst nach drei Stunden mit Alf zur Suche zurückkehren. Auch Julius Durst vermochte mich nicht von diesem Entschluss abzubringen.

Die Schweißarbeit begann seltsam. Vor der Riemenarbeit untersuchte ich noch einmal mit Alf den Anschuss. Aber der Rüde, der noch kein Muffelwild nachgesucht hatte, sträubte sich zu arbeiten. Er spreizte die Vorderläufe und stellte die Rückenhaare. Offensichtlich hatte der Hund mit dem Schafsbock, dessen penetrante Wittrung noch in der Luft schwebte, nichts im Sinn. Erst eine scharfe Aufforderung veranlasste Alf, die Suche aufzunehmen.



Schon kurz nach dem Anschuss nahm der Schweiß, der vorher beidseitig der Fährte lag, ab. Nach wenigen Metern schweißte der Widder nicht mehr. Vermutlich hatten sich bei der Flucht Ein- und Ausschuss verzogen. Aber ich konnte die Arbeit des Rüden an der Stanzfährte kontrollieren. Er suchte zwar widerwillig, doch zuverlässig. Schon nach 150 Metern erschlaffte der Riemen. Der Widder saß verendet an eine Fichte gelehnt im Wundbett.

Als ich an den Widder herantrat, war ich zunächst sprachlos. So stark und lang hatte ich mir die Schläuche des Alten vom Langenberg nicht vorgestellt. Der flächige Schaden auf der Oberseite des rechten Schlauches und die stumpfen Schwerter minderten den imposanten Eindruck nicht. Beide Erscheinungen waren eine Zutat des Alters und des Ranges. Ich hatte den neunjährigen Methusalem gestreckt und musste das Glück erst begreifen, eine beiläufige Bemerkung war Wirklichkeit geworden. Langsam kam die Freude und übertrug sich auf die Begleiter.

Auf dem Hof des Forstamtes überreichte mir Julius Durst, der „Doyen" der ehemaligen Forstreferendare des Jossgrundes, den Schützenbruch. Als die Signale „Muffel tot", „Jagd vorbei" und „Halali" erklangen, wanderten meine Gedanken in den Langenberg, dorthin, wo ich dem Methusalem erstmals begegnete und zu dem Ort, an dem ich ihn überraschte.

Am Schluss des Zeremoniells bedankte ich mich bei dem Forstamtsleiter und seinen Mitarbeitern, und ich war mir bewusst, dass ich Dank auch den vorgesetzten Behörden und dem Verein Hirschmann schuldete. Ohne das Wohlwollen der jeweiligen Leiter der Hessischen Staatsforstverwaltung, des Jagdreferenten und der maßgebenden Beamten der Forstabteilungen bei den Regierungspräsidien in Kassel und Darmstadt hätte ich die beiden Muffelwidder an der Eder nicht bejagen können.

# *Rothebude in Masuren*

Mecklenburg, Pommern und Ostpreußen liegen im Bereich des baltischen Höhenrückens, der sich von Holstein bis Estland erstreckt. Ihre Landschaften werden vor allem durch die End- und Grundmoränenzüge geprägt. Zahlreiche Seen, Sölle und andere Feuchtgebiete sind wesentliche Landschaftselemente. Sie lockern die vorherrschenden landwirtschaftlichen Nutzflächen auf und vereinen sich mit den oft vielgestaltigen Waldungen zu harmonischen Bildern.

Im Bereich der Sander bestimmen meistens die so genannten Heiden, die überwiegend mit Nadelbäumen bewaldet sind, das landschaftliche Bild. Auf den nassen mineralischen Standorten überwiegt unter den Baumarten die Roterle. Bei besserer Nährstoffversorgung und abnehmender Nässe sind hier auch Esche und Eiche zunehmend vertreten. Außerdem findet man im Osten häufig Sand- und Moorbirken in den Beständen, während im Westen die Bedeutung der Rotbuche zunimmt.



Nach dem Krieg wurde in der sowjetischen Besatzungszone das Land Mecklenburg gebildet. Es umfasste neben den mecklenburgischen Landesteilen fast alle pommerschen Gebiete westlich der Oder einschließlich des Hauptteiles der Insel Usedom. Das Land Mecklenburg war zunächst Bestandteil der Deutschen Demokratischen Republik (DDR), die am 7. 10. 1949 entstand. 1952 wurden in der DDR die Länder aufgelöst. Es erfolgte eine Umgliederung in Bezirke. Dabei wurden im mecklenburgischen Raum einschließlich der angegliederten pommerschen Flächen die Bezirke Rostock, Schwerin und Neubrandenburg geschaffen. Mit der Wiedervereinigung entstand 1990 das Bundesland Mecklenburg-Vorpommern.

Der Hauptteil Pommerns, alle Flächen östlich der Oder sowie die Stadtteile und das Umfeld Stettins auf der westlichen Seite des Flusses nebst dem Ostteil der Insel Usedom mit Swinemünde, wurde nach Kriegsende polnisches Staatsgebiet. Auch Ostpreußen mit der ehemals Freien Stadt Danzig fiel größtenteils an Polen. Lediglich die Stadt Königsberg (Kaliningrad) mit dem nördlichen Teil der früheren preußischen Provinz wurde russisches Territorium.

Mecklenburg sowie die vor 1945 preußischen Provinzen Pommern und Ostpreußen waren vor dem Zweiten Weltkrieg dünn besiedelte Gebiete. Die Bodennutzung bestimmte das wirtschaftliche Geschehen. Land- und forstwirtschaftliche sowie handwerkliche Betriebe dominierten. Größere Industrieanlagen waren selten. Diese wirtschaftliche Einseitigkeit und die damit verbundene Finanzschwäche sind auch heute noch gegeben. Der Fremdenverkehr allein kann die Ertragskraft nicht wesentlich steigern.

Im Jahr 1939 betrug die Bevölkerungsdichte der vorstehenden Reichsteile je Quadratkilometer (qkm) jeweils 57, 62 und 64 Einwohner. Für Ostpreußen blieben dabei die Daten von Danzig und dem Memelgebiet außer Ansatz.

Heute wohnen im Bundesland Mecklenburg-Vorpommern auf einer Fläche von 23 169 qkm (1993) 1 828 000 Einwohner (1995). Dem entspricht eine Bevölkerungsdichte von 79 Einwohnern je qkm. Ihr Anstieg gegenüber dem Jahr 1939 resultiert in erster Linie aus den kriegsbedingten Wanderbewegungen; Flüchtlinge und Vertriebene dürften vor allem Ursache des Zuwachses sein. Doch ist das Land Mecklenburg-Vorpommern immer noch eine Region mit dünner Besiedlung. Das dürfte auch für die heute polnischen Gebiete Pommerns und Ostpreußens zutreffen.



Infolge der besonders ungünstigen Wirtschafts- und Beschäftigungsverhältnisse in Mecklenburg-Vorpommern nimmt die Bevölkerung dieses Ostseelandes zurzeit sogar ab. Zum Vergleich sei erwähnt, dass am 30. 6. 1997 auf einer Fläche von fast 21 115 qkm in Hessen 6 031 263 Menschen wohnten. Das sind 286 Personen je qkm. Die Bevölkerungsdichte ist ein wesentlicher Indikator für die Häufigkeit und Größe der Freiräume des Wildes in einem bestimmten Siedlungsgebiet.

In Mecklenburg-Vorpommern gab es früher neben Gegenden mit überwiegend bäuerlichen Besitzstrukturen auch Bereiche, in denen die Güter als landwirtschaftliche Großbetriebe überwogen. In Ostpreußen waren die Gutsbetriebe stärker vertreten und gemeinhin größer als im Westen. Diese Unterschiede in der Besitzstruktur mag die gesellschaftspolitische Umwälzung zur Zeit der sozialistischen Herrschaft nivelliert haben, aber erkennbar sind sie noch heute.

Selbst die knappe Skizzierung der Siedlungs- und Wirtschaftsverhältnisse von Mecklenburg-Vorpommern und im ehemaligen Ostpreußen lässt erkennen, dass beide Landstriche gemeinsame Merkmale aufweisen. Sie spiegeln sich vor allem in der Ähnlichkeit der Landschaft, der Dominanz von Land- und Forstwirtschaft und der dünnen Besiedlung.

Und eben dieses Vorhandensein etlicher Gemeinsamkeiten, zu denen noch der Wildreichtum zu rechnen ist, bewog mich, nach den mageren Jahren eines Werkstudenten und der finanziell nicht immer leichten Zeit der Familiengründung, meine erste Jagdreise nach Ostpreußen zu lenken. Ich wollte die Landschaft Mecklenburgs, die mir als politischer Flüchtling zu Zeiten der DDR verschlossen war, in Masuren finden.

Nach Ostpreußen muss man reisen, wenn die Felder ihre Stoppeln zeigen, und die Drachen noch nicht steigen, wenn der Sommer müde von der Glut der Tage welkend seine Zeit verträumt, wenn die Hirsche aus der Feiste voller Kraft der Brunft entgegenziehen, und die Kraniche trompeten, dass sie bald gen Süden fliegen.



Im Jahr 1974 fuhr eine dreiköpfige Crew von Jägern aus dem Klinzigtal und Spessart für zwölf Jagdtage nach Ostpreußen. Ein Humanmediziner, ein Veterinär und ein Forstmann, hinter dem sich der Hopp verbarg, bildeten die Fahrgemeinschaft. Ziel der Reise war die Polnische Oberförsterei Czerwony Dwór. Früher oblag die Bewirtschaftung und der Schutz ihrer Wälder dem Preußischen Forstamt Rothebude.

Der letzte Leiter dieses Forstamtes war der im April 1997 im Alter von fast 96 Jahren in Lüneburg verstorbene Oberforstmeister a. D. Ernst Wagner, der in der Zeit von 1953 bis 1966 dem niedersächsischen Harzforstamt Sieber vorgestanden hat. Er und mein langjähriger Nachbar im Hessischen Forstamt Gelnhausen, der Forstdirektor a. D. Albrecht Stein von Kamienski, dessen Familie in Ostpreußen zwischen Allenstein und Osterode das rund 2 500 Hektar große Gut Langgut mit dem Herrensitz Grasnitz besaß, waren die Ratgeber für die Fahrt nach Masuren. Hilfsbereit war auch Herr Zeich aus Gifhorn, der Czerwony Dwór 1973 besucht hatte.

Unsere Anreise währte zwei Tage. Wir durchfuhren die Tschechoslowakei und übernachteten in Königsgrätz (Hradec Králóve) im alten Grandhotel „Bystrica“. Für ein paar Stunden umgab uns in der sozialistischen Republik der Charme des untergegangenen Habsburger Reiches.

Am zweiten Tag reisten wir über Nachod/Kudowa Zdrój nach Polen ein. Auf dem Weg nach Glatz grüßten die Berge des Heuscheuer-Gebirges, die Höhen der Eulen-Kette und die Kuppen des Reichensteiner-Gebirgsstockes. In Schlesien konnten wir noch Strukturen der ehemals deutschen Besiedlung erkennen, aber es wirkte alles sehr verfallen und ungeordnet. Krieg, Vertreibung und Wiederbesiedlung hatten ihre Spuren hinterlassen. Breslau mit seinen Hochhäusern und Industriebauten kündete von Inbesitznahme und Aufbauwillen.

Auf der Höhe von Groß Wartenberg zwischen Oels und Kepno, im Bereich der alten Reichsgrenze (1939), wandelte sich das Bild. Die Landschaft wird zunehmend von der östlichen Weite geprägt. Die Zahl der Holzhäuser, der kleinen Bauernhöfe, wächst. Schmale Felder mit angepflockten Kühen und gefesselten Pferden kündeten von einer ausgesprochen kleinbäuerlichen Besitzstruktur.

Lódz, Pultusk, Ostroleka und Lomza hießen die weiteren Stationen. Kurz vor Mitternacht, der Mond spiegelte sich im Wasser der vielen masurischen Seen, erreichten wir Rothebude und wurden trotz der späten Ankunft gastfreundlich von Oberförster Maslak empfangen. Er residierte und wohnte in dem noch existierenden preußischen Forstamtsgebäude. Förster und Jäger hatten die recht gut erhaltenen Holzhäuser der früheren Waldarbeitersiedlung bezogen.



Die Unterbringung im Gästehaus der Oberförsterei, dem 1931 erbauten Sekretärgehöft des Forstamtes Rothebude bei Waldkater, war akzeptabel, die Verpflegung gut. Unsere Betreuung hatten die polnischen Jäger Antoni, Josefz und Tadeusz übernommen. Alle drei bemühten sich, ihre Gäste auf Pirsch oder Ansitz zum Erfolg zu bringen.

Zunächst führte mich Tadeusz. Er kannte nicht nur das Revier, er war vor allem auch ein sehr erfahrener und intuitiv handelnder Jäger. Er verstand das jagdliche Handwerk und „dachte mit dem Wild“. Weder Tadeusz noch ich liebten die Sowjets, aber wir verständigten uns radebrechend auf Russisch. Viele Wörter wechselten wir jedoch nicht, denn wir verstanden uns fast wortlos. Tadeusz und ich wussten, was wir jagdlich wollten.

Diesem talentierten jagdlichen Führer verdanke ich mein erstes Stück Elchwild, ein Schmaltier. Wir entdeckten es in einer weiten, durch Kahlschlag geräumten Senke. Es äste Blätter junger Eschen. Absetzen und seitliches Vorgreifen waren eins. Beim Auswechseln aus der flachen Mulde überraschten wir das Stück an einem Fernwechsel. Mit einem Kammerschuss flüchtete es noch etwa 150 Meter und brach zusammen. „Türkenblut“ und Wodka waren die Folge.

Auch ein Rehbock wurde mein, doch zwei Sauen gingen leider verloren. Ein Schwarzkittel flüchtete nach dem Schuss stark schweißend in ein nahes, unzugängliches Sumpfgelände. Der andere kranke Überläufer wurde vom Nachsuchenhund „Professor“, einem Mischling mit Terrierblut, nicht gefunden. Der Professor arbeitete nicht professionell, er war allenfalls ein „wissenschaftlicher Hilfsarbeiter“ für leichte Suchen. Schade, denn ich war beide Male gut abgekommen, und auch die Pirschzeichen versprachen Erfolg.

Der Reichtum an Haar- und Federwild war seinerzeit im Raum Czerwony Dwór beachtlich. Beim Schalenwild dominierten die Wildschweine. Rotwild kam zahlreich vor. Das Elchwild hatte sich in Polen von seinem kriegsbedingten Niedergang erholt und flächenmäßig ausgedehnt. Es war in Rothebude Standwild geworden. Nach Oberforstmeister Wagner kannte man dort früher Elche nur als Durchzügler. Bis Kriegsende betrug die Strecke des Forstamtes insgesamt lediglich drei Stück Elchwild. Heute werden in Czerwony Dwór alljährlich „Tiere mit Pferdeköpfen“ erlegt. Die Elche profitieren vom Zusammenbruch des Entwässerungssystems. Die 1936 meliorierten Waldwiesen waren infolge des Krieges 1974 bereits wieder größtenteils vernässt und verwildert. Die versumpften Partien haben zugenommen. Das Rehwildvorkommen war stückzahlmäßig gering. Luchs und Wolf, die in Rothebude ebenfalls als Standwild vertreten sind, hielten es kurz. Dachs und Fuchs waren keine Seltenheit. Baummarder und Fischotter konnte man spüren und beobachten. Auch eine kleine Wisentherde zog in der Oberförsterei Czerwony Dwór seine Fährten. Vom vorkommenden Federwild sollen nur Kraniche, Gänse, Enten, Bekassinen, Schnepfen und Haselhühner erwähnt sein. Für viele Vogelarten ist Masuren ein Paradies.

Das üppige Nahrungsangebot sowie die großflächigen Bereiche ohne nennenswerte menschliche Einwirkungen erlauben dem Schalenwild im Raum Rothebude eine ungstörte und dem jeweiligen Äsungsrhythmus angepasste Nahrungsaufnahme. Trotz der relativ hohen Wilddichte der Gesamtheit von Rot-, Elch- und Rehwild kommt es daher zu keinen nennenswerten Wildschäden im Wald. Ich habe auf den ausgedehnten Pirschgängen keinen einzigen frischen Schälschaden an wirtschaftlich bedeutsamen Baumarten entdecken können. Nach Oberforstmeister Wagner waren die Wildschäden im Wald auch früher minimal. Fichte wurde vom Rotwild kaum geschält, lediglich die Esche war gefährdeter.

Dem geringen Wildschaden im Wald durch Verbiss standen aber zur Zeit unseres Besuches außerordentlich hohe Schäden durch Wild auf den Feldern gegenüber. Vor allem das Schwarzwild war für die Landwirtschaft um Czerwony Dwór eine Plage und für die zur Schadensersatzleistung verpflichtete Forstverwaltung ein Problem. Ganze Getreideschläge hatten die Sauen verwüstet, und vielerorts war durch sie die Hackfruchternte in Frage gestellt. Schäden durch Schwarzwild, wie ich sie auf der Feldgemarkung von Neuendorf (Jablonowo) sah, hatte ich bis dahin noch nicht kennen gelernt.

Von Rothebude aus besuchten wir auch Langgut und Grasnitz. Das Herrenhaus Grasnitz war damals noch leidlich intakt. Es deutete seine frühere Schönheit an. Der Gottesdienst in der alten, unveränderten Patronatskirche zu Langgut, deren Unterhaltung Albrecht Stein von Kamienski mit Freunden über die Grenze hinweg gefördert hat, wurde damals noch von ansässigen Deutschen besucht. Inzwischen ist die deutsche Minderheit weiter geschrumpft. Mit den Resten der deutschen Bevölkerung wird die deutsche Sprache schwinden. Ostpreußen war einmal eine preußische, eine deutsche Provinz.



In der zweiten Hälfte unseres Jagdurlaubes verhalf Tadeusz dem „Leibarzt“ zum Erfolg. Der Hanauer Mediziner schoss einen zwölfjährigen ungeraden Sechzehnender. Das Geweih dieses Rothirsches wurde mit 195 IP bewertet. Die weite Auslage, die starken Stangen und die vollen Kronen sind das Markenzeichen der Trophäe. Zuvor hatte der „Medizinmann“ einen Rehbock erlegt.

Der Tierarzt aus Bad Orb hatte zum Zeitpunkt der „Hirschfeier“ Polen bereits per Flugzeug verlassen. Er kehrte ebenfalls nicht ohne Beute heim. Die Waffen eines dreijährigen Keilers und das Gehörn eines Rehbockes lagen in seinem Gepäck.

Am letzten Abend führte mich Antoni. Wir pirschten im Revier Duneyken. Mein Führer ließ mich vorweggehen. Ich fühlte mich allein. Die Birken verfärbten sich schon, die ersten Blätter fielen. Der Herbst kündigte sich an. Über einer Waldwiese vermischten sich Nebel und Ulenflucht. Stille umgab mich. Im Dunst verflossen die Konturen. Ostpreußen versank.

# *Stainer-Hof, Moosen-Alm und Steigwandl*

Anfang Mai 1975 klopfte ich zum ersten Mal an die Tür des alten Hauses vom Stainer-Hof, den man vor Ort „Stoanerhof" nennt und bequem mit dem Wagen über Pichl an der Enns erreicht. Die damaligen Hofbesitzer, Therese und Willi Walcher, hießen Helmut Röder, den Frankfurter Juristen und mich zur Jagd auf den kleinen Hahn willkommen. Hans-Dieter Rösch, der befreundete Grundstücksmakler aus der großen Stadt am Main und dritter im Bunde, begrüßte uns ebenfalls. Er war als „Quartiermeister" vorausgefahren und wusste schon von balzenden Hähnen zu berichten.

Die hölzernen Treppen des zu Anfang des 17. Jahrhunderts errichteten Hauses knarrten, als wir beschwert vom Blaufränkischen unsere Zimmer aufsuchten. Und am nächsten Morgen tranken wir weiter und erzählten Geschichten, denn Regen, vermischt mit Schnee, war in das Tal gezogen. Doch gegen Mittag klarte es auf. Helmut Röder verließ die „sichere Burg" und ging mit einem Führer in den Berg.



Freund Röder kam nicht zu Schuss. Bergkrank kehrte er zum Stoanerhof zurück und reiste heim. Ich hatte Glück, nach steilem Aufstieg schoss ich am 10. Mai auf der „Jauch" einen prächtigen Spielhahn. Das Kraxeln mit Willi Walcher hatte gefordert, der Schuss war leicht. Es klappte alles wie am Schnürle, fast zu perfekt, zu schnell, ohne das Bangen und Hoffen, das Auskosten der Jagd. Der Hahn dauert mich. Immer wenn ich auf der Diele den Birkhahn betrachte, habe ich ein schlechtes Gewissen. Gefühlsduselei?

Mehrfach kehrte ich später in das alte Haus zurück. Nicht nur als Jäger war ich Gast bei Walchers, auch als Urlauber und „Schreiberling" oder als Durchreisender suchte ich ihre Herberge. Ende August 1977 erlegte ich im „Zischstoaboden" einen brunftmüden Rehbock, dem im „Kirchl" ein braver Gams folgte.

Sechs Jahre danach war ich wiederum Jagdgast bei Willi Walcher, diesem zupackenden Bergbauern und gestandenen Jäger. Er ist eins mit den Bergen der Heimat und stolz auf seinen Besitz. Willi Walcher ist ein freier Mann mit blanken Augen und weitem Blick. Er kann hart und kantig sein, aber er ist zugleich auch ein liebenswürdiger, hilfsbereiter Begleiter und ein gütiger Familienvater. Es macht Freude, mit ihm zu jagen, und man kann ihm vertrauen. Er überfordert seine bergunerfahrenen Gäste nicht. Nur die Entfernungen schätzt er meistens zu kurz ein. Ich habe immer 50 Meter hinzugerechnet, wenn er mir eine Zahl nannte.

Im Jahr 1983 wollte und sollte ich eigentlich wieder einen Gamsbock bejagen. Auf mehreren Pirschgängen sahen wir auch begehrenswerte Kruckenträger, aber weder in der „Forstau“ noch in den „Hausbergen“ unterhalb der „Röst“ war ein Bock frei. So erlegte ich im „Hoch Eck“ eine sechsjährige Geiß.

Als wir beim Pirschen auf einem Rückeweg mit der Gams „zusammenstießen“, reagierte sie zuerst. Sie pfiff und war im Nu zwischen Felsen und Jungwuchs verschwunden. Aber nach einer Weile führte die Neugier sie im Oberhang zurück. Willi sprach das Stück an und gab den Schuss frei. Doch ich konnte nicht schießen. Die nicht führende Geiß war von Zweigen verdeckt. Erst als sie flüchtig abging, aber bald auf einer Blöße wieder verhoffte, passte es. Stehend freihändig trug ich ihr die Kugel an. Sie öffnete die Kammer und bannte die Gams im Anschussbereich.



Zwei Jahre darauf jagten Willi und ich in der „Sonntagskar“. Eine zweijährige, schwache Geiß kam zur Strecke. Auch sie erhielt einen Blattschuss, und Willi war zufrieden. Dann brach ich zu anderen Jagdgründen auf, aber die Verbindung mit der Familie Walcher besteht fort.

Jedoch hat der Lauf der Zeit bei den Menschen und auf dem Hof manches verändert. Die hübschen und patenten Madl, Gabriele, Christel und Birgit, sind alle vergeben, und Engelbert, der Sohn des Hauses, leitet jetzt mit seiner Frau den großen Betrieb. Willi ist schon Urgroßvater, aber immer noch behände und dem Jagen zugetan. Auch Therese Walcher hat es leichter. Und sie braucht einem „unerfahrenen Doktor“ nicht mehr die „Gespenster“ auszureden, von denen dieser beim Frühstück erzählte. Nachts nämlich sprach das Holz, huschten flinke Füße über die Stiegen und tanzten Gesichter vor den Fenstern. „Aber, Herr Doktor“, pflegte sie dann zu sagen, „meinen S’ wirklich?“ Da erst begann ich zu begreifen.

Kurt Reulecke war seit 1970 Mitglied des Schalenwildausschusses, ich gehörte seit 1974 diesem Gremium des Deutschen Jagdschutz-Verbandes an. Unsere Berufung endete im Oktober 1995.

Die Mitarbeit im DJV-Schalenwildausschuss war lehrreich. Der Meinungsaustausch zu bestimmten Fragen beruhte auf den Kenntnissen, Erfahrungen oder Vorstellungen seiner Mitglieder. Die Diskussion bereicherte das eigene Wissen um wildbiologische, jagdrechtliche und jagdpolitische Vorgänge, Entwicklungen und Planungen. Außer Sachwissen waren logisches Denken, klare Formulierungen und Toleranz gegenüber Andersdenkenden gefragt.

Die Sitzungen des Schalenwildausschusses fanden regelmäßig in Bonn statt, aber der Ausschuss tagte auch außerhalb der Stadt am Rhein. Er besuchte alte und neue Bundesländer und sammelte auf Exkursionen Eindrücke von Lebensräumen und jagdlichen Verhältnissen. Häufig wurden dabei Waldbilder besichtigt und unter Berücksichtigung forstwirtschaftlicher und jagdlicher Gesichtspunkte diskutiert. Diese Veranstaltungen waren sowohl für den Jäger als auch für den Forstmann nützlich.

Darüber hinaus entwickelten sich auch freundschaftliche Beziehungen zwischen einzelnen Mitgliedern. Die Begegnungen von Kurt Reulecke und mir im Ausschuss führten zu einem immer besseren gegenseitigen Verstehen und schließlich zur Freundschaft. Gemeinsam sorgten wir manchmal dafür, dass sich die oft sorgenvolle Miene unseres verdienstvollen Vorsitzenden, des baden-württembergischen Landesjägermeisters Alfred Hubertus Neuhaus, aufhellte und im Ausschuss gelacht wurde.

Anfang August 1976 tagte der DJV-Schalenwildausschuss in Achenkirch/Tirol. Eingeladen hatte das Ehepaar Emil und Christiane Underberg aus Rheinberg/Rhld. Es ist im Raum Achenkirch als Jagdpächter präsent und stellt seine dortigen Reviere, die im Bereich der Rotwildhegegemeinschaft Karwendel liegen, dem jagd- und forstwirtschaftlichen Modellversuch Achenkirch für wildbiologische und forstliche Forschungen zur Verfügung. Gleichzeitig fördert die Familie Underberg die Verwirklichung der Forschungsvorhaben vielfältig. Die Forschungsarbeiten begannen 1970 unter Leitung des Wildbiologen Dr. Anthony B. Bubenik. Der forstliche Part oblag dem Oberforstrat und Dipl.-Ing. Paul Schwab.

Im Jahr 1971 billigte der WWF-International (World Wide Fund For Nature) das Projekt „Grundlagenforschung für die Erhaltung des Schalenwildbestandes in forstwirtschaftlichen und touristisch stark genutzten Gebieten des Hochgebirges". Ab 1974 war der Fonds für Umweltstudien (FUST) in Bonn für die Durchführung des Projektes zuständig. 1977 ging die Zuständigkeit an die Schwesterorganisation FUST/Tirol über. Für den wildökologischen Bereich sind heute Professor Dr. Reimoser und Wildmeister Ludwig Messner verantwortlich, während die forstliche Betreuung des Versuchsprogrammes von Dipl.-Ing. Kurt Wittek wahrgenommen wird.

Die Teilnehmer der Sitzung des DJV-Schalenwildausschusses in Achenkirch befassten sich vor allem mit folgenden Themen: Bildung von Hegegemeinschaften, Begrenzung der Jagdpachtfläche, Nachtjagdverbot für Schalenwild (außer Schwarzwild), Ziel der Abschussregelung, körperlicher Nachweis der Erfüllung des Abschussplanes, Jagd- und Schonzeiten, Wildfolge und Fütterung von Wild.

Der Ausschuss, der nur eine Beratungsinstitution des DJV ist und keine Umsetzungskompetenz für seine Empfehlungen besitzt, erarbeitete zu einzelnen Punkten der Tagesordnung Lösungsvorschläge. Seine Denkanstöße fanden jedoch weder verbandsintern noch bei den Oberen Jagdbehörden der Bundesländer volle Zustimmung. Sie wurden im Laufe der Zeit nur teilweise realisiert. Bis heute ist die Jagdgesetzgebung der Bundesländer im Rahmen des Bundesjagdgesetzes höchst unterschiedlich. Bei allem Verständnis für Regelungen, die längerspezifische Gegebenheiten berücksichtigen, sollte der verfassungsmäßig vorgegebene Föderalismus einer möglichst weitgehenden Vereinheitlichung der Jagdgesetzgebung in der Bundesrepublik Deutschland jedoch nicht entgegenstehen.

Auf der Achenkirchener Tagung setzte sich Kurt Reulecke mit Nachdruck dafür ein, innerhalb der Richtlinien für die Hege und Bejagung des Schalenwildes aus wildbiologischen Gründen dem Altersklassenprinzip sowohl beim weiblichen als auch beim männlichen Wild künftig mehr Beachtung zu schenken. Dabei erläuterte er seine These speziell für das Rotwild. Bei den Abschussrichtlinien für Hirsche sollte danach der Einfluss der zum Teil recht kompliziert aufgebauten Stärke- und Güteklassen reduziert und dem Alter Vorrang eingeräumt werden.

Heute, 23 Jahre nach Achenkirch, haben die alten und neuen Bundesländer dem Altersklassenprinzip bei der Abfassung ihrer

Hege- und Bejagungsrichtlinien für die einzelnen Schalenwildarten überwiegend größere Bedeutung als in der Vergangenheit beigemessen. So wurde beim männlichen Rotwild die Einteilung in Stärke- und Güteklassen vielfach der Altersklasseneinteilung nachgeordnet und vereinfacht oder sogar gänzlich beseitigt (z. B.: in Mecklenburg-Vorpommern durch das Landesjagdgesetz vom 10. Februar 1992 und die Wildbewirtschaftungsrichtlinie vom 7. Mai 1993 sowie im hessischen Spessart durch die Richtlinien für die Hege und Bejagung des Rotwildes im Rotwildgebiet Spessart vom 21. November 1994).

Es ist nicht utopisch, vorherzusagen, dass das Altersklassenprinzip als Richtschnur für die Abschussgestaltung beim Schalenwild in der Bundesrepublik Deutschland eines Tages dominieren wird, denn es ist wildbiologisch konsequent sowie jagdpolitisch unverfänglich und für den Jäger trotz der manchmal schwierigen Altersansprache lebender Stücke leichter zu handhaben als die seitherigen Regelungen. So birgt beim Abschuss von Rothirschen die erforderliche vorangehende Abwägung der drei Abschusskriterien „Alter des Hirsches sowie Stärke und Güte des Geweihes“ die Gefahr einer höheren Fehlerhäufigkeit in sich, als wenn ausschließlich die Einschätzung des Alters entscheidet. Hierzu wird auch auf den Abschnitt „Einteilung und Bejagung nach Stärke- oder Altersklassen?“ in der Monographie „Das Rotwild“ von Ferdinand von Raesfeld und Kurt Reulecke (1988, S. 263) verwiesen.



Im Verlauf der Sitzung des DJV-Schalenwildausschusses in Achenkirch hielt Dr. Bubenik (1976) einen bemerkenswerten Vortrag über das Thema „Verhaltensphysiologische Probleme der Schalenwildbewirtschaftung“. Er wurde lebhaft diskutiert und führte zu einem Streitgespräch. Strittig war unter anderem, ob das Rotwild zum Zweck der Hege und Bejagung in Sozial- oder Altersklassen eingeteilt werden soll.

Während Bubenik damals für die Kennzeichnung des Zustandes einer Population beim weiblichen und männlichen Rotwild jeweils drei Sozialklassen mit Zielvorgaben (Infrastruktur) eingerichtet hatte, waren von Oberlandforstmeister a. D. Vorreyer (1974) zur altersmäßigen Orientierung der Abschussplanung und zur Transparenz des getätigten Abschusses Altersstufen mit Altersspannen (Altersklassen) gebildet worden. Vorreyer und Reulecke hatten seit 1967 im Rotwildring Harz neben anderen Einteilungsmerkmalen auch die Begriffe „junge, mittelalte und alte Hirsche“ zur Charakterisierung der männlichen Teilpopulation benutzt.

<u>Übersicht 1</u>
Sozialklassenbildung nach Bubenik, Normenvariante, Stand 1976, aus „Das Rotwild“ von Ferdinand von Raesfeld/Kurt Reulecke, (9. Auflage, 1988, S. 257 oben)

| **Sozialklasse** | **Weibliches Wild** | **Männliches Wild** |
|---|---|---|
| III | Kälber<br>Jungtiere (1- bis 3-j.) | Kälber<br>Schmalspießer<br>Junghirsche (2- bis 4-j.) |
| II | Haupttiere (4- bis 9-j.) | Haupthirsche<br>(Mittelklasse)<br>(5- bis 9-j.) |
| I | Alttiere (10-j. u. älter) | Althirsche (10-j. u. älter) |

<u>Übersicht 2</u>

Altersstufenbildung beim männlichen Rotwild nach Vorreyer, aus „Das Rotwild“ von Ferdinand von Raesfeld/Friedrich Vorreyer, (7. Auflage, 1974, S. 214)

| **Beim weiblichen Wild arbeitet Vorreyer mit der Einteilung** | **Männliches Wild Altersstufen** |
|---|---|
| Wildkälber | Hirschkälber |
| Schmaltiere und | Schmalspießer |
| Alttiere | Junge Hirsche (2- bis 5-j.) |
| | Mittelalte Hirsche (6- bis 9-j.) |
| | Alte Hirsche (10-j. u. älter) |

Vorreyers Einteilung des Rotwildes in Altersstufen erscheint mir sprachlich klarer als die von Bubenik verwandten Bezeichnungen („Wortschöpfungen“) für die Sozialklassen. Allerdings ist es fraglich, ob Vorreyers Altersstufe der jungen Hirsche mit einer Altersspanne von 2 bis 5 Jahren für die Abschussplanung zweckdienlich ist. Zur Altersklasse III gehören heute gemeinhin Schmalspießer und junge Hirsche im Alter von 2 bis 3 bzw. 2 bis 4 Jahren. Dagegen bilden die 4- bis 9- bzw. 5- bis 9-jährigen Hirsche in den Abschussrichtlinien allgemein die Altersklasse II.

Da aber die 4- und 5-jährigen Hirsche noch nicht ausgewachsen sind, sondern sich in der Schlussphase ihrer Wachstumsperiode befinden, muss man sie korrekterweise der Jugendklasse zuordnen. Folglich ist die gängige Definition der Altersklasse II („mittelalte Hirsche") zu ergänzen, denn diese, den von der Bejagung weitestgehend auszunehmenden Hirschen gewidmete Altersklasse, enthält sowohl junge als auch mittelalte Exemplare. Es empfiehlt sich daher folgende Abgrenzung: Zur Altersklasse II gehören junge Hirsche im Alter von 4 und 5 Jahren (bzw. von 5 Jahren) sowie alle mittelalten Hirsche (6- bis 9-j.).

In diesem Zusammenhang ist auch darauf hinzuweisen, dass 10-jährige Hirsche im Allgemeinen keineswegs schon biologisch alt sind. Die Altersklasse I, die Klasse der 10-jährigen und älteren Hirsche, umfasst sowohl heranreifende (10- und 11-j.) als auch reife Individuen (12- bis 14-j.). In Einzelfällen sind in dieser Altersklasse auch überalterte Hirsche (15-j. und älter) vertreten. Individuelle Abweichungen sind möglich.



Beim weiblichen Wild sollte die jährliche Strecke eines Rotwildgebietes oder -bezirkes durch Altersbestimmung bzw. -schätzung beim körperlichen Nachweis ebenfalls nach Altersklassen gegliedert werden. Es wird folgende Einteilung vorgeschlagen: Wildkälber, Schmaltiere, junge Alttiere (2- bis 5-j.), mittelalte Alttiere (6- bis 9-j.) und alte Tiere (10-j. und älter). Vorreyer ist zuzustimmen, wenn er im Gegensatz zu Bubenik die Schmaltiere wie die Schmalspießer separat ausweist.

Im Übrigen verdeutlichen die Übersichten 1 und 2, dass die Kontrahenten von Achenkirch zwar mit unterschiedlichen Begriffen arbeiteten, aber diese bezüglich des Alters synonym verwandten (Hopp, 1979). Das ist wildbiologisch plausibel, denn sowohl in den Kahlwildrudeln (einschließlich der in ihnen geduldeten jungen Hirsche) als auch bei den Hirschen entscheidet meistens das Alter eines Individuums über seine soziale Rangordnung. Je älter das Tier beziehungsweise der Hirsch ist, desto höher ist allgemein auch seine

Stellung, der Rang, im sozialen Gefüge. Erst beim Eintritt der Überalterung oder bei krankheitsbedingtem Kräfteverfall gilt diese Regel nicht mehr.

Bubenik war ein konsequenter Wildbiologe. Es scheint, dass er schon früh die umweltrelevanten und jagdpolitischen Schwierigkeiten für das Rotwild erfasste. Die Erhaltung oder Herstellung der optimalen Infrastruktur einer Rotwildpopulation („Wilddichte, Gliederung nach Alter und Geschlecht") stand daher im Mittelpunkt seiner naturnahen Hegebemühungen (Ferdinand von Raesfeld und Kurt Reulecke, 1988, S. 256). Die Beschäftigung mit einzelnen Individuen, vielleicht gar mit einem Hirsch als Einzelwesen zwecks Manipulation der Geweihbildung, war dagegen nicht sein Hauptanliegen.

Bubenik starb 1995 in Toronto/Kanada. Seinen Antipoden, den Harzer Friedrich Vorreyer, einen der bedeutendsten Kenner und bekanntesten Heger des Rotwildes in der deutschen Wildbahn, trug man bereits 1986 in Braunlage zu Grabe.

Der Modellversuch Achenkirch zeigte schon 1976 für Wild und Wald positive Ergebnisse. Die Populationen des Schalenwildes waren durch Reduktion den Lebensraumverhältnissen angepasst sowie durch Ausgleich im Geschlechterverhältnis und Beeinflussung der Altersklassenstruktur im Sinne der Normenvariante verbessert worden. Insbesondere hatte man durch hohe Abschusszahlen den Überhang beim Rehwild abgeschöpft.



Nach Schwab (1977) wurde der Wald durch Minderung des Verbissdruckes wieder baumartenreich. Weißtanne, Buche, Ahorn und Esche verjüngten sich natürlich und wuchsen im Grundbestand der Fichte ohne Zaunschutz in genügender Zahl heran. Lediglich die Leittriebe dieser Mischbaumarten wurden damals durch Anstrich mit Verbissschutzmitteln geschützt. Der Aufbau und die Sicherung standortgemäßer stabiler Bergmischwälder war und ist für die Forstwirtschaft unverzichtbar.

Keine Frage ist es, dass im Hochgebirge Rotwild und Rehe im Winter gefüttert werden müssen. Diesen Wildarten (besonders dem Rotwild) ist heutzutage ein Ausweichen in tiefere Lagen meistens verwehrt. Gamswild wird in Achenkirch nicht gefüttert.

Die Fütterungen im Bereich des Versuchsgebietes sind beispielhaft gestaltet und bei genügender Anzahl so verteilt, dass unerwünschte Wildkonzentrationen vermieden werden. Wert wird auf eine artgerechte, regelmäßige und ausreichende Fütterung mit verschiedenen Futtermitteln gelegt. Kraftfutter wird im Achenkirchener Versuchsgebiet nicht vorgelegt. Schwab (ebenda) berichtet, dass Pansenanalysen in allen Fällen von Kraftfutteraufnahme auch hohe Verbissanteile im Panseninhalt zeigten, während ohne Kraftfuttergaben kaum oder nur geringer Verbissinhalt gefunden wurde. Störfaktoren, wie Beunruhigung oder Behinderung des Wildes bei der Futteraufnahme, wurden möglichst ausgegrenzt.

Die Sommeräsung wird durch die Anlage und Pflege von Wildwiesen bereichert. Die forstlichen Nutzungen werden teilweise mit den jagdlichen Belangen abgestimmt.

Die Bejagung nimmt Rücksicht auf das winterliche Ruhegebot in der Wildbahn. Man bemüht sich, den Abschuss des Wildes nach Möglichkeit vor der entscheidenden Äsungsverknappung durch den Wintereinbruch und den Einsatz des Wintersportes zu tätigen. Das bedeutet, dass der Abschuss im Rahmen der gesetzlichen Jagdzeiten weitgehend in den Monaten vor der Hirschbrunft erledigt wird. Er ist zudem zugunsten der Hauptklasse vor allem auf das Jungwild ausgerichtet.

Aber nicht nur die überzeugenden wildbiologischen und jagdlichen Resultate des Versuches samt der großartigen Waldbilder und der Schönheit der Tiroler Landschaft sind eingefasst vom Rahmen der Erinnerung, auch die von der Familie Underberg ausgerichtete „jagdliche Expedition“ ist unvergessen. Für dieses Unternehmen wurden Kurt Reulecke und ich dem Revierjäger Helmut Eder zugeteilt, der uns auf die „Moosen-Alm“ zum Gamsjagern führen sollte. Er war wohl angewiesen, die beiden „lustigen Brüder“ wegen einer „Unbotmäßigkeit“ beim gemeinsamen Mittagsmahl zur Ermüdung über einen längeren Anstieg in das Jagdgebiet zu leiten. Doch der Jäger erbarmte sich unser. Eder bezweifelte nämlich nicht zu Unrecht unsere Bergtauglichkeit. Wir benutzten daher meinen „Panzer“, einen VW-Käfer mit zusätzlich angebrachtem stählernen Bodenschutz, für den „Aufstieg“. Recht früh konnten wir so im Bereich der Alm mit der Pirsch beginnen.



Die Gämsen, noch unbejagt, waren vertraut. Kurt kam bald auf eine dreijährige, nichtführende Geiß zu Schuss. Aber der Freund hatte Pech, zweimal verließ die Kugel bereits beim Einstechen den Lauf. Die Geiß stand immer noch, doch Reulecke, der sonst so treffsichere Kugelschütze gab auf. Es dauerte eine Weile, bis Eder und ich den verbiesterten „Kompagnon“ davon überzeugt hatten, dass nicht er, sondern die defekte Waffe die Fehlschüsse verursacht habe.

Schon nach der Umrundung der nächsten Bergnase bot sich erneut Gelegenheit zur Bejagung von Gamswild: Vor uns, in einer flachen Mulde äste Geraffel. Ich robbte hinter einen Felsen und schuf mir mit Hilfe meiner Kotze eine bequeme Auflage für die Waffe. Dann ging ich in Anschlag und schoss auf Geheiß des Führers einen zweijährigen Gamsbock.

Die übrigen Gams sprangen ab, aber verhofften nach wenigen Fluchten. Sie hielten Umschau. Schnell wurde Kurt Reulecke als „Robbe“ herbeizitiert und eingewiesen. Er erhielt meine wieder schussfertige Bockbüchsflinte. Es bereitete ihm keine Schwierigkeit, mit dieser Waffe einen Jährling zu strecken.

Unter Hinweis auf die in den Revieren um Achenkirch geübte Pflicht, erlegtem Schalenwild für die Forschung Untersuchungsmaterial zu entnehmen, wollte Eder die beiden Böcke aufbrechen. Das ließen Reulecke und ich jedoch nicht zu. Wir erledigten schnell und zufriedenstellend das Aufbrechen und die Entnahme der Untersuchungsproben. Der Jäger war überrascht. Als wir auch noch die Bringung der beiden Gams zum Pkw übernehmen wollten, verwies uns Eder höflich, aber bestimmt auf den Gästestatus.



Diana wollte es, dass wir in Achenkirch dem Jagdherrn begegneten. Underberg war verblüfft, seine „bösen Buben“ bereits wieder im Ort zu sehen. Er hatte uns offensichtlich nicht für Alpinisten gehalten. Doch dann durchschaute er schnell und amüsiert die beiden „Füchse“.

Insgesamt wurden bei der Gästejagd ein Schmaltier, drei zweijährige Gamsböcke und sieben Jährlinge gestreckt. Alle Gäste wurden von den Jägern erfolgreich zu Schuss gebracht. Die Familie Underberg offenbarte sich auch auf dem Gebiet der Jagd als fürsorgliche Gastgeberin.

Den Mecklenburgern wird die Fähigkeit des Kraxelns im Gebirg nicht unbedingt in die Wiege gelegt. Sie sind nicht schwindelfrei. Se vertellen Läuschens un wullen von de Barch nicks weiten. Oewer se gahn grad dörch dick un dünn.

An die Hänge im Mittelgebirge gewöhnte ich mich durch die Nachsuchen im Odenwald und Spessart. In die Verhältnisse des Hochgebirges führte mich Willi Walcher ein. Allerdings wurden extreme Passagen gemieden. „Ursprung-Alm“, Jauch, Forstau und Röst hießen die „Lernorte“. Das Jagen im Bereich der Moosen-Alm war nicht beschwerlich.

Aber das „Steinerne Meer“ bei Maria Alm, wo ich 1981 gemeinsam mit den Odenwälder Freunden Heinz Jürgen Weber und Roland Theimer jagte, wurde ein Prüfstein meiner Leistungsfähigkeit. Dabei schaffte ich den schwierigen Anstieg zum „Riemannhaus“ (2 177 m) mit Anstand, doch der nächste Tag war grausig. Über zwölf Stunden hüpften wir im Geröll unter Führung von Fred Gruber, dem Wirt des hochgelegenen Hauses und Jäger im Revier, von Stein zu Stein. Es war eine „Echternacher Springprozession“ von besonderer Art. Ich freute mich, wenn hier und dort ein schmaler Pfad die Pirsch erleichterte. Als wir bei einsetzendem Regen mit einer von Roland Theimer erlegten zweijährigen Gamsgeiß das Riemannhaus wieder erreichten, war ich erschöpft. Ich fluchte und schalt mich einen Narren, überhaupt in das „Murmelfeld der Götter“ gegangen zu sein. Auch heute, nach 17 Jahren, habe ich meinen im Buch „Weite Pürsch“ geschilderten Eindrücken nichts hinzuzufügen. Es ist wahr, ich war nach dem langen Marsch durch die Steine stehend k.o.

Doch als kurz nach der Rückkehr Faselzeug im „Steigwandl“ auftauchte, besiegte der Beutetrieb den „inneren Schweinehund“. Ich kraxelte noch einmal im Berg, schoss und traf. Am Abend wurde zu Ehren der gestreckten achtjährigen Geiß und zur Stützung des Kreislaufes „Spessart-Sprudel“ entkorkt.



Sicherlich haben die zahlreichen Nachsuchen meine Belastbarkeit erhöht, auch für das Gebirge Zähigkeit erzeugt. Auf den Wundfährten wurden nicht nur die Hunde, sondern oft auch ich gefordert, zumal mein häufiger Begleiter, Klaus Eckel, mir mit seinen langen Beinen im Tempo überlegen war und das Gespann beschleunigte. Drei körperlich besonders anstrengende Schweißarbeiten sind mir noch heute gegenwärtig. Sie gingen bis an die Grenze unseres Leistungsvermögens. Wenn der eine von uns das Aufgeben erwog, müdete der andere ihn wieder auf. Alle drei Arbeiten endeten erfolgreich. Der Jüngere und sportlich Trainierte gewann diese Partien mit 2:1. Am Ende winkte uns kein Pokal, doch stellte sich neben der Freude über den Erfolg auch das kostbare Gefühl der Verbundenheit ein.

# *Zur Jagd in „Habsburger Landen“*

Jagdreisen führten mich in den Bereich der heutigen Länder Ungarn, Kroatien und Slowenien, zuletzt auch in die Slowakei. Zur Zeit meiner Reisen in die Weite der pannonischen Ebene und das der Donau vorgelagerte slowakische Hügelland gehörte die Volksrepublik Ungarn noch zu den Staaten des Warschauer Paktes, zählten Kroatien und Slowenien zu den Bundesrepubliken der Volksrepublik Jugoslawien. Lediglich die Slowakei war während meines Besuches bereits ein unabhängiger Staat und wie Tschechien aus der Spaltung der Tschechoslowakei hervorgegangen.

Sicherlich konnten die Völker der bereisten Länder nur deshalb im letzten Jahrzehnt des 20. Jahrhunderts ihre Unabhängkeit erlangen, weil die Sowjetunion zerfiel und das wirtschaftlich wie politisch geschwächte Russland die von den Sowjets innegehabte Vormachtstellung im Osten und Südosten Europas verlor. Auch die Auflösung Jugoslawiens und das Zerbrechen der Tschechoslowakei sind mit ein Ergebnis der veränderten Machtverhältnisse in der Welt. Auf dem Weg zu einem vereinten Europa bilden jedoch zunächst vermehrt Kleinstaaten das Spalier.

Dabei vereinigte bereits die von der Dynastie der Habsburger gelenkte österreichische Monarchie große Teile der östlichen und südöstlichen Gebiete unseres Kontinents unter ihrer Herrschaft. Franz II., seit 1792 Kaiser im „Heiligen Römischen Reich deutscher Nation“, erhob das Herzogtum der habsburgischen Erblande zu einem Kaiserreich und ließ sich unter dem Namen Franz I. zum Kaiser von Österreich proklamieren. Zwei Jahre später verkündete er das Ende des Heiligen Römischen Reiches.

Das Kaiserreich Österreich entwickelte sich nach der militärischen Niederlage bei Königgrätz (1866) im Jahr 1867 zur Doppelmonarchie, die mit dem Königreich Ungarn gebildet wurde. Das Ende des Ersten Weltkrieges überlebte diese politische Einheit nicht, sie zerbrach.

Die Doppelmonarchie war ein Vielvölkerstaat, in dem neben Deutsch auch Ungarisch, Polnisch, Tschechisch, Slowakisch, Slowenisch, Serbokroatisch und Italienisch gesprochen wurde. Österreich-Ungarn verblich vor 80 Jahren. Der Zweite Weltkrieg hat (wie jetzt auch der Bürgerkrieg im ehemaligen Jugoslawien) in den einst Habsburger Landen viele Opfer gefordert und zu erheblichen Substanzverlusten an historisch wertvollen Bauten und anderen Zeugnissen der Kultur geführt. Aber immer spürt man in diesen Gebieten noch einen Hauch der Habsburger Zeit.

Die Marktplätze vieler Städte und ihre Straßen, die alten Kasernen, das Gelb zahlreicher Gebäude und Kirchen erzeugen weiterhin das Fluidum der vergangenen Epoche. Und bei vielen Menschen spürt man trotz aller Veränderungen den Wiener Impuls zur Leichtigkeit des Lebens.

Im Nachhinein war die Absprache mit dem kulturell vielseitig interessierten und tätigen Juristen und Jäger Wolfgang Weitz aus Nidda, Ende 1979, kurz vor dem Weihnachtsfest, zur „Sauriegeljagd" nach Ungarn zu fahren, wohl eine Schnapsidee. Aber damals glaubten wir, zeitlich richtig zu liegen und starteten am 18. Dezember zur Fahrt in das Land der Magyáren. Mit von der Partie waren Dr. Kunisch und Sohn Christian aus der Wetterau sowie das Odenwälder Gespann Heinz Jürgen Weber und Roland Theimer. Die Gruppe Weitz/Kunisch reiste über Wien an, während die Jäger aus Odenwald und Spessart über Pichl an der Enns, Körmend, Kaposvár und Pécs das Forstamt Sásd, das Reiseziel, erreichten.



Am ersten Jagdtag standen zur Begrüßung den sechs deutschen Jägern etwa zwanzig, zum Teil recht verwegen aussehende Treiber und eine gleichfalls furchterregende Meute von fünf Jagdterriern gegenüber. Mit Jeeps, die wie die legendären sowjetischen Panzer vom Typ T 34 tiefste Schlammseen durchfuhren, ging es zum ersten Treiben.

Abgestellt wurde eine großflächig gegatterte Laubholzverjüngung. Die Treiber lärmten und die Hunde wurden laut. Die Riegeljagd erwies sich als Treibjagd. Sauen kamen nicht vor. Im zweiten Treiben sah ich einen Hasen, und Kahlwild brach aus. Ein mittelalter Keiler wurde gefehlt. Im nächsten Geviert entkam eine Rotte von acht Sauen unbeschossen. Das vierte Treiben war wildleer.

Nach einem sehr schmackhaften Mittagessen folgte das letzte Treiben des Tages an einem Berghang. Überall hatte Schwarzwild frisch gebrochen. Die Hunde stöberten die Sauen in der dichten Verjüngung auf, aber sie brachten nur einen Überläufer vor die Schützen. Vater Kunisch kam nicht zurecht. Weitz ließ die Sau passieren. Weber und ich fehlten das Schwein. Doch der wache Roland Theimer streckte den Kujel. Wir waren „aus dem Schneider!"

Am Abend ging es zum Ansitz. Theimer hatte wieder Erfolg, er schoss einen Überläufer. Dem Forstamtsleiter und mir kam auf der Anfahrt zum Ansitzplatz über eine weite Pläne ein starkes Rudel Rotwild. Es verhoffte in etwa 160 Meter Entfernung. Ich sprang aus dem Wagen, aber konnte nicht schießen. Die Stücke hatten sich zusammengeballt. Erst als das Leittier anzog, und sich das Wild zu einer Kette formierte, kam ich auf ein Kalb zu Schuss. Es zeichnete, drehte sich im Kreis und brach mit einem tiefen Blattschuss verendend zusammen. Es war ein Hirschkalb. Der Führer schätzte sein Wildbretgewicht auf 50 bis 60 Kilogramm. In Ungarn nichts Besonderes, doch im Spessart halten zur gleichen Jahreszeit gute Schmaltiere und männliche Jährlinge dieses Gewicht.

Der Schuss war sauber, der Abschuss richtig, und doch kam keine Freude in mir auf. Ich hatte zum ersten Mal mit Hilfe eines Autos die Jagd ausgeübt. Und es gefiel mir auch nicht, dass die Blöße vor dem noch aufgesuchten Hochsitz eine Maiskirrung zierte. Gewiss, die Jagd an der Kirrung ist eine alte Jagdmethode und nicht grundsätzlich zu verwerfen, aber die Geschmäcker sind halt verschieden. Mir jedenfalls behagt diese Art der Jagdausübung nicht. Wolfgang Weitz denkt ebenso. Er unterließ die Jagdausübung an einer Lockfutterstelle.

Am zweiten Jagdtag bekümmerte uns anfangs der das Jagdhaus umgebende Nebel, doch als er sich hob, konnten wir ohne Sorge um Treiber, Nachbarn und Hunde jagen. Dr. Kunisch gelang eine Dublette auf zwei starke Frischlinge, während Christian Kunisch und ich von einem „D-Zug-Überläufer" überrumpelt wurden. Das war dann aber auch schon das letzte jagdliche Ereignis. Weder „Schwarzkittel" noch „Rotschimmel" zeigten sich in den nächsten Treiben, und der Abendansitz verlief für alle ohne Anblick.

Man kann eben nicht in zwei Tagen mit wenigen Schützen auf zwangsläufig nur unvollkommen abgestellten großen Treiben stückzahlreiche Strecken erwarten, zumal wenn das Revier zuvor schon stark bejagt wurde. Eines aber soll festgehalten werden, unsere Gastgeber gaben sich Mühe, uns zu Schuss zu bringen, und die ungarische Gastfreundschaft überzeugte. Wir genossen eine Fülle feiner Speisen und guten Wein, es weihnachtete für Gourmets.

Am 22. Dezember ging es ohne Aufenthalt zurück nach Hessen. Nach einem Schlaftag blinzelte ich am Heiligen Abend schon wieder recht munter in den Kerzenschein. Übrigens, es gab Spickaal und Räucherlachs mit Sahnemeerrettich und Preiselbeeren, norddeutsche Mettwurst und Schweizer Käse, Weißbrot, Pumpernickel und gesalzene Butter und dazu einen milden, tiefdunklen Portugieser, sozusagen „Schonkost“ nach den Schlemmertagen in Ungarn.

Nach sechs Jahren, Anfang Mai 1986, weilte ich wieder „in der Nachbarschaft“ von Pécs, aber dieses Mal südlich der Drave in der jugoslawischen Bundesrepublik Kroatien. Gemeinsam mit Karl-Heinz Seibert, Heinz Jürgen Weber und Olaf Lange wollte ich in der Nähe der Stadt Bjelovar auf Rehböcke jagen. Die Jagd auf Böcke beginnt dort bereits am 1. Mai.

Die Trophäenwand von Seibert, mit dem mich seit dem Studium in Hann. Münden eine verlässliche Freundschaft verbindet, hatte den Entschluss, in der Niederung der Drave Rehböcken nachzustellen, reifen lassen. Seibert erbeutete bei Bjelovar mehrere starke Rehkronen. Die beste Trophäe wog 520 Gramm. Olaf Lange, ebenfalls „ortskundig“ im Umfeld der kleinen Stadt, konnte dort sogar einen Bock mit einer Krone von 650 Gramm strecken. 

Die Rehe an der Drave müssen sich wohl fühlen. Der Lebensraum ist dort noch weitgehend intakt. Große Wiesen mit saftigen Gräsern und Kräutern werden immer wieder von Buschwerk und kleinflächigen Waldungen mit lichten und oft mittelwaldartigen Laubholzbestockungen durchbrochen. Auch kleinere Felder bereichern zeitweilig das Angebot an Nahrung und Deckung.

In diesem Eldorado für Rehe versprechen Pirschfahrten guten Erfolg. Man kann sich so dem ausgemachten Wild nähern, in Schussentfernung vom Gefährt gleiten und dem Stück mit Hilfe eines Zielstockes oder Baumes zum Anstreichen eine sichere Kugel antragen. Es ist zweckmäßig, dass der Schütze zur Schussabgabe den Wagen verlässt und dieser mit Kutscher oder Fahrer weiterfährt. Dann äugt das Wild häufig dem sich entfernenden Fuhrwerk oder Fahrzeug nach und nimmt den Schützen nicht wahr. Dadurch kann man die Wildtiere täuschen, und sie verbinden den Schuss nicht mit dem Gefährt.

Mit Heinz Jürgen Weber jagte ich im Jagdbezirk Brezik. Unsere Führer waren Dušan Ljustina und Milan Radoš. Sie verfügten über zwei Pirschfahrzeuge. Das Modell „Antik" bestand aus einem einfachen Ackerwagen, der ohne Hast und ruhig vom weißen Wallach „Sekan" gezogen wurde. Leider bevorzugten Dušan und Milan aber das Modell „Modern", einen Traktor mit aufgesetztem und oben geöffnetem „Schweinekäfig", sozusagen die „Hochzeitskutsche für lüsterne Sauen". In diesem durch eine Schiebetür verschließbaren und engen Drahtgehäuse wurde man durch die Gegend geschaukelt und fast „seekrank" zur Schussabgabe „in Stellung" gefahren.

Das konnte nicht gut gehen, zumal der Käfig nach oben hin von schmalen und glatten Stahlleisten begrenzt wurde. Sie taugten als Auflage ebenso wenig wie das Gleitrohr der Verriegelung. Auch „himmelte" der Käfig heckwärts und war nicht schwingungsfrei. Freund Weber verlor fast die Nerven, und auch ich wurde dünnhäutig. Dušan und Milan, die hilfsbereiten, aber jagdlich nur wenig

*Der „Schweinekäfig" von Bjelovar;*
*links Kommandant Dušan Ljustina, Steward Milan Radoš, Passagier Heinz Jürgen Weber und ein weiteres Mitglied der Besatzung.*

erfahrenen Gesellen, waren ebenfalls der Verzweiflung nahe, denn Fehlschüsse bedeuteten auch für sie keinen Erfolg.

Aber am zweiten Jagdtag, ich hatte der schönen Schwester Milans höflich meine Reverenz erwiesen, schenkte mir Diana ihre Gunst. Gerade hatte sich ein durch einen Fehlschuss erschrockener Bock schreckend von uns abgewandt, als nach wenigen Schaukeltakten des Traktors im schon recht hohen Gras das Haupt eines Rehbockes mit starken, gut vereckten und geperlten Stangen auftauchte. Dušan, der „Kommandant", gab den Schuss frei, aber ich schoss nicht. Der brave Kerl verfluchte mich, seine Mutter und die Götter. Doch der Zeigefinger blieb trotz allen Drängens gestreckt. Mir war der Schuss auf den Trägeransatz zu riskant. Da sprang auch dieser Bock ab. Er hatte genug von dem Theater und tauchte ein in den grünen Dschungel eines kleinen Gehölzes.

Nur widerwillig und kopfschüttelnd folgte Dušan meinem Begehren, dem „Flüchtling" mit dem Gefährt zu folgen. Auf einem

*Ein Bock mit besserem Gehörn aus dem Revier Beznovzi der LD Cankova, Slowenien, 1990.*

verwachsenen Holzabfuhrweg drangen wir in das dichte Unterholz ein. Und siehe, der neugierige Rehbock stand in einer Entfernung von etwa 60 Metern auf einer kleinen Blöße und äugte zu dem Traktor mit den „Affen“ im Käfig. Der Schlepper hielt mit laufendem Motor, aber der Sechser glaubte sich offensichtlich in Deckung und Sicherheit, er rührte sich nicht. Der Bock quittierte die Kugel mit einer ausgreifenden Flucht. Sie endete bald. „Alma“, die mitgeführte Mischlingshündin, fand ihn nach wenigen Metern Suche verendet.

Da lag dann der gestreckte „Überraschungsbock“ im Spiel der Sonnenstrahlen auf der Lichtung, und ich wurde mir allmählich der Beute bewusst. Das Gehörn beeindruckt durch die kräftigen Stangen mit der harmonischen Vereckung und den rauen Perlen. Vielleicht sind die Stangen mit einer durchschnittlichen Länge von nur 22,7 cm etwas kurz, aber das ist für mich kein Manko, denn dieses Gehörn eines vier- bis fünfjährigen Rehbockes ist wirklich eine Krone. Ich freue mich immer wieder, wenn ich sie in den Händen halte. Man darf sich doch noch über Trophäen freuen?

Im übrigen endete die Jagd auf Rehböcke bei Bjelovar auch für Karl-Heinz Seibert und Olaf Lange, die ein „Heimspiel“ absolvierten, mit Erfolg. Leider aber blieb Heinz Jürgen Weber ohne Beute. Er konnte sich jedoch trösten, denn jenseits der Grenze, in Ungarn, hatte er in den vorangegangenen Jahren recht erfolgreich auf Böcke mit schweren Kronen gejagt.



Der Bezirk der „Jagdfamilie“ Cankova liegt wie das gleichnamige Dorf in Slowenien. Die nächste größere Stadt ist Murska Sobota, und die Grenze zur Republik Österreich ist nah. Die Landschaft gehört zu den westlichen Ausläufern der pannonischen Ebene. Wellige Hügelketten und weite Täler bestimmen das Bild. Waldungen, Flurgehölze, Gebüsche und Hecken unterbrechen die landwirtschaftlichen Nutzflächen. Wiesen in den Talsohlen und Grünland an den Hängen bilden mit kleinen Feldern das Gerüst der Agrarnutzung. Der Pflanzenanbau ist abwechslungsreich. Der Lebensraum zeigt durch die Vielfalt der Strukturelemente Grenzlinienreichtum und ist geradezu prädestiniert für das anspruchsvolle Rehwild. Wie im Umfeld von Bjelovar wächst auch im Bereich von Cankova kräftiges Rehwild heran, und die Gehörne der Rehböcke sind oft stark.

Freund Reulecke, der seit 1981 im Jagdgebiet Cankova jagt, hat von diesem Landstrich, seinen Menschen und jagdlichen Möglichkeiten kürzlich in der Jagdzeitschrift „Wild und Hund" (1997) berichtet. Man spürt seine Zuneigung zu Land und Leuten und empfindet die Freude, die ihn durchpulste, wenn er ein markantes Gehörn erbeutete.

In den Jahren 1990 und 1991 nahm Kurt Reulecke mich mit nach Cankova. Dort schoss ich durch seine Fürsprache einige Rehböcke. Einen Sechser mit hohen Stangen und ungleichen Vordersprossen, der ein Gehörn der „300-Gramm-Linie" trug, erlegte ich Mitte Mai 1990 im Revier Beznovci. Geführt hatte mich Ernest Bransberger aus Murska Sobota, ein äußerst talentierter Jäger, ein Mann mit Gespür für das Wild, schnell im Ansprechen und entschlussfreudig.

1991 jagte ich in den Revieren C̄rnci und Korovci. In jedem Jagdbezirk schoss ich einen braven Sechser. Ihre Gehörne sind zwar gut vereckt, aber den Geweihen fehlt es an Masse. In beiden Jahren bejagte ich auch „Geraffel". So streckte ich einen ungeraden, mickrigen älteren Achter und einen Knopfbock. Kapitale Rehböcke sah ich nicht. Aber das ist ja gerade das Reizvolle an der Jagd: Bei ihr ist nicht alles manipulierbar. Und „es muss nicht immer Kaviar sein", um Freude empfinden zu können. Wer auf Jagdreisen ausschließlich Spitzentrophäen erbeuten will, bringt sich selbst in Zugzwang und wendet seine Augen ab von Landschaft und Siedlungen, vor allem aber von den Menschen. Ihm entgehen dadurch die kleinen Freuden am Wegesrand und vielfach die Not vor Ort.



Kurt Reulecke hatte 1991 in Slowenien keinen Erfolg. Nach einer Herzoperation war er zu früh zum Jagen aufgebrochen, der Körper wehrte sich gegen die Überbeanspruchung. Außerdem spitzte sich während unseres Aufenthaltes in Cankova die jugoslawische Krise, die zu einem grässlichen Bürgerkrieg führen sollte, zu. Es war keine Zeit zum Bleiben.

Und dennoch, wieviel Freude bereitete uns die große, mit Reulecke befreundete Familie Sinko durch ihre Gastfreundschaft. Wie höflich und entgegenkommend war „Präsident" Ervin Znidaric, der Leiter der Jagdfamilie. Gott hab' ihn selig, denn er starb 1994. Dazu die heiteren Stunden bei Larški Rizling in der Gostilna von Branko Železen, wo die zupackende und schlagfertige Charlotte als Mutter Courage fungierte.

Einmal – Kurtchen und ich saßen zur Kühlung auf der Terrasse der Gostilna beim Wein – lauschten wir den Lauten der Nacht: dem

Klang der Ketten der Kühe, dem Seerosen-Chor der Frösche und der Serenade der Sehnsucht einer Katze. Damals fragten wir Charlotte verstohlen, obgleich keine Gäste um uns waren, nach den beiden Tänzerinnen, die uns Ervin zur Belebung einsamer Stunden – wohl mehr im Scherz als ernst gemeint – in Aussicht gestellt hatte. Die Wirtin stutzte, setzte den Krug, den sie zum Nachfüllen der Gläser trug, auf den Tisch, legte die Arme um uns und schob ihr wildes Haar zwischen unsere „Keilerköpfe". Dann flüsterte Charlotte, dass sie solche „Geschäfte" nicht betreiben würde, aber das Ansinnen auch im Interesse der Frauenzimmer zurückweisen müsste. Die temperamentvollen Gespielinnen würden bei uns zu Klageweibern, weil sie nicht erhalten könnten, was sie begehrten. Für die Liebe wären wir viel zu alt. Und lachend verschwand unsere „gehemmte Kupplerin" im Haus.

So an der Nase herumgeführt, sangen die törichten Knaben, aller erlittener Unbill zum Trotz, schließlich allein die bekannte Arie aus der Oper „Carmen" von Bizet und versanken bei würzigem Riesling und dem matten Licht eines müden Mondes in der Melancholie einer lauen slowenischen Nacht.



Die Jagdreise in die Slowakei, die 1995 stattfand, hatte Julius Durst, der Leiter des Hessischen Forstamtes Frankenau, vermittelt. Im Jahr 1968, als die Rote Armee gemeinsam mit Truppen des Warschauer Paktes die Tschechoslowakei besetzte, und der „Prager Frühling" des Reformpolitikers Dubček erstarrte, hatte Durst seine Heimat, die Slowakei, verlassen müssen. Als politischer Flüchtling und Deutscher konnte er beruflich in Hessen Fuß fassen.

Julius Durst, den ein feines Gespür für Gerechtigkeit und eine beispielhafte Kameradschaft auszeichnet, verdankt die „Referendarsfamilie des Jossgrundes" manche heitere Episode. Mich führte er auf Methusalem, den alten und starken Widder vom Langenberg.

Mitte Mai 1995, mein forstlicher Einsatz im Bundesland Mecklenburg-Vorpommern war schon Vergangenheit, reisten Kurt Reulecke und ich nach Levice, einer kleinen Stadt im slowakischen Hügelland, etwa 150 Kilometer östlich von Bratislava gelegen. Im Jagdhaus begrüßte uns das Ehepaar Bušniak. Der Hausherr war Forstmann, Jäger, Winzer und ein bisschen Schwejk zugleich, während Gabriela Bušniakova, Lehrerin für angehende Köche, uns mit köstlich zubereiteten Spezialitäten des Landes verwöhnen sollte. Zur

Begrüßung wurde uns ein erfrischender Riesling kredenzt. Besondere Erwähnung verdient auch ein trockener roter Landwein, „Levická Frankocká" genannt, der durch seinen vollen Körper bestach.

Noch am späten Nachmittag des Anreisetages begann die Jagd auf Rehböcke im annähernd 3 000 Hektar umfassenden Revier der Jagdgesellschaft „Remetka". Während Kurt Reulecke vom Forstingenieur Bušniak begleitet wurde, vertraute man mich dem Pirschführer Seneši, einem Ingenieur der Agrarwirtschaft, an. Er spricht und versteht kaum Deutsch. Sein deutscher Wortschaft besteht aus den Wörtern „Bock" und „Waidmannsheil". So benutzte ich zur Verständigung meine geringen russischen Sprachkenntnisse und eine nicht genormte Zeichensprache. Wir kamen zurecht und pirschten in die Flur.

Linker Hand lag einer der für die östliche Landwirtschaft oft typischen großen, mit einer Pflanzenart oder einem Pflanzengemisch bestellten Schläge. So weit das Auge reichte, sah ich Klee und Löwenzahn, nur Löwenzahn und Klee. Kein Baum und kein Strauch bot dem Blick Halt. Das ist die Weite des Ostens, die im Herbst, wenn die Felder abgeerntet sind, und der Regen zur Winterwäsche ansetzt, oftmals ein Gefühl der Verlorenheit aufkommen lässt. Die sozialistische Großfelderwirtschaft, ausgerichtet für den Einsatz großer landwirtschaftlicher Maschinen, hat den Eindruck der Monotonie durch Ausräumung aller Requisiten noch verstärkt.



Rechts trennte uns ein mit Bäumen und Sträuchern besäumter Entwässerungsgraben von einem ebenfalls kaum enden wollenden Getreidefeld. Der Biotop, den Seneši und ich durchschritten, war mithin nur wenig für Rehwild geeignet. Auf den riesigen und eintönigen Feldern finden die Rehe selten abwechslungsreiche Nahrung. Die Begleitflora der Hauptfrucht wird weitgehend tot gespritzt.

Am Ende des langen Grabens ragte ein neuer Hochsitz aus dem Gebüsch. Akazien-Stangen stützten ihn am Rand einer flachen, überschaubaren Mulde. Wir hatten eine saftige Klee- und Kräuterwiese erreicht. Die Senke umgaben im Halbrund Weißdorn, Schlehen und andere Sträucher. Auch Stockausschläge von abgetriebenen Eichen entdeckte ich, und Akazien standen einzeln oder truppweise zwischen den Büschen. Die Wiese und ihr bestockter Saum ist eine Art „Rettungsinsel" für Feldrehe. Hier finden sie zusagende Äsung und Deckung zugleich, vor allem auch Schutz vor scharfem Wind.

Als wir den Hochsitz erklommen, äste schon Rehwild in dieser „Arena". Ein zwei- bis dreijähriger Bock nahm keine Notiz von den aufbaumenden Jägern. Nur eine Ricke, die zwei Kitze führte, warf kurz auf. Dann zupfte sie weiter Blüten und Blätter. Schließlich standen neun Rehe im Rund. Darunter befanden sich zwei mittelalte Böcke und ein Jährling. Der bestätigte ältere und starke Sechser – „Starik", der Alte – ließ jedoch auf sich warten.

Er zog erst am frühen Abend im Gefolge einer Ricke, die noch nicht gesetzt hatte, auf die Wiese. Langsam drehte der Bock das Haupt. Er prüfte den Wind. Seine etwas eng stehenden und nur gut lauscherhohen Stangen endeten in einer flächig ausgeformten und wuchtigen Vereckung. Die gelblichgrauen Stangen waren außen kaum geperlt, aber innen rau. Der Träger des Sechsers war kurz und der Wildkörper massig.

Ein braver Bock stand vor mir. Ich entschloss mich zum Schuss. Als Seneši und ich den verendeten Bock fanden, kam in mir Freude auf. Das knuffige Gehörn hielt, was es versprach. Die Krone beeindruckt durch ihre ausgewogene Kompaktheit, zumal auch die Rosen der Stärke der Stangen entsprechen. Dennoch überraschte mich später die Höhe des Gehörngewichtes, es erbrachte 370 Gramm.



Der etwa fünfjährige Bock wog aufgebrochen ohne Haupt 21 Kilogramm. Aber der schwere Sechser wurde leicht, als Führer und Erleger mit ihm den Rückmarsch zum Wagen antraten. Das Glücksgefühl trug mit.

Am nächsten Morgen regnete es, doch Kurt Reulecke fuhr hinaus. Er sah nichts, denn in dem von ihm bejagten Revierteil gab es keine jagdlichen Einrichtungen. Pirschen im deckungslosen Gelände ist wenig ergiebig. Auch der Wechsel des Jagdortes bewirkte nichts.

Zwar sah Freund Reulecke an den beiden nächsten Tagen im neuen Revierteil zwei ältere Böcke mit starken Kronen, doch kam er nicht zu Schuss. Es fehlte ihm das Quentchen Glück. Dabei gelang es Führer und Jäger, gebückt durch einen Rapsschlag an einen der stärkeren Böcke heranzukommen, doch verschwand dieser unmittelbar vor dem Anstreichen der Büchse am Zielstock in einem Robinien-Gehölz. Der andere begehrenswerte Bock entzog sich durch eine schnelle Drehung dem schussfertigen Verfolger. Es mochte nicht. Selbst der „tropfenweise" verabreichte „Rizling vlašký" brachte keine

Besserung. „Sitno", der König der Berge im „Schemnitzer-Gebirge", verhüllte sein Haupt im Dunst anziehender Regenwolken.

Und der große Regen kam. Er trommelte ohne Unterlass auf unsere Behausung. Auf den Feldern schwemmte das Wasser die Erde fort. Der bestellte Pirschwagen konnte nicht eingesetzt werden. Wir gaben auf und fuhren in den „Wiener Wald", übernachteten bei fröhlichen Schwestern im Landgasthof „Linde" zu Laaben und kehrten heim.

# Schwedische Impressionen

Es gibt die Liebe auf den ersten Blick. Oftmals entsteht daraus eine dauerhafte Bindung, wächst die Zuneigung. Mir ging es mit Schweden so, das ich 1953 zum ersten Mal mit Karl-Heinz Seibert bereiste. Wir waren als Studenten der Forstlichen Fakultät der Georg-August-Universität Göttingen in Hann. Münden Gäste der Forstlichen Hochschule zu Stockholm und als solche Teilnehmer an einer Exkursion durch Nordschweden.

Schweden: Ich liebe die Weite dieses großen, die Ostsee begleitenden und die Nordsee berührenden Landes, seine Seen, Flüsse und Bäche, die Wälder und Felsen, die Moore und Heiden, die roten und gelben, flaggengeschmückten Holzhäuser, die Ruhe und die Einsamkeit, die weißen Segel und den Wind über dem Wasser. Und ich folge dem Singsang der Sprache seiner Bewohner, die das Licht des Sommers genießen, um im langen und dunklen Winter leben zu können. Ich höre das Jauchzen der Fideln und das Stampfen der tanzenden Beine, sitze am Feuer und spüre die Wärme.



Zwischen den Felsen erschien ein großes Tier mit „Pferdekopf", wie ein Fabelwesen längst vergangener Zeit, Elch genannt. Ich wartete bis der Hirsch auf gleicher Höhe an mir vorbeizog. Dann fiel der Schuss, und die Spannung wich der Freude. Der „doppelte Fahrradlenker", ein Stangenelch mit fünf Enden, lag vor mir, dort, wo sich gerade Auerhühner und Haselwild getummelt hatten. Nur die brodelnde Herbstbalz der kleinen Hähne ging weiter, sie spielten die letzte Weise.

So war es, als ich 1980 in der Nähe von Uddevalla als Jagdgast von Gösta Gamalielsson meinen ersten schwedischen Elch schoss. Die Brücke zu den Revierinhabern hatte noch Claus Holtz, der große und allzeit fröhliche Jäger aus Kitzingen, geschlagen. Er jagte bis zu seinem frühen Tod im Jahr 1973 auch im Spessart, vor allem bei meinem Nachbarn Helmut Kreusler im Hessischen Forstamt Marjoß.

Nicht jede Jagdreise zur Elchjagd in Schweden endete mit Erfolg. Im Oktober 1984 ging ich leer aus. Damals besuchte Heinz Jürgen Weber mit mir den Freund Lars Arrhenius in Humlebacken bei

Ljungskile zur „Drei-Tage-Jagd“ auf Elche. „Mich knutschte kein Elch“, aber dem Odenwälder Weber kamen beim morgendlichen Berufsverkehr unmittelbar an einer Straße und in der Nähe von Gehöften Tier, Kalb und Jährling. Das Elchwild zog auf einem tradierten Wechsel. Der Rechtsanwalt, der sich am Abend zuvor standhaft (tatsächlich!) geweigert hatte, Rotspon zu trinken, zielte, traf und erlegte den „Spitz“, einen Spießer mit abnormen Stangen. Auch Juristen müssen Dusel haben, und der Grundherr freute sich außerordentlich über das Wildbret.

Im Rahmen meiner Tätigkeit in Mecklenburg-Vorpommern lernte ich Persönlichkeiten der schwedischen Zellstoff- und Papierindustrie kennen. Sie waren zumeist auch Jäger. Nach den geschäftlichen Verhandlungen beschlossen oft Gespräche über die Jagd das Tagesprogramm. Schließlich kam es zu gegenseitigen Jagdeinladungen.

Zwei sehr unterschiedlich angelegte Männer vom Fach sind Dipl.-Ing. Werner von Seydlitz, der Präsident der MP bolagen AB, Vetlanda und Frank Rosenthal, der Begründer und Geschäftsführer der Holzvermessungsgesellschaft mbH, Rostock.

Der preußische Reitergeneral Friedrich Wilhelm von Seydlitz (1721–1773) ist ein Vorfahre des schwedischen Unternehmers Werner von Seydlitz. Ihn kennzeichnen Vitalität, Offenheit und Entschlussfreudigkeit. Er ist ein Soldat im zivilen Rock, ein aufrechter Herr und ein königlicher Kaufmann mit feinem Gespür für wirtschaftliche Zusammenhänge. Von Seydlitz schließt selbst umfangreiche Holzkaufverträge telefonisch oder mit Handschlag ab. Der schriftliche Vertrag folgt später, aber er unterscheidet sich um keinen Deut von der mündlichen Vereinbarung, auch wenn die Marktlage zwischenzeitlich die Stellung des Käufers verbessert haben sollte.

Frank Rosenthal ist außerordentlich belesen und musisch ausgerichtet. Er verbindet Generationen durch Geschichtsbewusstsein und Geschichten. Strenge ersetzt er durch Liebenswürdigkeit und als charmanter Plauderer versteht er mit Esprit eine Gesellschaft zu bereichern. Schöne Frauen bedeuten Licht für seine schlechten Augen.

Den Forstingenieur Rosenthal, dessen Lebensweg von Memel nach Stockholm führte, bewahrte die Voraussicht seiner Eltern vor einem grässlichen Schicksal. Er wurde wie sein Vater, der in Schweden ein geachteter Holzkaufmann war, ein Käufer und Verkäufer von großen Industrieholzmengen, ein Mittler zwischen Waldbesitz und Holzindustrie, einer der „Weichensteller“ für deutsch-schwedische Holzgeschäfte.

Beide Exponenten besitzen eine Vorliebe für feine Speisen und ausgesuchte Weine. Gemeinsam ist auch die Zuneigung zur Jagd. Es ist schon ein Genuss bei von Seydlitz in den Revieren Kronopark und Falsterbo Bruk auf Elchwild zu jagen. Alles läuft zügig, doch ohne Hast, sozusagen generalstabsmäßig ab. Der Erfolg der Jagdgäste steht im Mittelpunkt der Bemühungen des Jagdherrn. Das hindert diesen aber nicht, jagdliches Fehlverhalten zu rügen.

Mit Rosenthal besuchte ich mehrmals Schweden. Dabei kam ich mir vor wie ein „kleiner Prinz“ und war doch nur ein bürgerlicher Burgbewohner im Spessart gewesen. Im Fond des großen Wagens saßen Frank Rosenthal und ich bei gepflegter Musik und „Wiener Kaffeehausatmosphäre“, und vorne am Steuer wirkte Uwe Schmidt, der stets höfliche, hilfsbereite und frohe Rhododendron-Liebhaber als Chauffeur. So reisten wir galant durch das Königreich Schweden.

In Mecklenburg wurde mir bewusst, dass ich schon 1987 die Fährte von Frank Rosenthal in Schweden gekreuzt hatte. Damals jagte ich im Herbst durch Vermittlung von Heinrich Pfaff, Bebra, mit einer Gruppe hessischer Jäger im Revier Dölpan in der Wildnis „Tiveden“ nördlich von Karlsborg auf Elche. Den Jagdbezirk hatten Frank Rosenthal und Jägmastare Ingemar Axelsson, Jönköping, gepachtet.

Die Treiben am ersten Jagdtag enttäuschten Jagdleitung und Gäste gleichermaßen. Es wurde kaum Elchwild beobachtet, und die wenigen Stücke kamen den an Elchwechseln postierten Jägern nicht schussgerecht. Auch im letzten Treiben des Tages wollte es offensichtlich nicht klappen. Die Zeit lief ab. Bislang war kein Schuss gefallen, und ich, der von einem Felsen aus ein schmales, tief eingeschnittenes Bruch kontrollierte, hatte trotz des aussichtsreichen Standes nicht einmal Anblick gehabt. Ich konnte schon die Treiber hören, als ich plötzlich eine Bewegung im von Fichten durchstellten Birken-Erlen-Holz wahrnahm. Ein einzelnes Elchtier wechselte auf mich zu, wollte sich rückwärts aus dem Treiben stehlen. Bald verhoffte es unter mir im dichten Jungwuchs. Als es anzog, ging ich in Anschlag und auf einer schmalen Schluppe trug die Kugel den Tod über den Grund. Im

Übrigen blieb mir das Glück treu, am nächsten Tag erlegte ich ein Elchtierkalb (Wildkalb). Insgesamt streckte die Gruppe in drei Tagen acht Stück Elchwild: einen Spitz (Jährling), drei Elchtiere (Alttiere) sowie jeweils zwei Hirsch- und Wildkälber. Von den Elchtieren hatte ein Tier nicht geführt und ein anderes fiel, nachdem sein Kalb erlegt war. Die Strecke war wildbiologisch und stückzahlmäßig gut, sie erfreute alle Jagdteilnehmer.

Dagegen endete Mitte Oktober 1993 eine Fahrt nach Mittelschweden zur SCA Skog AB in Sundsvall ohne jagdlichen Erfolg. Dabei verlief die Begrüßung erfolgversprechend, denn in einem der SCA-Reviere in Mellansjö wurden wir nicht nur von Jerker Karlsson, dem Geschäftsführer der Abteilung Forst und Holz des Konzerns und dem Einkaufsdirektor Kristian Olofsson empfangen, sondern auch ein Elchtier, das nahe der Jagdhütte über eine Waldstraße trollte, grüßte uns aufmerksam im Verhoffen. Doch ward das Tier beim anschließenden Treiben nicht mehr gesehen, und auch ein starker Schaufler, der flüchtig wurde, konnte sich den Nachstellungen entziehen. Immerhin, am Nachmittag lagen drei Stück Elchwild auf der Strecke. Die Schweriner Mannschaft hatte aber an diesem Ergebnis trotz bester Stände keinen Anteil. Diana gewährte dem Wild Chancen.



Doch blieb das freundliche Willkommen der schwedischen Gastgeber im Herrgårdspensionatet zu Torpshammar haften, und die schon winterliche Schneelandschaft zwischen Sundsvall und dem norwegischen Trondheim beeindruckte. Besonderes Interesse fanden die im Schnee erkennbaren Abdrücke von Bärenpranken. Seitdem binde ich niemand mehr einen Bären auf.

Eigentlich bin ich nicht abergläubisch, aber Vorgänge, die mit guten oder schlechten Entwicklungen verbunden werden, nehme ich als Vorboten des Heils oder Unglücks nachhaltig wahr. Ereignen sich solche Ankündigungen in direkter Abfolge, können sie mich beeindrucken. Nicht übersehbar waren daher die Anzeichen für einen unbefriedigenden Jagdausgang, als ich im Mai 1994 mit Frank Rosenthal bei der Hauptverwaltung der Stora Skog AB in Falun meinen Abschiedsbesuch unternahm. Zwar war ich schon seit dem 1. März 1994 Pensionär, aber der Besuch fand erst im Mai statt, um mir eine Jagdmöglichkeit auf Rehböcke zu eröffnen. Der verbindliche und gesellige Jägmastare Svante Kling, Direktor der Stora Skog

AB/Virke Syd und zwei äsende Elche bildeten das Begrüßungskomitee in Kohlswa Herrgård. Die Jagdführung oblag Virkesköp Stig Bergman, jedoch standen uns für Pirsch und Ansitz nur zwei Abende und ein Morgen zur Verfügung.

Der erste Ansitz galt einem stärkeren Rehbock im Jagdbezirk Dåwo Säteri. Ich sah den beschriebenen Sechser nicht, aber Stig Bergman entdeckte ihn im Forstort „Grynpasset“ auf einem Verjüngungsschlag für Kiefer und Fichte. Um ihn nicht zu vergrämen, wurde der Morgenansitz in das Stora-Revier bei Kohlswa Herrgård verlegt. Der Abend sollte dann wieder dem Bock von Grynpasset gewidmet werden.

Es dämmerte erst, als mir mein Führer auf einem großen Kahlschlag einen niedrigen Hochsitz zuwies. Bei zunehmendem Licht begann ich die Lage zu sondieren: Die Abtriebsfläche wird durch eingesprengte Felswände gegliedert und ist mit Gesteinsbrocken übersät. Partiell zeigte sich Naturverjüngung; Kiefern, Fichten und Birken kamen auf. Hier und dort hatte sich der Anflug schon geschlossen.

Selten habe ich so gefroren wie an diesem Maimorgen. Es wehte ein kalter und scharfer Nordost über die Fläche. Die Kälte drang durch Wetterfleck und Jagdjoppe, langsam erfasste sie den ganzen Körper. Auf dem nahen See erklang der laute Ruf der Kanadagänse: „a-honk -- a-honk“. Flügelschlagen war zu hören. Dann teilten die ersten Gänse die Luft. Birkhennen schwirrten über den Aufwuchs hinweg. Am Rande der Verjüngungsfläche fegte ein junger Bock, tauchte in das Grün der Birken und tat sich nieder. Ein Schmalreh näherte sich dem Sitz, prüfte den Wind, war irritiert und wurde schließlich flüchtig.



Als Stig Bergman kam, hatte der Tag sein Antlitz geputzt. Der Jagdfreund schlug mit den Armen um die Brust, ein „Eismann“ wie ich. Wir waren verwöhnt von der Wärme der vorangegangenen Sonnentage. „Heißer Tee!“, hieß die Parole, und bald saßen wir beim ausgiebigen Frühstück.

Nach dem Besuch in Falun kehrten wir sogleich zum Herrenhof Kohlswa zurück. Frühzeitig brachen wir zum zweiten und letzten Ansitz auf. Kaum hatten wir Kohlsva passiert, sprang eine schwarze Katze von links nach rechts über die Straße. Ich runzelte die Stirn, aber eine schwarze Katze war zu ertragen. Als sich jedoch nur wenige Augenblicke später auf einer Wiese ein pechschwarzer Kater präsen-

*Unweit eines Elchwechsels: die winterliche Schönheit von Jämtland/Schweden, 1993.*

*Schwiegersohn Thomas Müntze mit einem Elchkalb in der „Wildnis Tiveden“, Schweden, 1987.*

tierte und unmittelbar in der Nähe des „Feldflugplatzes" Köping erneut ein schwarzes Ungeheuer von links nach rechts den Asphalt querte und mit weitem Satz den breiten Reifen des stoischen Bentley entkam, wurde ich misstrauisch.

Endlich erreichten wir den Halteplatz in der Nähe eines öden Gutshofes. Ich stieg aus, und – vor mir saß im hohen Gras ein schwarzes Kätzchen. Da ahnte ich Böses, und kein Appell des Mitjägers Rosenthal an die Vernunft, vermochte mich zu beschwichtigen. Der Teufel sollte alle schwarzen Katzen holen!

Bald war der durch Stig Bergman inspizierte Kahlschlag erreicht und ein mächtiger Felsen als Hochsitz erklommen. Die kreuzweise und abfallend gestapelten Stangen wurden auf ihre Brauchbarkeit als Unterlage für die Abgabe eines präzisen Schusses überprüft, eine Unebenheit mittels Lodenkotze ausgeglichen. Noch ein Blick über die Mulde vor mir, und der „Herr von Grynpasset" konnte erscheinen.

Kaum hatte der Führer die Bühne verlassen, da belebte sich schon die Szene. Ein Schmalreh trat aus, sicherte und wechselte durch die Senke. Am Gegenhang äugte es zurück. Das Reh schien zu warten. Und da war auch schon der Hauptakteur, der angesagte Sechser. Auf gleicher Höhe, nur zehn Meter von mir entfernt, stand er im Bewuchs einer Felsnase. Der Bock kontrollierte den Kahlschlag. Ich erstarrte und ließ ihn passieren. Er zog spitz von mir weg in die Mulde, dem Schmalreh nach.



Der Sechser hatte hoch auf. Die gut daumendicken Stangen schimmerten bräunlich-grau und waren etwas nach hinten gehakelt. Es fehlten die Perlen, und die Vereckung war knapp. Der schätzungsweise vier- bis fünfjährige Bock trug eine gute, aber keineswegs starke oder gar kapitale Krone.

Als der „Primas des Ortes" einen Moment sicherte, bot er mir den Träger als Ziel. Sollte ich auf den Hals schießen? Ich entschloss mich zu warten. Endlich trat der Bock breit, und schon zerriss der Schuss die Stille. Im Knall bäumte sich der Sechser auf, verlor das Gleichgewicht und schlug über Kreuz auf einen Stubben. Nach kurzer Zeit wurde er noch einmal hoch, um sogleich wieder zusammenzubrechen.

Der Bock lag still vor mir, er war offensichtlich verendet. Ich lud nicht nach. Doch ich täuschte mich: Urplötzlich war der Sechser wieder auf den Läufen und flüchtete in den Einstand zurück. Da schmerzte der Fehler der Unterlassung des Nachladens, begann ich an meiner Schießfertigkeit zu zweifeln. Bei der Schussabgabe hatten mich nur 40 Meter vom unter mir stehenden Bock getrennt.

Während der Anschusskontrolle erklang dreimal der Ruf des Kauzes, das Erkennungssignal von Stig Bergman. Der Führer kam frohgemut über die Fläche. Doch dann schüttelte er den Kopf. Überall lag reichlich graues Winterhaar, kurzes und langes. Etwas abseits, dort, wo der Bock zum zweiten Mal zusammengebrochen war, fanden sich ebenfalls Haare. Außerdem entdeckten wir noch zwei kleine, trockene Wildbretfetzen und ein wenig Schweiß am Baumstumpf. Weitere Pirschzeichen sahen wir nicht. Wir tippten auf einen Krellschuss. Sicherheitshalber sollte nachgesucht werden. Stig Bergman entfernte sich, um ein bewährtes Nachsuchengespann zu rufen.

Als ich die Nachsuchentruppe nahen hörte, erblickte ich zugleich einen schwarzen Strich im grünen Bewuchs. War da schon wieder eine der nachtfarbenen Katzen des Teufels? Nein, die dunkle Linie entpuppte sich als der Rücken eines kräftigen Labradors. Ihm folgten ein ranker Jüngling und der Jäger Bergmann. Beim Näherkommen entdeckten meine Augen am Hundeführer flache frauliche Wölbungen. Der Rüdemann ward zur Maid.



Sie erwies sich bald als eine ausgesprochen sachverständige Schweißhundführerin, die den Rüden „Killen" fest im Griff hatte, aber ihm für die Suche am langen Riemen genügend Freiheit gab. Das Gespann arbeitete durch Steingeröll und Jungwuchs, über feuchte Partien und trockene Rücken. Es war eine Freude, dem Hund und seiner Führerin zu folgen. Allerdings konnte der Labrador Retriever keinen Schweiß verweisen. Schließlich brachen wir ab, der Sechser war nicht zu bekommen. So endete das schwedische Intermezzo mit einer bitteren Enttäuschung: Ich hatte einen Bock krankgeschossen!

Was blieb von dieser Schwedenreise haften in der Erinnerung?: wiederum die Weite des Landes, das Zusammenspiel der dominanten Landschaftselemente Wald, Wasser und Wiesen, die bunten Häuser, die Gastfreundschaft ihrer Bewohner, die Kameradschaft der Jäger sowie die Kanadagänse und das Birkwild, die Elche und die Rehe. Unvergessen ist aber auch der vermaledeite Schuss. Und ich kann es nicht leugnen, ich denke immer noch an die schwarzen Katzen, an Killen und seine Führerin.

1995 sah ich das Gehörn des von mir zu Holze geschossenen Bockes. Es hing im niedersächsischen Heideforstamt Sprakensehl. Sein damaliger Leiter, der heutige Forstdirektor und Inspektionsbeamte Ebeling, hatte den Sechser von Grynpasset am 16. August 1994 im Revier Dåwo Säteri gestreckt. Mein Schuss hatte im Bereich des Widerristes eine Feder gestreift, den Bock gekrellt. Zum Zeitpunkt der Erlegung war die Wunde gut abgeheilt. Die Nachsuche im Frühjahr konnte nicht zum Erfolg führen.

Im Übrigen sind die Stangen des Bockes stärker als ich vermutet hatte, ihre Länge beträgt 24 bzw. 25 cm. Dem Erleger nochmals ein Waidmannsheil.

Aber ich erhielt noch einmal Gelegenheit zur Jagdausübung auf einen südschwedischen Rehbock. Der liebenswürdige Svante Kling löschte den Krellschuss in meinem Sündenregister und lud Frank Rosenthal und mich erneut zur Bockjagd ein. Mitte August 1996 sollten wir uns im Stora-Revier Nabban einfinden und unter Führung des Forstmannes Mats Carlén die Jagd betreiben.

In der Obhut des Fahrers Schmidt reisten wir mit dem Pkw über die „Vogelfluglinie" nach Schweden. Bei strahlendem Sonnenschein erreichten wir nach Värnamo und Gnosjö Hestravikens Wärdshus. Es liegt idyllisch an der Mündung des Flusses Nissan in den Vikarsee (Vikarsjön) und bietet seinen Gästen einen unaufdringlichen Wohnkomfort und die Speisen einer exzellenten Küche. Am Ende unseres Aufenthaltes genossen wir das gleichfalls wohltuende Ambiente des Jagdhauses Nabban. Das Gästebuch dieser Stora-Herberge für Jägersleute enthält die Namen mancher Jäger, mit denen ich in den Hann. Mündener Jahren und auch später frohe Stunden verbrachte.

Das gute Wetter hielt an. Nach kühlen Regentagen wärmte die Sonne. Tagsüber stieg die Temperatur auf über 25 °C. Zartes Gelb mischte sich in das Grün der Blätter von Birken und Aspen, Eichen und Buchen. Die Spinnen knüpften ihre Netze zum Fang des Sommers.

Mich interessierte vor allem ein Bock mit hoher Krone, der nach den Angaben von Carlén im Umkreis einer größeren Kleewiese des Forstortes „Ulvsrör" seinen Einstand haben sollte. Offensichtlich würden den Sechser weder die Menschen der drei nahen Häuser noch eine in der Nachbarschaft weidende Jungbullenherde stören. Doch die Bejagung sei äußerst schwierig. Der mächtige Klee und das hohe Gras böten dem Rehwild eine vorzügliche Deckung, und für die Friedfertigkeit der Stiere gäbe es keine Garantie.

Nun, ich nutzte eine tiefbeastete Fichte im Aspensaum der Wiese zur Herrichtung eines primitiven Schirmes und harrte in dieser Deckung am Abend der Dinge. Es geschah alles wie angesagt: Zuerst kamen die Mücken. Sie waren auszuhalten. Dann sammelte sich die Herde der jungen Bullen zur „Abendprozession". Die Stiere begrüßten den Fremdling mit Neugierde und leichtem Schnauben, aber respektierten den unter Strom stehenden dünnen Koppeldraht. Danach erschienen die ersten Rehe. Ich sah nur ab und an ihre Häupter aus dem Futter auftauchen. Schließlich wechselte auch der Bock aus der Weide in die Kleewiese. Die Krone mit den langen Stangen, der weiten Auslage und der ausgeprägten Vereckung dümpelte im Meer der Halme. Nur der Träger war gelegentlich frei.

Die Passion übermannte mich. Ich ließ mich verleiten und schoss. Ich traf nicht den Träger und fehlte nochmals den völlig verdutzten

*Die gemähte Kleewiese von „Ulvsrör" im Revier Nabban mit dem dort gestreckten hochstangigen Sechser (Schweden, 1996).*

Bock. Erst den dritten Schuss verstand er als Bedrohung und verschwand im angrenzenden Holz.

Am nächsten Morgen erkundete ich nur die Lage. Der Bock und ein rotes Schmalreh standen im Klee. Vormittags half mir Uwe Schmidt bei der Verbesserung des Schirmes, vor allem wurden Querstangen zwischen zwei Aspen angebracht. Sie sollten die Abgabe eines sicheren Schusses erleichtern. Auch bereinigten wir das Schussfeld im Bereich des Wechsels zwischen Weide und Wiese. Schließlich schoss ich mit der Bockbüchsflinte auf einem Schießstand zur Probe. Auf 100 Meter Entfernung traf ich liegend aufgelegt sogleich das Zentrum der Scheibe. Die Waffe schoss, der Schütze hatte versagt. Ich war leichtsinnig gewesen.

Nachdem wir in Gnosjö ausgiebig Kaffee getrunken und schwedische Marzipantorte gekostet hatten, ging es sofort hinaus in das Revier. Doch als wir in Höhe der Gehöfte hielten und vorsichtshalber mit den Ferngläsern die Kleewiese ableuchteten, entdeckten wir einen Schlepper beim Mähen. Meinem Mund entfuhr ein unfeines Wort, und der Kommentar Rosenthals deckte sich mit meinem Befund. Wir sprachen den Bauern an. Der war zwar höflich, aber verständlicherweise nicht bereit, sein Programm zu ändern. Jedoch sicherte er zu, die Wiese sofort nach Beendigung des Schnittes zu verlassen. Ich beschloss zu warten und setzte mich in den Schirm.



Je länger ich saß und die Runden des Traktors zählte, desto mehr wuchs in mir die Hoffnung, mit dem Zuwarten richtig zu handeln. Das Rehwild ahnte die plötzliche Veränderung seines Lebensraumes nicht. Es würde wahrscheinlich wie gewohnt den Äsungsplatz aufsuchen und erstaunt über den Wandel stutzen, vielleicht sogar irritiert die Wiese mit den Schwaden absuchen. Die Zeit der Verunsicherung musste für einen sauberen Schuss auf den Bock reichen. Als der Landwirt endlich von der Parzelle fuhr, winkte ich ihm freundlich zu, und er grüßte lachend zurück.

Danach verlief der Abend wie gehabt. Erst tanzten die Mücken im Schirm, dann trotteten die Bullen vorüber, und schließlich folgten die Rehe. Eine Ricke verhoffte ruckartig an der gemähten Wiese. Die Geiß war offensichtlich verblüfft über die Änderung und zog mit den beiden Kitzen wieder zu Holz. Doch bald kehrten die Stücke zurück und begannen am Rand der veränderten Fläche zu äsen, dort, wo die Messer den Klee und die Gräser nicht erreicht hatten.

Etwas abseits vom Sprung trat ein Altreh mit fahlgelber Decke aus. Plötzlich warf es auf und äugte angespannt zur Hutung. Dort zeigte sich das hirschrote Schmalreh, überwand seine Scheu und trollte, immer wieder verhoffend, auf die helle Fläche hinaus. Jetzt musste auch der Bock kommen. Ich machte mich fertig und ging in Anschlag, als der unverwechselbare Sechser die Weide verließ und zu seiner Begleiterin aufschließen wollte. Beim Verhoffen brach der Schuss.

Am verendeten Bock ergriff mich eine unbändige Freude. Auf der frischen Matte lag einer meiner besten Böcke. Ich umfasste die langen Stangen des Gehörns (29 bzw. 30 cm), fühlte ihre Perlen und betrachtete die enorm gespreizten Mittel- und Endsprossen. Auch die wuchtigen Rosen fanden Gefallen. Diana hatte gelächelt.

Wenig später standen Frank Rosenthal und Uwe Schmidt ebenfalls an dem „Traumbock". Sie freuten sich mit mir. Im Wärdshus wurde mit reifem Cognac die „Taufe des Kleewiesenbockes von Ulvsrör" vollzogen. Am nächsten Morgen fuhr ich nicht mehr hinaus. Aber Frank Rosenthal fehlte im Forstort „Lilla Nabban" leider einen braven Sechser.

Dennoch, die Rückfahrt nach Deutschland verlief fröhlich. Der Fond des Wagens wurde erneut zum Wiener Kaffee. Der Erzähler Rosenthal fischte aus dem Fluss der Erinnerung Geschichten. Kurz vor Salzhausen bei Lüneburg, der Endstation unserer Reise, servierte er zur Überraschung noch einen echten „Rosenthaler" als Pointe: „Alles, was ein Mann schöner ist wie ein Aff', ist Luxus." Wie wahr!

# Stalking

Anfang April 1989 weilten Kurt Reulecke und ich in Südengland. Es war die Zeit, als sich die britische Presse mit einer Geschichte um Anne Windsor-Mountbatten, der Princess Royal, den Dragonerhauptmann Mark Philipps, ihren Ehemann, und Commander Tim Laurence beschäftigte, während die Zeitungen anderer europäischer Länder mit Besorgnis den Untergang eines sowjetischen Atom-U-Bootes im Nordmeer vor der Küste Norwegens meldeten und kommentierten.

Reulecke und ich wollten in den Grafschaften Dorset und Somerset Rehböcke bejagen. Wir wurden von dem Jagdunternehmen „Ashford game services“, Yeovil, betreut und hatten im ehrwürdigen Northover Manor Hotel zu Ilchester unser Quartier aufgeschlagen.

Mein Bett war ein „Kronjuwel“, ein Meer voller Geschichten, in das ich eintauchte, wenn ich über die Bettkante rutschte und den Halt verlor. Wie ein Unterseeboot glitt ich in die Tiefe und hatte Mühe, auf der Tauchstation zu schnorcheln. Nachts, wenn die uralten englischen Gespenster im Traum wie aufgeblähte, riesengroße Kakerlaken aus dem Gemäuer hervorkrochen, wachte ich auf und schrie um Hilfe. Aufrecht saß ich im Bett, das Licht brannte, aber ich sah kein Ungeheuer und hörte nichts. Erschöpft fiel ich in die „Schlafkuhle“ zurück und dämmerte unruhig dem Morgen entgegen.

Kurt zog mit Leo Naylor in die Flur, mich führte Glyn Ashford durch Feld und Wald. In den Revieren Halstock und Chaffcombe übten wir den „Gleichschritt“ im stalking, setzten Fuß vor Fuß, ruhig und gelassen wie ein Lord, verhielten und schauten einem Gockel gleich mit gestrecktem Hals in die Umgebung. Und erneut begann die „Pirschprozession“: schreiten, halten, warten, schauen – weitergehen, stehenbleiben, verweilen, spähen – und so fort. Aber das Ritual gewährte Einblick in den Lebensraum und brachte Anblick. Als es Abend ward, hatten wir 15 Rehe, darunter drei Jährlinge und einen älteren Bock sowie Hasen Fasanen und viele Ringeltauben gesehen. Die Reviere wirkten menschenleer, nur ein Taubenjäger störte uns kurz.

Auf der Pirsch offenbarte sich die Vielgestaltigkeit der Landschaft. Sie ist (noch) ausgesprochen reich an Requisiten. Hecken und Gehölze aus Laubbäumen gliedern die Feldflur. Sie umgeben kleine Felder, Kleestücke oder Wiesen. Auch überschaubare Aufforstungen mit Douglasien, japanischen Lärchen und Fichten sind im waldarmen Südengland wertvolle Biotopelemente. Dabei wechseln Hügel und kleinflächige Plateaus mit Mulden und Tälern ab. Der Lebensraum ist für Rehe und anderes Niederwild vorzüglich geeignet.

Am nächsten Morgen zog es uns wieder in den Jagdbezirk Chaffcombe. Es stürmte und regnete: british weather! Aber wir waren unverdrossen, setzten Fuß vor Fuß, exerzierten stalking entlang der Hecken im Feld. Zunächst sahen wir nichts, aber dann, in der Nähe einer verfallenen Farm entdeckten wir plötzlich Ricke und Bock. Es gab kein Ausweichen mehr, wir waren trotz aller Vorsicht aufgelaufen. Also, runter auf den Bauch und hinein in das pitschnasse Gras. Liegend freihändig versuchte ich die Umrisse des Bockes in das 2½fache Zielfernrohr zu bekommen. Es war schwierig. Der Regen peitschte mir in das Gesicht, aber dann glaubte ich doch, dass es ginge und drückte ab. Nichts war es, ich hatte gefehlt und schüttelte mich wie ein nasser Hund.

Im Hotel meldete ich mich als „Marinetaucher“ zurück. Die Chefin des Hauses lachte. Langsam ging ich die Treppe zum Zimmer hinauf, dabei sah ich an der Stirnwand des Treppenaufganges ein Bild der regierenden Königin. Ich hielt inne, ordnete mein nasses Jagdkleid, nahm Haltung an und verneigte mich. Dann ging es unter die Dusche und in das „Himmelbett der längst verstorbenen Königin Viktoria“.

Den Nachmittag des zweiten Tages verbrachte Leo Nayler, ein sehr sympathischer Naturbursche, mit mir in einem anderen Revierteil. Wir hockten uns hinter eine gefällte, mächtige Eiche in einem breiten Wiesental. Vor uns lag ein größeres Waldstück. Eichen, im Mittelwaldbetrieb bewirtschaftet, bestimmten das Bild. Alles sah sehr erfolgversprechend aus, aber es erschien kein Bock im Grund. In Anblick kamen nur drei weibliche Rehe, vierzehn Hasen, ein Fasan, eine Ente und erneut zahlreiche Wildtauben.

Am dritten Jagdtag lachte die Sonne. Glyn Ashford und ich fuhren wiederum in das Revier Chaffcombe. Ziel unserer Unternehmung war eine Wildnis. In ihr prägen alte und knorrige Eichen als Solitäre oder truppweise den Wald. Der lockere Bestand ist im Unter- und Zwischenstand mit Hainbuchen und Haselnussgerten angereichert und in den Senken stocken wüchsige Erlen und Eschen. Neben gesunden Bäumen finden sich absterbende Bestandsglieder, und Baumruinen verfaulen auf dem Stock oder als Bruch und Wurf im Jungwuchs. Auf Lücken wachsen Stechpalme, Rhododendron und Holunder. Efeu rankt an den Stämmen empor, und den Boden decken Gräser, Orchideen und Kräuter in großer Vielfalt. Besonders auffallend sind im April die Teppiche der „blue bells". Die „blauen Glocken", die botanisch aber nicht zu den Glockenblumen zählen, sind wie die anderen vorkommenden Pflanzenarten Weiser für das kalkhaltige Grundgestein dieser Landschaft. Ich hatte noch nie ein Waldbild von solcher Schönheit gesehen, und die Augenweide versprach auch ein Zauberwald für Rehe zu sein. Sie finden in dieser Oase der Unberührtheit Äsung und Deckung zugleich.

Aber es dauerte eine Weile, bis unsere Augen im Meer von Grün und Blau rote Tupfer, Rehe, erkannten. Endlich sahen wir auch einen Bock, einen besseren sogar, denn seine relativ kurzen, aber stärkeren Stangen waren gut geperlt und saßen auf dachförmig herabgezogenen Rosen. Während die Vordersprossen normales Maß zeigten, waren Mittel- und Endsprossen jeweils nur gering entwickelt oder lediglich angedeutet. Das Gehörn wirkte irgendwie unfertig. Jedoch hielt uns der vier- bis fünfjährige Rehbock nicht aus, er verschwand im „Paradies", bevor ich die Waffe richten konnte.



Nachmittags bewegte sich das Gespann Ashford und Hopp mit verhaltenem Schritt – stalking! – durch einen Laubholzblock des Revieres Halstock. Auf einem Wieseneinschnitt entdeckten wir Rehe. Unter ihnen befand sich ein Bock mit hohem Gehörn und guter Vereckung. Er äste wie das weibliche Wild im frischen Grün. Glyn Ashford drängte zum Schuss, aber mich blendete die einfallende Sonne. Deshalb kroch ich hinter eine dicke Eiche, die mir Schutz gegen die Strahlen gewährte, und schoss.

Der Jubel über die geglückte Überrumpelung wich jedoch schnell einer peinlichen Ernüchterung. Vor uns lag ein zweijähriger „Prahlhans", dessen Gehörn im gleißenden Sonnenlicht aufgetragen hatte. Ashford war niedergeschlagen und entschuldigte sich fortwährend, bis ich ihm sagte, dass er keine Schuld trüge. Verantwortlich für den

Schuss sei auch bei Führungen stets der Schütze, denn er braucht nicht zu schießen, wenn er Bedenken hegen würde. Die Freigabe des Schusses durch den Führer ist für den Gast kein Freibrief für jagdliche Fehler, er trägt wie sein Begleiter Verantwortung.

Das Licht reichte noch für einen „Stellungswechsel“. In rascher Fahrt durchfuhren wir die Feldflur. Wir wollten uns noch vor dem Schwinden des Büchsenlichtes an einer Waldkante ansetzen. Da gewahrten Ashford und ich fast gleichzeitig im Gegenhang eines weiten Wiesentales sechs Rehe. Sie ästen vor der Kulisse älterer Eichen.

Im Sprung zog ein besonders starkes Stück unsere Blicke auf sich. Es trug ein Gehörn. Die Stangen desselben waren kurz, aber die Kampfsprossen imponierten. Mit kräftigem, fast waagerecht gestrecktem Träger schob sich der Bock durch das Gras. Er musste alt sein, und wir beschlossen den „old Daddy“ anzugehen.

Vom Hof eines Farmers aus erreichten wir schnell das Weideland, überquerten einen Bach, durchschritten die Talsohle und gewannen unbemerkt vom Wild Anschluss an einen Deckung bietenden Heckenzug. In seinem Schutz ging es nun immer vorsichtiger hangan.

Schließlich entdeckte Ashford den Bock. Er stand fast auf gleicher Höhe mit uns jenseits der Sträucher im Grünland. Der Wind war gut, 
noch ein paar Meter höher hinauf und näher heran an die Hecke, dann mochte es gehen. Es klappte, der angedeutete ungerade Sechser blieb vertraut. Ich suchte und fand eine Lücke im Zweiggewirr, dann legte ich die Waffe auf die Schulter des Führers und zielte. Der Widerhall des Schusses war noch nicht verklungen, da entfuhr dem kühlen Briten ein Freudenschrei. Er sah den im Knall zusammengebrochenen Bock verendet im Futter liegen.

Auch der achtjährige Daddy, der aufgebrochen und ohne Haupt 22 Kilogramm wog, gehörte mit seinem Gehörn von 280 Gramm und den glatten, von bescheidenen Rosen getragenen Stangen nicht zu der „Legion der legendären südenglischen Böcke“. Aber was wiegt schon das Ausmaß einer Trophäe gegenüber dem Erinnerungswert einer erfolgreichen, schwierigen Pirsch? Des Jägers Glück wächst, wenn er beim Beutemachen gefordert wurde, und das Wild eine Chance hatte.

Der letzte Jagdtag sah Glyn Ashford und mich schon früh im Revier Chaffcombe. Wir wollten oberhalb des „Refugiums der blauen Glocken“ einwechselnde Rehe beobachten und dabei vielleicht den

Sechser mit dem unfertig wirkenden Gehörn überlisten. Stalking wurde zelebriert und langsam ein bewaldeter Hang durchschritten. Aber: „nothing!“, nichts war es. Nur ein paar Kaninchen, die im taunassen Gras die ersten Sonnenstrahlen genossen, flitzten davon, als wir den Waldrand erreichten.

Nach längerem Verweilen begann die Pirsch entlang des Saumes. Immer wieder hielten wir inne, suchten wir mit Hilfe unserer Gläser nach Rehwild, das hier im verschwiegenen Gemenge von Feld und Wald doch stehen musste, hofften auf den Bock von „yesterday“ (gestern). Aber es zeigte sich kein Reh.

Unschlüssig über das weitere Vorgehen verharrten wir an einem Wieseneinsprung. Eine mächtige, imposante Eiche erregte meine Aufmerksamkeit und bei ihrer Betrachtung erhaschte ich eine Bewegung. Ein Rehbock bummelte am Weidezaun entlang. Er wollte wohl noch einen Tatsch (touch) Sonne empfangen, bevor er im Zauberwald seinen Tageseinstand aufsuchte.

Ashford flüsterte: „Trophybock!“, und schon ruhte die verlässliche Nachsuchenbüchse mit dem kleinen Glas wieder auf den Schultern des Führers. Doch ich zögerte mit der Abgabe des Schusses, der Bock

stand spitz auf uns zu. Plötzlich verhoffte er und warf auf, irgendetwas störte ihn offenbar. Als er leicht beidrehte, erkannte ich, dass es sich um den „unfertigen Sechser“ des Vortages handelte. Der Zeigefinger krümmte sich.

Die Nachsuche war leicht, Leberschweiß leitete uns schnell zum Bock. Er hatte seinen Einstand noch erreicht und lag auf einer Matte blauer Glockenblumen. Das Gehörn des Sechsers ist weder schwach noch stark, aber interessant. Das offensichtlich gehemmte Ausreifen der Krone und die zahlreichen scharfen Perlen an den Stangen geben dieser Trophäe eine besondere Note.

Zur mittäglichen Lagebesprechung im Hotel kam ich zu spät. Aber Kurt Reulecke, der Fürst vom Harze, gewährte mir in seiner immerwährenden Großmut eine Privataudienz. Er empfing mich im Bade, wo er in einer denkmalgeschützten Wanne wohlig suhlte. Ohne Gruß wies er auf eine weiße Kachel und zeigte mir mit stolzem Blick die dort von ihm waidgerecht zur Strecke gelegten beiden männlichen Flöhe der Altersklasse I.

Fürwahr ein befremdliches Resultat seiner täglichen Bemühungen um einen südenglischen Rehbock. Der große Jäger Reulecke hatte bislang kaum Rehwild gesehen, geschweige denn einen jagdbaren Bock beobachtet. Aus purer Verzweiflung hatte er sich daher der niederen Kammerjagd ergeben. Wobei Flöhe in alten Häusern nichts Besonderes sind. In Burgjoss erlebten wir einmal auf der Burg eine wahre Invasion dieser „Springböcke en miniature". Alte Bauten sind Brutstätten für Ungeziefer.

Mich ergriff ob der mageren Strecke meines Freundes ein unsagbares Mitleid. Ich zog den alten Mann aus dem Wasser, warf ein Badetuch über den fülligen Körper und geleitete den entstellten Jägersmann zum Bildnis Ihrer Majestät. Dort verbeugte ich mich tief und empfahl dem verwunderten Fürsten, Gleiches zu tun, wenn er Erfolg auf der Jagd haben wolle.

Kurz darauf erspähte ich den Zimmernachbarn in voller Montur auf dem Korridor bei der Ehrenbezeugung. Kurt fuhr zur Jagd, und ich erholte mich liegend von den Strapazen des Morgens. Aber schon bald weckten mich schwere Schritte und Gesang auf der Treppe. Das Brüderchen stand bereits wieder vor dem Bild der Königin und verneigte sich. In der Hand hielt er einen Hut mit schweißbedecktem Schützenbruch. So ist es eben, wenn man auf Etikette achtet, bleibt bei Hofe der Erfolg nicht aus.



Das Gehörn des mittelalten Sechsers, den Reulecke erlegen konnte, entspricht in seiner Qualität der Güte der Trophäen unserer besseren Rehböcke aus Mecklenburg-Vorpommern. Mehr aber als die Ausbeute der Trophäen wiegt, dass wir viel Freude bei der Jagd in den Grafschaften Dorset und Somerset hatten. Außerdem lernten wir intakte Lebensräume für wildlebende Tiere kennen und genossen das „Pirschengehen". Bei der örtlichen Rehwildpopulation schien es 1989 einen Überhang an weiblichem Wild zu geben, und stärkere Böcke waren offensichtlich rar. Dieser Befund war vielleicht die Folge einer intensiven Jagdnutzung. Ein Problem, das deutschen Jägern nicht unbekannt ist.

# *Begriffswirrwarr und Perfektionismus*

Der Jäger entscheidet meistens allein und in eigener Verantwortung über das Töten eines jagdbaren Tieres. Dabei ist er eingebunden in die gesetzlichen Vorgaben und Richtlinien zur Jagdausübung.

Die ständig, oft zum Nachteil von Flora und Fauna, fortschreitende Veränderung der Umwelt durch den Menschen führte zu einer Änderung seines Bewusstseins im Verhältnis zum Tier. Die Jagd wurde zum Schutz der wildlebenden Tiere einschließlich der Erhaltung und Gestaltung ihrer Lebensräume immer mehr zu einer öffentlichen Angelegenheit. Dabei spielte auch das Verlangen nach Sicherheit sowie die Wahrung der Rechte und wirtschaftlichen Interessen der Grundstückseigentümer eine bedeutende Rolle. Der Gesetzgeber hat für einen Interessenausgleich zu sorgen.



Wer zuständig ist für die Regelung öffentlicher Angelegenheiten, hat die Pflicht, seine Vorgaben eindeutig, erschöpfend und verständlich abzufassen. Die Formulierungen dürfen weder Fehler enthalten noch Missverständnisse verursachen. Begriffe müssen klar abgegrenzt sein und die zu charakterisierenden Befunde spiegeln. Sollen hergebrachte Begriffe abgelöst oder ergänzt werden, ist zu überprüfen, ob die angestrebten Erneuerungen oder Ergänzungen den jeweiligen Sachverhalt richtig wiedergeben und seine Darstellung verbessern. Neue Begriffe sind nur dann einzuführen, wenn sie Begriffsdefizite beseitigen oder durch Neuregelungen erforderlich werden.

Diese Grundsätze sollten sowohl vom Gesetzgeber als auch von den zuständigen Behörden aller Verwaltungsstufen beachtet werden. Nur so ist die Voraussetzung zu schaffen, dass nicht nur die festgelegten Begriffe zutreffend angewandt, sondern auch die Regelungen als Ganzes akzeptiert, umgesetzt und eingehalten werden. Die Nachlässigkeit im Umgang mit der deutschen Sprache erschwert die Verständigung und die Verwaltungsarbeit beträchtlich, sie kann die Verwirklichung der gesteckten Ziele gefährden.

Jedoch ist ein übertriebener Perfektionismus der Sache nicht dienlich. Es sollte auf dem Gebiet der Jagd bei Regelungen für ausgedehnte Areale nicht alles ins Kleinste bestimmt werden, weil selbst innerhalb übersichtlicher und verständlicher Vorschriften die Vielfalt des Örtlichen gar nicht vollständig berücksichtigt werden kann. Entscheidend ist, dass der Rahmen für wildbiologische und jagdrechtliche Maßnahmen stimmt und diese möglichst für große Flächen einheitlich anwendbar sind. Erfordern örtliche Verhältnisse eine Ergänzung der generellen Bestimmungen, kann diese innerhalb des Rahmens von den zuständigen Hegegemeinschaften eingebracht werden. Dadurch wird zugleich die Eigenverantwortung der Jäger in wünschenswerter Weise gestärkt. Bleibt noch zu bemerken, dass weder die Jagdbehörden noch die Jägerschaft bei ihrem Wirken den jagdpolitischen Aspekt der bestehenden Vorgaben und ihrer eigenen einschlägigen Handlungen außer Acht lassen sollten.

Als 1993 der Lobgesang auf die „so genannte Bewegungsjagd", dem vermeintlichen „Allheilmittel" wider überhöhte Rot- und Rehwildbestände, zunahm, hielten Hopp und Reulecke (1993) es für angebracht, die Definitionen der überkommenen und gebräuchlichen Jagdarten aufzulisten und zu veröffentlichen. In dem Aufsatz „Überlegungen zur Einzel- und Gemeinschaftsjagd" dokumentieren die beiden Autoren zugleich, dass viele Formen des derzeitigen gemeinschaftlichen Jagens nichts Neues, sondern hergebrachte Methoden sind, deren tradierte Kennzeichnungen unverwechselbar das jagdliche Geschehen der jeweiligen Jagdart markieren.



In dem Aufsatz „Wider die Unordnung in der Wildbahn" zeigt Hopp (1996) zudem auf, dass der Begriff „Bewegungsjagd" keine bestimmte Jagdart kennzeichnet, sondern lediglich eine Sammelbezeichnung, also ein Oberbegriff, für verschiedene Jagdarten sein kann. Auf Bewegungsjagden wird Wild mobilisiert, um von an aussichtsreichen Plätzen postierten Schützen bejagt zu werden. Zu den Jagdarten der Bewegungsjagd zählen nicht nur die Drückjagd, das Riegeln, das Stöbern und die Treibjagd, sondern auch die großflächige Ansitzjagd ohne Wildstörung durch Beunruhiger, Treiber oder Hunde. Auch bei dieser Jagdmethode bewegt sich das Wild, wenn die ersten Schüsse fallen, „Wind“ es verunsichert oder vorbeiflüchtendes Wild bereits sensibilisierte Stücke zum Ortswechsel veranlasst. All dieses hat Hopp (1997) unter anderem auch auf dem am 5. September 1996 vom Forst- und Jagdpolitikreferat im Bundesministerium für Ernährung, Landwirtschaft und Forsten (BML) in Bonn veranstalteten Symposium „Bewegungsjagd: Aspekte der Jagdmethodik, des Tierschutzes und der Wildbretqualität“ vorgetragen.

Inzwischen haben auch Helmuth Wölfel und Horst Reinecke (1998) zur Frage artangepasster Bejagungsmethoden Stellung genommen. Die von den Verfassern mitgeteilten grundsätzlichen Überlegungen und Erfahrungen sind nicht nur interessant, sondern bezüglich der Jagdarten und des Verhaltens von Wild bei verschiedenen Methoden der Jagdausübung zugleich wissenswert. Die Jäger müssen wissen, wovon sie reden, wenn sie sich gegenseitig verständigen wollen oder in Diskussionen mit Andersdenkenden zu behaupten haben.

So ist es wohl im Sinne von Wölfel und Reinecke auch eine Art „Etikettenschwindel“, wenn eine Stöberjagd mit hohem Jagddruck, der beim Einsatz einer großen Zahl von Hunden entsteht, unter der harmlosen Bezeichnung „wildverträgliche Bewegungsjagd“ firmiert. Das gilt insbesondere dann, wenn sich unter den Hunden hochläufige Exemplare befinden oder es zu Meutebildungen kommt. Derartige Jagden können die Jagd in Verruf bringen und sind ein jagdpolitisches Übel. Zumindestens die Tierschützer wissen, wie sie Jagdmethoden mit Hetzjagdcharakter, die in der Wildbahn böse Folgen zeitigen können, zu beurteilen haben. Sicherlich werden sie solche Veranstaltungen nicht unter der Rubrik „Bewegungsspiele für Rot- und Rehwild“ führen.

Nicht zu folgen vermag ich Wölfel und Reinecke (ebenda), wenn sie die Drückjagd durch den Zusatz „sanfte Variante der Treibjagd“ mit einer viel gröberen Jagdart in Verbindung bringen. Die Drückjagd hat nichts gemein mit einer Treibjagd. Auf einer Drückjagd gibt es keine Treiberwehr, die in geschlossener Front einen Jagdbezirk oder Revierteile durchkämmt. Es kommen beim Drücken grundsätzlich auch keine Hunde zum Einsatz, und es wird nicht gelärmt. Vielmehr rühren bei der Drückjagd lediglich einzelne Störer (Beunruhiger) oder Störtrupps bis zu höchstens drei Jagdhelfern selbstständig das Wild an. Die wenigen, „handverlesenen“, ortskundigen

Beunruhiger folgen dabei jeweils im Laufe der zeitlich begrenzten Jagd ohne Abweichung ihrer von der Jagdleitung festgelegten Route, die sich mit den Bahnen anderer Störer kreuzen kann. Die Beunruhiger operieren zwar vor allem in Einstandsbereichen, aber benehmen sich wie „Spaziergänger“ im Wald. Bei ihrer „gezielten Wanderung“ führen sie zeitweilig „Selbstgespräche“ und schlagen ab und an mit einem Stock an einen Baum. Vorkommendes Wild wird weder durch Scheuchen noch durch Anruf zusätzlich beunruhigt. Das Wild versucht so auf seinen vertrauten Wechseln die gestörten Einstände zu verlassen. Und just an diesen bekannten „Wildstraßen des Nah- und Fernverkehrs“ postiert die Jagdleitung die nach Erfahrung, Schießfertigkeit und Zuverlässigkeit ausgewählten Schützen. Schirme sowie Tief- und Hochsitze erleichtern den zwei- bis dreistündigen Ansitz und die Schussabgabe. Drückjagden erfordern zwar grosse, zusammenhängende Waldflächen, sind aber weder nach der Anzahl der Störer noch nach der Zahl der Schützen „Massenveranstaltungen“.

Eine gut vorbereitete und durchgeführte Drückjagd belastet das Wild kaum, sie zählt überdies zu dem Feinsten, was einem Jäger geboten werden kann und ist eine für das Rotwild besonders geeignete Bejagungsmethode. Aber auch auf Damwild, Sauen und Rehe kann man mit ihr erfolgreich die Jagd ausüben.



Das Wort „Ansitzdrückjagd“ kennzeichnet keine besondere Form der Drückjagd. Bei letzterer ist das „Sitzen“ der Jäger geradezu eine Voraussetzung für den Erhalt ihrer erforderlichen Konzentration. Stundenlanges Stehen strengt an und ermüdet.

Das bei einer Drückjagd angerührte Wild steht den Schützen meistens leise zu, es zieht oder kommt im leichten Troll. „Vorwarnungen“ durch Hunde oder Treiber gibt es nicht. Der Jäger muss daher auf seinem Stand hellwach sein, wenn er die anwechselnden Tiere rechtzeitig wahrnehmen und ansprechen will, um sie mit sauberem Schuss erlegen zu können. Das (relativ) bequeme Sitzen hilft, parat zu sein. Die Jagdeinrichtungen für Drückjagden sind daher mit Sitzmöglichkeiten ausgestattet. Der Ausdruck Ansichtdrückjagd ist überflüssig.

Im Übrigen habe ich an mancher Gemeinschaftsjagd, die in der Einladung als Ansitzdrückjagd deklariert war, teilgenommen. Die Anwesenheit zahlreicher Treiber und Hunde verriet mir schon bei der Begrüßung, was mich erwartete: eine kombinierte Treib- und Stöberjagd mit hohem Jagddruck!

Der Ausdruck „Intervalljagd“ wird häufig wie der Begriff einer Jagdart verwandt. So sagte mir kürzlich ein Jagdherr, dass er mich einmal zu einer Intervalljagd einladen würde. Ich habe ihn ungläubig angeschaut, denn es gibt keine Intervalljagd. Wohl aber kann man die Jagd innerhalb der Jagdzeiten in Intervallen mit unterschiedlichem Jagddruck ausüben. Zeitspannen mit hohem Jagddruck wechseln dabei mit Zeitabschnitten geringerer Pression oder gar der Jagdruhe ab. Anstieg oder Absenkung des Druckes können durch einen gleichzeitigen Wechsel zwischen verschiedenen Jagdarten begünstigt werden.

Wirkungsvoller für die Minderung des Jagddruckes wäre die Verkürzung der Jagdzeiten. Ihre Neuordnung ist, auch vor dem Hintergrund der vielerorts erheblich verringerten Wildbestände, überfällig. Sie sollte in enger Zusammenarbeit zwischen Bund und Ländern vorgenommen werden. Das oft unverständliche Durcheinander der Jagdzeiten in der Bundesrepublik Deutschland ist wildbiologisch kaum begründet.

Es wäre schon viel gewonnen, wenn in allen deutschen Landen die Jagdzeiten für Rot-, Dam-, Muffel- und Sikawild einheitlich am 31. Dezember enden würden. Diese Regelung sollte auch beim Rehwild für Ricken, Schmalrehe und Kitze beiderlei Geschlechts Gültigkeit haben, während Rehböcke weiterhin nur bis zum 15.10. bejagt werden dürften.



Auch der Jagdbeginn kann nach meiner Auffassung ohne Nachteile für die betroffenen Wildtiere vereinheitlicht werden. Beim Rot- und Muffelwild sollte die Jagd für alle natürlichen Altersklassen beider Geschlechter generell am 1. August aufgehen. Dagegen wird beim Dam- und Sikawild dieser Termin nur für Schmaltiere vorgeschlagen. Für Alttiere, Schmalspießer und sonstige Hirsche sowie Kälber dieser beiden Wildarten empfehle ich, die Jagdausübung erst ab 1. September zuzulassen. Schmalrehe, einjährige und ältere Rehböcke können durchaus schon ab 1. Mai bejagt werden, während Ricken und Kitze ab 1. September freizugeben wären. Für Gämsen und Sauen sind Sonderregelungen zu treffen.

In Hessen wurde ab Jagdjahr 1997 durch die neue Jagdnutzungsanweisung für forstfiskalische Eigenjagdbezirke der Begriff „Gesellschaftsjagd“ zunächst verwaltungsintern durch den Begriff

„Gemeinschaftsjagd“ ersetzt. Inzwischen ist diese Neuerung mit dem Gesetz zur Änderung des Hessischen Jagdgesetzes (HJagdG) vom 8. Juni 1998 generell für das Bundesland Hessen eingeführt.

Sicher verdeutlicht der Begriff Gemeinschaftsjagd den Gegensatz zur Einzeljagd besser als die bisher zur Kennzeichnung gemeinschaftlichen Jagens benutzte Bezeichnung Gesellschaftsjagd. Aber auch dieser Begriff hat seine Berechtigung, weil er das gesellige Ereignis, welches das gemeinsame Jagen ausmacht, veranschaulicht. Ich möchte jedenfalls auf die Geselligkeit bei der Jagd nicht verzichten. Aber das hatten die „Taufpaten“ der Namensänderung wohl auch nicht im Sinn.

Oder sollte im Mittelpunkt der Überlegungen zur gesetzlichen Einführung des Begriffes Gemeinschaftsjagd nicht der Wunsch zur sprachlichen Verbesserung und juristischen Klarheit des Gesetzestextes gestanden haben, sondern vielmehr der politische Wille, der Jägerei die Grenzen ihrer Selbstständigkeit aufzuzeigen? Gewiss, eine Frage nur, aber es könnte so gewesen sein, so wie es auch möglich ist, dass das zwischenzeitlich neu gewählte hessische Parlament die Gesetzesänderung rückgängig macht. Vor dem Hintergrund großer politischer Aufgaben scheint dem Bürger der Streit um die Begriffe Gemeinschafts- und Gesellschaftsjagd sicherlich nur eine Marotte zu sein. Den Jäger aber tröstet die Gewissheit, dass er es ist, der darüber entscheidet, wann und wo er welchen Begriff gebraucht.

# *Protokolle erzählen ...*

Fast 27 Jahre war ich Forstamtsleiter in Burgjoß, dem kleinen Ort, der nahe der Kurstadt Bad Orb im hessischen Spessart liegt und für einhundert Jahre dem Forstamt (zunächst der Oberförsterei) seinen Namen lieh.

Die Preußische Oberförsterei Burgjoß wurde 1875, neun Jahre nach dem Deutschen Krieg (1866) eingerichtet. Sie umfasste unter anderem größere Flächen des ehemals Königlich bayerischen Forstreviers Burgjoß, Revierförsterei im Bayerischen Forstamt Orb. Diese Waldflächen waren im Berliner Frieden vom 22. 8. 1866 mit den Gebieten der Bezirksämter Gersfeld und Orb sowie kleineren Grenzbereinigungsflächen von Bayern an das siegreiche Preußen abgetreten worden.

Im Jahr 1932 führte eine Organisationsänderung zur Auflösung der Preußischen Oberförstereien Burgjoß und Orb. Ihre Flächen wurden mit den Hauptflächen des von Preußen übernommenen Reichsforstamtes Orb (Holzungen des 1913 eröffneten und 1919 geschliffenen Truppenübungsplatzes Lettgenbrunn-Villbach) zum Preußischen Forstamt Burgjoß vereint. Letzteres gab dafür Flächen aus dem Bestand der Oberförsterei Burgjoß an die angrenzenden Preußischen Forstämter Flörsbach und Salmünster ab.

Nach dem Ende des Zweiten Weltkrieges zerschlugen die Siegermächte Preußen. Die preußischen Teile des Spessarts wurden Bestandteil des Bundeslandes Hessen. Das Preußische Forstamt Burgjoß bildete fortan das Hessische Forstamt Burgjoß.

In diesem Forstamt, das 1976 im Zuge der Gebietsreform in „Jossgrund“ umbenannt und flächenmäßig – wie bereits 1969 – aufgestockt wurde, leistete ich in den Jahren 1954 und 1955 als Forstreferendar den Ausbildungsabschnitt „Forstamtszeit“ ab. Im Forstort „Dürrerrain“ der heutigen Revierförsterei Burgjoß erlegte ich mein erstes Stück Rotwild, ein Hirschkalb.

„Referendarvater“ war der spätere Oberlandforstmeister Dr. Georg Hackmann. Er lebte nach seiner Wiesbadener Zeit (1959–1968) als Pensionär wieder im Spessart und starb im Jahr

1975. Mit ihm verlor ich einen verständnisvollen Vorgesetzten und fürsorglichen Wegbegleiter, der dem „Rebellen der frühen Jahre" selbst scharfe Dispute nachsah. Ihm verdanke ich die Einführung in die Forst- und Jagdgeschichte des Jossgrundes und Erzählungen von Begebenheiten im Tal der Jossa.

Der Forstmann Hackmann, der ein äußerst feinfühliger Waldbauer war, liebte die Jagd, insbesondere das gesellige Jagen. Er war ein exzellenter Kugelschütze und traf Flugwild wie Hasen sauber mit Schrot. Bei den winterlichen Jagden im Spessart bevorzugte er die Treibjagd auf relativ kleinen Flächen. Wenige Abteilungen mit guten Rotwildeinständen wurden am Dickungsrand oder auf schmalen Schneisen und Wegen abgestellt. Der Abstand zwischen den Schützen war eng. Eine Treiberwehr brachte das Wild in Bewegung. Hunde wurden selten zu ihrer Unterstützung eingesetzt. Dennoch kam das Wild überwiegend schnell. Es überflog geradezu die Gestelle. Trotz vieler Schüsse blieben die Strecken häufig gering.

Doch übernahm ich für die Gesellschaftsjagden zunächst die jagdlichen Gepflogenheiten Hackmanns. Der „Urschrei" der Treiber beim Sichten von Wild und das Geläut der Hunde ist vielfach Musik für die Ohren der Jäger.



Die erste Hubertusjagd, die ich leitete, fand am 6. November 1965 statt. 27 Gäste und Beamte waren als Schützen zugegen. Wir jagten in der Revierförsterei Mernes. Vier Stück Kahlwild kamen zur Strecke. Abends vereinte sich die Jagdgesellschaft in der Merneser Gastwirtschaft „Zum Müntal" (amtlich: „Mündtal") bei „Allo" Kröckel, dem Bruder des legendären Bürgermeisters Ludwig Kröckel.

Es wurde ein sehr feuchtes und langes Schüsseltreiben. Erst in der Frühe kehrten Freund Seibert und ich heim. Die Wendeltreppe im Turm der Burg bereitete Schwierigkeiten, das Einschlafen nicht. Doch die Ruhe war nur kurz. Wir wurden wachgerüttelt und schnell nüchtern. Bei meiner Frau meldete sich der erwartete Nachwuchs. Anke-Astrid, unsere jüngste Tochter, kam auf die Welt.

Der Ortsgewaltige Ludwig Kröckel versah die ihm übertragenen Amtsgeschäfte seines Heimatdorfes pfiffig und erfolgreich. Im Auftreten war er ein Original, das schauspielerische Begabung zeigte. Bekannt war seine stete Hilfsbereitschaft. Von Ludwig Kröckel, Gott hab' ihn selig, wird die Bevölkerung der Dörfer entlang der Jossa noch lange sprechen.

In den Adern des Bürgermeisters pulsierte Jägerblut. Er jagte schon als junger Müllerssohn und wurde später Pächter des gemeinschaftlichen Jagdbezirkes Mernes. Kröckel war ein „Bauernjäger" von echtem Schrot und Korn. Die Bürger des Dorfes, die vielfach ebenfalls der Jagd zugeneigt waren, konnten sich in den frühen Jahren des 20. Jahrhunderts kaum als Jäger betätigen oder gar eine Jagd pachten. Die Armut im Spessart war zu groß. Aber die Merneser jagten dennoch: Zur Linderung der häuslichen Not und aus Passion stellten sie ohne Erlaubnis dem Wild nach.

Im Jahr 1920 veranstalteten Merneser Wildschützen im Staatswald eine Treibjagd. Sie endete mit dem Tod eines Wilderers. Er wurde „in der Spirkelbach" von der Kugel eines Kumpanen getroffen (Preußische Oberförsterei Burgjoß, Hauptmerkbuch, Band: „ab Wirtschaftsjahr 1878/79", Eintrag 1920).

Etliche Jahre nach dem Todesschuss im Spirkelbachtal passten Forstbeamte unweit von Mernes im Forstort „Reichers-Berg" auf Wilderer. An einer Suhle hatte man einen gewilderten Hirsch entdeckt. Es war zu erwarten, dass sich der Wilddieb alleine oder mit Helfern, zur Bergung des Wildbrets am Fundort einfinden würde.



Nahe des Pfuhls saß ein kräftiger preußischer Hilfsförster. Nach einiger Zeit erschien ein Bauer aus Mernes und machte sich am Hirsch zu schaffen. Der Förster stellte den Mann. Es kam zu einem Zweikampf, den der Beamte für sich entschied.

Auf der 700-Jahrfeier des Dorfes Mernes, die im Juli 1967 stattfand, hielt beim Festkommers ein Kaplan die Rede des Abends. Dabei sprach er „sehr sachkundig" über die Ursachen und Folgen der örtlichen Wilderei. Meinen Zwischenruf „Horcht, horcht!" nahm die Versammlung äußerst freundlich auf, zahlreiche Teilnehmer lachten. Zwei Tage später marschierte im Festzug eine „Wilderergruppe". Sie wurde mit viel Beifall bedacht.

Der Priester war bis zu seinem jähen Unfalltod im Frühjahr 1999 ein beliebter Seelsorger. Er gewann mit seiner im Glauben verankerten Fröhlichkeit das Vertrauen und die Zuneigung der ihm anvertrauten Menschen. Sein Vater, der Wilderer vom Reichers-Berg, wurde ein Opfer des großen Krieges, er starb in der Gefangenschaft.

Die gemeinsame Jagdausübung von Wilderern war vor der Jahrhundertwende und nach dem Ersten Weltkrieg im Umkreis von Orb keine Seltenheit. Die Hauptmerkbücher der Preußischen Oberförstereien Burgjoß (Bände „ab Wirtschaftsjahr 1878/79“ und „ab 1928“) und Orb („angelegt 1900“) enthalten mehrere Hinweise auf Wildererbanden. Erwähnt werden Zusammenstöße und Schusswechsel von Forstbeamten mit Wildschützen, Hausdurchsuchungen bei den der Wilderei verdächtigten Personen sowie Festnahmen und Verurteilungen von Wilddieben. Die Wälder des Spessarts wurden nicht nur durch ihre Traubeneichen bekannt, sondern auch durch Räuber und Wilddiebe.

Im Zusammenhang mit dem Ende des Zweiten Weltkrieges lebte die Wilderei im hessischen Spessart wieder auf. Sie überdauerte. So finden sich über einen Zeitraum von 15 Jahren nach Kriegsende noch entsprechende Eintragungen im Hauptmerkbuch des Hessischen Forstamtes Burgjoß (Band: „ab 1928“) und haften spätere Vorfälle in der Erinnerung.

Im Jahr 1969 konnten Forstbeamte und Polizei im Hessischen Forstamt Marjoß eine größere Wildereraffäre aufklären. Von den sechs Angeklagten, die alle keine Not litten, wurden fünf verurteilt (Informationen von Dersch, Hahner, Kreusler und Thomé, 1998).

Die Armut ist nicht mehr die hauptsächliche Triebfeder der Jagdwilderei. Heute verleiten übersteigerte Passion und der Anreiz materieller Vorteile jagdlich Interessierte zum gesetzwidrigen Handeln. Das Wildern vom Kraftfahrzeug aus ist eine besonders gefährliche und verwerfliche Art dieses alten Delikts.



Im Jahr 1971 schöpften Förster des Forstamtes Marjoß erneut Verdacht auf Wilderei. Wieder bewährte sich die Zusammenarbeit mit der Polizei. Es gelang, den Raubschützen, der mit außerordentlicher Raffinesse und Kühnheit gewildert hatte, in einem Versteck im Wald zu überraschen und festzunehmen. Auch dieser Täter wurde bestraft, aber das Urteil brachte ihn nicht auf den rechten Weg. Der „Wilddieb a. D.“ wurde wieder aktiv. Doch Anfang der Brunft 1974 ward ihm ein 10- bis 11-jähriger Achter zum Verhängnis. Ein Hannoverscher Schweißhund fand den Aufbruch des Hirsches und führte die Beamten auf die rechte Fährte. Der Wiederholungstäter beschäftigte die Justiz zum zweiten Mal (Dersch und andere, wie vor, 1998).

Doch zurück zu den Gesellschaftsjagden der ersten Jahre meiner Burgjoßer Zeit. In den Jahren 1966 und 1967 jagten wir zu Ehren des St. Hubertus in den Waldungen beiderseits der „alten Würzburgerstraße“, die heute als L 3199 Bad Orb mit Burgjoß verbindet. Waldarbeiter, zehn beziehungsweise zwölf an der Zahl, fungierten als Treiber, und zwischen 40 bis 50 Schützen erwarteten jeweils das getriebene Wild.

Im Jagdjahr 1966 kamen zwei Alttiere und zwei Kälber zur Strecke. Auch ein Eichelhäher lag auf dem Fichtengrün. Je ein Schmalspießer, Alttier und Schmaltier sowie eine Bache, drei Frischlinge und zwei Hasen bildeten die Strecke der Hubertusjagd des Jahres 1967. Dennoch war ich unzufrieden. Bei großem Aufwand und zahlreichen Schüssen blieben die Strecken beider Jagden unter den Erwartungen.

Am 8. November 1968 umfasste die Hubertusjagd zwei Treiben. Eine Jägerin und 55 Jäger jagten rund um das „Hirscheck", am „Hohen Berg" und im „Pfaffenhäuser Grund" auf Rotwild und Sauen. Auch weibliches Rehwild, Füchse, Hasen und Schnepfen waren frei. Wild zeigte sich genügend, aber es wurde schlecht geschossen. Vier Alttiere, ein Hirschkalb und ein Keiler sowie ein Eichelhäher waren das Resultat.

Die Zusammensetzung der Strecke befriedigte wildbiologisch nicht. Den vier erlegten Alttieren stand nur ein Kalb gegenüber, und der Keiler war noch ein Jüngling. Von 25 Kugeln hatten lediglich sechs ihr Ziel erreicht. Auf ein erlegtes Stück Schalenwild kamen 4,2 Patronen. Das alles war miserabel, und ich sann auf Abhilfe.



Künftig sollte der flächendeckende Ansitz ohne Wildstörung durch Beunruhiger, Treiber oder Hunde mit zahlreichen meist revierlosen Jägern auf weitem Terrain die Jagdart der Burgjoßer (Jossgründer) Hubertusjagd sein. Zwar erstreckte sich am Jagdtag der Jagddruck annähernd über die ganze Fläche der Regiejagd, doch währte er jeweils nur zweieinhalb bis dreieinhalb Stunden. Auch war die „Druckwelle" relativ schwach. Sie entstand nicht durch eine lärmende, dichte Treiberwehr oder viele hetzende Hunde, sondern entwickelte sich im Zuge der Eigendynamik der Jagd.

Wenn die ersten Schüsse fielen, oder austretendes Wild in den Wind der Jäger zog, bewegten sich die Wildtiere. Sie wechselten meistens vertraut ziehend oder im Troll an den auf Hochsitzen und Leitern oder in Tiefsitzen und Schirmen postierten Schützen vorüber. Selbst unerfahrene Hochwildjäger hatten so ausreichend Zeit, das Wild richtig anzusprechen und blieben überwiegend ruhig für die Abgabe eines platzierten Schusses. Das Wild wurde meistens tödlich getroffen, Kammerschüsse überwogen. Schlechte Schüsse waren

Ausnahmen. Nachsuchen fielen relativ selten an. Wildbretzerstörungen durch Schusseinwirkungen hielten sich in Grenzen. Auch bot die Jagdart Gelegenheit zur Wildbeobachtung auf großer Fläche. Und schließlich lässt sich bei einer großflächigen Ansitzjagd das Verhältnis von Aufwand zu Ertrag günstiger gestalten als bei Treib- oder Stöberjagden mit starkem Jagddruck. Gemeinsam ist allen Bewegungsjagden die Notwendigkeit ihrer sorgfältigen Vorbereitung.

Manche Wildbiologen und Jäger meinen, dass die flächendeckende Ansitzjagd ohne Wildstörung durch Jagdhelfer oder Hunde nur in wildreichen Revieren erfolgreich ausgeübt werden kann und anderen Jagdarten ebenbürtig oder überlegen ist. Gewiss, die Ansitzjagden im Jossgrund fielen in die Zeit der hohen Reduktionsabschüsse beim Rotwild, aber es ist nicht auszuschließen, dass die beschriebene Methode auch heute noch – bei erheblich geringerem Wildbestand – eine zweckmäßige Konkurrentin gegenüber anderen Jagdarten der Bewegungsjagd sein kann. Es fehlt die Probe aufs Exempel! Im Übrigen ist der derzeitige Streckenschwund bei allen herkömmlichen und wildbiologisch vertretbaren, dem Tierschutz Rechnung tragenden Jagdarten festzustellen.



Im Zeitraum der Jahre 1969 bis 1990 fand die jährliche Hubertusjagd des Forstamtes Burgjoß (Jossgrund) stets als flächendeckende Ansitzjagd ohne Wildstörung durch Beunruhiger, Treiber oder Hunde statt. Die 1984 vorgenommene Umbenennung der traditionellen Gemeinschaftsjagd in „Nachbarschaftsjagd“ änderte an der Jagdmethode nichts. Ihre Anwendung auf großer Fläche umfasst einen Zyklus von 22 Jagden.

Auch nach Flächenumfang und Schützenzahl kleinere Gesellschaftsjagden, die zumeist besonderen Gruppierungen von Gästen vorbehalten waren, wurden als Ansitz ohne Wildstörung ausgerichtet. Zu diesen ebenfalls alljährlich anberaumten Jagden zählten im Forstamt Jossgrund neben der so genannten „Behördenjagd“ der „Fischeransitz“, die „Referendarsjagd“ und die „Leberwurstjagd“. Zusätzlich ordneten die vorgesetzten Behörden gelegentlich Ansitzjagden für Vertreter jagdlicher Verbände oder anderer Institutionen an.

Wirkten die Bediensteten des Forstamtes bei den Hubertus- oder Nachbarschaftsjagden nur selten als Schützen mit, so wurden sie bei anderen Gemeinschaftsjagden regelmäßig beteiligt. Lediglich die Leberwurstjagd war vornehmlich den jagenden Forstamtsangehörigen gewidmet. Sie verdankt ihren Namen dem unvergessenen Forstamtsinspektor Willi Haas, einem Orber Original, der zum Schüsseltreiben dieser Jagd die „gute Stube“ des Gasthauses „Zum Hirschen“ in Pfaffenhausen jeweils mit Leberwurstkringeln zu schmücken pflegte. Je einen Kringel erhielt der Jagdteilnehmer, der zuvor den dürstenden Jägersleuten eine Runde Korn oder Bier spendiert hatte. Die Rechnung von Willi, am Abend des Jagdtages stets eine besonders lustige Schar von Jägern um sich zu vereinen, ging daher immer auf. Erst mit dem frühen Tod unseres Orber Spaßvogels (1983) verflachte das gestrenge Ritual, aber die Leberwurstjagd überlebte bis 1990.

Über alle erwähnten Jagden liegen von der Jagdleitung gefertigte Protokolle vor. Sie wurden anfangs formlos und von 1974 bis 1990 unter Benutzung von Vordrucken mit standardisierten Fragen erstellt. In den Niederschriften sind jeweils das Datum der Jagd und die Zeit ihres Beginns sowie die Größe der in Anspruch genommenen Jagdfläche und die Anzahl der Schützen festgehalten. Außerdem enthalten die Protokolle eine knappe Skizze der Biotopverhältnisse der bejagten Flächen, die jagdlich relevanten Bedingungen des Jagdtages sowie Angaben über Wildbeobachtungen und Notizen zur Jagdausübung. Den Beschluss dieser Datensammlung bilden die Streckenübersicht und eine Zusammenfassung des Geschehens. Die Strecke ist beim Schalenwild nach Wildarten, Geschlecht und den natürlichen Altersklassen gegliedert. In der Mehrzahl der Fälle sind auch die Wildbretgewichte der Stücke angegeben. Die Daten wurden von der Jagdleitung durch Befragung der Schützen vor dem Verblasen der Strecke gewonnen. Lediglich die Ermittlung der Wildbretgewichte erfolgte später.



So entstanden interessante Zeitreihen. Sie sollen in einem noch gesondert zu schreibenden Beitrag zur Forst- und Jagdgeschichte des Jossgrundes eingehen. Hier werden nur einige Durchschnittswerte der Hubertus- und Nachbarschaftsjagden erwähnt und besprochen. Die Resultate der kleineren Jagden dienen lediglich der Ausleuchtung einzelner Aspekte.

Die Hubertus- oder Nachbarschaftsjagd, beide auch unter dem Begriff „große Jagd“ zusammengefasst, fand meistens Ende Oktober oder Anfang November statt. In den 22 Jahren des Berichtszeitraumes lag der Jagdtag dieser jährlich wiederkehrenden Gemeinschaftsjagd sechzehnmal innerhalb des Zeitabschnittes vom 30. 10. bis zum 9. 11. Fünfmal wurde Mitte Oktober gejagt. Eine Jagd fiel auf den 30. November.

Die entsprechende Zeitreihe lässt im Verbund mit den Protokollen der kleinen Jagden vermuten, dass bei flächendeckenden Ansitzjagden ohne Wildstörung im frühen Herbst – unmittelbar im Anschluss an die Brunft – größere Rotwildstrecken erzielt werden können als bei späteren Jagdterminen. Das Wild ist kurz nach der „hohen Zeit" häufig noch tagsüber rege. Außerdem ist im Oktober das Wetter im Allgemeinen besser als im November. Dieser Monat – früher auch „Nebelung" genannt – weist oft starke und lang anhaltende Nebelbildungen auf. Sie behindern die Sicht und schmälern dadurch den jagdlichen Erfolg.

Alle flächendeckenden Ansitzjagden wurden nachmittags durchgeführt. Bedienstete des Forstamtes wiesen die Jagdgäste vor Ort ein. Sobald der Schütze den für ihn vorgesehenen Hoch- oder Tiefsitz, die zugewiesene Ansitzleiter oder den ausgewählten Schirm besetzt hatte, konnte er mit der Jagdausübung beginnen. Die Jagden wurden weder an- noch abgeblasen. Gejagt wurde bis zum Schwinden des Büchsenlichtes. Aus Sicherheitsgründen erfolgte zusätzlich eine Zeitangabe. Erst zur vorgegebenen Uhrzeit durften die Gäste ihre „Stände" verlassen.



Die großen Jagden erstreckten sich fast immer über die gesamte bejagbare Fläche der Regiejagd. Im Durchschnitt aller Jahre wurden jeweils rund 4 000 Hektar bejagt. Das Maximum lag bei 4 186, das Minimum bei 3 475 Hektar.

Die Zahl der Schützen schwankte zwischen 52 und 105 pro Jagd. Als Schnitt im Berichtszeitraum ergibt sich eine Beteiligung von 75 Jägern.

Der Anteil der revierlosen Jäger am jeweiligen Aufgebot der Schützen bewegte sich zwischen maximal 54 und minimal 19 Prozent. Im Durchschnitt aller Jagden wurde ein Prozentsatz von 42 erreicht. Außer revierlosen Jägern nahmen auch private Jäger mit Revier sowie Angehörige vorgesetzter Forstbehörden und Nachbarforstämter jährlich als Jagdgäste an der Traditionsjagd teil.

Im rechnerischen Durchschnitt verfügte der einzelne Schütze je Jagd über eine Jagdfläche („Standfläche") von 53 Hektar. Dieser Umfang entspricht (ungewollt) der Richtgröße für Pirschbezirke in

Hessen (50 ha). Pirschbezirke, deren Flächen für die Dauer von zwölf Monaten in zwei Zeitabschnitten zur Jagdausübung gegen Entgelt vergeben werden, sind aus verschiedenen Gründen wildbiologisch und jagdlich negativ zu beurteilen. Das gilt vor allem, wenn diese verkappten „Minijagdbezirke für die Einzeljagd" gehäuft und dicht beieinander liegend eingerichtet werden.

Die Übersicht 3, die der Klärung des Einflusses des Wetters auf die Streckenergebnisse dienen soll, ist zwar wegen der geringen Anzahl der analysierten Jagden mathematisch-statistisch nicht abgesichert, aber lässt Vermutungen zu.

Die Ansitzjagd ohne Wildstörung kann bei jedem Wetter durchgeführt werden und erfolgreich sein. Lediglich dichter Nebel bei Windstille schmälert den Jagderfolg. Diese Einschränkung gilt aber auch für alle anderen Jagdarten.

Überdies gefährdet die Jagdausübung bei mächtigen und geschlossenen Nebeldecken Jagdhelfer, Schützen, Waldbesucher und Hunde. Das Sicherheitsgebot verbietet daher bei derartigen Wetterlagen das Jagen. Zweimal erwog ich, bereits begonnene Ansitzjagden wegen Nebels abblasen zu lassen. Nur aufkommender Wind, der die Sichtverhältnisse durch Aufriss der Nebelwände verbesserte, ließ das Signal „Jagd vorbei" nicht ertönen.

Flächendeckende Ansitzjagden ohne Wildstörung eignen sich gut für Wildbeobachtungen, die ein Hilfsmittel zur Einschätzung der Höhe des Wildbestandes sein können. Die überwiegend vertraut anwechselnden Rudel, Rotten oder Sprünge sowie vorkommende einzelne Individuen sind mit hinreichender Genauigkeit anzusprechen. Ihre Bewegung durch das Jagdgebiet ist nachvollziehbar. Mehrfachbeobachtungen ein und desselben Wildes können als solche fast immer identifiziert werden und lassen sich daher weitgehend eliminieren. Die Erfassung des Wildes ist um so genauer, je kleiner der durchschnittliche Standraum der Schützen ist. Allerdings darf das Beobachtungsnetz nicht zu eng werden. Eine Kette aneinander gereihter „Duftmarken" von Jägern irritiert das Wild und stört sein Verhalten. Es zieht sich in Dickungen zurück. Starker Nebel beeinträchtigt das Beobachten erheblich.

Übersicht 3

Wetter und Schalenwildstrecken bei den als flächendeckende Ansitzjagden ohne Wildstörung durchgeführten Hubertus- und Nachbarschaftsjagden in der Regiejagd des Hess. Forstamtes Burjoß (Jossgrund) / Jagdjahre 1969 bis 1990 = 22 Jagden

| | | **Minimum und Maximum der Strecken** | | | | **Schalenwild** | |
|---|---|---|---|---|---|---|---|
| **Wetter** | **Anzahl der Jagden** | **Rotwild Stück** | **Sauen Stück** | **Rehe Stück** | **Schalen-wild Stück** | **Insge-samt** | **Durchschnittl. Jahresstrecke Stück** |
| Nebel [1)] | 4 | 3–5 | 0 | 0–6 | 3–11 | 30 | 8 |
| Sturm [2)] | 1 | 6 | 0 | 4 | 10 | 10 | 10 |
| Regen [3)] | 1 | 25 | 0 | 8 | 33 | 33 | 33 |
| Trüb [4)] | 11 | 5–20 | 0 | 0–7 | 5–24 | 143 | 13 |
| Sonne [5)] | 5 | 5–30 | 0–1 | 2–5 | 8–33 | 79 | 16 |
| **Summen** | **22** | **3–30** | **0–1** | **0–8** | **3–33** | **295** | **13** |

**Anmerkungen:** [1)] Vorherrschend Nebel, schlechte Sicht
[2)] Steifer Wind mit Sturmböen und Regen
[3)] Starker Regen
[4)] Trübes Herbstwetter, zumeist trocken, allenfalls zeitweise leichter Nieselregen, manchmal nasskalt und einzelne Nebelbänke
[5)] Sonnenschein oder überwiegend sonnige Abschnitte

Das besondere Interesse bei den Wildbeobachtungen galt dem Schalenwild. Aber auch andere Wildarten und Raubzeug wurden erfasst. Die Protokolle enthalten Angaben über Füchse, Hasen, Schnepfen, Waschbären und Katzen. Letztere werden immer häufiger im Bereich von Waldparkplätzen ausgesetzt und verwildern vielfach.

Großen Wert legte die Jagdleitung auf die Erfassung von Auerhühnern. Leider ist das Auerwild im Spessart um 1990 ausgestorben. Den letzten Auerhahn, der auf einer großen Jagd beobachtet wurde, sah der Jagdgast Heinrich Trüller (†) am 31. 10. 1986 im Forstort Hirscheck in der Revierförsterei Villbach. Im Jahr 1987 begegneten der Revierleiter Klaus Pfeifer und Haumeister Robert Lingenfelder noch einem Hahn im Schwarzen Grund der Revierförsterei Stelzengarten. Es war die letzte dokumentierte Beobachtung von Auerwild im bayerischen und hessischen Spessart (Hopp, 1998).

Der Häufigkeit der Wildbeobachtungen entspricht nicht immer die Zusammensetzung und Stückzahl der Strecke. Auf der Hubertusjagd vom 2.11.1974 wurden von den Teilnehmern der Jagd bei trübem, zeitweise nebligen November-Wetter 101 Stück Rotwild, 47 Rehe, 3 Auerhähne, 1 Auerhenne, 7 Füchse, 5 Hasen und 1 Waschbär beobachtet. Die Strecke des Tages umfasste jedoch bei 20 Kugelschüssen (11 Treffer, 9 Fehl- und 3 Fangschüsse) nur 7 Stück Rotwild, 2 Rehe und 2 Füchse. Am Hubertustag des Jahres 1978 herrschte während der Jagd in allen Lagen über 400 m NN dichter Nebel.

Die Sichtverhältnisse waren schlecht. Lediglich 39 Stück Rot- und 31 Stück Rehwild sowie 2 Auerhähne, 1 Fuchs, 5 Hasen und 2 Schnepfen kamen in Anblick. Gleichwohl betrug die Strecke dieses Jagdtages bei 14 Schüssen (10 Treffer, 4 Fehl- und 4 Fangschüsse) ebenfalls 9 Stück Schalenwild. Erlegt wurden 5 Stück Rotwild und 4 Rehe. Sonstiges Wild fiel nicht an. Im Durchschnitt aller Jagden wurden beim Schalenwild 12 Prozent der beobachteten Tiere der Wildbahn entnommen, maximal waren es 22, minimal 6 Prozent.



Die Übersicht 4 verdeutlicht, dass bei flächendeckenden Ansitzjagden ohne Wildstörung allgemein gut bis sehr gut geschossen wurde. Bei 19 der 22 Jagden lag der Patronenverbrauch je erlegtem Stück Wild zwischen 1,0 bis 1,3 Patronen. Eine Jagd steht mit einem Patronenverbrauch von 1,4 zu Buche. Die beiden Ausreißer (1,6 und 1,8 Patronen) sind nicht erklärbar. Protokolle können nicht alles interpretieren, sie stellen vorwiegend nur fest. Es gibt unwägbare Imponderabilien.

Zweimal kamen bei den großen Ansitzjagden im Jossgrund 35 Stück Wild zur Strecke. Am 9. Oktober 1987 wurden 30 Stück Rotwild, 3 Rehe und 2 Füchse erlegt. Die Jagd vom 30. 10. 1981 erbrachte 25 Stück Rotwild, 8 Rehe, 1 Fuchs und 1 Hasen. Außerdem verlor an jenem Tag ein verwilderter Kater sein Leben.

Der 9. 10. 1987 war ein milder, trockener Herbsttag. Zeitweilig schien die Sonne. Es wurde viel Schalenwild beobachtet und sauber geschossen. 35 Treffern stehen 9 Fehlschüsse gegenüber. Außerdem wurde 1 Fangschuss abgegeben. Der Patronenverbrauch pro erlegtem Stück lag bei 1,3. Beim Rotwild wurden 2 Schmalspießer, 6 Alttiere, 5 Schmaltiere, 10 Hirsch- und 7 Wildkälber gestreckt. Die Rehwildstrecke umfasste 1 Ricke, 1 Schmalreh und 1 Geißkitz. 5 Alttiere fielen nach dem vorhergehenden Abschuss ihres Kalbes oder führten nicht. 1 Alttier führte. Die Ricke ging ohne Kitz.

Am 30. Oktober 1981 war der Himmel zu Beginn der Jagd bedeckt. Später setzte starker Regen ein. Als er aufhörte, klarte es auf. Das Wild verließ die nassen Dickungen und zog. Insgesamt fielen 43 Schüsse (36 Treffer, 2 Fehlschüsse und 5 Fangschüsse). Der Patronenverbrauch pro erlegtem Stück betrug 1,1. Die Rotwildstrecke umfasste 3 Schmalspießer, 3 Alttiere, 2 Schmaltiere, 7 Hirsch- und 10 Wildkälber. Leider wurden zwei führende Tiere erlegt, ohne dass zuvor ihre Kälber eine Kugel erhalten hatten. Ein Alttier kam bei einer Dublette „Kalb/Tier“ zur Strecke. Beim Rehwild gab es keine Fehlabschüsse. Der Abschuss umfasste 1 nicht führende Ricke, 3 Schmalrehe, 1 Bockkitz und 3 Geißkitze.

Übersicht 4

Durchschnittlicher Patronenverbrauch je Stück Wild (einschließlich Raubzeug) bei den Strecken der in der Regiejagd des Hess. Forstamtes Burgjoß (Jossgrund) in den Jagdjahren 1969–1990 durchgeführten Hubertus- und Nachbarschaftsjagden (= 22 Jagden)

| **Patronenverbrauch je erlegtem Stück Wild** | **Anzahl der Jagden** | **Beurteilung des Patronenverbrauchs** | **Bemerkungen** |
|---|---|---|---|
| 1,0 | 4 | Sehr gut | – |
| 1,1 | 9 | Sehr gut | – |
| 1,2 | 0 | Gut | – |
| 1,3 | 6 | Gut | – |
| 1,4 | 1 | Befriedigend | – |
| 1,5 | 0 | Befriedigend | – |
| 1,6 | 1 | Genügend | Nach trüben nasskalten Tagen klarte es auf, heiterer Himmel, leichter Wind |
| 1,7 | 0 | Genügend | – |
| 1,8 | 1 | Noch genügend | Trüb, zeitweise neblig, örtlich schlechte Sicht |
| 1,9 | 0 | Noch genügend | – |
| 2,0 und mehr | 0 | Nicht akzeptabel | – |

**Basis: Treffer und Fehlschüsse (Fangschüsse blieben unberücksichtigt)**

Die geringste Strecke der Hubertus- und Nachbarschaftsjagden erbrachte die Jagd vom 4. November 1972. Bei dichtem Nebel bestand kaum Sicht. Alle Hochlagen waren zwar abgesetzt, aber für die dort postierten Schützen ergaben sich keine jagdlichen Chancen. Mit 4 Schüssen (3 Treffer und 1 Fehlschuss, Patronenverbrauch pro erlegtem Stück = 1,3) betrug die Beute am Jagdtag nur 1 Alttier sowie je 1 Hirsch- und Wildkalb. Insgesamt blieb die Schalenwildstrecke an acht Jagdtagen unter zehn Stück, davon zweimal unter fünf.

Es bleibt festzustellen, dass bei flächendeckenden Ansitzjagden mit ungestörtem Wild nicht nur stückzahlmäßig gute Strecken zu erzielen sind, sondern ihre Ergebnisse auch wildbiologischen Ansprüchen meistens voll genügen. Die Beobachtung und Erlegung von Schwarzwild ist allerdings bei dieser Jagdart selten. Die Sauen verlassen gemeinhin erst bei einsetzender Dämmerung oder noch später ihre Kessel und sind besonders vorsichtig, wenn um ihre Einstände herum Schüsse fallen. Auf den 22 großen Jagden kam nur dreimal Schwarzwild vor. Insgesamt wurden neun Sauen gesehen. Zwei Überläufer, Keiler und Bache, erhielten tödliche Kugeln. Die Schwarzkittel wurden (und werden) im Forstamt Jossgrund sehr erfolgreich im Winter bei Neuschnee bejagt.



Es war schon beeindruckend und stimmungsvoll, wenn abends auf der Terrasse das Jagdhauses Horst oder im Burghof des Forstamtes bei lodernden Feuern und Fackelschein die Strecken der großen Jagden verblasen wurden. Sentimentales, überflüssiges Beiwerk? Ich glaube nicht. Das Legen der Strecke ist kein „alter Zopf der Tradition“, der abgeschnitten werden muss. Vor der Strecke passiert der Jagdtag noch einmal Revue, wird das Geschehen bewusst, kommt Freude und Dankbarkeit auf, dass man als Jäger eins sein darf mit der Natur. Wer es belächeln will, der mag es tun. Doch er sollte bedenken, dass der Anblick des gestreckten Wildes auch stets zu einer Begegnung mit dem Tod führt. Oft scharten sich um die Strecke nicht nur die Jägersleute, hinzu gesellten sich die Gäste des Jagdhauses Horst und die Bewohner des Dorfes. Sie wurden still, wenn die Hörner erklangen.

Danach ging es 22 Jahre lang zum Schüsseltreiben in das Jagdhaus. Die Jäger kamen mit ihren Damen. Knusperige Spanferkel gab es, und die Musik spielte auf zum Tanz. Die Nacht wurde zum Tag. Manchmal ließ der Hausherr Harder die Schlüssel für den Keller zurück. Niemand sollte verdursten. Aber es hat alles seine Zeit.

# *Drückjagd auf dem Zingst*

1994 an Kaisers Geburtstag, also am 27. Januar, fuhren der Jagdreferent Beindorf und ich im Pkw durch Mecklenburg. Zu Ehren seiner Majestät hatte ich Uniform angelegt, was meinen Mitfahrer verwunderte, aber die Monarchisten im Himmel zu Tränen rührte: Es regnete ohne Unterlass.

Schon seit Tagen wusch der Regen das kahle Land. Vielerorts stand über den Wiesen und Saaten das blanke Wasser. Auch in den Wäldern dominierte die Nässe. Holz konnte nicht gerückt werden. Beindorf und ich fürchteten schon, dass die für den nächsten Tag auf dem Zingst geplante kleine Gästejagd der Landesforstverwaltung „ins Wasser fallen" würde.

Aber die Kaisertreuen hatten ausgeweint. Kurz vor der Küste ließ der Regen nach. Über der Ostsee klarte es auf. Wir erreichten das Fischland, überquerten in Ahrenshoop die alte Grenze zwischen Mecklenburg und Pommern und befanden uns auf dem Darß. Das Jagdhaus an der „Buchhorster Maase" wurde unsere nächtliche Bleibe.



Am Morgen des Jagdtages bangten wir noch einmal um den Bestand der Jagd. Ein Schneesturm fegte über die Halbinsel. Eine Neue und Glatteis überzogen im Nu Felder und Straßen. Doch der starke Wind flaute ab, und Tauwetter war angesagt. Bei prasselnden Kienfeuern wurden auf dem Hof der Revierförsterei Zingst die Regularien vorgetragen, dann ertönte das Signal „Aufbruch zur Jagd".

Es war noch dunkel, als die Kolonne der Wagen auf dem Zingst, diesem in Richtung Rügen weisenden „Zeigefinger des Darß", sich dem „Osterwald" näherte. In ihm, der annähernd 800 Hektar umfasst und sich zwischen Barther Bodden und Ostsee erstreckt, wollten wir am Vormittag jagen.

Im Wald quirlte das Wasser aus den Gräben in die Bestände. Es umspülte vielfach die „Füße" der Erlen. Die Schützen, die noch im Tagesgrauen eingewiesen wurden, hatten es trotz der empfohlenen Gummistiefel schwer, trockenen Fußes zu den Sitzen zu gelangen.

Zweck der frühen Einweisung war es, das Wild, das nachts auf der „Sundischen Wiese“ und im Bereich des Vorlandes vom Bodden geäst oder im Gebräch gestanden hatte, vor dem Einwechseln in die Einstände abzufangen. Später, bei vollem Tageslicht operierten dann sieben Jagdhelfer einzeln als Beunruhiger. Sie folgten unter Einhaltung eines Zeitplanes und mit Hilfe von Karten den vorgegebenen Routen. Die Störer blieben stumm, nur ab und an schlugen sie mit einem Stock an einen Baum. Hunde wurden weder mitgeführt noch geschnallt. Das An- und Abblasen der Jagd unterblieb, sie endete mit Ablauf der verkündeten Uhrzeit.

Es dämmerte, als ich an einem Schneisenkreuz einen Tiefsitz bezog. Der Schnee beschleunigte das Hellwerden. Just als ich erkennen konnte, dass ich in einem Bruch aus Erlen, Birken und Eichen mit einzelnen eingesprengten Kiefern saß, trollte schon ein Rudel Damwild vorüber. Im sechsfachen Zielfernrohr der Bockbüchsflinte erfasste ich ein Kalb und ließ die Kugel fliegen. Aber ich verfehlte das noch vom Dunst des Morgens umgebene kleine Ziel.

Dann fielen mehrere Schüsse in der Nachbarschaft. Aufmerksam kontrollierte ich das hohe Holz und entdeckte im Gras eine Bewegung: Sechs Sauen wechselten spitz auf mich zu. Vorweg zog eine pechschwarze Bache. Ihr folgten in Kiellinie fünf stramme, dunkelbraune Frischlinge.



Unmittelbar vor dem „Hocker“ überfiel die Rotte einen Graben. Die Bache drehte bei und führte ihren Nachwuchs nun breit am Sitz entlang. Ich begann zu zielen: Baum, Baum, Lücke, Bache, Baum, Frischling, wieder ein Baum, erneut ein Frischling und – rums! Heraus war die Kugel und der beschossene Frosch stand Kopf.

Die Bache wendete und flüchtete auf der Hinfährte zurück. Die Frischlinge stutzten. Diesen Moment ihrer Verunsicherung nutzte ich, um beim Ansatz zur Flucht einem weiteren Frosch das Flintenlaufgeschoss anzutragen. Die Sau schlug mehrmals Rad und brach zusammen. Ein Fangschuss beschleunigte ihr Ende.

Tief atmete ich durch. Es hatte geklappt. Selbst die durchbrechende Sonne freute sich mit mir. Sie schob die Wolken auseinander und blinzelte mich an. Blauer Himmel über dem Bruch und zwei gestreckte Frischlinge im tauenden Schnee: Wie freudvoll kann doch das Jagen sein!

Aber ich kam nicht zum Sinnieren, Rotwild erschien. Ein Rudel von etwa zwanzig Stück Kahlwild ballte sich vor mir zusammen, trat unsicher hin und her. Auch als das Wild flüchtig wurde, blieb die Kugel im Lauf. Erst außer Schussweite entzerrte sich das Knäuel zur Kette, zog Stück hinter Stück aus dem Gefahrenbereich.

Ein Rudel Damwild bekam ebenfalls Wind von mir und entschwand hochflüchtig im deckenden Holz. Danach belebten wieder Sauen die Szene, aber Kugel und „Brenneke“ trafen nicht, und ein nachfolgender flotter Überläufer „unterlief das Geschoss“. Offensichtlich hatte ich mich bei der Waffenwahl infolge eines Missverständnisses („Ansitzjagd“) falsch entschieden, statt zur Bockbüchsflinte hätte ich zum Nachsuchenrepetierer greifen sollen. Es ist nicht zweckmäßig, auf einer Bewegungsjagd eine Waffe mit fein eingestelltem Stecher zu führen.

Schließlich lief mich ein Beunruhiger an. Er erkundigte sich leise nach meiner Strecke und half mir beim Bergen der Sauen. Bevor er wieder im Bruch verschwand, empfahl er mir, nunmehr besonders das in Richtung Ostsee führende Gestell zu beobachten. Dort wäre mit großer Wahrscheinlichkeit Rotwild zu erwarten.

Fortan richtete ich meine Augen vor allem gen Norden und siehe, kurz vor dem Ende der Jagd erblickte ich sieben Stück Rotwild. Sie zogen hintereinander durch den benachbarten Bestand: voran ein Schmalspießer, am Ende ein Tier mit Kalb und dazwischen vier ältere weibliche Stücke. Ein seltsam zusammengesetztes Rudel präsentierte sich mir. Ich ließ den Spießer über die Schneise wechseln. Das zweite Alttier sollte die Kugel erhalten. Es war für vorpommersche Verhältnisse ein relativ schwaches Stück. Im Knall kam es von den Läufen. Mit einem geschätzten Alter von sieben Jahren brachte das Tier nur 59 Kilogramm auf die Waage. Die Wildbretgewichte der Frischlinge betrugen 31,5 und 30,5 Kilogramm.

In drei Stunden hatten 22 Schützen – bei zunächst unfreundlichem Wetter – mit 27 Schüssen 17 Stück Schalenwild erlegt. Außerdem wurden 9 Fehlschüsse und 1 Fangschuss verzeichnet. Auf ein Stück Wild entfielen unter Ausschluss des Fangschusses im Durchschnitt 1,5 Patronen.

Wildbiologisch befriedigt das Ergebnis. Zwar sind in der Streckenübersicht beim Rotwild außer 2 Hirschkälbern, 1 Wildkalb und 1 Schmaltier auch 5 Alttiere aufgeführt, jedoch befanden sich unter ihnen 2 nichtführende alte Tiere und 1 Stück, das durch eine erwünschte Dublette (Kalb/Tier) zur Strecke kam. Beim Damwild fielen 3 Hirschkälber und 1 Wildkalb an. Das Schwarzwild war durch 1 Überläuferbache und 2 Frischlinge vertreten. Den Beschluss der Aufzeichnung bildet 1 Bockkitz.

Beeindruckend war die Planung und Durchführung der Jagd. Die Auswahl der Schützenstände und die Festlegung der Marschrouten der Störer ließen ein hohes Maß an örtlicher Erfahrung erkennen und offenbarten zugleich ein bemerkenswertes Einfühlungsvermögen in das Verhalten des Wildes. Die Beunruhiger betrieben diszipliniert und gekonnt die Wildstörung. Forstamtsleiter Lutz Bockisch, der von 1992 bis 1995 im zwischenzeitlich aufgelösten Forstamt Born wirkte, hatte mit seinen Mitarbeitern den Gästen eine klassische Drückjagd, sozusagen „jagdliche Feinkost" serviert.

Apropos Forstrat Bockisch: Dieser ist nicht nur ein leidenschaftlicher Forstmann und Jäger, er ist auch ein tollkühner Chauffeur. Im Herbst 1994 bereitete Dr. Eversheim vom DJV in Mecklenburg-Vorpommern die 2. Internationale Ostsee-Anrainer-Konferenz über Wasservögel des Ostseeraumes vor. Ich war zwar schon Pensionär, aber unterstützte mit Zustimmung der Landesforstverwaltung in Schwerin die Bemühungen des Deutschen Jagdschutz-Verbandes e.V. Die Veranstaltung fand im Mai 1995 in Dierhagen an der Ostsee statt.



Im Rahmen der Vorbereitung besuchten Dr. Eversheim und ich auch das Forstamt Born. Abends lud uns der Forstamtsleiter zu einer Rundfahrt durch das Revier ein. Die Hirsche schrien, die Brunft spielte sich ein. Besonders eingeprägt hat sich mir das Verweilen an einem Brunftplatz im „Kiepenbruch". Er lag in der unmittelbaren Nähe der See. Das Rauschen des Meeres vermischte sich mit dem Schreien der Hirsche zu einem klangvollen Notturno.

Doch der Nachklang dieser Musik wurde auf der Rückfahrt jäh zerrissen. Der „Teufelskerl" Bockisch stellte seinen Forsthut mit steilem Saubart senkrecht und „ließ die Hunde los". Er jagte mit dem unbeleuchteten Gefährt über Stock und Stein, das fahle Licht des zunehmenden Mondes über den Wegen als Kompass nutzend. Links und rechts warteten Gräben auf uns. Unwillkürlich musste ich an mein „Bad in der Lewitz" denken, an das langsame Versinken des Passats in einem Vorfluter. Auch der getreue Eversheim begann um sein Leben zu bangen, er stöhnte und schickte ein Stoßgebet zum Himmel. Es half, wir leben noch, wir alle drei.

# „Adventsjagd“ im Forstamt Bahlenhüschen

In der Nacht hatte es geschneit. Die Wald-Lewitz war am Morgen des 8. Dezember 1995 weiß. Alle Zweige und Äste der Bäume trugen Schnee. Es war Winter geworden. Die für die „Adventsjagd“ der Schweriner Forstabteilung im Forstamt Bahlenhüschen gewünschte Neue hatte sich zeitgerecht eingestellt.

Bejagt wurden in der Revierförsterei Banzkow für zwei Stunden rund 400 Hektar Waldfläche. Die Jagd fand als Stöberjagd mit geringem Jagddruck statt. Einige junge Beamte des Forstamtes störten jeweils zu zweit ohne zu lärmen das Wild. Zusätzlich wurden von den Beunruhigern fünf kurzläufige Hunde für das zu erwartende Schwarzwild geschnallt.

Mein Ansitzplatz befand sich im Forstort „Sülter Hude“ unweit des so genannten „Grünen Hauses“. Die niedrige und offene Kanzel stand am Rand einer Schneise, die ein Buchen-Stangenholz von einer älteren Fichten-Partie trennt. Die engste Stelle zwischen diesen Beständen wurde von einer schmalen, aufgehenden Lärchen-Dickung und einem von Buchen umgebenen Horst jüngerer Fichten markiert. Hier konnte ich mit beunruhigten Sauen rechnen, wenn sie in der benachbarten und gegatterten Eichen-Kultur oder im anschließenden Rohrdickicht stecken sollten.

Und Sauen gab es. Die Trittsiegel einer starken Rotte standen unweit des Sitzes im Schnee. Auch Reineke Voss hatte mit seiner Spur die weiße Decke gestempelt. Rehwildfährten kreuzten mehrfach die Wege und Schneisen, nur Rotwild hatte ich beim Anmarsch nicht gefährtet.

Langsam hob sich der Dunst. Die Sonne fingerte sich durch das bizarre Netzwerk der schneebedeckten Zweige. Der Himmel wurde blau. Ein herrlicher Jagdtag hub an.

Fern erklang Hundegeläut. Der Ball kam näher, aber drehte dann ab. Die ersten Schüsse fielen. Doch bei mir tat sich nichts. Weder Rotwild noch Sauen belebten das Blickfeld. Auch Rehe und Füchse zeigten sich nicht.

Eine Stunde war bereits vergangen, und die Anzahl der Schüsse hatte die Zahl 10 überschritten. Da kamen zwei Störer mit einem Wachtelhund und einem Teckel in meine Nähe.

Die Hunde drangen in den Schilfgürtel ein und meldeten sich. Ihr Laut wurde giftig. In den Lärchen entdeckte ich die Umrisse einer starken Sau. Ein Keiler war es, der sich durch die Dickung schob. Ich machte mich fertig, aber der Basse mied die Helligkeit eines einsehbaren, kleinen Erlen-Horstes. Er wendete und flüchtete von mir weg. Bald fiel in der Fluchtrichtung ein Schuss. Ob der Urian lag?

Die Stöberhunde kehrten zurück. In der Eichen-Kultur erklang wütender Standlaut. Endlich bewegte sich der Ball. Er wanderte auf mich zu. Und da waren sie schon, die schwarzen und braunen Gesellen: eine kompakte Führungsbache, zwei weitere stärkere Stücke sowie 12 Frischlinge und Überläufer.

Was dann geschah, sah ich zum ersten Mal. Die schwächeren Stücke formierten sich zu einem Kreis, sie bildeten eine Art „Wagenburg". Die starke, alte Bache führte die Auseinandersetzung mit den Hunden. Sie wurde dabei von den beiden anderen älteren Sauen unterstützt. Das „Schweinekarussell" drehte sich.



Der Wachtel und der Teckel konnten kaum etwas ausrichten. Nur allmählich drückten sie den „Sauigel" an den Rand der Lärchen-Schonung. Ich konnte schießen, aber ich wollte weder die Störer noch die Hunde gefährden oder einen „Paketschuss" verursachen. Die Schussabgabe unterblieb daher.

Erst als der Rüdemann Zenke in den Lärchen auftauchte und seine Hunde anrüdete, kam Bewegung in die widerborstige Rotte. Ein Überläufer suchte sein Heil in der Flucht und nahm Kurs auf die Verbindungszone der beiden Jungbestände.

Schon in den Lärchen suchte ich ihn mit dem Zielfernrohr. Just als der schwarze „Teufel" die Schneise überfiel, stand der Zielstachel auf dem Blatt. Ich schwang mit. Der Schuss brach, und der Kujel rutschte in den Schnee.

Jetzt stob die Rotte auseinander und stürmte in breiter Front über das Gestell. Ich hatte nach dem Schuss sofort repetiert. Von drei Frischlingen zielte ich auf den letzten. Der Frosch ging im Knall über Kopf. Doch der „Benjamin" der Rotte, der als Nachzügler über die Schneise flitzte, entkam meinem Begehren. Ich fehlte ihn.

Aus den Lärchen trat Hundeführer Zenke. Er sah den verendeten Frischlingskeiler am Schneisenrand liegen und gratulierte mir lauthals. Dann bat ich ihn, zum Überläufer zu gehen. Er aber fand die Sau nicht. Daraufhin erneuerte ich meine Bitte, denn ich hatte das Zusammenbrechen des Kujels beobachtet. Aber wieder meldete sich der Rüdemann mit „Fehlanzeige“.

Nach dem Ende der Jagd baumte ich ab und ging zu Zenke am Anschuss. Es stimmte, der Überläufer lag nicht in der Nähe, auch Borsten oder Schweißtropfen fanden wir nicht im Anschussbereich. Nur die Rutschspur der Sau war zu sehen. Aber ein paar Meter weiter klebte abgestreifter Schweiß an einem Ast. An diesem Hindernis hatten sich Ein- und Ausschuss offensichtlich geöffnet, denn nun lag links und rechts der Fluchtfährte fein verstäubter Schweiß. Er nahm zu. Das war ein gutes Zeichen, und nach etwa 50 Metern standen wir am verendeten Keilerchen.

Ich freute mich, denn ich hatte zwei hochflüchtige Sauen mit zwei kurz hintereinander abgegebenen Schüssen auf schmaler Schneise tödlich getroffen. Beide Kugeln waren jeweils in die Kammer eingedrungen.



An der Jagdhütte wurde Strecke gelegt. Ein Hirschkalb, zwei Überläufer, drei Frischlinge und zwei Geißkitze lagen auf grünen Fichtenreisern. Keine „große“ Jagd, aber eine feine von der stilleren Art, eine verhaltene Stöberjagd hatte ihr Ende gefunden.

Die Schützenbrüche überreichte Minister Brick, der zwar selbst die Jagd nicht ausübt, aber gern und fachkundig – wenn es die Zeit erlaubte – seine Mannschaft beim Jagen begleitete.

Anschließend waren die Jäger und „Treiber“ Gäste des Ministers im „Lewitz-Born“ zu Jamel. Es wurde ein frohes Schüsseltreiben. Köstlich war es, als der junge Forstbeamte Springer nach dem Genuss von zwei „eingelegten Heringen“ die Geschichte „seines gefehlten Keilers“ erzählte und mit Gesten unterstrich: Als der Schütze das „Schwein seines Lebens“ auf sich zukommen sah, überfiel ihn das Jagdfieber. Er begann zu zittern und klapperte mit den Zähnen. Das störte den Keiler jedoch nicht, er zog ruhig an seinem Widerpart vorbei. Doch im letzten Moment gelang es dem verdutzten Jägersmann noch, „die Kugel aus dem Lauf zu schütteln“. Jetzt wetzte der erschrockene „Haudegen“ die Waffen, winkte mit dem Pürzel und empfahl sich im „Schweinsgalopp“. Der Keiler aus den Lärchen hatte seine Schwarte in Sicherheit gebracht, der junge „Springer“ das Nachsehen.

Nachtrag für Liebhaber feiner Spirituosen:

Die „eingelegten Heringe“ sind ein hochprozentiges norddeutsches Stimulans, wobei das dosierte Fischaroma vor allem beim Ansaugen aufgenommen wird.

Gewöhnlich nimmt man zur Herstellung des edlen Trunkes das doppelte Maß eines feinen Wodkas oder reinen Korns und hängt über den Rand des gefüllten „Doppeldeckers“ einen etwa 5 cm langen, akkurat zugeschnittenen Filetstreifen von einem fleischigen Matjeshering. Alsdann saugt man das Destillat langsam schlürfend über den Fischhappen an und zerkaut oder schluckt diesen schließlich mit dem Genuss eines Gourmets.

Eine besonders kultivierte und nach Völlereien oft sofort Entlastung bringende Variante ist die Zubereitung des „Fischwassers“ unter Verwendung einer Sardelle, die – in Gänze belassen – den Filetstreifen des Matjesherings ersetzt und mit der Schwanzflosse zum Mund gerichtet den Glasrand ziert. Bei Genießern mit besonders sensiblem Rachen kann so die prompte Erleichterung fast garantiert werden.



Ältere Herren, die Schärfe lieben, würzen den Fisch vor dem Einlegen oftmals mit einer Prise aus gestoßenem Pfeffer und gemahlener Muskatblüte.

# Zum Vergleich

Ende Herbst 1997 fuhr ich der Jagd wegen nach Mecklenburg. Ich jagte zunächst auf Ansitz und Pirsch in den Forstämtern Bahlenhüschen und Jasnitz sowie bei Ecklers im Benniner Revier. Die Strecke war bunt und stimmte mich froh: Zwei Damhirschkälber, eine Frischlingsbache und einen Fuchs hatte ich erlegt.

Anschließend nahm ich als Gast an zwei Gesellschaftsjagden der Forstdirektion Ost (Neustrelitz) teil. Am 5. Dezember wurde im Forstamt Lüttenhagen gejagt, tags darauf im benachbarten Forstamt Hinrichshagen. Während am ersten Tag vor allem mit Damwild gerechnet wurde, war für die zweite Jagd vorwiegend Rotwild angesagt. Im Zeichen der Schweinepest genoss jedoch die Bejagung vorkommender Sauen in beiden Ämtern Priorität.

Das Forstamt Lüttenhagen dürfte seit der Wende auch vielen westdeutschen Forstleuten ein Begriff sein. Auf den von Grundmoräne, Endmoränenzügen und Sandern geprägten Standorten wachsen hervorragende Rotbuchen- und Traubeneichenbestände. Auch Edellaubhölzer gedeihen vorzüglich. Doch dominiert die Kiefer. Sie weist teilweise ebenfalls eine hohe Qualität auf, wird aber flächenmäßig zugunsten des Laubholzes zurückgenommen. Ein Kleinod sind die „Heiligen Hallen". Dieses Naturschutzgebiet umfasst den ältesten Buchenwald Deutschlands, in dem die verschiedenen Entwicklungsphasen ohne forstliche Eingriffe ablaufen und wissenschaftlich begleitet werden.

Das Forstamt Hinrichshagen ist waldbaulich nicht so bekannt wie Lüttenhagen, aber reich an eindrucksvollen und hochwertigen Laubholzbeständen. Wie Lüttenhagen ist es auch jagdlich reizvoll: Rotwild und Sauen gut!

Das Wetter war an beiden Jagdtagen trüb. In Lüttenhagen wurde bei bedecktem Himmel über einer leichten, aber nicht geschlossenen Schneedecke gejagt. Auch in Hinrichshagen blieb die Sonne hinter Wolken verborgen. Es war nasskalt, aber doch etwas wärmer als tags zuvor im Nachbarforstamt: Die Schneedecke taute ab, und beim Verblasen der Strecke fing es an zu regnen.

Die Jagd in Lüttenhagen währte zweieinhalb Stunden. In Hinrichshagen wurde dreieinhalb Stunden gejagt. Während in Lüttenhagen nur ein laufkranker Frischling nachzusuchen war, standen in Hinrichshagen zwei Schweißarbeiten an. Beide Suchen endeten erfolgreich.

Die Übersicht 5 stellt weitere jagdlich relevante Daten der Gemeinschaftsjagden in den Forstämtern Lüttenhagen und Hinrichshagen gegenüber. Danach stimmten die bejagten Flächen beider Jagden größenmäßig fast überein. Weitgehende Übereinstimmung ergibt sich auch bei der Anzahl der Schützen und der Zahl der abgegebenen Schüsse.

Auf beiden Jagden wurden jeweils 27 Stück Schalenwild und 3 Füchse erlegt. Der Verbrauch an Patronen je Stück Wild war mit 1,3 deckungsgleich.

Beim Schalenwild führte in Lüttenhagen überraschenderweise das Rehwild mit 11 Stück vor dem Damwild mit 9 Kreaturen stückzahlmäßig die Strecke an. In Hinrichshagen überwog erwartungsgemäß das Rotwild (13 Stück). An Schwarzwild kamen am ersten Tag 7 und am zweiten Jagdtag 3 Sauen zur Strecke. Die Rehwildstrecke im Forstamt Hinrichshagen umfasste 9 Stück.



Während die Jagd in Lüttenhagen als eine von Störern unterstützte Stöberjagd mit geringem Jagddruck angelegt war (13 Beunruhiger und 5 Stöberhunde), erwies sich die Jagd in Hinrichshagen als klassische Drückjagd: Zwei Treibertrupps mit je drei Störern beunruhigten ohne Lärm und ohne Hunde das Wild.

Übersicht 5

Wiedergabe von Daten einer Stöberjagd mit geringem Jagddruck (Forstamt Lüttenhagen) und einer Drückjagd (Forstamt Hinrichshagen), die beide im Herbst 1997 durchgeführt wurden – Streckenangaben in Stück.

| **Forstamt:** | **Lüttenhagen** | | | | | | | **Hinrichshagen** | | | | | | |
|---|---|---|---|---|---|---|---|---|---|---|---|---|---|---|
| **Datum** | 5. Dezember | | | | | | | 6. Dezember | | | | | | |
| **Bejagte Fläche in ha** | 650 | | | | | | | 630 | | | | | | |
| **Jagdart** | SJ | | | | | | | DJ | | | | | | |
| **Schützenzahl** | 32 | | | | | | | 31 | | | | | | |
| **Jagdhelfer als** | TR | | | | | | | BU | | | | | | |
| **Zahl der Jagdhelfer** | 13 | | | | | | | 6 | | | | | | |
| **Einsatz in Trupps** | – | | | | | | | 2x3 | | | | | | |
| **Zahl d. Stöberhunde** | 5 | | | | | | | – | | | | | | |
| **Zahl der Schüsse** | 40 | | | | | | | 39 | | | | | | |
| **Strecke an** | | **H** | **A** | **S** | **HK** | **WK** | **Sa.** | | **H** | **A** | **S** | **HK** | **WK** | **Sa.** |
| **Rotwild** | | – | – | – | – | – | – | | – | 7 | 1 | 2 | 3 | 13 |
| **Strecke an** | | **H** | **A** | **S** | **HK** | **WK** | **Sa.** | | **H** | **A** | **S** | **HK** | **WK** | **Sa.** |
| **Damwild** | | 2 | 1 | 3 | 1 | 2 | 9 | | – | 1 | 1 | – | – | 2 |
| **Strecke an** | **K** | **B** | **ÜK** | **ÜB** | **FK** | **FB** | **Sa.** | **K** | **B** | **ÜK** | **ÜB** | **FK** | **FB** | **Sa.** |
| **Schwarzwild** | – | 2 | – | 1 | 2 | 2 | 7 | 1 | – | – | – | 1 | 1 | 3 |
| **Strecke an** | | | **Ri** | **SR** | **BK** | **GK** | **Sa.** | | | **Ri** | **SR** | **BK** | **GK** | **Sa.** |
| **Rehwild** | | | 5 | 2 | – | 4 | 11 | | | 3 | 1 | 2 | 3 | 9 |
| **Strecke an Schalenwild** | **insgesamt** 27 | | | | | | | **insgesamt** 27 | | | | | | |
| **Strecke an Füchsen** | **insgesamt** 3 | | | | | | | **insgesamt** 3 | | | | | | |
| **Patronenverbrauch je Stück Wild** | 1,3 | | | | | | | 1,3 | | | | | | |

Legende

| | |
|---|---|
| **Jagdart:** | **SJ** = Stöberjagd mit geringem Jagddruck, **DJ** = Drückjagd |
| **Jagdhelfer:** | **TR** = Treiber, **BU** =Beunruhiger |
| **Rot- und Damwild:** | **H** = Hirsche, **A** = Altiere, **S** = Schmaltiere, **HK** = Hirschkälber, **WK** = Wildkälber |
| **Schwarzwild:** | **K** = Keiler, **B** = Bachen, **ÜK** = Überläuferkeiler, **ÜB** = Überläuferbachen, **FK** = Frischlingskeiler, **FB** = Frischlingsbachen |
| **Rehwild:** | **Ri** =Ricken, **SR** = Schmalrehe, **BK** = Bockkitze, **GK** = Geißkitze |

Beide Jagden endeten erfolgreich. Ihre Ergebnisse zeigen ein hohes Maß an Übereinstimmung. Dabei spielt sicherlich das ähnliche Wetter an den Jagdtagen und die Auswahl der beteiligten Schützen eine Rolle. An beiden Tagen jagte eine fast unveränderte Mannschaft erfahrener Hochwildjäger.

Dennoch zeigte sich, dass auch wildbiologisch geschulten, allgemein diszipliniert handelnden und im Umgang mit Waffen erprobten Jägern im jagdlichen Geschehen Fehler unterlaufen können. Bei der Rotwildstrecke in Hinrichshagen stimmt der hohe Anteil von Alttieren nachdenklich. Sicherlich führten einige von ihnen zum Zeitpunkt ihrer Erlegung kein Kalb mehr oder hatten im Jagdjahr 1997 überhaupt nicht geführt, aber ein Alttieranteil von knapp 54 Prozent erscheint überhöht.

Und beim Schwarzwild wurde in Lüttenhagen zu Recht der Abschuss von zwei älteren Bachen moniert. Ihre Wildbretgewichte betrugen 93 (!) und 65 Kilogramm. Gerade in Hinblick auf die Eindämmung der in Mecklenburg-Vorpommern seit mehreren Jahren verbreiteten „klassischen Schweinepest“ (KSP) ist es nach Depner, Granzow, Kern, Liess und Müller (1998) unbedingt erforderlich, dass dort vor allem Frischlinge bejagt werden. Denn diese weisen keine Antikörper auf und sind folglich gegenüber der Schweinepest nicht immun. „Wildschweine, die eine Infektion überleben, bilden Antikörper gegen den Erreger und bleiben gegen weitere KSP-Infektionen geschützt. Da dies hauptsächlich für erwachsenes Wild zutrifft, ist der Anteil immuner Tiere in diesen Altersklassen ungleich höher als bei Frischlingen“ (wie vor, 1998).

Diese Anmerkungen ändern jedoch nichts an der Tatsache, dass sowohl die Jagd in Lüttenhagen als auch die von Hinrichshagen sorgfältig geplant und gekonnt durchgeführt wurden. Fehler wird es beim Jagen immer geben, denn auf der Jagd ist nicht alles im Voraus bestimmbar. Die Jägerschaft darf sich nur nicht selbst belügen. Daher ist ein Autor, der Befunde kritisch interpretiert, kein „Beckmesser“, zumal, wenn er seine eigenen Fehler nicht verschweigt.

In Lüttenhagen kam mir unmittelbar vor dem Ende der Jagd ein Damschmaltier. Den ersten Schuss, der die Kammer öffnete, quittierte das Stück ohne Zeichnen, die zweite Kugel zerstörte beide Blätter und brachte es von den Läufen.

Auch in Hinrichshagen wechselte mich erst wenige Minuten vor Jagdschluss freigegebenes Wild an. Drei Beunruhiger hatten den vor mir liegenden Äsungsstreifen in einem Stangenholzkomplex aus Laub- und Nadelbäumen just mit Kurs auf den Treffpunkt beim nahen Forstamt passiert, als plötzlich zwei Stücke Rotwild im entgegengesetzter Richtung das Grün querten. Das vorweg preschende Alttier ließ ich entkommen, aber das folgende Schmaltier traf unmittelbar vor dem Eintauchen in einen Horst junger Buchen meine tödliche Kugel. Das kein Kalb führende Tier wurde eine Beute des Standnachbarn Oberforstmeister Puppe. Er hatte mir auf der Wiese die Vorderhand gelassen, aber schaffte es noch, das Tier mit sauberem Schuss auf schmaler Lücke im engen Holz zu bannen. Während das ältere Tier 78 Kilogramm wog, brachte das Schmaltier 66 Kilogramm auf die Waage. Wildbretgewichte, die in Mecklenburg-Vorpommern nicht außergewöhnlich sind.

Bedeutsam war auf den beiden Jagden jedoch nicht so sehr der eigene Erfolg, sondern vielmehr die erneute Erkenntnis, dass man sowohl mit der Drückjagd als auch mittels einer Stöberjagd mit geringem Jagddruck den gebotenen pfleglichen Umgang mit der Wildbahn wahren und angemessene jagdliche Ergebnisse erzielen kann.

# *Stöberjagd im Bartelsbusch*

Durch Vermittlung von Oberlandforstmeister Dr. Schrötter lernte ich schon am Anfang meiner Schweriner Zeit Dr. Gerhard Riehl, den Leiter der 9200 Hektar großen Forsten des Kreises Herzogtum Lauenburg, kennen. Riehl, der von 1975 bis zu seiner Pensionierung im Jahr 1997 diesen bekannten kommunalen Forstbetrieb ökologisch und ökonomisch beispielhaft gestaltet und erfolgreich bewirtschaftet hat, wurde für mich ein geschätzter Ratgeber für Dispositionen am norddeutschen Holzmarkt. Er bereicherte die Gespräche durch sein vielseitiges Fachwissen und die örtliche Erfahrung. Der Leitende Kreisforstdirektor war aber nicht nur ein allseits anerkannter Forstmann, sondern zugleich ein diszipliniert Jäger mit gezügelter Passion. Auch auf dem oft durch Leidenschaft zerfurchten jagdlichen Terrain beeindruckte er durch Wissen, Können, Verständnisbereitschaft und Bescheidenheit. Die dienstlichen und jagdlichen Berührungspunkte führten schließlich zu Jagdeinladungen. 

Am 8. Januar 1994 sollte im Revier Bartelsbusch der Kreisforsten auf Sauen und Rehe gejagt werden, auch Fuchs und Hase waren frei. Nachdem es zuvor in Deutschland wochenlang geregnet hatte, und das Hochwasser der Flüsse Mosel, Rhein, Main und Donau die innerdeutschen Nachrichten bestimmten, klarte es am Jagdtag endlich auf. Ich fuhr so frohgemut nach Ratzeburg und von dort im „Fahrwasser" von Dr. Riehl weiter in das Jagdgebiet.

Bartelsbusch, das ist ein Forstort mit fetten Böden über Grundmoräne, auf denen wertvolle Stieleichen- und Rotbuchen-Bestände in Mischung mit Edellaubhölzern stocken. Die Esche ist besonders häufig vertreten. Kirsche und Bergahorn leisten Vorzügliches. Die Hainbuche findet sich vielfach im Unter- und Zwischenstand. Mitherrschend erreicht sie beachtliche Dimensionen. Auch die gute Qualität der Roterle ist erwähnenswert. Zahlreiche Flächen mit Naturverjüngungen verschiedener Laubbäume gestalten den Wald zudem grenzlinienreich.

Aber das Revier Bartelsbusch ist nicht nur ein forstliches Kleinod, sondern auch ein jagdliches Juwel mit hoher Biotopkapazität für das vorkommende Dam- und Schwarzwild. Vor allem ist es jedoch die Heimstatt zahlreicher Rehe und des sonstigen Niederwildes.

Dabei ist nicht zu übersehen, dass das Rehwild durch Verbiss örtlich das Ankommen und Heranwachsen der erwünschten Naturverjüngungen empfindlich stören kann und die angestrebte Baumartenvielfalt einengt. Das Verbeißen der Triebe von jungen Bäumen durch Rehe ist im Bartelsbusch besonders belastend, weil dieser nur etwa 300 Hektar große Forst als Waldinsel in einer durch die Landwirtschaft geprägten Landschaft liegt. Das Refugium dient im Winter dem Wild als „Herberge".

Eine Bereicherung des Biotops erfuhr der Bartelsbusch vor Jahren durch die Stilllegung einer ihn durchschneidenden Bahnlinie. Die Forstverwaltung verhinderte die beabsichtigte Nutzung des Trasseneinschnittes als Mülldeponie. Heute gleicht die Bestockung dieses Geländes einem üppig aufstrebenden Bergwald in einer Gebirgsschlucht. Mit Gespür für das Standortpotential vermag ein Forstmann zu zaubern.



In diesem herrlichen Waldgebiet durchstreiften am Jagdtag mehrere Treibertrupps mit einigen geschnallten Hunden die Bestände und ließen das Wild für knapp drei Stunden nicht zur Ruhe kommen.

Bei mir erschien zu Beginn der Jagd ein noch vertrautes Rudel Damwild. Etwa zwölf bis fünfzehn Stück Kahlwild zogen durch das hohe Holz. Aber der leichte Schuss auf ein Kalb oder Schmaltier unterblieb. Damwild war nicht freigegeben. Auch Rehwild beobachtete ich mehrmals, doch es kam mir nicht schussgerecht. So unterließ ich auch bei dieser Wildart das Schießen.

Obwohl schon mehrere Schüsse gefallen waren, blieben Sauen bei mir zunächst aus. Dabei „roch" es um meinen Schirm herum geradezu nach Schwarzwild. Überall auf dem Weg und im Eichen-Rotbuchen-Altholz, das vor mir quergelagert einen jüngeren Hainbuchen-Komplex von einer Verjüngungspartie in meinem Rücken trennte, hatten die schwarzen Gesellen in der Nacht frisch gebrochen. Hier mussten Sauen kommen.

Und sie kamen! Unmittelbar nach einem Schuss in meiner Nähe flüchteten vier stramme, aber mutterlose Frischlinge auf mich zu. Als sie beidrehten und das Blatt boten, erfasste das kleine, 2½fache Zielfernrohr meiner führigen Nachsuchenbüchse den dritten Frosch. Er rollierte im Knall. Ich repetierte und zielte auf den letzten Frischling. Im Schuss stand er buchstäblich Kopf. Ich freute mich über die Dublette. Ein Frischlingskeiler (45 kg) und eine Frischlingsbache (40 kg) waren mein geworden.

Unlöschbar ist in meiner Erinnerung die Bildkomposition des Doppelerfolges eingeprägt: das Spiel von Sonnenstrahlen im Geäst knorriger Eichen und starker Buchen, die grünweiß glänzende, samtene Rinde der Hainbuchenstämme und zwischen ihnen die über das braune Laub dahinstürmenden Frischlinge.

Als abgeblasen wurde, hatten 35 Schützen 61 Schüsse abgegeben und 17 Sauen, 13 Rehe und 1 Hasen gestreckt. Nur ein Frischling war nachgesucht worden. Die Strecke an Schwarzwild umfasste 1 mehrjährige Bache (79 kg), 2 Überläuferkeiler (46 und 67 kg) sowie 14 Frischlinge. Ihre Wildbretgewichte lagen zwischen 29 und 53 Kilogramm. Trotz des Fehlabschusses der Bache ist dieses Ergebnis wildbiologisch gut.

Bemerkenswert sind die Regeln für die Bejagung des Schwarzwildes, die Riehl bei der Begrüßung im Bartelsbusch bekanntgab. 
Verständlich und kurz sowie zielgerichtet die Entnahme von Frischlingen und Überläufern aus der Wildbahn fördernd können sie bei Beachtung mithelfen, die häufig zerschlagenen Sozialstrukturen der Schwarzwildpopulationen zu verbessern. Sie empfehlen sich, generell für Bewegungsjagden übernommen zu werden. Inhaltlich lauteten die Maßgaben des Jagdleiters wie folgt:

„1. Bejagt werden kann sämtliches Schwarzwild, das in Rotten anwechselt. Ausgenommen von dieser Regelung sind jedoch führende Bachen aller Altersklassen sowie zweijährige und ältere Keiler. Vor allem sind Frischlinge der Wildbahn zu entnehmen.

2. Stärkere Sauen, die einzeln vorkommen, sind – gleich ob Bache oder Keiler – zu schonen, einzelne Frischlinge dagegen unbedingt zu bejagen.

3. Alles schwerkranke Schwarzwild, gleich welchen Geschlechts und welcher Altersklasse, ist nach Möglichkeit zu erlegen.

4. Gewichtsbeschränkungen gibt es nicht".

Gegen diese Anweisung hatte der Erleger der mehrjährigen und starken Bache verstoßen. Er wurde deshalb bei der Verteilung der

Schützenbrüche zuletzt vorgerufen. Die Rüge war kurz, aber höflich. Der Gast erhielt seinen Bruch, und er wurde ausdrücklich schon im Voraus zur Jagd im nächsten Jahr eingeladen. Allerdings sollte er dann keine Waffe, sondern nur einen Stock mitbringen. Die „Sühne des Bachentöters“ war die Beteiligung am nächstjährigen Treiberdienst. Die Ankündigung quittierte die Jagdgesellschaft mit Hallo und Gelächter. „Wer den Schaden hat, braucht für den Spott nicht zu sorgen“. Aber dieser „Ordnungsruf“ war bei Riehl üblich und wurde ohne Ansehen der Person erteilt. Selbst einen „reuigen Dienstvorgesetzten“ hat der Bartelsbusch schon als Treiber gesehen und sicherlich nicht zum Nachteil seines Rufes.

# *Romrod und seine Zeiten*

Romrod ist ein kleiner Ort im nördlichen Vogelsberg, südlich von Alsfeld gelegen. Seine Entstehung dürfte mit einer Wasserburg verbunden sein. Die erste Burg sollten die Herren von Romrod bislang gegen Ende des 12. Jahrhunderts erbaut haben. Offenbar hat es die Herrschaft Romrod jedoch schon viel früher gegeben als bisher angenommen wurde. Nach Wegener (1999) deuten jedenfalls jüngste Grabungsfunde im Bereich der Anlage des Jagdschlosses darauf hin. Bing (1976) berichtet, dass das Dorf „Rumerode“ 1339 urkundlich erwähnt wird.

Die Ritter von Romrod waren sehr begütert, bedeutender Waldbesitz war die Grundlage ihres Vermögens. Doch der Reichtum des Adelsgeschlechtes verhinderte seinen im 14. Jahrhundert einsetzenden Niedergang nicht. Erbteilung und Verpfändung schwächten die Familie.

Die Landgrafen von Hessen erwarben Zug um Zug den Großteil des Besitzes der Herren von Romrod. Schließlich – wahrscheinlich um das Jahr 1408 – verfügten sie auch über die Burg und alle ihre Liegenschaften. Philipp der Großmütige, der von 1504 bis 1567 lebte und oft in Romrod weilte, machte es zu einer „kleinen Residenz“ (Bing, ebenda). Er nutzte die Burg als „Ausgangslager“ für zahlreiche Jagden. Unter Ludwig IV. von Hessen-Marburg (Regierungszeit: 1567–1604) wurde das Schloss neu erbaut. Als der Landgraf 1604 kinderlos in Marburg starb, fiel sein Erbe an seine beiden Neffen, Moritz den Gelehrten von Hessen-Kassel und Ludwig V. von Hessen-Darmstadt zu gleichen Teilen.

Zur Zeit der Machtfülle Napoleons I. trat Hessen-Darmstadt – gleich anderen deutschen Ländern – 1806 dem Rheinbund bei. Dadurch erfuhr der Landgraf Ludewig X. (Regierungszeit: 1790–1830) eine „Rangerhöhung“, er nannte sich ab dem 13. August 1806 „Großherzog Ludewig I. von Hessen und bei Rhein“. Romrod war nunmehr Bestandteil des Großherzogtums Hessen-Darmstadt. Erst nach dem Ersten Weltkrieg wurde die Verbindung zwischen Romrod und dem Herrscherhaus in Darmstadt infolge der November-Revolution des Jahres 1918 weitestgehend unterbunden.

Am 9. 11. 1918 hatten Arbeiter- und Soldatenräte das Großherzogtum Hessen zur Republik erklärt. Damit wurden zugleich alle Sonderrechte der Geburt und des Standes beseitigt. So entfiel auch die Hofjagd. Doch wurde dem Großherzog Ernst Ludwig bei der Abfindung unter anderem das Jagdschloss Romrod bis zu seinem Lebensende belassen. Außerdem blieb die Befugnis zur Jagdausübung erhalten. Dieser lockere Verbund zwischen Romrod und der großherzoglichen Familie endete 1937 mit dem Tod des Großherzogs. Romrod verlor damit zugleich endgültig seine Jahrhunderte währende Funktion als einer der zentralen Orte jagdlichen Geschehens in Hessen.

Trotz der Stadtrechte, die Romrod vermutlich bereits zur Zeit Philipps des Großmütigen erhielt, blieb die Ortschaft ländlich ausgerichtet. Sie zählt derzeit – ohne Berücksichtigung der zwischenzeitlich eingemeindeten Dörfer – rund 1500 Einwohner. Aber die Bedeutung der Stadt war früher größer als die Einwohnerzahl der Gegenwart vermuten lässt. Nicht nur die Forsten um Romrod wurden einst wie ein „Kronjuwel" geschätzt, vor allem wirkte der Reichtum der umliegenden Waldungen an Wild wie ein Magnet auf die jeweiligen Herrscher. Landgrafen und Großherzöge jagten hier mit ihren Gästen und verlustierten sich beim Gejaid und den anschließenden Festgelagen. Dabei war die Wertschätzung der Jagd in hohem Maße zugleich ein Gradmesser für die persönliche Jagdleidenschaft des jeweils regierenden Fürsten.



Bings Arbeit enthält zahlreiche Hinweise auf jagdliche Ereignisse in den Revieren von Romrod. Eindrucksvoll sind die Streckenberichte, sie sind Dokumente einer vergangenen Zeit. Gejagt und hofgehalten wurde in Romrod auch in Perioden bitterster Not, selbst in den Kriegen, die dreißig oder sieben Jahre währten, riefen die Hörner zur Jagd.

Als das Romröder Schloss am Anfang des 18. Jahrhunderts den Ansprüchen der Jagdgesellschaften nicht mehr genügen konnte, errichtete Landgraf Ernst Ludwig (Regierungszeit: 1688–1739) auf Drängen des Erbprinzen, dem späteren Landgrafen Ludwig VIII. (Regierungszeit: 1739–1768), das so genannte „Jägertal". Dieses feste Jagdlager mit massiven Gebäuden entstand in den Jahren 1721 und 1722. Es hatte bis 1797 im „Göringer Grund" Bestand.

Alljährlich weilte Ludwig VIII., den Bing als den „leidenschaftlichsten Jäger des hessischen Fürstenhauses“ bezeichnet, zur Hirschbrunft im Jägertal. Im Jahr 1753 erlegte er während eines dortigen Aufenthaltes 99 Hirsche. „Den 100. schoß er, schon auf der Rückreise begriffen, von seinem Reisewagen aus“ (Bing, ebenda).

Einhundertundachtzig Jahre später begannen sich führende Nationalsozialisten für die anhaltend „hoffähige“ Romröder Wildbahn zu interessieren. So besuchte zur Zeit des Dritten Reiches auch der Reichsjägermeister Hermann Göring, menschlich wie politisch gefährlich und kein „jagdlicher Edelmann“, mit Gästen das Schloss, um in der Umgebung von Romrod zu jagen.

Das Forstamt Romrod ging 1924 aus der Oberförsterei Romrod hervor. Grundlage dieses Verwaltungsaktes war das Gesetz über die Forstverwaltung des Volksstaates Hessen von 1923. Zwar wurde das Forstamt Romrod 1964 aufgelöst, doch blieb es dem Namen nach und teilweise auch flächenmäßig existent, weil das benachbarte Forstamt Göringen Flächen des untergegangenen Forstamtes Romrod übernahm und in „Forstamt Romrod“ umbenannt wurde. Das „neue Forstamt Romrod“ überstand alle folgenden Organisationsänderungen der Hessischen Landesforstverwaltung. Seine Größe nahm im Laufe der Zeit trotz Hergabe von Flächen beachtlich zu. Heute (Stichtag: 1. 10. 1998) umfasst das Forstamt Romrod eine Verwaltungsfläche von rund 9 500 Hektar. Davon entfallen 8 400 Hektar auf die Staatsforstverwaltung. Der Waldanteil (Holzboden) an dieser Fläche beträgt gerundet 7 700 Hektar, annähernd 700 Hektar sind Nichtholzboden.



Im Romröder Staatswald überwiegt das Laubholz. Besonders häufig ist die Rotbuche vertreten. Die verheerenden Sturmschäden der Jahre 1984, 1985 und 1990 führten zu einer empfindlichen Einbuße an Altholz. Dennoch gibt es auch heute noch auf größeren Flächen überalterte Buchen-Bestände mit ausgebliebener oder unzureichender Verjüngung. Ihre Verwirklichung und die Wiederbestockung von Kalamitätsflächen (Folgeschäden) mit standortgemäßen Laubbäumen bei Förderung der Edellaubhölzer waren und sind eine waldbauliche und wirtschaftliche Herausforderung des Forstbetriebes. Zumal die Jungwuchs- und Jungbestandspflege auf den schon länger verjüngten Windwurfflächen zunimmt.

Unter diesen Aspekten wird sich die Problematik von „Wald und Wild“ vorübergehend verschärfen, denn die sich schließenden Verjüngungen gewähren dem Schalenwild Äsung und Deckung zugleich bei erschwerter Bejagung. Die schnelle Reduzierung der Bestände an Rot-, Muffel- und Rehwild war daher geboten, um das Anwachsen der Schalenwildpopulationen und daraus resultierende gravierende Wildschäden am Jungwuchs zu verhindern. Außerdem muss die Höhe des Wildbestandes nach dem Absenken auf ein waldverträgliches Maß beschränkt bleiben.

Das Rotwild in Romrod ist überwiegend kräftig im Körperbau und seine Wildbretgewichte sind hoch. Die alten Hirsche tragen meistens starke, ja klobige Geweihe. Diese für Hessen überdurchschnittlich gute körperliche Entwicklung und Geweihbildung ist sicherlich ein genetisch bedingtes Kennzeichen der örtlichen Rotwildpopulation, aber auch Ausdruck vorzüglicher Äsungsverhältnisse und eines noch weitgehend intakten Lebensraumes. Die Waldstandorte liegen zumeist im flächenmäßig dominierenden eutrophen Bereich, und ausgedehnte Waldwiesentäler bereichern das Äsungsangebot zusätzlich. Die Waldungen der Forstämter Homberg und Romrod bilden den Kern des mit 14 600 Hektar Gesamtfläche zwar relativ kleinen, aber „feinen“, 1969 neu gebildeten Rotwildgebietes „Nördlicher Vogelsberg“. Seine Flächen sind zu 50 Prozent mit Wald bestockt.



Die Wildschafe des „Muffelwildgebietes Alsfeld“ stehen hauptsächlich im Bereich des Staatswaldes der Forstämter Homberg und Romrod. Im Romröder Raum ist das örtliche Vorkommen bei Schellnhausen besonders bekannt. Auf etwa 800 Hektar leben hier unstet, aber standorttreu etwa 40 Widder, Altschafe, Schmalschafe und Lämmer. Die alten Widder dieser Teilpopulation imponieren durch beachtliche Schnecken. Nach Blank (1998) existieren weder über die Herkunft noch zur Einbürgerung des Romröder Muffelwildes nähere Hinweise. Beobachtet wurde es in der Revierförsterei Schellnhausen erstmalig 1942/43 im Forstort „Vöckelsberg“, wenngleich nach dem verstorbenen Forstdirektor Fritz Beetz, weiland Forstamtsleiter zu Romrod bis 1977, schon in den dreißiger Jahren Mufflons im Forstamtsbereich vorhanden gewesen sein sollen.

Außer Rot- und Muffelwild gab es in den ersten Jahren nach Kriegsende im Umkreis von Romrod viel (zuviel) Schwarzwild.

Erfreulich war allerdings, dass damals alte Bachen und Keiler in ausreichender Zahl ihre Fährten zogen. Heute kommen mehrjährige Bachen und Hauptschweine nur noch selten vor. Wie fast überall im westlichen Deutschland sind auch im nördlichen Vogelsberg die Sozialstrukturen beim Schwarzwild „zerschossen". Die zügellose Bejagung der Sauen, die sich oft in einem desolaten Populationszustand widerspiegelt, ist kein Ruhmesblatt der deutschen Jägerei.

In Romrod wurde als Jagdart gemeinschaftlichen Jagens über viele Jahre hinweg die Treibjagd mit Treiberwehr und Hundemeuten, die meistens aus Jagdterriern bestanden, bevorzugt. Bei aller gebotenen Eile zur Reduzierung der Wildbestände konnte diese kostspielige Jagdmethode mit hohem Jagddruck auf Dauer jedoch nicht befriedigen. Die Zusammensetzung der Strecken war wildbiologisch häufig unbefriedigend, und die Durchführung von Nachsuchen wurde oftmals erschwert. Wildbretentwertungen durch schlechte Schüsse, lange Hetzen und Abtun waren nicht selten. Gesichtspunkte des Tierschutzes und der Jagdpolitik blieben unberücksichtigt.

Daher ging Forstdirektor Eberhard Röder, der von 1984 bis 1990 das Forstamt Romrod leitete, dazu über, bei Fortfall der Hundemeuten die Romröder Treiberwehr zu reduzieren und ihre Verkleinerung durch einen Einsatz von einzeln jagenden Stöberhunden zu kompensieren. Forstoberrat Hans Jürgen Rupp, der Nachfolger Röders als Forstamtsleiter in Romrod, hat diese Variante einer Stöberjagd durch die Auflösung der Treiberwehr in mehrere auf Teilflächen selbstständig operierende Trupps von Störern verfeinert. Bei Treiben von 800 bis 1200 Hektar Größe kommen zusätzlich bis zu 25 Stöberhunde, vor allem Deutsche Wachtelhunde, zum Einsatz. Diese Form des Jagens bezeichne ich als Stöberjagd mit starkem Jagddruck.

Da an einem Jagdtag meistens nur ein Treiben durchgeführt wird, kann krankes Wild häufig durch Nachsuchen unmittelbar nach der Jagd zur Strecke gebracht werden. Dadurch ist eine Vermarktung dieses Wildbrets nach den Vorschriften der Fleischhygiene weitgehend gesichert.

Ähnlich ausgerichtete Gemeinschaftsjagden auf Schalenwild veranstaltet im Forstamt Jossgrund FOR Bachmann. Allerdings ist der Jagddruck schwächer. Bei gleichem Flächenrahmen wie in Romrod werden lediglich drei bis fünf Trupps mit je zwei bis drei Beunruhigern eingesetzt. Die Zahl der geschnallten Stöberhunde liegt zwischen acht bis zwölf. Die Trupps der Jagdhelfer bewegen sich auf festgelegten Routen, die sich zur Steigerung des Unruheeffektes kreuzen können, aber gemeinhin in größeren Abständen den Bejagungsraum durchziehen. Diese Stöberjagden mit geringem Jagddruck scheinen mir eine der Wildbahn angemessene Jagdmethode der Bewegungsjagden zu sein.

Die Stöberhunde werden in beiden Forstämtern sowohl vom Stand aus als auch innerhalb des Treibens geschnallt. Einmal fungiert der Hundeführer zugleich als Schütze, das andere Mal wirkt er in einem Störtrupp als Beunruhiger am Jagdgeschehen mit.

Die Erfahrungen der Forstämter Jossgrund und Romrod mit den skizzierten, sorgfältig vorbereiteten sowie straff gelenkten Stöberjagden sind gut. Es werden bunte, stückzahlmäßig voll befriedigende und wildbiologisch überwiegend nicht zu beanstandende Strecken erzielt.

Seit der Wiedererlangung der Jagdhoheit wurde das Forstamt Romrod erneut zu einem Anziehungspunkt für Hochwildjäger. Man besann sich auf die Qualität des Schalenwildes im nördlichen Vogelsberg und die jagdliche Tradition des Amtes. Die Rückgabe der Jagdhoheit erfolgte in den Ländern der amerikanischen Besatzungszone – zu denen auch Hessen gehörte – im Jahr 1951. In der britischen Zone wurde dieser Akt 1952 vollzogen. Die französische Besatzungsmacht entschloss sich erst Mitte 1954 dazu, in ihrem Gebiet die Jagdverhältnisse zu normalisieren (Deutscher Jagdschutz-Verband e. V., 1974).

Ich lernte das Forstamt Romrod als Rüdemann kennen. Am 16. Januar 1971 begleitete ich dort erstmals eine Gesellschaftsjagd mit meinen DW-Hunden „Maja“ und „Rumold von der Hermetze“ als Nachsuchenkommando. Nach drei Kontrollsuchen am Vormittag kam das Doppelgespann mittags erneut zum Einsatz. Die Hündin, damals schon fast elf Jahre alt, leistete die Riemenarbeit, während der junge Rüde den Part der Hatz übernahm. Dreieinhalb Stunden waren vergangen, als der zum zweiten Mal geschnallte Rumold nach langer Hetze in der Abenddämmerung das gesuchte kranke Kalb stellte. Er band es auf einem Plateau mit anhaltendem Standlaut bis zum Fangschuss. Das Hirschkalb hatte beim Überfallen einer Schneise einen Schalenschuss am linken Vorderlauf erhalten. Waldarbeiter Karlheinz Seipp, dem als „zweiter Mann“ in Romrod das

Nachführen Rumolds oblag, und ich, der Maja am langen Riemen geführt hatte, strahlten überglücklich. Wir machten die braven Hunde genossen und liebelten sie ab. Die Taktik, Rotwild mit relativ leichten Verletzungen durch ununterbrochene Verfolgung zu ermüden und durch Verhinderung der Möglichkeit der Äsungsaufnahme und des Wiederkäuens in den Zustand der Erschöpfung zu treiben, hatte wiederum zum Erfolg geführt.

Ein Jahr später, erneut im Jänner, gewann Rumold nach längerer Hetze und vorausgegangener Riemenarbeit von Maja die „Wasserschlacht in der Felda". Er schwamm in dem tiefen und kalten Wasser des kleinen Flusses und versuchte, eines sich heftig wehrenden Schmaltieres Herr zu werden. Unterstützt wurde er von der dazu geschnallten klugen Hündin. Sie hatte die Felda durchronnen und verwehrte dem Stück rechtsufrig den Ausstieg, während ich am linken Ufer das Entkommen unterband. Es dauerte lange, bis ich dem kranken Tier ohne Gefährdung meiner vierläufigen Gefährten die erlösende Kugel antragen konnte. Wieder waren Hundeführer, zweiter Mann und ein Schütze hocherfreut. Im nahen Gasthof schlapperten die Hunde zur Stützung des Kreislaufes etwas verdünnten, lauwarmen Bohnenkaffee, und das Nachsuchentrio – Schütze Hinz, Rüdemann Hopp und Begleiter Seipp – stillte seinen Durst mit Bier.



Beide Nachsuchen liegen nun schon über ein Vierteljahrhundert zurück, aber noch immer werde ich bei gelegentlichen Aufenthalten im Romröder Revier auf die beiden legendären Schweißarbeiten – „Schalenkalb" und „Wasserschlacht" – angesprochen. Maja und Rumold sind unvergessen. Dabei meisterten später auch „Zerro vom Wildebach", mein letzter und bester Deutscher Wachtelhund und der Hannoversche Schweißhund „Alf vom Orbgrund" im nördlichen Vogelsberg einige schwere Suchen. Insgesamt brachten das Doppelgespann und seine Nachfolger im Forstamt Romrod durch Arbeiten auf der Wundfährte 1 Alttier, 1 Schmaltier, 2 Hirschkälber, 1 Überläuferkeiler, 2 Überläuferbachen, 2 Frischlingskeiler und 1 Ricke zur Strecke. Fünf Suchen endeten durch Fangschüsse nach Hetzen, zwei als schwere und drei als leichte Totsuchen.

Die Jagden und Nachsuchen im Forstamt Romrod sind für mich untrennbar mit der Gastwirtschaft „Vulkan" in Schellnhausen verbunden. Dort endeten früher die jagdlichen Unternehmungen, und bezog man zu später Stunde sein „Feldquartier auf hartem Stein". Schon auf dem Stand oder am langen Riemen freuten sich die „Vulkanologen" auf das deftige Jagdessen oder auf die „Rote Worscht" und den Schwartemagen des Hauses, lechzten die Jäger nach Schlitzer Korn und Alsfelder Pils. Man bekam alles, manchmal sogar zuviel, denn wenn der Vulkan erst rauchte, Glut und Asche der „Glimmstengel" spie, und die Eruption einsetzte, ward mancher bleich und schwankte dem rettenden Ausgang zu. Im Vulkan griff Rudolf Graulich zur Klampfe, dirigierte Heinrich Trüller den „Jägerchor", und feierte „Philipp der Großmütige" fröhliche Urständ in Philipp Rudolph, der damals Holzhandelsdezernent bei der forstlichen Mittelinstanz in Darmstadt war. Er versorgte säumige Trinker in nimmer endender Nächstenliebe mit Getränken, denn niemand sollte bei „hohen Prozenten" zu kurz kommen. Es war schon schlimm im Vulkan, wenn um Mitternacht die Gläser auf den Tischen eine Polka tanzten.

Aber alles unterliegt dem Wandel: Am Ende der „Darmstädter Epoche" und zu Beginn der „Gießener Ära" fand ein Lokalwechsel statt. Schon Abteilungsdirektor Dumm führte zuletzt die Jagdteilnehmer der jährlichen Wildjagd des RP Darmstadt zum Abendessen nach Ermenrod. Das dortige Gasthaus „Zum Feldatal" wurde Standquartier, und Abteilungsdirektor Corell, der seit 1989 die jetzt für das Forstamt Romrod zuständige Forstabteilung beim neu gebildeten Regierungspräsidium Gießen leitet, behielt die Regelung bei. Der Raum in Ermenrod ist für eine große Jagdgesellschaft geeigneter als die Räumlichkeiten in Schellnhausen. Doch wer dem „Vulkanismus" verfallen ist, der findet auch im Morgengrauen den Weg zum „Kraterfrühstück" Felda abwärts. Der Vulkan bebt immer noch!



In manchen Rotwildrevieren beenden die Beständer das Jagdjahr jeweils im Januar allein oder im kleinen Kreis mit einem Ansitz ohne Wildstörung oder Drücken. Bei diesen verhaltenen Unternehmungen, die auch „Hirschsilvester" genannt werden, interessieren die Strecken nur am Rande. Bedeutend ist vielmehr das Zusammensein, das Erinnern an die Erlebnisse des auslaufenden Jahres und der Blick in die Zukunft. Das gemeinsame Essen und guter Wein fördern oft die Geselligkeit.

Andere Revierinhaber oder Jagdleiter verabschieden sich von der Jagdsaison mit einer größeren Jagd, wobei Freunde und Bekannte des Jagdherren oder seiner Mitarbeiter und Jagdhelfer zur Teilnahme geladen werden. Der Jagddruck wird auch hier meistens zurückgenommen. Das Jagdjahr ist so gut wie abgelaufen, „es muss nicht Strecke gemacht werden“. Man freut sich am Miteinander und auf den fröhlichen Abgesang beim Schüsseltreiben. Das schließt nicht aus, dass Hochstimmung aufkommt, wenn wider Erwarten die Strecken Ergebnisse großer Jagden erreichen.

Die „Kehraus-Jagd“ des Forstamtes Romrod, die dort alljährlich im Januar den Reigen der Gemeinschaftsjagden eines Jahres beschließt, hat einen guten Ruf. Nicht nur, weil sie als Drückjagd ohne Einsatz von Hunden einen jagdlichen Leckerbissen verspricht, sondern wohl auch deshalb, weil man am Abend des Jagdtages noch in Schellnhausen das seltener gewordene „Beben des Vulkans“ wahrnehmen kann.

Nach Rupp (1998) sind trotz des nahen Endes der Jagdzeit die Strecken manchmal beachtlich. Wenn das Wild sich morgens im Jagdbereich eingestellt hat, die Treibertrupps ruhig und ohne Abweichung die Anordnungen der Jagdleitung befolgen, das Wetter mitspielt, und die Jäger wach und diszipliniert jagen, schüttet Diana noch einmal ihr Füllhorn aus.



Die Kehraus-Jagd vom 26. Januar 1996 fand bei einer Schneedecke von 3 bis 4 Zentimetern und strengem Frost (etwa minus 10 °C) statt. Außerdem war es windig. 65 Schützen erlegten in rund drei Stunden auf 600 Hektar beunruhigter Waldfläche mit 85 Schüssen, 42 Kreaturen. Im einzelnen kamen zur Strecke: 2 Schaflämmer, 2 Überläuferbachen, 15 Frischlingskeiler, 12 Frischlingsbachen, 1 Ricke, 2 Schmalrehe, 1 Bockkitz, 2 Geißkitze und 5 Füchse. Rotwild war wegen der Erfüllung des Abschusses nicht freigegeben.

Die Strecke ist hinsichtlich ihrer Stückzahl bemerkenswert, und bei den Schalenwildarten beeindruckt die geradezu ideale Gliederung nach Altersklassen. Gewiss, das Wetter – der Frost – mag den hohen Schwarzwildanteil begünstigt haben. Die Sauen lagen im „Windschatten“ an den Hängen zur Felda und wurden im „lauten Wald“ schnell rege.

Doch die Jagd zeigt, dass man Schwarzwild auch ohne Hunde erfolgreich bejagen kann. Vor allem empfiehlt es sich, nach Abschluss der Beunruhigung die Jagd nicht sofort abzubrechen, sondern sie erst 30 oder 45 Minuten später zu beenden. In der Ruhephase erscheint häufig das Wild, das sich bis dahin gedrückt hat. Vor allem kommen dann auch die „schwarzen Gesellen".

Die Zahl der Beunruhiger betrug 22, die in Trupps von 3 bis 4 Personen operierten. Für eine Jagdfläche von 600 Hektar erscheint mir die Anzahl der Störer zu hoch. Auch die Truppstärke sollte nach meiner Ansicht höchstens 2 bis 3 Beunruhiger umfassen. 10 Störer gegliedert in Trupps zu 2 bis 3 Personen hätten nach meiner Auffassung gereicht. Der Stille am Schluss muss eine ständige, aber nur leichte Störung des Jagdgebietes vorausgehen. Bei der klassischen Drückjagd werden daher lediglich wenige ortskundige Jagdhelfer eingesetzt.

Nicht alle Tage sind „Fangtage". Das wissen Angler und Jäger. Aber sind Strecken mit 20 oder 10 Stück Schalenwild am Ende einer Jagd in heutiger Zeit nichts? Sie sind auch ein Geschenk der Natur.

Am Schluss dieses Kapitels möchte ich noch von einer ebenfalls bemerkenswerten Romröder Wildjagd – quasi als Nachtrag – berichten:

Es war ein grauer Novembertag, als Abteilungsdirektor Corell zahlreiche Jäger zur Gästejagd 1998 des Regierungspräsidiums Gießen in den Forstämtern Romrod und Homberg im traditionsreichen Jägertal begrüßte und anschließend die Jagdleitung an Forstoberrat Rupp übergab.



Dieser führte die Jagdteilnehmer mit launigen Worten und kommod vorgetragenen Hinweisen in den Ablauf der Jagd ein. Sein Appell richtete sich an die Eigenverantwortung der Jäger. Es wurden keine Verbote verkündet, wohl aber die Grenzen des Erlaubten aufgezeigt. Jeder Teilnehmer wusste, was er zu beachten hatte, um dem „Klingelbeutel" zu entgehen. Schließlich bat Rupp den Wolkenlenker um gutes Wetter. Der Jagdleider wurde erhört, denn nach mehreren kurzen Regenschauern, lugte die Sonne hinter den dunklen Wolken hervor. Blauer Himmel zeigte sich. Es blieb trocken.

In zwei „Treiben" beunruhigten auf insgesamt 1600 Hektar Jagdfläche 20 Stöberhunde und 30 Jagdhelfer, die in sieben getrennt operierenden Gruppen die Einstände durchdrückten, das Wild. Nach dreieinhalb Stunden hatten 70 Schützen mit 95 Schüssen 47 Kreaturen erlegt. Das ist ein beachtliches Resultat, zumal wenn man die Gliederung der Strecke berücksichtigt.

Die Schützen waren meistens auf Hochsitzen in der Nähe von Wechseln postiert. Beim Rotwild war das Kahlwild bislang noch nicht bejagt worden. Vor den Hunden kam das Wild oft flüchtig. Dadurch wurden teilweise höhere Ansprüche an die Schießfertigkeit der Gäste gestellt. Aber es klappte, denn die Strecke umfasste am Abend bei lodernden Holzfeuern folgendes Wild:

1. Rotwild: 1 Schmalspießer, 2 Hirschkälber und 4 Wildkälber, 2. Schwarzwild: 1 mehrjährige, aber nicht führende Bache mit steifem rechten Vorderlauf durch alte Schussverletzung, 4 Überläuferbachen, 1 Frischlingskeiler und 1 Frischlingsbache, 3. Rehwild: 6 Ricken, 1 Schmalreh und 8 Geißkitze sowie 4. 18 Füchse.

Von den angefallenen sechs Nachsuchen erwiesen sich drei als Kontrollsuchen. Einer Fehlsuche stehen zwei erfolgreiche Arbeiten gegenüber (1 Frischling und 1 Fuchs). Beide Stücke sind in der vorstehenden Strecke enthalten.

Am Abend war die Jagdgesellschaft vollauf zufrieden. Die Forstbeamten zeigten sich erfreut. Sie hatten den Gästen eine erfolgreiche Jagd geboten, und es war der Wildbahn dienlich gejagt worden. Achtzehn Füchse, welch ein Ergebnis! Eine derartige Fuchsstrecke hat sicherlich Seltenheitswert.

Auch ich zählte zu den erfolgreichen Schützen. Auf dem ersten Stand schoss ich zwei Füchse und ein für Romröder Verhältnisse schwaches Hirschkalb mit 35 Kilogramm Wildbretgewicht. Den schnellen Fund des nach Erhalt der Kugel mit Tier und Schmaltier flüchtig abgegangenen Kalbes verdanke ich dem DW-Rüden „Xero vom Riedforst" des FOR Rupp. Der an der „Blitzbirkenkanzel" auf vergraster Fläche mit Fichten-Aufwuchs revierende Hund verhielt im Anschussbereich und untersuchte diesen gründlich. Dann verschwand er mit tiefer Nase im benachbarten Kiefern-Baumholz und gab dort im Dornengestrüpp anhaltend Standlaut. Er verbellte das mit Weidewundschuss verendete Kalb.

In Gedanken gab ich mir eine Streicheleinheit: drei Schüsse und drei Stück! Aber Hochmut kommt meistens vor dem Fall: Am Nachmittag fehlte ich auf der „Fohlenwiese" eine im Troll vorüberwechselnde Sau. Zwei Kugeln verfehlten den Überläufer. Auch „eine Wutz" kann „Schwein haben".

# Methode Großheubach und Jossgründer Saujagden

Fährt ein Reisender von Aschaffenburg kommend linksufrig das Maintal aufwärts, erreicht er bald Klingenberg. Und wer hier dem „Klingenberger Roten" widerstehen kann, findet über Röllfeld schnell den Weg nach Großheubach.

Dort wohne ich bei Aufenthalten im Revier des Jagdfreundes Peter Kothe in dem gemütlichen Gasthaus „Krone", das für hungrige und vom Durst gezeichnete Jägersleute nicht nur leckere Speisen, sondern ebenfalls vorzügliche Frankenweine anzubieten hat. In dieser Herberge lernte ich einst bei einem Großheubacher Bischofsberg, einem kräftigen Müller-Thurgau, auch den Arzt und Jäger Rainer Zeilfelder aus Alsbach als „Bacchus von der Bergstraße" kennen. Es war ein seliger Tag.



Die Weinberge, der Maisanbau und die Weizenschläge sind es, die Freund Kothe als Pächter des gemeinschaftlichen Jagdbezirkes Großheubach I Sorge bereiten, denn auch am Main hat das Schwarzwild im letzten Jahrzehnt beachtlich zugenommen. Es bedroht alljährlich die Ernte der Landwirte und Winzer.

Die Sauen in Großheubach sind schwer zu bejagen. Häufig stecken sie in den kaum zugänglichen Schlehenpartien oder großen Maisschlägen der Feldflur, die etwa 400 Hektar des insgesamt 750 Hektar großen Reviers einnimmt. Oder sie verbergen sich in den Brombeerverhauen der Waldungen, die in den Forstorten „Busigk", „Nebelkappe" und „Roßhofwald" 300 Hektar auf sich vereinen (Kothe, 1997 und 1998).

Besonders gefährdet durch Schwarzwild sind die kleinflächig strukturierten Weinberge mit einer Gesamtfläche von 30 Hektar. Sie sind im Gegensatz zu den auf 20 Hektar angesiedelten Apfelbaum- und Erdbeerplantagen weder gegattert noch zur Erntezeit durch Elektrozäune geschützt. Sauen können in den Wingerten bei Neuanlagen im Gebräch nach Larven und Kleintieren junge Reben ausheben oder durch Fraß von Trauben kurz vor der Lese den Ernteertrag schmälern. Beide Schadensarten beeinträchtigen den Wirtschaftserfolg der betroffenen Weinbauern. Es ist daher verständlich, wenn diese „Alarm schlagen" und den „Anfängen wehren" wollen. Im Rheingau entstanden dadurch 1998 Spannungen zwischen Winzern und Jägern (Bock und Weyershäuser, beide 1998).

Jeder vernünftige Inhaber eines gemeinschaftlichen Jagdbezirkes wird versuchen, sein Verhältnis zu den Jagdgenossen im eigenen Interesse, aber auch im Hinblick auf die „Sache mit der Jagd", umgänglich zu gestalten. Die verständnisvolle Zusammenarbeit mit den Jagdgenossen ist auch das Anliegen von Peter Kothe. Daher versucht er mit seinen Jagdhelfern und Jagdfreunden alles, um größere Wildschäden durch Schwarzwild in den Weinbergen und auf landwirtschaftlich genutzten Grundstücken zu verhindern. Der Schadensverhütung dient vornehmlich die Einzeljagd. Sie wird erforderlichenfalls unter Beachtung der gesetzlichen Bestimmungen und waidmännischer Gesichtspunkte das ganze Jahr über ausgeübt. Der Nachtjagd kommt dabei besondere Bedeutung zu. Im letzten Dezennium mussten auf der Einzeljagd jährlich im Durchschnitt mindestens 40 Frischlinge und Überläufer gestreckt werden, wenn keine untragbaren Wildschäden eintreten sollten.



Außerdem werden in der Regel je Jagdjahr im Winter zwei Gesellschaftsjagden auf Sauen und Füchse durchgeführt. Dabei kommen zahlreiche Hunde und Treiber zum Einsatz. Die Hauptlast dieser Bewegungsjagden trägt eine Hundemeute von 14 Bracken und Mischlingen mit Brackenblut. Der Führer der Hunde wandert mit der Meute durch die Feldflur und Waldbestände. Er steuert vornehmlich die Schwarzdornhecken und Brombeerflächen an.

Das Bild weckt Assoziationen: Vorweg zwei Finder, dann der Hundeführer, der statt der Schäferschippe eine Saufeder geschultert hat. Ihm folgt das Gros der Meute. Doch der Eindruck, eine „Schafherde" zu beobachten, trügt. Es sind alles „kleine Wölfe", die da an die Sauen herangeführt werden. Gewiss, die Hunde sind beim Anmarsch äußerst diszipliniert, gehorsam bis zum Anrüden, dann aber stieben die „Teufel" davon. Sie jagen dem Laut der Finder nach, stürzen sich tollkühn in das Dornengestrüpp, sprengen die Rotten und bringen die Sauen und Füchse vor die Schützen.

Eine raue Jagdart prägt das Geschehen, symptomatisch für eine Stöberjagd mit außerordentlich hohem Jagddruck, zumal auch noch einzeln jagende Hunde – vornehmlich Deutsche Wachtelhunde – geschnallt werden, und zahlreiche Treiber zum Einsatz kommen. Die „Methode Großheubach" erzeugt keinen „Sekt mit Champagnercharakter", sondern lediglich einen wild aufbrausenden, betäubenden, „stürmischen Roten". Aus wildbiologischen und jagdpolitischen Gründen kann man dieses Rezept nicht allgemein empfehlen. Die Jagdart ist nur in Ausnahmefällen nach vorangegangener „Güterabwägung" vertretbar.

Doch man denke nicht, dass auf den Strecken von Großheubach, die normalerweise 8 bis 15 Stück Schwarzwild umfassen, öfter stärkere Sauen, Bachen und angehende Keiler zu finden sind. Kothe, ein gastfreundlicher, aber strenger Jagdherr, der gut organisiert und straff lenkt, hat sich durchgesetzt: Seine Gäste jagen diszipliniert. Abends liegen bei Kienfeuer meistens nur Frischlinge und Überläufer auf dem Fichtenreisig. Wer führende Bachen erlegt oder durch schlechte Schüsse „Wildgulasch" liefert, begibt sich ins Abseits.

Dreimal war ich Gast auf Großheubacher Winterjagden. Am 18. Januar 1997 schaffte ich es, am Morgen trotz zunehmend eisglatter Straßen rechtzeitig den „Roßhof", den Treffpunkt der Jagdgesellschaft zu erreichen. Aber manche Gäste mussten telefonisch absagen oder die Anreise abbrechen, andere verunglückten gar. Bei Regen über Schnee und gefrorenem Boden entstand in Süddeutschland vielerorts ein Verkehrschaos. So konnte der Jagdherr am späten Vormittag hoch über dem Main nur zwei Drittel der geladenen Jäger begrüßen. Er musste daher die vorgesehenen beiden Treiben verkleinern und die Abstände zwischen den Schützen strecken.



Die „plietschen" Sauen nutzten diese Notlösung. Sie verabschiedeten sich zumeist unbeschossen und pürzelschwenkend aus dem Jagdbereich. Am Abend lagen nur eine Frischlingsbache und ein Fuchs auf der Strecke. Das war für Großheubacher Verhältnisse ein mageres Resultat. Zwar konnten Alf und ich am Abend des Jagdtages noch einen Frischlingskeiler und anderentags einen kranken Überläuferkeiler zur Strecke bringen, doch blieb das verbesserte Ergebnis dennoch enttäuschend. Das tückische Wetter hatte die Erwartungen „eingefroren".

Im Dezember 1997 wurden in zwei Treiben auf annähernd 300 Hektar der Roßhofwald, der „Kaisersteinbruch" und der Forstort Busigk bejagt. Außer 14 Meute- und 6 Deutschen Wachtelhunden kamen 2 Jagdterrier und 38 Treiber zum Einsatz. Mit 65 Schüssen wurden 13 Sauen sowie 1 Fuchs und 1 Hase erlegt. Die Schwarzwildstrecke umfasste 1 nicht führende Überläuferbache mit 52 Kilogramm Wildbretgewicht und 12 Frischlinge, deren Gewichte zwischen 25 und 30 Kilogramm lagen.

Ende Januar 1998 störten Hunde und Treiber das Wild auf 230 Hektar Wald und in den Hecken im Bereich der Nebelkappe und des Busigks. Doch es kamen den 30 Schützen nur wenige Sauen, die Großfamilie war nicht „zu Hause". Mit 15 Schüssen, von denen 2 Fangschüsse waren, kamen 2 Frischlingskeiler, 2 Frischlingsbachen und 1 Fuchs zur Strecke. Die Ergebnisse aller drei Jagden dokumentieren die Disziplin der Jäger.

Geradezu konträr zur Ausrichtung der winterlichen Gemeinschaftsjagden auf Schwarzwild im Revier Großheubach I verlief in den Jagdjahren 1978 bis 1990 die Gestaltung der Jagden auf eingekreiste Sauen im Forstamt Jossgrund. Hier ging im Regelfall ein Hundeführer mit einem auf Schwarzwild spezialisierten Hund im abgestellten Einstand die Fährten der steckenden Rotten aus. An den Kesseln wurde der vierbeinige Jagdhelfer geschnallt und brachte im Zusammenspiel mit seinem Führer die Sauen vor die Schützen. Immer wieder erklang der Standlaut des Stöberhundes und ging in Hetzlaut über, fielen draußen die Schüsse. Manchmal, wenn keine Bewegung am Ball entstand, weil die Schwarzkittel sich „eingeigelt" hatten, schoss der Hundeführer im „Treiben", gelang ihm ab und an ein „Schnappschuss". Danach spritzten die Sauen zumeist auseinander und suchten ihr Heil in der Flucht. Des Öfteren überlebten nur die Bachen, die von der Bejagung ausgenommen waren, diese Jagden. Ihr Erfolg war nur dann gefährdet, wenn der Überraschungseffekt ausblieb, die Sauen bei Harsch oder gefrorenem Boden das Anstellen mitbekamen und gewarnt schon vor oder unmittelbar nach dem Beginn der Jagd geschlossen das Treiben verließen.

Es war die Zeit der Hundeführer Eckel und Pfeifer. Klaus Eckel führte Deutsche Wachtelhunde. Sein Rüde „Volker von der Hermetze" (25/72), „Tell" genannt, überlebte im Januar 1979 eine Saujagd nicht, aber dessen Nachfolger „Uhu vom Rühl" (51/77), der „Bautz" gerufen wurde, entwickelte sich zu einem Meister der Sauhatz. Seinen Part übernahm 1989 „Taps", der im Zuchtbuch unter dem Namen „Pascha v. d. Lichtenburg" (241/89) geführt wird.

Unter Führung von FOI Pfeifer bewährten sich die Jagdterrier „Dago vom Johanniskreuz“ (ZBNr. 33872/DGSTB-Nr. 902), „Baffy vom Beisfeld“ (ZBNr. 36698/DGSTB-Nr. 1178) und „Gero vom Jossgrund“ (ZBNr. 40992/DGSTB-Nr. 1278) als „Solojäger“ auf Sauen.

Alle Teilnehmer der Saujagden vom 7. Januar 1987 in den Revierförstereien Villbach und Burgjoß werden sich sicherlich noch der Dramatik und Komik dieses Jagdtages erinnern. Nach einer Neuen waren oberhalb der „Hindenburg-Straße“ im Forstort „Roßkopf“ und im „Sommerberg“ an der „Straße der Ameisen“ Sauen eingekreist. Im Zuge der Vorbeugungsmaßnahmen gegen das Übergreifen der in Bayern aufgekommenen Schweinepest wollten wir nur Frischlinge und schwächere Überläufer bejagen, während alle älteren (stärkeren) Stücke geschont werden sollten.

Am frühen Nachmittag widmeten sich die Forstamtsmannschaft und einige Gäste zunächst der Rotte am Roßkopf. Hier hatten sich mehrere Frischlinge und Überläufer sowie ein stärkeres Stück in einer kleinen aufgehenden Fichten-Dickung eingeschoben. Hundeführer Pfeifer verschwand mit seinen Jagdterriern Baffy und Dago im Horst. An den Sauen schnallte er zunächst den erfahrenen Kämpen, der bald Standlaut gab. Als dieser nicht in Hetzlaut überging, kam Baffy, die Tochter des Rüden, zusätzlich zum Einsatz. Jetzt begann sich das „Schweinekarussell zu drehen“.



Urplötzlich stand die angekündigte kompakte Sau für Sekunden vor mir auf einem Rückeweg. Ihre schwarze Schwarte bildete einen reizvollen Kontrast zur Schneedecke. Diese urige Bache sollte auf keinen Fall bejagt werden, und so ließ ich entgegen jeder Regel trotz der laufenden Jagd und der eindeutigen Freigabe über meine Standnachbarn zur Rechten und zur Linken die anderen Jagdteilnehmer durch Zuruf von Schütze zu Schütze nochmals warnen: „Achtung, starke Sau nicht schießen“!

Während der Durchsage nahm die „alte Dame“ den Hundeführer an. Der wendige Pfeifer rettete sich durch einen Sprung und gab einen „Luftschuss“ ab. Er war davongekommen, aber der Hündin wurde von der bedrängten Bache der linke Vorderlauf durchgebissen. Dago gelang es, die Sau abzudrängen. Sie flüchtete hangab in Richtung Straße. Dort fielen zwei Schüsse. Aber auch über mir sprachen die Büchsen. Ich selbst kam auf einen Frischling zu Schuss. Er rutschte in den Schnee und verendete bald. Das „Bächelein" war elf bis zwölf Monate alt und wog 35 Kilogramm.

Als ich zum Sammelplatz schritt, ertönte im Mittelhang plötzlich laut die schneidende Stimme des Revierleiters Rohland. Wörter wie „Bache" und „Sauerei" drangen an meine Ohren. Mir schwante nichts Gutes. Und dann kamen der Delinquent und sein „Scharfrichter" die Schneise herauf. Ich brauchte nichts mehr zu sagen, dem Forstreferendar Schmidt war das Lachen vergangen. Ich dachte an meine jagdlichen „Jugendsünden" und ihre Folgen.

Aber etwas musste vor der Front der versammelten Schützen geschehen. Der Übeltäter erhielt Jagdverbot und verpflichtete sich, das „zarte Wildbret" seines Opfers zu erwerben. 93 Kilogramm zeigte die Waage an, als die Bache ihrem Erleger ausgehändigt wurde. Den Preis zahlte wohl der Vater des Referendars. Schmidt sen. betrieb im Kurhessischen eine Metzgerei mit Gastwirtschaft. Sein Sohn Achim führt seit dem denkwürdigen Jagdtag den Doppelnamen „Schmidt-Roßkopf" und spendierte später allen Beamten und Angestellten des Amtes eine Kostprobe vom geräucherten Schinken der „Urmutter aller Jossgründer Wildschweine".

Doch der Jagdbericht ist noch nicht zu Ende: FOI Pfeifer hinterlegte für den abwesenden Dago eine Decke am Parkplatz und fuhr mit Baffy zum Tierarzt. Die Korona, von mir ob des bisher schlechten Ergebnisses – 11 Schüsse, aber nur 2 Treffer – zum disziplinierten Schießen ermahnt, gelobte Besserung und nahm im Konvoi Kurs Sommerberg.



Dort wurde das mehrere Hektar umfassende Kulturgatter des Jagens 123 abgestellt. Dann ging ich mit dem gerade einjährigen Gero die Fährten der im Zaun steckenden Rotte aus. Beim Anblick der Sauen schnallte ich den kleinen Kerl, der mit hellem, giftigen Laut die schwarzen Gesellen auf Schwung brachte. Acht Sauen passierten flüchtig zwei Jäger, beide schossen, aber fehlten. Pfeifers Gero zeigte den Mannen seine Missachtung, er hob den linken Hinterlauf und nässte an einem Stiefel des älteren Schützen.

Noch einmal zurück zur Methode Großheubach. Man kann die dortige Situation nicht mit den Verhältnissen im Jossgrund vergleichen: Dort unzugängliche Einstände, die größere landwirtschaftliche Nutzflächen und Sonderkulturen umgeben oder innerhalb der Feldflur liegen, hier weitgehend begehbare, zusammenhängende Waldungen. Dazu am Main „grüne Jagden“ auf Schwarzwild, während im höher gelegenen Spessart Sauen vor allem bei Schnee gezielt bejagt werden. Nicht zuletzt bestimmen also die Gegebenheiten vor Ort die Wahl der Jagdart.

# Resümee mit Frage

Die in den vorangehenden Kapiteln dargestellten Gemeinschaftsjagden beweisen, dass man mit allen Jagdarten gute Strecken erzielen kann. Das gilt bezogen auf die einzelnen Schalenwildarten sowohl für die Stückzahl als auch für die Zusammensetzung der Altersklassen. Allerdings ist es eine Frage, ob die Jägerschaft gut beraten ist, wenn sie trotz der veränderten Umwelt und bestehender Kollisionsgefahr mit Interessen des Tierschutzes und der Wildbrethygiene Jagdarten mit hohem Jagddruck anwendet. Zumal diese auch den Erhalt gutnachbarlicher Beziehungen bedrohen. Dass beim Schwarzwild dennoch Ausnahmen erforderlich sein können, wurde erwähnt.

Druckvolle Jagdmethoden vermögen zwar die Erfüllung der festgesetzten Abschusspläne zu beschleunigen, aber sind keine unabdingbare Voraussetzung für die wünschenswerte Verkürzung der Jagdzeiten bestimmter Schalenwildarten auf freiwilliger Basis. Dazu bedarf es keiner Treib- und Stöberjagden mit einer vielköpfigen Treiberwehr und/oder zahlreicher Hunde. Für die fristgerechte Abschusserfüllung bis zum jeweiligen Ende der gesetzlichen Jagdzeit oder für ihre anzustrebende vorzeitige Verwirklichung genügt bei einer sorgfältigen Feinabstimmung das vorhandene Potential der übrigen Jagdarten.



Außerdem ergab der Vergleich von Gemeinschaftsjagden mit verschiedenen Jagdarten, dass sich der Patronenverbrauch je Stück erlegten Wildes gemeinhin mit dem Anstieg des Jagddruckes vergrößert. Auch nehmen bei druckvollem Jagdablauf schlecht platzierte Schüsse zu. Der Streckenanteil des Schwarzwildes steigt bei gleicher Häufigkeit in der Wildbahn mit dem Anwachsen des Jagddruckes, andererseits können Sauen selbst bei Drückjagden in angemessener Stückzahl erlegt werden. Überwiegend korrespondiert der Streckenanteil der einzelnen Schalenwildarten mit ihrer Wilddichte im Jagdgebiet.

Die Zahl der auf einer Jagd abgegebenen Schüsse, ihre Trefferquote und der Sitz der Kugeln sind ebenso wie die Stückzahl und

Zusammensetzung einer Strecke Indizien für die Disziplin und das handwerkliche Können der Jagdteilnehmer. Das Verhalten der Jägerschaft auf der Jagd ist ein wesentlicher Faktor für den Zustand der Wildbahn.

Unlängst diskutierte ich mit Freunden Probleme der Jagd unserer Tage. Dabei wurde ich gebeten, der Gesprächsrunde meine Version von der Gestaltung des Jagdbetriebes im Bereich einer Hochwildhegegemeinschaft des Mittelgebirges mitzuteilen. Im Beispiel sollten Rotwild und Sauen ausreichend in der Wildbahn vorkommen. Dagegen sei der Bestand an Rehen und sonstigem Niederwild nur gering zu veranschlagen.

Bevor ich der Bitte entsprach, beschränkte ich die Antwort auf die Zeiten und Arten der Jagdausübung. Äsungsverbesserung, Wildruhezonen und Fütterung, deren Einrichtung, Unterhaltung oder Betreibung immer wieder kontrovers diskutiert werden, klammerte ich aus. Die vorgegebenen Jagdzeiten, die einzuhalten sind, aber im Interesse der jagdbaren Tiere von den Jägern freiwillig unterschritten werden sollten, richten sich nach der hessischen Verordnung über die Bestimmung weiterer Tierarten, die dem Jagdrecht unterliegen und über die Änderung der Jagdzeiten vom 3. März 1999. Dabei wurde unterstellt, dass in Hessen ab dem Jagdjahr 2000 die Jagdzeit für Schmalrehe und Rehböcke bereits am 1. Mai beginnt.



Außerdem bemerkte ich vorab, dass Einzeljagd und Gemeinschaftsjagd für mich gleichrangige Hauptjagdarten sind. Zur Einzeljagd zählen nach der bereits im Kapitel „Begriffswirrwarr und Perfektionismus“ zitierten Arbeit von Hopp und Reulecke aus dem Jahr 1993 die Pirsch, der Ansitz und die Lockjagd. Der flächendeckende Ansitz mit oder ohne Wildstörung sowie die Drück-, Treib-, Stöber- und Lappjagd sind Jagdarten der Gemeinschaftsjagd. Hier kommen Mischformen vor. Schließlich kann der Jagddruck bei den einzelnen Jagdarten unterschiedlich dosiert werden.

Auch bei der Einzeljagd sind Druckvariationen möglich. Wer häufig das Revier „durchpirscht“, der „pirscht es oftmals leer“. Der Einzelansitz ist daher „wildfreundlicher“. Voraussetzung dafür ist, dass der Jäger die Ansitzplätze wechselt. Die bevorzugte Benutzung bestimmter Ansitzeinrichtungen vergrämt in ihrem Umkreis das Wild. Wer die Kunst der Lockjagd nicht beherrscht, vergrault es ebenfalls.

Nach Reulecke (1998) ist der Einzelansitz immer noch die effektivste Jagdart. In den Landesforsten des Westharzes „sind im letzten Jagdjahr im Mittel der Wildarten Rot-, Schwarz-, Muffel- und Rehwild 60 % der Strecke beim Einzelansitz und 40 % bei den Gesellschaftsjagden (einschließlich des gemeinschaftlichen Ansitzes) erlegt worden. Dieser Anteil von 60 % würde sich bei Einbeziehung der Daten aus den Pachtjagden noch deutlich erhöhen". Schließlich führt Reulecke Beispiele der Jagdliteratur und Überlegungen zur Jagdkultur an, die ebenfalls für die Beibehaltung des Einzelansitzes sprechen. Sicherlich gilt das angelsächsische Wort „time is money" auch im Jagdbetrieb, aber Geld ist nicht alles!

Reulecke (ebenda) steht im Übrigen der Jagdausübung in Intervallen kritisch gegenüber, zumal wenn diese nur kurz sind. Selbst „Ruhepausen von vier Wochen Dauer bringen überhaupt nichts. Das intelligente Rotwild hat sehr bald durchschaut, was da gespielt wird. Nach den ersten Schüssen ist es wieder so vorsichtig, wie vor der Ruhepause. Lange Ruhezeiten hemmen jedoch die Abschusserfüllung". Und der Freund aus dem Harz bemängelt zu Recht, dass in benachbarten Revieren mit unterschiedlichen Bejagungsplänen, die sich oftmals gegenseitig aufheben, operiert wird. Reulecke empfiehlt daher „die freiwillige Befriedung eines Teiles der Jagdfläche" als konsequentere Lösung. Das ist sicherlich ein bedenkenswerter Vorschlag, der aber heutzutage – in einer Zeit immer kleiner werdender Reviere – nur schwierig realisiert werden kann.



Durchschlagend ist letztlich nur die unbedingt anzustrebende Verkürzung der Jagdzeiten. Die Jagdausübung auf Schalenwild sollte vielfach später als heute beginnen und früher als derzeit enden. Wenn der Gesetzgeber trotz der zwischenzeitlich weitgehend erfolgten Reduzierung der Rotwildbestände diesen Schritt nicht wagt oder nicht ausreichend vollzieht, dann ist die Institution der Hegegemeinschaft (Hessen: § 9 HJagdG vom 12. Oktober 1994 i. d. Fassung vom 8. Juni 1998) gefragt. Sie kann auf großen Flächen den veränderten Umwelt- und Populationsverhältnissen angemessen Rechnung tragen, indem sie freiwillig die Bejagungszeiten für Schalenwildarten verkürzt. Das Prinzip der Absprache ist auch für die bei den Gemeinschaftsjagden anzuwendenden Jagdarten empfehlenswert.

Mein Beitrag für die Gesprächsrunde wird nachstehend in der Übersicht 6 gestrafft und eingepasst in einen Zeitrahmen wiedergegeben. Dabei sind die Vorschläge jeweils für die Einzeljagd und die Gemeinschaftsjagden aufgeführt. Die Empehlungen basieren auf meinen Erfahrungen aus der Tätigkeit als Jagdleiter im Jossgrund und dem Amt des Sachkundigen für das Rotwildgebiet Spessart, dessen Rotwildring (Hegegemeinschaft) ich von 1968 bis 1988 leitete. Ferner berücksichtigt das Konzept Vorstellungen des Forstamtsleiters Hans Jürgen Bachmann (1998). Die Vorschläge beziehen sich also auf die Verhältnisse im hessischen Rotwildgebiet Spessart. Ich habe sie ausführlich in meinem Buch „Weite Pürsch" (1984) dargestellt. Diese Skizze ist auch heute noch größtenteils zutreffend, doch zwei Veränderungen sind bedeutsam.

Auf den ehemaligen Kahlflächen, welche die Orkane „Vivian" und „Wiebke" im Jahr 1990 hinterließen und die anschließende Borkenkäferkalamität verursachte, befindet sich die heranwachsende Waldgeneration in einer Entwicklungsphase, die dem Wild Äsung und Deckung zugleich bietet. Das gilt zunehmend auch für die Buchen-Voranbauten unter Nadelholz und die direkt oder indirekt geförderten Fichten-Naturverjüngungen. Die Bejagung des Schalenwildes ist schwieriger geworden. Die Erschwernis der Jagdausübung wird weiter zunehmen. Die jagdlichen Einrichtungen und Maßnahmen müssen daher die Wandlungen im Lebensraum berücksichtigen.



So erfordert die im Rahmen des „naturnahen Waldbaus" vielerorts angestrebte Dauerbestockung der Produktionsflächen mit verschiedenen Baumarten unterschiedlichen Alters für das Schalenwild die Erhaltung und Pflege der vorhandenen „Dauergrünäsungsflächen", die im Rotwildgebiet Spessart heute rund 130 Hektar = 0,4 Prozent der Waldfläche umfassen. Die „Verdunkelung" der Bestände führt langfristig zu einer Äsungsverknappung an Gräsern und Kräutern.

Außerdem hat die behördlicherseits geforderte und vom Vorstand des Rotwildringes unterstützte Reduzierung der Rotwildpopulation gegriffen. Die Absenkung des Rotwildbestandes hat aber durch überhöhte Abschüsse in den Jagdjahren 1994 bis 1997 ein für die Wildbahn unverträgliches Ausmaß angenommen. In zahlreichen Revieren gibt es kein Rotwild mehr, und seine Restpopulation hat sich vor allem im Bereich des „Hoheitsgebietes" des Hessischen Forstamtes Jossgrund eingestellt. Ein Vorgang, der nicht unproblematisch ist. Auf den Bericht „Jäger, hört die Signale!" von Blume und Hopp (1998) wird verwiesen.

Das abgedruckte Muster eines Bejagungsplanes, das der derzeitigen Lage im hessischen Spessart gerecht wird, findet sicherlich nicht überall in allen Punkten Zustimmung. Die örtlichen Verhältnisse sind maßgebend für die zu vereinbarenden Bejagungszeiten und anzuwendenden Jagdarten. Der Plan ist daher ein Diskussionspapier für die Findung von Absprachen, die im Bereich einer Hegegemeinschaft Gültigkeit haben sollen. Die Bemühungen um eine zeitgemäße Ordnung der Wildbahn fruchten nicht, wenn in den Jagdbezirken eines Gebietes nach unterschiedlichen Konzeptionen gejagt wird oder nur die gesetzlichen Mindestanforderungen erfüllt werden. Grundlage für das Wohlbefinden unseres Schalenwildes müssen somit Vereinbarungen sein, die dafür sorgen, dass das Wild unter Berücksichtigung der örtlichen Verhältnisse auf großer Fläche nach einheitlichen Grundsätzen gehegt und bejagt wird.

Sicher ist, dass eine hessische Hochwildhegegemeinschaft, die freiwillig nach dem entworfenen Bejagungsplan jagt, gegenüber der gesetzlichen Regelung den Jagddruck auf das Rotwild in ihrem Wirkungsbereich in den Monaten Juli, September und Januar wesentlich verringert. Das ist ein bedeutender Beitrag zur Wildhege. Ebenso der Verzicht, auf Gemeinschaftsjagden Jagdarten mit hohem Jagddruck anzuwenden.



Größere Wildschäden auf landwirtschaftlich genutzten Flächen durch Sauen können in Feldrevieren oder in Jagdbezirken mit überwiegendem Feldanteil zu Ausnahmeregelungen von den skizzierten Vorschlägen zur Bejagung der Wildschweine führen. Gleiches gilt für Maßnahmen zur Verhütung der Schweinepest.

Außerdem sind in den Revieren der Feldzone auch Sonderregelungen für die Bejagung des Rotwildes möglich, denn der Monat Januar ist für die „Feldjäger" – Licht über Schnee – ein wichtiger Zeitabschnitt zur Abschusserfüllung.

Diese Sonderfälle regelt eine Hegegemeinschaft ebenfalls zweckmäßig im Rahmen eines Bejagungsplanes. Der Entscheidungsraum einer Hegegemeinschaft ist mithin groß. Aber die Möglichkeit zur Gestaltung von Hege und Bejagung verpflichtet auch, denn wer mehr Freiheit beansprucht, muss bereit sein, mehr Verantwortung zu übernehmen. Inhalt und Befolgung der selbst gezogenen Leitlinien sind Gradmesser für die Funktionsfähigkeit einer Hegegemeinschaft.

Übersicht 6

Beispiel eines Bejagungsplanes für Schalenwild im Gebiet einer Hochwildhegegemeinschaft mit Rot-, Schwarz- und Rehwild, vereinbarte Bejagungszeiten und Jagdarten geordnet nach Einzeljagd und Gemeinschaftsjagden

Ausnahmeregelungen siehe Seite 236.

| **Bejagungszeit** | **Einzeljagd** |
|---|---|
| 01.05.–31.08. | Schwarzwild, aber keine führenden Bachen, Keiler erst ab 16.06.<br>Schmalrehe und Rehböcke |
| 01.08.–31.08. | Einsetzen der Bejagung des Rotwildes: Außer schwachen Schmaltieren und nichtführenden alten Alttieren sollten vor allem Hirsche der Altersklasse III der Wildbahn entnommen werden. |
| 01.09.–05.10. | Die Jagd auf Schwarz- und Rehwild ruht.<br>Beim Rotwild sind vor allem Hirsche der Altersklasse I zu bejagen. |
| 06.10.–31.12. | Weibliches Rotwild einschließlich Kälber beiderlei Geschlechts, aber keine führenden Alttiere. Falls noch frei, können auch Hirsche der Altersklassen I und III bejagt werden.<br>Schwarzwild: Frischlinge, Überläufer und Keiler, aber keine führenden Bachen aller drei Altersklassen.<br>Der Abbau überhöhter Schwarzwildpopulationen bedarf zur Vermeidung größerer Wildschäden auf landwirtschaftlich genutzten Grundstücken und zur Verhinderung der Schweinepest besonderer Maßnahmen. Sie sind in der Hegegemeinschaft rechtzeitig abzusprechen und einzuleiten.<br>Beim Rehwild ist die Jagd auf Kitze beiderlei Geschlechts sowie Schmalrehe und Ricken auszuüben. Führende Ricken sind zu schonen. |
| 01.01.–31.01. | Erforderlichenfalls noch verhaltene Jagdausübung auf schwaches Wild zur vollständigen Erfüllung der festgesetzten Abschusspläne. |

| emeinschaftsjagden | Bemerkungen |
|---|---|
| :ine | Vor allem sollen Frischlinge mit einem Wildbretgewicht von etwa 12 kg aufwärts und schwache Überläufer bejagt werden. Außer führenden mehrjährigen Bachen sind auch führende Überläufer- und führende Frischlingsbachen zu schonen. Beim Rehwild sind vor allem untergewichtige Schmalrehe und geringe Jährlingsböcke zu bejagen. |
| :ine | Die zur Bejagung freigegebenen nichtführenden Alttiere sollten über 10 Jahre alt sein. Kälber sind erst nach der Brunft zu bejagen. |
| :ine | – |
| rück- und Stöberjagden sind in den Ionaten Oktober, November und ezember durchzuführen. ie Drückjagden sollten in Einstandsereiche gelegt werden, in denen vorehmlich Rotwild, aber wenig Schwarzild vorkommt. ie Freigaben von Wild richten sich ach den Vorgaben bei der Einzeljagd. Iirsche der Altersklasse I sollten doch auf Gemeinschaftsjagden nicht ejagt werden. | Die zu bejagenden Flächen bei Gemeinschaftsjagden sollten jeweils 800 bis 1200 ha umfassen. Bejagbare Flächen sollten pro Jagdjahr nur einmal in eine Gemeinschaftsjagd einbezogen werden. Bei Neuschnee können auch Jagden auf eingekreiste Sauen stattfinden. Freigabe siehe Zeitraum 01.01.–31.01. |
| .eine Drück- und Stöberjagden mehr. ei Neuschnee und Erfordernis ist aber ie Jagdausübung auf eingekreiste Sauen :atthaft. | Bei den Jagden auf eingekreiste Sauen sollten nur Frischlinge und geringe Überläufer zum Abschuss freigegeben werden. |

## Hinweise für die Jagdausübung auf krankgeschossenes oder schwerkrankes Wild und andere Ausnahmeregelungen

Ganzjährig und ohne Rücksicht auf Wildart, Geschlecht und Alter sowie gesetzliche Jagdzeiten und Stand der Abschussplanerfüllung ist krankgeschossenes oder schwerkrankes Wild unverzüglich nach Maßgabe des § 22 a BJG zu erlegen.

Hinsichtlich der Anrechnung des so zur Strecke gekommenen Wildes auf den Abschussplan wird auf § 27 Abs. 2 letzter Satz des HJagdG verwiesen.

Für Feldreviere und Jagdbezirke mit überwiegendem Feldanteil kann die Hegegemeinschaft den zuständigen Jagdausübungsberechtigten die weitere Bejagung des Rotwildes – ohne Einschränkung auf schwaches Wild – auch für den Monat Januar im Rahmen des festgesetzten Abschussplanes gestatten.

In den vorstehenden Revieren (Jagdbezirken) kann darüber hinaus Schwarzwild in der Zeit vom 01.02.–30.04. nach den gesetzlichen Bestimmungen bejagt werden. Größere Wildschäden durch Sauen auf landwirtschaftlich genutzten Grundstücken sollen dadurch möglichst verhindert werden.

# Es waren ihrer sechs

Ab 1961 bis 1997 suchte ich mit Deutschen Wachtelhunden und Hannoverschen Schweißhunden krankes Schalenwild nach. Die Hunde lebten mit uns in der Wohnung, ihre Bindung an die Familie war eng. Doch gab es bei den einzelnen Hunden Unterschiede in der Intensität des Verbundes. Das galt sowohl hinsichtlich der Gesamtfamilie als auch bezüglich einzelner Familienmitglieder. Und natürlich war auch das Verhältnis des „Meutebosses“ zu seinen vierläufigen Gefährten von Hund zu Hund verschieden.

Im April 1961 hielt „Maja“, unsere kleine Wachteline mit dem gelockten Haar und leichtem Stop, Einzug in Hartenrod. Die Braunschimmelhündin wurde fast zeitgleich mit unserer kurz zuvor geborenen Tochter Kerstin-Katja Bewohnerin des Forsthauses. Die damalige „100-Seelen-Gemeinde“ zwischen Vorderem und Hinterem Odenwald in der Nähe von Wald-Michelbach war noch nicht als bevorzugtes Wohngebiet entdeckt. Hunde, Kinder und Eltern genossen die Freiheit in einer kaum bebauten Umgebung.



Schon nach wenigen Tagen wich mir die Hündin nicht mehr von der Seite und verband sich mit unserer ältesten Tochter Birgit-Barbara zu einem munteren Gespann. Unvergessen ist Majas Wachheit und Intellekt. Als Kerstin gerade laufen konnte, stürzte sie eines Tages im Haus die etwas steile Treppe, die das Obergeschoss mit der unteren Etage verband, herab. Maja bemerkte den Sturz, verließ mit einem Satz ihren Korb, der am Fuße der Stiege stand und sprang dem abwärts rutschenden Kind entgegen. Sie fasste ihre Spielgefährtin und hielt das schreiende Persönchen, bis wir zur Hilfe kamen.

Maja stammte aus dem Zwinger „von der Hermetze“ des bekannten Forst- und Rüdemannes Heinrich Hecker im Sensbachtal. Hecker, der heute Zuchtbuchführer des Vereins für Deutsche Wachtelhunde ist, überließ mir die Hündin, weil er sie für die Zucht nicht besonders geeignet hielt und wahrscheinlich ihr Leistungsvermögen unterschätzt hatte.

Mir genügte die Form der Hundedame. Sie sollte lediglich meine Begleiterin sein sowie ab und an dem Herrn einen „Hasen stechen", einen Gockel aufstöbern oder eine geflügelte Ente bringen. Außerdem erwartete ich von der Hündin, dass sie mir krankes Schalenwild, das schwerkrank war, aber nicht in Sichtweite blieb, nachsuchen würde.

Maja wurde auf den Jagden im Hinteren Odenwald und anderswo bald eine gern gesehene „Jagdhelferin". Sie stöberte exzellent und suchte mit feiner Nase ausdauernd und erfolgreich krankes Niederwild nach. Gar manche schon verloren geglaubte Kreatur brachte sie den wartenden Jägern. Sie apportierte freudig, gleich ob Hase, Fasan oder Rebhuhn. Außerdem war sie wasserfreudig und daher gut auf der Entenjagd zu gebrauchen.

Vor allem aber begann die Hündin zunehmend krankgeschossenes Schalenwild mit Erfolg nachzusuchen. Ein Metier, das ihre Hauptaufgabe werden sollte, als ich im Sommer 1965 das hessische Spessartforstamt Burgjoß übernahm. Sie machte darüber hinaus den Herrn zum Hundeführer, der durch ihre Geduld außerdem das spezielle Handwerk eines Schweißhundführers erlernte und Gespür für diese reizvolle Aufgabe eines Rüdemannes entwickelte.



Bald war Maja im Spessart als Nachsuchenspezialistin für krankes Hoch- und Rehwild bekannt. Sie wurde immer häufiger zur Schweißarbeit angefordert. Als ihre Kräfte mit zunehmendem Alter nachließen, vertraute mir Hecker den Wachtelrüden „Rumold von der Hermetze" an. Dieser formvollendete Braunschimmel mit besonders dunklem Haar und nur wenigen grauen Flecken verfügte ebenfalls über eine gute Nase und Fährtenwillen. Der Rüde bestach durch Schnelligkeit bei der Hetze und Wildschärfe.

Dennoch verlangten viele Jäger nach Maja, wenn es galt, krankes Wild zu finden. So entstand ein „Doppelgespann", das auf 148 Einsätzen zusammenarbeitete. Vorweg am langen Riemen suchte die erfahrene Hündin, während Rumold in Sichtkontakt für eine etwa erforderliche Hetze von einem „zweiten Mann" nachgeführt wurde. Rumold verlängerte dadurch Majas Einsatzfähigkeit. Zwölf Jahre arbeitete die Hündin auf der Wundfährte, vier Jahre wurde sie dabei von dem muskulösen Rüden unterstützt.

Wenngleich ich mich bemüht habe, für die Nachsuchenstatistik (Übersichten 7 und 8) die Zuordnung des Erfolges im von Maja und

Rumold gebildeten Doppelgespann leistungsgerecht vorzunehmen, war es oft schwer, über die Gewichtung von Riemenarbeit und Hetze zu entscheiden. Eine ausgezeichnete Riemenarbeit nützt vielfach nichts, wenn ihr keine energische Hetze mit Stellen oder Niederziehen des kranken Wildes folgen kann. Kurzum, die Leistungen der Hündin und des Rüden können für die Dauer ihrer Zusammenarbeit kaum getrennt bewertet werden. Die entsprechenden Daten der Statistik sind daher nur eingeschränkt aussagefähig.

Der Nachsuchenverbund von Maja und Rumold fand am 28. Oktober 1972 ein jähes Ende. An diesem Tag notierte ich in meinem Jagdtagebuch: „Heute schoss man mir Rumold bei einer Waldjagd im Vogelsberg tot. Ich verlor mehr als Majas Partner und auserkorenen Nachfolger, ich verlor mehr als einen Hund. Das Schlimmste war das Heimkommen mit dem toten Rüden, die Mitteilung des Geschehens an meine Frau und die Kinder. Maja vermisste den Rüden, sie roch förmlich das Unheil an meiner Kleidung. – Es ist vorbei. Rumold liegt auf dem Kopf des ‚Äppelsrain' unter alten Eichen". Ich habe den Vorfall nicht vermenschlicht, denn „es gibt Schlimmeres auf Erden, als einen Hund zu verlieren" (Hopp, 1972). Aber Rüdemänner werden verstehen, wenn ich dennoch schreibe, dass man mit dem Fortgang eines vierbeinigen Weggefährten mehr als nur einen Hund verliert.



Im Übrigen ließ ich seit jenem Tag niemals mehr Wachtelhunde, die ich auf Nachsuchen führte, Hasen stechen. Das Ereignis war mir eine Lehre, ich verzichtete auf diese Freude, die ich Maja und Rumold – aber auch mir – jährlich einmal gegönnt hatte.

Schon einen Tag nach dem Unglück präsentierte uns Blumes Tochter Angelika Rumolds Nachfolger im Jossgrund. Es war der von Forstamtmann Zeller, Hess. Lichtenau, gezogene und geführte zweieinhalbjährige DW-Rüde „Zerro vom Wildebach". Auf der Gebrauchsprüfung in Schenklengsfeld hatte die versammelte „Wachtelei" die Kunde von Rumolds Ende vernommen und meinen Hilferuf nach einer Ersatzbeschaffung schnell entsprochen. Ich habe dafür besonders den Rüdemännern Blume, Hecker und Zeller zu danken.

Zerro, ebenfalls ein Braunschimmel, wurde zunächst von Maja abgebissen. Sie hatte Rumold erwartet und stand auf der Diele plötzlich einem fremden Hund gegenüber. Später verstanden sich die Hündin und der Rüde gut. Aber eine Art „Wohngemeinschaft" oder gar Arbeitseinheit bildeten beide Hunde nie. Zerro, ein „Zwingerhund“, blieb ein Einzelgänger. Gewiss, er genoss es, wenn er gelobt wurde oder in der Wohnung am offenen Feuer liegen konnte. Doch sobald er unser überdrüssig war, verließ er das „Kaminzimmer“ und legte sich in seine Kiste auf dem weiten Flur. Dieser Raum war sein Reich, den er stets aufsuchte, wenn Gäste kamen. Fremde Menschen schätzte Zerro nicht. Lediglich der heutige Amtsrat Eckel wurde sein „Freund“. Diesen zweiten Mann mit Einfühlungsvermögen in einen Hund und Gespür für die Schweißarbeit liebte er geradezu, denn das Erscheinen von Eckel in Nachsuchenkluft bedeutete: Suche am langen Riemen, Hetze, Stellen, Fangschuss, Wild und genossen machen.

Zerro, der 15 Jahre alt wurde, arbeitete nach seinem Wechsel aus Kurhessen in den Spessart 9 Jahre auf Wundfährten. 3½ Jahre lebte er auf der Burg als „Pensionär“. Der Rüde absolvierte 525 Einsätze. Seine Erfolge sind wie die der anderen Hunde in den Übersichten 7 und 8 nachgewiesen.

Der DW-Rüde Zerro vom Wildebach war ein Nachsuchenhund mit guter Nase und ausgeprägtem Fährtenwillen. Er arbeitete am langen Riemen zuverlässig, verwies eindrucksvoll und stand auch schwere Hetzen durch. Krankes Wild stellte er bei angemessener Schärfe anhaltend. Tollkühn wie Rumold war Zerro – zum Glück – nicht. Der Rüde arbeitete mit „Verstand“, er war ein Spitzenhund seiner Rasse auf der Wundfährte.



Für den alternden Zerro kam Ende Oktober 1980 der DW-Rüde „Puma vom Kesseltal“ als Nachsuchenhund auf die Burg. Den Helltiger konnte man bei oberflächlicher Betrachtung für einen Kleinen Münsterländer halten. Puma hatte meiner Frau und mir bei einer Vorführung in Höchstädt an der Donau gefallen. Der Rüde war quirlig. Er bestach durch sein auffallendes Äußeres. Die Noten der Jugendprüfung sprachen für eine Verwendung als Schweißhund.

Doch es sollte anders kommen. Dem Rüden mangelte es an Fährtenwillen. Schwere Nachsuchen stand er selten durch. Seine zufriedenstellenden Leistungen in den ersten Monaten der Zusammenarbeit resultierten sicherlich aus der druckvollen Abrichtung durch den Züchter. Aber mit Gewalt erzwingt man auf Dauer keine Erfolge bei schwierigen Suchen. Einen Schweißhund muss der Wille zum kranken Stück innewohnen. Der Hund muss gehen, der Führer nur mit leichter Hand dirigieren.

*Sehr erfolgreich auf Nachsuchen waren der DW-Rüde „Zerro vom Wildebach“ – 238/71 und der HS-Rüde „Arko von der Eifel“ – 1670.*

So absolvierte Puma im Spessart lediglich 27 Einsätze mit 5 erfolgreichen Schweißarbeiten unter erschwerten Verhältnissen. Nach einem Jahr trennte ich mich von dem Hund. Er ging an Forstamtmann Sieges, dem Leiter der Revierförsterei Birkenacker und blieb damit im Forstamtsbereich. Frau und Kinder trauerten dem munteren Rüden nach, nur Zerro lebte auf, denn Puma war gegenüber anderen Hunden äußerst aggressiv.

Zerro wurde kurzfristig reaktiviert. Er arbeitete wie gewohnt verlässlich, aber das Ende seiner „Dienstzeit" war vorauszusehen. Ich brauchte baldmöglichst Ersatz. Die Wachtelei konnte mir keinen Hund, wie ich ihn suchte, umgehend bieten. Daher bat ich meinen Studienfreund Klaus Gussone, der zu jener Zeit zweiter Vorsitzender des Vereins Hirschmann e. V. war und heute Ehrenmitglied dieses bekannten Zusammenschlusses von Führern und Freunden des roten, auf der Wundfährte arbeitenden Hundes ist, um Hilfe bei der Beschaffung eines einsatzfähigen Hannoverschen Schweißhundes. Das war ein fast aussichtsloses Unterfangen, denn wer gibt schon einen eingearbeiteten und leistungsfähigen Schweißhund her? Dennoch, die Hirschmänner halfen.



Altmeister Karl Bergien, 1998 verstorben und einer der Großen in der Zunft der Führer Hannoverscher Schweißhunde, war damals Zuchtwart des Vereins Hirschmann. Er signalisierte mir die Möglichkeit des Erwerbs des HS-Rüden Arko v. d. Eifel – 1670, der von seiner Eigentümerin Ursula Koch, Oberrosphe, aus beruflichen Gründen kaum auf Nachsuchen geführt werden konnte. Der gut veranlagte Hund „lag brach", und ich war „blank". Frau Koch und der Interessent Hopp einigten sich. Ich erwarb Arko, den ich bereits im Kapitel „Auf Muffelwidder an der Eder" vorgestellt habe, und ward Hirschmann.

Der kräftige Rüde wurde ein tüchtiger und zuverlässiger Gefährte auf der Wundfährte. Er war sowohl am langen Riemen als auch bei der Hetze ausdauernd. Seine Leistungsbilanz ist positiv. Arko war oft erfolgreich.

Dieser Begleiter auf 336 Einsätzen, der als Kopfhund später auch gegenüber seinem Herrn gelegentlich den Aufstand proben sollte, hat mich jedoch stets „verteidigt". Selbst auf Suchen spürte der Rüde Gefahr und gewährte dem Führer Schutz.

Anfang Dezember 1983 hatten sich Arko und ich bei einer zweitägigen Nachsuche auf einen laufkranken Überläufer im Forstamt

Biebergemünd soeben robbend unter einem Zaun in ein Kulturgatter gezwängt, als völlig unerwartet – noch vor der Wiederaufnahme der Suche – unter einer tiefbeasteten Douglasie der gesuchte Hosenflicker hervorbrach, mich annahm und aushebelte. Im Nu stand Arko über mir und deckte mich ab. Ich konnte den Rüden schnallen. Die Hatz begann. Dabei durchbrach die Sau das Drahtgeflecht und nahm den Rückwechsel an. Der Hund folgte ihr fährtenlaut, dann sichtlaut. Vorsorglich hatte ich an diesen Wechsel den FOI Pfeifer postiert. Er schoss dreimal. Zwei Kugeln trafen den Überläuferkeiler von 51 Kilogramm. Eine schwierige Schweißarbeit war beendet. 7 900 Meter Riemenarbeit und zwei Hetzen von 1 000 und 350 Metern hatte Arko an den beiden Tagen absolviert. Seine Leistung überzeugte.

Der HS-Rüde Alf vom Orbgrund – 1964 war der letzte meiner sechs Nachsuchenhunde. Er kam im Sommer 1987 als Welpe aus dem Orbtal zu uns in den benachbarten Jossgrund. Sein Züchter war der Forstamtmann Heinrich Storck, ein bekannter Schweißhundführer des Spessarts, der Anfang des Jahres 1988 mit einem Herzinfarkt auf einer Nachsuche blieb.

Alf gehörte wie seine Vorgänger zur Familie. Er war sehr anhänglich und wurde der Begleiter unserer jüngsten Tochter Anke-Astrid und des Sohnes Torsten-Tankmar. Sobald diese Kinder die Burg betraten oder später im neuen Zuhause in Lettgenbrunn erschienen, jubelte der Rüde auf und genoss mit ihnen die Stunden oder Tage des Zusammenseins.



Aber wenn der Herr zur Waffe griff, gar den langen Riemen in die Hände nahm, dann wusste Alf, zu wem er gehörte. Mit diesem Hund verband mich bald eine besonders enge Beziehung. Wir wurden ein Gespann. Es bereitete mir Freude, die Fortschritte des Rüden, seine Lernfähigkeit, auf Nachsuchen zu beobachten.

Schon im Alter von neun Monaten begann der kleine, etwas feingliedrig gebaute, aber durchaus muskulöse Kerl krankes Hochwild zu suchen. Gewiss, die Passion des Gefährten bordete am Anfang der Lehrzeit manchmal über, aber es war offenkundig, dass der junge Rüde als Schweißhund einschlagen würde. Alf hetzte kraftvoll über große Entfernungen. Beim Stellen focht er Florett, federte vor und zurück, packte zu, aber verbiss sich nur selten. Der Hund schätzte seine Gegner ein. Gehörte Arko als „Kürassier zur schweren Reiterei“, so war sein Nachfolger ein „pfiffiger Husar“.

Just als Alf im Nachsuchengeschäft Fuß gefasst hatte, kam im Zusammenhang mit der Wiedervereinigung mein Fortgang nach Schwerin. Alf blieb bei meiner Frau im Jossgrund. Eckel konnte ihn aus dienstlichen Gründen nicht ständig führen, und andere Gespanne taten sich auf. Als ich in den Spessart zurückkehrte, stand das Gespann Alf/Hopp „draussen vor der Tür". Das war eine bittere, ja schmerzhafte Erfahrung, aber zugleich eine durchaus verständliche Entwicklung.

In meiner aktiven Zeit als Hundeführer und Rotwildringleiter habe ich stets die Auffassung vertreten, dass leistungsfähige Nachsuchengespanne, die in der Lage sein sollen, auch schwierige Suchen zu meistern, nur dann heranwachsen, wenn sie ausreichend Erfahrung sammeln können. Dafür sind nach meiner Meinung mindestens 25, wenn nicht gar 40 Einsätze pro Jagdjahr vonnöten. Wer so etwas sagt, der muss auch Verständnis aufbringen für eine Rotation, deren Ursache andere nicht zu vertreten haben.

So wurden Alf und ich ab 1994 „Reservespieler für Schweißarbeiten". Manchmal wechselte man uns ein, und wir kamen dann zum Erstaunen der „Zuschauer" noch zum „Torschuss". Der Hund hatte in der Zeit der Abstinenz nichts verlernt. Er war zudem ruhiger, konzentrierter geworden und besaß weiterhin die Kraft zur scharfen Hetze.



Alf ist nicht mehr. Auch er liegt auf dem „Hundekopf" im Äppelsrain. Einst sagte mein ehemaliger Chef Hackmann zu mir: „Hopp, früher beerdigten die Forstamtsleiter von Burgjoß ihre Pferde im Äppelsrain, heute begraben sie dort ihre Hunde". So ist es, alles hat seine Zeit.

Im Durchschnitt betrug die Einsatzzahl pro Jagdjahr für das Doppelgespann Maja/Rumold 27. Die Arbeiter Zerro und Arko wurden durchschnittlich 58- beziehungsweise 46-mal im Jahr zu Nachsuchen gerufen. Die Durchschnittszahl für die jährlichen Suchen von Alf beträgt nur 24. Die Gründe für diesen Abfall habe ich erläutert.

Oftmals werde ich noch heute gefragt, wie ich den Dienst und die Erfüllung der übernommenen anderen Aufgaben mit den zeitraubenden Nachsuchen vereinbaren konnte. Die Frage ist stets einfach zu beantworten: Früher arbeitete ich gern nachts. Dafür erfuhr ich am Tag einer Suche häufig das Glück ursprünglichen Jagens, das nachsuchen bedeutet.

Aufblickend von der Wundfährte schaute ich zuweilen in das sich immer wieder wandelnde Bild der Natur. Ich lernte die Reaktionen des Wildes in bestimmten Situationen kennen und kannte seine Wechsel. Vielfach ahnte ich, wohin die kranke Kreatur gezogen war oder flüchten würde. Das Zusammenspiel mit dem Gefährten verfeinerte sich von Suche zu Suche, bis die Nachsucheneinheit entstand, das störungsfreie Verstehen zwischen Hund und Führer über die Leitung des langen Riemens einsetzte.

Wenn ich bei einer Nachtschicht ermüdete, genügte eine Flasche Spessart-Sprudel, um mich aufzumuntern. Manche, die das nächtliche Licht im Diensttrakt der Burg hinterfragen wollten, benutzten das Telefonhäuschen gegenüber dem alten Gemäuer für einen Anruf. Meistens erhielten sie prompt Antwort, oder ich öffnete ihnen die schwere Eichentür, wenn sie anderweitig Einlass begehrten. Einige Störenfriede hatten nur Durst, wollten teilhaben am erfrischenden Trunk.

Meine gute Kondition hätte jedoch kaum gereicht, um mich neben dem Dienst und allen ehrenamtlichen Tätigkeiten Nachsuchen widmen zu können. Vielmehr verdanke ich die Möglichkeit, Schweißarbeiten auszuführen, auch Helfern, die mir entweder Schreibtischarbeiten abnahmen oder mich als zweiter Mann direkt bei den Suchen unterstützten.



Oberamtsrat a. D. Karl Blume, mein langjähriger Vertreter im Amt und Schriftführer des RRS, half mir zwei Jahrzehnte beim Aufbau und der Leitung des Rotwildringes Rotwildgebiet Spessart. Er bestellte vor allem das arbeitsreiche Feld der Statistik, deren Ergebnisse meine Arbeit als Sachkundiger für das Rotwildgebiet fundierten. Über Computer verfügten wir damals noch nicht.

Amtsrat Eckel begleitete mich auf vielen Nachsuchen als zweiter Mann. Er übernahm auch die Führung meiner Hunde, wenn ich auf Urlaub weilte oder unabkömmlich war. Sie kannten ihn, und er kannte sie. Gelegentlich folgte mir auf den Suchen der frühere und jagdlich versierte Forstwirtschaftsmeister Kurt Weismantel.

Schließlich möchte ich noch des Forst- und Rüdemannes Hans Dersch aus Steinau a. d. Straße gedenken. Er leitete in seiner aktiven Zeit die Revierförsterei Bellings im Forstamt Sinntal (Marjoß) und hatte sich wie ich der Nachsuchentätigkeit verschrieben. Als Hirschmann erzielte er mit seinen Hannoverschen Schweißhunden „Bandit

Übersicht 7 Zahl und Ausgang der Nachsuchen (Einsätze) der auf der Wundfährte arbeitenden Hunde des Autors.
Basis: Suchenprotokolle (DW) und Leistungsnachweise (H

| Hunderassen u. Geschlecht<br>Name des Hundes<br>Zuchtbuch-Nr.<br>Lebensdauer | Zeitrahmen<br>ES = Erste Suche<br>LS = Letzte Suche | Anzahl u. Gliederung der Nachsuch | | |
|---|---|---|---|---|
| | | Kontroll-suchen | Fehl-suchen | Erfolg-reich- Such |
| DW-Hündin<br>Maja v. d. Hermetze<br>39/60<br>1960–1974 | ES:<br>28.09.61<br>LS:<br>20.10.73 | 83 | 70 | 126 |
| DW-Rüde<br>Rumold v. d. Hermetze<br>133/67<br>1967–1972 | ES:<br>12.06.68<br>LS:<br>19.10.72 | 2 | 4 | 33 |
| DW-Rüde<br>Zerro vom Wildebach<br>238/70<br>1970–1985 | ES:<br>27.11.72<br>LS:<br>24.10.81 | 177 | 99 | 249 |
| DW-Rüde<br>Puma vom Kesseltal<br>113/79<br>1979–1991 | ES:<br>01.11.80<br>LS:<br>23.08.81 | 4 | 6 | 17 |
| HS-Rüde<br>Arko v. d. Eifel<br>1670<br>1978–1988 | ES:<br>17.10.81<br>LS:<br>10.01.88 | 85 | 64 | 187 |
| HS-Rüde<br>Alf vom Orbgrund<br>1964<br>1987–1997 | ES:<br>20.01.88<br>LS:<br>16.08.97 | 33 | 54 | 141 |
| **Insgesamt** | **ES:<br>28.09.61<br>LS:<br>16.08.97** | **384** | **297** | **753** |
| **Im Durchschnitt pro Jagdjahr in 36 Jahren** | | **10** | **8** | **21** |

**Herleitung des Erfolgsprozentes:** $\frac{\textbf{Erfolgreiche Suchen x 100}}{\textbf{(Fehlsuchen+Erfolgreiche Suchen)}}$ = **Erfolgsproze**

| Nachsuchen (Einsätze) insgesamt | Erfolgs-prozent % |
|---|---|
| 279 | 64 |
| 39 | 89 |
| 525 | 72 |
| 27 | 74 |
| 336 | 75 |
| 228 | 72 |
| **1434** | **72** |
| **39** | **72** |

vom Erzgebirge" – 1593, „Axel vom Hirschloh" – 1734, „Gero vom Kottenforst" – 2017 und „Birko vom Kempelhorn" – 2070 beachtliche Erfolge.

Wir beide unterstützten uns gegenseitig. Konnte der eine nicht suchen, sprang häufig der andere für ihn ein. Hatte Hopp Probleme mit seinem Hund, assistierte Dersch oder umgekehrt. Und wir trösteten einander, wenn einem ein gravierender Führerfehler unterlaufen war. So lernte der eine von dem anderen. Vor allem verstanden wir uns menschlich gut. Zwischen uns gab es keinen Konkurrenzneid, der bei der Nachsuchenverknappung durch weniger Wild in der Wildbahn heute leider hier und dort unter Hundeführern vorkommen soll. Die Begegnungen mit Hans Dersch waren für mich jedenfalls eine Bereicherung.

Erläuterungen zur Übersicht 8

1. Die Suchenprotokolle für die von mir geführten Deutschen Wachtelhunde (DW) lassen einen Vergleich mit den Leistungsnachweisen des Vereins Hirschmann für Hannoversche Schweißhunde (HS) zu. Der Maßstab für erfolgreiche Nachsuchen unter erschwerten Verhältnissen des Vereins Hirschmann bestimmte die entsprechende Auswertung der Suchenprotokolle für meine Wachtelhunde.

2. Doch handhabte ich bei meinen Wachtelhunden die Zuordnung erfolgreicher Totsuchen zur Gatttung der erschwerten Schweißarbeiten streng. So fanden nur relativ wenige Riemenarenbeiten, die zum verendeten Stück führten, Eingang in die Statistik für erfolgreiche Nachsuchen unter erschwerten Verhältnissen auf Schalenwild. Dadurch stieg bei diesen Hunden der Anteil der Hetzen überproportional an.

3. Die Angaben für die Deutschen Wachtelhunde enthalten auch das von ihnen auf Nachsuchen unter erschwerten Verhältnissen zur Strecke gebrachte Rehwild. Für die einzelnen Hunde ergeben sich danach folgende Rehwildstrecken:

| **Hund** | **Rehwild in Stück** | **Anteil des Rehwildes an der jeweiligen Gesamtstrecke in %** |
|---|---|---|
| Maja | 18 | 23 |
| Rumold | 1 | 6 |
| Zerro | 13 | 13 |
| Puma | 2 | 40 |

4. Die erfolgreichen Nachsuchen unter erschwerten Verhältnissen auf Schalenwild beziehen sich bei den HS-Rüden Arko v. d. Eifel und Alf vom Orbgrund nur auf Rot- und Schwarzwild. Ihre Rehwild-

*Zwei HS-Rüden mit ihren Führern: FAm Dersch mit Altmeister „Axel v. Hirchloh“ – 1734 und der Verfasser mit „Alf“, damals (1989) noch Lehrling.*

strecken (Arko = 1 St. Mit Hetze und Alf = 3 St. mit Hetze) blieben unberücksichtigt, um die Vergleichbarkeit der Statistik mit den veröffentlichten Ergebnissen des Vereins Hirschmann zu wahren.

Übersicht 8

Erfolgreiche Nachsuchen unter erschwerten Verhältnissen auf Schalenwild

Basis: Suchenprotokolle (DW) und Leistungsnachweise (HS)

| **Hund** | **Einsatzzeitraum, Jagdjahre** | **Totsuchen** | **Hetzen** | **Erschwerte Nachsuchen insgesamt** | **Anteil der Hetzen an der jeweiligen Suchensumme in %** |
|---|---|---|---|---|---|
| DW-Hündin Maja v. d. Hermetze | 1961 bis 1973 | 28 | 52 | 80 | 65 |
| DW-Rüde Rumold v. d. Hermetze | 1968 bis 1972 | 3 | 15 | 18 | 83 |
| DW-Rüde Zerro vom Wildebach | 1972 bis 1981 | 42 | 55 | 97 | 57 |
| DW-Rüde Puma vom Kesseltal | 1980 bis 1981 | 3 | 2 | 5 | 40 |
| HS-Rüde Arko v. d. Eifel | 1981 bis 1987 | 52 | 33 | 85 | 39 |
| HS-Rüde Alf vom Orbgrund | 1987 bis 1997 | 42 | 25 | 67 | 38 |
| **Summen** | **36** | **170** | **182** | **352** | **52** |

# *Drei Tage*

Als das Forstamt Biebergemünd Alf und mich am 17. September 1989, an einem schönen Sonntagmorgen, in den Forstort „Haurain" zur Suche rief, hatte Arkos Nachfolger bereits 79 Einsätze hinter sich gebracht. Er war zwar noch kein Meister auf der Wundfährte, aber schaffte schon schwierige Arbeiten.

Am Samstagabend hatte ein Jagdgast auf einer Wildwiese etwas spitz von vorn und steil hangauf aus 30 Meter Entfernung einem Sechser die Kugel angetragen. Ohne zu zeichnen war der Hirsch nach dem Schuss in einen Altholzriegel gezogen. Tier und Kalb, die mit ihm auf die Wiese gewechselt waren, hatten sich flüchtend von ihm getrennt.

Vierzehn Stunden später stand das Gespann am Anschuss. Ich entdeckte weder Schnitthaar noch Schweiß, nur der Kugelriss war deutlich im Gras zu erkennen. Allerdings sondierte Alf den

Anschussbereich mit großem Interesse. Er forderte Riemen und verwies nach 150 Metern unterhalb der Äsungsfläche reichlich Wildbretschweiß. Es folgten zwei Tropfbetten und nach 800 Metern ein Wundbett. Der Rohhumus war vom Schweiß durchtränkt. Das nächste Wundbett lag nur 200 Meter vom ersten entfernt. Zwischen beiden Betten zeigte der Hund jedoch keinen Schweiß an.

Wir nahmen Kurs auf die bayerisch-hessische Landesgrenze. Alf entwirrte dabei die ersten Widergänge. Streckenweise war der Hirsch in der eigenen Fährte vor- und zurückgezogen. Nach rund dreieinhalb Kilometern Riemenarbeit führte die Wundfährte über den so genannten „Grenzkopf" von Hessen nach Bayern hinein. Zur Regulierung der Grenzüberschreitung mussten wir die Suche für zwei Stunden unterbrechen. Entgegenkommenderweise erlaubte uns der zuständige Jagdpächter Freitag die Fortsetzung der Schweißarbeit im GJB Frammersbach.

Während am frühen Nachmittag die zwischenzeitlich zusammengezogene Hilfsmannschaft einige Hauptwechsel besetzte, arbeitete das Gespann – unterstützt von Frederik Binnewies – in der „Haurainwand". Der Rüde konnte nochmals ein Wundbett und ab und an

Schweiß verweisen. Als die Widergänge sich häuften, bahnte sich in einem lichten Kiefern-Baumholz mit einzelnen unter- und zwischenständigen Fichten sowie einigen Verjüngungshorsten die Entscheidung an. Plötzlich wurde der kranke Hirsch in einer fast mannshohen Adlerfarnpartie hoch und sofort flüchtig.

Der geschnallte Rüde hetzte fährtenlaut. Ich wartete auf das Umschlagen des Lautes in Sicht- und Standlaut. Aber der hämmernde Ball blieb aus. Auch fiel kein Schuss. Das Geläut verklang. Mit dem Wagen durchfuhr ich den Haurain. Aber nirgends vernahm ich den Laut des Hundes. Erst später, als wertvolle Zeit verloren war, klärte sich das Rätsel.

Bevor der hetzende Alf aufgeschlossen hatte, war der Hirsch einem Schützen gekommen. Ja, der Sechser hatte beim „Auflaufen" sogar kurz verhofft. Doch der Jäger trug seine Waffe geschultert und wurde nicht fertig. Als der nachfolgende Rüde erschien, wurde er abgerufen und in einen Kraftwagen gesperrt. Das fällige „Donnerwetter" unterblieb. Ich war sprachlos.

Als die Suche wieder aufgenommen werden konnte, war eine weitere Stunde verloren. Wir schafften den Anschluss nicht mehr. Um 18.30 Uhr brach ich die Nachsuche ab. Ich wollte keine Hetze in der Nacht riskieren, zumal Hund und Führer erschöpft waren. Die Schweißarbeit sollte am nächsten Tag fortgesetzt werden. 

Am Montag war es noch wärmer als am Sonntag. Die Temperatur stieg auf 25 °C. Den ganzen Vormittag bemühten wir uns, den Hirsch im zum „Rindsbachtal" abfallenden Südhang zu finden. Alf hatte dabei sichtlich Mühe, die Übernachtfährte des Sechsers zu halten. Sie überschnitt sich häufig mit der markierten Schweißfährte des Vortages. Erst mittags konnte der Rüde uns aus dem Wirrwarr der Fährten führen. Er arbeitete nun sicher und relativ zügig die Fährte oberhalb des Baches. Hundeführer und Begleiter Aul, ein ortskundiges, „fränkisches Naturtalent" für Wildfährten, waren voller Hoffnung.

Doch es sollte anders kommen. Die Wundfährte führte wieder hangauf und verlor sich erneut im Fährtengewirr des Vortages. Hitze und Kletterei hatten Kraft gekostet. Gespann und Begleiter waren ermüdet. Der Abend nahte. Ich gab auf. Es reichte.

Den Dienstag wollte ich der Arbeit am Schreibtisch widmen, doch es wurde nichts daraus. Das Forstamt Biebergemünd verständigte mich morgens telefonisch, dass der Schütze gemeinsam mit dem „Fährtensucher“ Aul, dem zweiten Mann des Vortages, in der Frühe den kranken Hirsch nahe des Endpunktes der aufgegebenen Suche im Wundbett liegen gesehen habe. Beim Herantreten sei der Sechser auf die Läufe gekommen und vondannen gezogen. Im verlassenen Wundbett läge Schweiß.

Das war ein Alarmsignal, wenngleich die Schilderung recht abenteuerlich klang. Oder sollte sich der Spruch „aller guten Dinge sind drei“ bewahrheiten? Ich packte wieder mein Nachsuchengeschirr und rief Alf, der in den bereitstehenden Wagen sprang. Am späten Vormittag erreichten wir den vereinbarten Treffpunkt.

Dort erwartete uns eine hoffnungsvolle Hilfsmannschaft. Ich war skeptisch, aber Alf, der im beschriebenen und markierten Wundbett etwas Schweiß verwies, zeigte sich interessiert. So begann erneut die Riemenarbeit.

Der Rüde hielt die frische Fährte gut. Zwar konnte er keinen Schweiß mehr verweisen, doch folgte der beständig einer ausgeprägten Stanzfährte, die sich im Rohhumus und auf Wegen stets leicht als die Fährte eines Hirsches anprechen ließ.



Das genügte mir zur Kontrolle. Als eine angehende Fichten-Dickung von etwa einem Hektar Größe vor uns auftauchte, unterbrach ich kurz die Suche. Alf legte ab, und ich organisierte das weiträumige Abstellen des Jungwuchshorstes.

Das Kommando, „Such verwundt, mein Hund!“, leitete den letzten Akt ein. Alf und ich waren eben in die Verjüngung eingedrungen, da brach der Hirsch schon aus. Er wurde von einem Schützen, der aus Sicherheitsgründen jedoch nicht schießen konnte, beobachtet.

Sogleich nach dem Wegbrechen des Hirsches hatte ich den Rüden geschnallt. Er hetzte sichtlaut im Hang. Endlich erklang der ersehnte Ball. Der Sechser hatte sich gestellt. Ich glaubte gewonnen zu haben. Doch ich irrte mich. Der Hund konnte den Hirsch nicht binden. Die Hatz verlor sich in der Ferne.

Dem Sechser war auf dem Rückwechsel, der durch ein Missverständnis beim Abstellen von keinem Schützen kontrolliert wurde, die Flucht gelungen. Alf kehrte nach eineinhalb Stunden zurück. Die Suche war endgültig verloren. Nach dreitägigem Einsatz hatte der junge Rüde unter zum Teil extrem schwierigen Verhältnissen insgesamt 8,6 Kilometer Riemenarbeit und 2 200 Meter Hetze zurückgelegt und dafür eine Fehlsuche kassiert.

Nachsuchen werden nicht nur durch das Können von Hund und Führer und durch ihr Zusammenspiel entschieden. Manchmal benötigt ein Gespann auch Glück. Doch dieses Mal hatte Dianas Segen gefehlt. Ich machte mir Vorwürfe: Hatte ich beim ersten „Morgengebet" nicht klar genug formuliert oder gar vergessen, darauf hinzuweisen, dass beim Auftauchen des Hirsches unbedingt versucht werden müsste, ihm eine weitere Kugel anzutragen? War nicht die ausgebliebene Besetzung des Rückwechsels am dritten Tag ebenfalls ein von mir verschuldeter Fehler, weil die Einweisung des für diese Position vorgesehenen Schützen unpräzise erfolgte? Und schließlich, hätte ich am letzten Tag nicht bis in den Abend hinein weitermachen müssen? Das Urteil, dass das kranke Stück nur leicht verletzt sei, ist oftmals nicht stichhaltig, sondern eine Selbsttäuschung. Ich war unzufrieden, denn Unterlassungen können schmerzen. Aber das bewusste Verlieren bewirkt manchmal auch den Erfolg bei der nächsten schweren Suche.

Und die vermutete Verletzung des Hirsches? Der letzte Beobachter des Sechsers berichtete, dass er Schweiß im Brunftrutenbereich gesehen habe. Ich dagegen unterstellte einen „Taschenschuss" an der oberen Innenseite eines Unterarms. Der beobachtete Schweiß über der Brunftrute konnte sich in den Wundbetten mit dem Haar an der Flanke verbunden haben. Die Frage blieb ungeklärt. Der Hirsch wurde meines Wissens nicht wieder gesichtet. Ob ein Jäger ihn erlegte, ist ebenfalls unbekannt.



Vielleicht sollte man am Sonntag auch keine Nachsuchen annehmen. Kurt Tucholsky (1958) berichtet jedenfalls über Mrs. Atkerson, die an einem schönen Sommermorgen, an einem Sonntag, „in den Rocky Mountains von einem wilden Räuber angefallen und etwas vergewaltigt" wurde. Ihre Beschwörungen vom Vorhaben abzustehen, zeigten beim Täter keine Wirkung. Der Räuber entgegnete ihr vielmehr: „Wären Sie in die Kirche gegangen Missis!" und fuhr fort.

# *Ein Kalb*

Heinz Jürgen Weber, der Freund im Odenwald, hatte am 15. 12. 1995 bei dünner Schneedecke in seinem Pachtrevier Ober-Schönmattenwag eine Wildjagd gegeben. Am Abend des Jagdtages lagen zwei Alttiere, fünf Kälber, ein Überläufer, drei Frischlinge und ein Fuchs auf der Strecke. Ein Resultat, das stückzahlmäßig voll befriedigte und wildbiologisch gut gegliedert war. Beim Schüsseltreiben im Landgasthof „Raubacher Höhe" wogte die Stimmung. Bergsträßer Riesling löste die Zungen.

Zwei Stück Rotwild waren krank. Während ein Schmaltier noch am Abend des Jagdtages verendet in der Nähe des Anschusses gefunden wurde, konnte das wahrscheinlich weidwund geschossene Kalb nicht sogleich zur Strecke gebracht werden. Bei der eingeleiteten Suche wurde es aufgemüdet und entkam in der hereinbrechenden Dunkelheit. Lediglich eine Darmschlinge wurde in der Fluchtfährte gefunden, und Jagdteilnehmer wollten beim kranken Stück heraushängendes Gescheide beobachtet haben.



Für den nächsten Tag war somit eine Totsuche angesagt. Der Führer eines Bayerischen Gebirgsschweißhundes übernahm die Arbeit. Jedoch scheiterte das Gespann. Dazu mögen der Fährtenwirrwarr im gestörten Jagdgebiet, die Anschüsse und Aufbrüche im Terrain sowie die gefrorene Schneedecke beigetragen haben.

Alle Jäger, die auf Schweiß arbeitende Hunde führen oder geführt haben, wissen auch, dass die Tagesform eines Gespannes schwankt. Manchmal ist der Hund nicht disponiert, öfter versagt allerdings der Führer durch Unachtsamkeit, Mangel an Geduld oder Besserwisserei. Der Verstand des Rüdemannes vermag die Nase des Hundes nicht zu ersetzen. Der Hundeführer kann ihre Befunde während der Suche nur registrieren, auswerten und beachten. Wenn die Harmonie zwischen Hund und Führer nicht stimmt, sinken bei schwierigen Nachsuchen die Erfolgschancen.

Es ist bitter für ein Gespann, wenn statt der erwarteten Erfolgssuche eine Fehlsuche eintritt. Aber ein Misserfolg ist kein Anlass zur Verzweiflung. Bei eingehender Prüfung des Suchenablaufes erkennt ein selbstkritischer Schweißhundführer oft die ihm unterlaufenen Fehler. Er kann dadurch Wiederholungen ausschließen und sollte vor allem seinem Gefährten genügend Riemen geben, um den Hund bei der Arbeit nicht zu behindern oder zu irritieren. Das Gezerre am Riemen führt zu Unterbrechungen der Kommunikation im Gespann. Über das Ausmaß der Freiheit bei der Suche entscheidet das Alter und der Grad der Erfahrung eines Hundes. Und der Hundeführer muss wissen, dass auch er in der Suchenpraxis die Stadien des Lehrlings, Gesellen und Meisters durchlaufen muss und der körperlichen Fitness bedarf. Kein Meister fällt vom Himmel!

Am späten Nachmittag des Tages nach der Jagd unterrichtete mich der Jagdherr fernmündlich über den skizzierten Vorfall. Heinz Jürgen Weber bat mich, nunmehr die Suche mit Alf durchzuführen. Er selbst und eine kleine Hilfsmannschaft könnten mich bei Bedarf unterstützen. Meinen Einwand, dass das Kalb schon längst verendet und vermutlich von Füchsen oder Sauen angeschnitten wäre, ließ der Freund nicht gelten. Er wollte als Jagdausübungsberechtigter und Bezirksjagdberater Klarheit über das Ende des kranken Stückes erlangen.

Der Freund hatte mich damit in die Pflicht genommen. Alf und ich reisten anderentags, am 17. Dezember, in den Odenwald. Der Anschuss war 41½ Stunden alt, als das Gespann bei leichtem Frost (–2 °C) auf lückiger und teilweise verharschter Schneedecke im Forstort „Kohlwald“ mit der Suche begann. Als zweiter Mann begleitete uns der junge Forstmann und Jäger Axel Scheuermann, der Interesse für Nachsuchen zeigt und dessen inzwischen verstorbener Vater in meinen frühen Odenwälder Jahren als „Obertreiber“ auf den Jagden der Dresdner Bank im Sensbachtal fungierte.



Alf fiel die zunächst noch gut kontrollierbare Wundfährte mit Interesse an und führte mich bald an ein Tropfbett mit schmutzigem Schweiß. Dann ging es hangab und wieder bergauf durch Buchen- und Fichten-Althölzer. Erst kurz vor dem „Geiersberg“ mit dem Haupteinstand des Jagdbezirkes für Rot- und Schwarzwild wurde die Suche schwieriger. Das Kalb hatte kaum noch Schweiß verloren, und fremde Fährten nahmen zu.

Dennoch arbeitete der Rüde konzentriert weiter. Er führte mich und den zweiten Mann mitten in die Dickung hinein. Hier erschwerten jedoch frische und alte Fährten sowie Schweiß von gestrecktem

Wild und Aufbrüchen die Kontrolle und das Weiterkommen außerordentlich.

So griff ich zu einem probaten Mittel. Ich begann mit Alf am langen Riemen den Dickungskomplex zu umschlagen. Und siehe, auf der breiten Zufahrt zur „Geiersberg-Wiese" fiel der Hund eine einzelne Rotwildfährte an, hielt inne, stieß die Nase in den eingerieselten Schnee und förderte eine winzige, gefrorene „Schweißflocke" zutage. Wir hatten den Abgang gefunden! Der Rüde wurde gelobt und ermuntert. Dann ging es zügig weiter durch ein aufgelockertes Fichten-Altholz.

Bald verließen wir die „Faltersbuchen" und durchquerten den Forstort „Hessenkendel", der einen Bestandteil des Verwaltungsjagdbezirkes im Hessischen Forstamt Wald-Michelbach bildet. Ab und an bestätigten Schweißspritzer die Richtigkeit der Suche. Erst im „Wetterberg" des verpachteten EJB von Raimund Graf zu Erbach-Fürstenau wurde es wieder problematisch.

Die Widergänge nahmen zu, Schweiß fand sich häufiger und Fuchsspuren mehrten sich. Das Ende der Suche kündigte sich an. In einem aufgehenden Fichten-Stangenholz lag das längst verendete Hirschkalb. Füchse hatten es stark angeschnitten. Nachforschungen ergaben, das sich die „Delegierten der Fuchspopulation zwischen Finken- und Ulfenbachtal" an der Fundstelle zu ihrem alljährlichen „sozialen Weihnachtsschmaus" getroffen hatten. Es gab „Steaks vom Rotwildkalb mit Heidelbeerspitzen und Adlerfarneis in Schneesahne als Dessert".



Alf hatte den Wunsch von Heinz Jürgen Weber nach 3 000 Metern Riemenarbeit erfüllt. Der Rüde war „sichtlich stolz" auf seine Leistung. Damit aber weder er noch sein Führer dem Hochmut verfallen konnten, verlor das Gespann unmittelbar im Anschluss an die schwere Nachsuche auf das Kalb eine ebenfalls überstehende Schweißarbeit (Stehzeit der Wundfährte 38 Stunden und 45 Minuten) auf einen krankgeschossenen Überläufer. Dieser war aus einem benachbarten gemeinschaftlichen Jagdbezirk in die Verwaltungsjagd des Forstamtes Wald-Michelbach gewechselt. Der Hund warf die Sau zwar aus dem Wundbett und hetzte sie längere Zeit, aber konnte den Kujel nicht stellen. Die Kugel hatte wahrscheinlich das Wildbret des Stückes im Nackenbereich durchschlagen. Keine Suche gleicht der anderen, Nachsuchen sind aller Tage wieder neu.

# *Spätlesen aus Unterfranken*

„Der Kamin, die Gäste und der Wein" – so könnte ein Kapitel lauten, denn für viele Jagdgäste des Forstamtes war das Kaminzimmer im privaten Geschoss der Burg ein Ort der Begegnung und des Gesprächs. Hier wurden Weine aus Franken, dem Rheingau und von der Bergstraße probiert und getrunken, erzählte das Feuer knisternd Geschichten aus dem alten Haus und die Geschichte des Tales, lauschten die Träumenden den „Läuschen und Riemels" der Altvordern und wurden die Toten zum Leben erweckt. Hell klangen die Gläser beim Zutrunk, und dumpf mahnte der Stundenschlag der Uhr im Gebälk des Giebels an die verfließende Zeit. Manchmal lockte erst die Sonne die Zecher in das Rund des von der Mauer und Gebäuden umgebenen Hofes.

Überwiegend tranken wir nach der Jagd trockene Kabinettweine, genossen die Damen und Herren Silvaner und Riesling zu würzigem Brot oder einen Müller-Thurgau beim Essen. Erst in den letzten Jahren reichte ich der Gästeschar zunehmend wieder vollmundige Weine, kehrten die Spätlesen in das Angebot unseres Weinkellers zurück. Ihr langsames und genussvolles Trinken fördert das Erzählen.



Am Kamin stand oftmals die Jagd im Mittelpunkt der Gespräche, wurden neben Tagesfragen der Jagdpolitik auch wildbiologische Verlautbarungen diskutiert und Jagderlebnisse geschildert. Dabei servierte ich der Gesprächsrunde manchmal Berichte über Nachsuchen und „etikettierte" sie mit den Güteklassen des Weins.

Hier möchte ich zwei Spätlesen aus Alfs Leistungsnachweis kredenzen. Sie verdienen das Prädikat „Spätlese" sowohl hinsichtlich der Qualität der Arbeiten als auch bezüglich des fortgeschrittenen Lebensalters des Rüdens zum Zeitpunkt ihrer Durchführung. Einmal handelt es sich um eine 1996er Silvaner-Spätlese vom „Näßlichbacher Einschnitt" und zum anderen um eine ebenfalls aus dem Jahr 1996 stammende Riesling-Spätlese vom „Frammersbacher Brandrück".

Am 23. Oktober 1996 hatte Udo Dallmann, der stets hilfsbereite, zuständige Sachbearbeiter für die Untere Jagdbehörde beim Main-

Kinzig-Kreis, nachts im GJB Linsengericht II ein stärkeres Stück Schwarzwild beschossen. Die Sau, die bei zunehmendem Mond allein über eine Wiese angewechselt war, näherte sich einem Maisfeld. Kurz vor dem Einwechseln in die Frucht brach der Schuss, dem im Anschluss an das sofortige Repetieren ein zweiter folgte. Das Stück wendete und flüchtete über das Grünland in Richtung Wald. Bald darauf füllte sich die erste Stunde des Tages.

Am Morgen fand der Schütze Pirschzeichen, Borsten und Schweiß im Bereich des ersten Anschusses. Der zweite Schuss entpuppte sich als Fehlschuss. Dallmann veranlasste die fällige Nachsuche, die mit einem Deutsch-Langhaar in der Feldgemarkung des GJB Linsengericht II und im angrenzenden Wald des GJB Horbach durchgeführt wurde. Leider hatte das Gespann keinen Erfolg.

So erreichte mich um 12.45 Uhr der Notruf. Knapp zwei Stunden später begannen Alf und ich mit der Suche. Die Herbstsonne hatte auf der Flur nicht nur den Tau, sondern auch den Schweiß getrocknet, aber das störte den Rüden nicht. Er bestätigte zunächst die Arbeit des Langhaars. Auf zwei Wiesenflächen konnte Alf dabei weiteren Schweiß verweisen. Danach führte er mich in den Gemeindewald Horbach. Hier behinderte uns die Vorhin- und Quersuche des am Vormittag eingesetzten Hundes zunächst erheblich. Doch der Rüde konnte den Knoten lösen, der Riemen wurde wieder straff. Eine Bestätigung der Arbeit durch Schweiß blieb allerdings aus.



Schließlich ging es hangab in den Einschnitt des „Näßlichbaches". Dort hatte der Deutsch-Langhaar nicht gearbeitet. Alf gewann dadurch weiter an Sicherheit und führte mich mit dem Begleiter Dallmann durch eine dichte Naturverjüngung aus Fichte und Kiefer, die mit Buche aus Pflanzung durchstellt ist. Am Ufer des Baches stand die Fährte einer stärkeren Sau.

Im Bereich des Bayerischen Forstamtes Schöllkrippen, das nach der Durchquerung des Tales von Revierleiter Schlenke vertreten wurde, ging es zunächst wieder hangauf. Im Mittelhang folgten zahlreiche Widergänge. Flächig verbreitete Brombeerranken behinderten die Suche. Aber Alf lag stramm im Riemen, und ich musste mit ihm hindurch.

Plötzlich riss es den Rüden herum. Intensiv reiserte er an den tief herabhängenden Zweigen einer Gruppe vorwüchsiger Fichten. Vorsichtig kontrollierte ich den von Alf markierten Einwechsel, aber fand auch hier keinen Schweiß. Als ich den Rüden leise zur Fortsetzung der Arbeit ermunterte, glitt der Riemen langsam durch die von Handschuhen geschützten Hände, um sofort wieder zu erschlaffen. Alf hatte nach einer Stunde und 1200 Metern Riemenarbeit bei zum Teil schwierigen Gelände- und Bestockungsverhältnissen die gesuchte Sau, einen Überläuferkeiler, verendet gefunden.

Der Kujel, der einen Schuss im Kleinen Gescheide aufwies, brachte aufgebrochen 64 Kilogramm auf die Waage. Infolge der Verhitzung des Wildbrets konnte er jedoch nicht verwertet werden. Die Verstopfung von Ein- und Ausschuss hatten das Übergehen gefördert. Dennoch freuten sich der Schütze und der Beständer über den Ausgang der Suche, sie hatte ihnen Gewissheit über das Schicksal der krankgeschossenen Sau gebracht. Alf und ich aber, die Reservisten von der Ersatzspielerbank, waren glücklich. Ein zeitweiliger „Blindflug" hatte dank der guten Nase des Rüden und seines Fährtenwillens zum Erfolg geführt.

Schon am nächsten Tag, der ebenfalls sonnig, aber durch Nachtfrost etwas kühler als sein Vorgänger war, weilte ich wieder mit Alf in Unterfranken. In Markt Frammersbach wurde das Gespann vom Beständer Alfred Schnatz und seinem Jagdfreund Willi Kempf erwartet.



Der Jagdpächter hatte am 23. Oktober gegen 23.00 Uhr in der Flurlage „Querenberg" nahe der „Kreuzkapelle" in dem von ihm gepachteten Jagdbezirk Frammersbach II ein Stück Schwarzwild krankgeschossen. Diese Sau, deren Wildbretgewicht der Schütze auf 50 bis 60 Kilogramm taxierte, war nach dem Schuss aus dem Feld in den nahen Wald geflüchtet. Anderentags wurde sie vormittags mit einem Bayerischen Gebirgsschweißhund angesucht, aber nicht zur Strecke gebracht.

Die Suche mit Alf begann an einem Waldweg im „Röderschlag" des Gemeindewaldes Frammersbach. Sie führte von dort in den Forstort „I. Wegscheid" hinein. Im anschließenden Staatswald arbeitete das Gespann in den Abteilungen „Balzplatz" und „Brandrück". Der Grenzübertritt war vom Forstamt im Voraus genehmigt worden.

Auch bei dieser Sau hatten sich vermutlich Ein- und Ausschuss verstopft. Der dunkle Schweiß der ersten Meter nahm bald ab. Nach etwa 600 Metern Riemenarbeit schweißte das Stück nicht mehr. Der Hund blieb aber weiterhin äußerst interessiert. Er hatte streckenweise allerdings Schwierigkeiten, die Wundfährte zu halten. Offensichtlich strebte die kranke Sau nicht allein einem vertrauten Tageseinstand entgegen. Beidseitig ihrer Fährte hatten immer wieder andere Schwarzkittel frisch gebrochen. Just als bei den beiden mir folgenden Jägern Zweifel ob der Richtigkeit der Suche aufkamen, bestätigte ein größerer Schweißtropfen die feine Nase des Hundes. Wir waren richtig!

Wenngleich nach dieser ermunternden Bestätigung wiederum auf längerer Strecke kein Schweiß zu erkennen war, drängte der Rüde energisch voran. Schließlich führte er mich in eine Fichten-Dickung mit mannshohem Adlerfarn und Brombeergestrüpp. Plötzlich waren Farn und Ranken niedergewalzt. An Blättern und Gräsern sah ich Schweiß. Wir hatten wahrscheinlich den Platz des Todeskampfes erreicht.

Die Vermutung traf zu. Am Ende der kleinen Blöße lag nach insgesamt 1400 Metern Riemenarbeit die verendete Sau. Wie am Vortag währte die Suche eine Stunde. Die Striche der zweijährigen Bache waren zurückgebildet. Auch sie hatte einen Durchschuss im Kleinen Gescheide erhalten und war ebenfalls verhitzt und unverwertbar. Schade!



Wenn ich in meinen frühen Jahren in Frammersbach einen guten Silvaner trinken wollte, ging ich entweder zum Küfer Karl Heimbach oder zu Karl Kessler, dem Wirt. Bei Heimbach konnte man nicht nur einen fruchtigen Silvaner schlürfen, sondern auch Lehrreiches über das Holz der Traubeneiche erfahren. Dieser Liebhaber der Eiche des Hochspessarts war deshalb nicht nur als Fassbauer geschätzt, sondern zugleich bei den unterfränkischen Furnierwerken als Wertholzeinstufer geachtet. Beim Kessler, der seine guten Flaschen vor dem Entkorken zu streicheln pflegte, gibt es zum Frankenwein ein kräftiges Zubrot. Der geschäftige Gastwirt alter Schule vermag eine Vesper mit Wein zu zelebrieren.

Nachmittags kehrte die Nachsuchenmannschaft aus dem Brandrück nach Frammersbach zurück. wir gingen zum „Landgasthof Kessler“. Der alte Heimbach war schon 1989 gestorben. Kessler öffnete für die Jäger einen reifen Silvaner und reichte Bauernbrot, Landbutter, Hausmacherwurst und alten Käse dazu. Wir tranken auf die erfolgreiche Nachsuche und auf den braven Alf, besiegelten seine Spätlese mit der Spätlese aus einem Bocksbeutel.

# *Eine Suche – zwei Sauen*

Am Nachmittag der bereits erwähnten Gesellschaftsjagd auf Schwarzwild und Füchse vom 18. Januar 1997 im GJB Großheubach I lagen nur eine Frischlingsbache und ein Fuchs auf der Strecke. Glatteis, Schnee und Regen hatten die Jagd erheblich beeinträchtigt. Allerdings bestand eine vage Hoffnung, das magere Resultat im Zuge einer anstehenden Nachsuche noch um ein Stück geringfügig zu verbessern.

Zwei Schützen hatten auf einem Fernwechsel kurz hintereinander einen stärkeren Keiler beschossen. Er sollte gezeichnet und nach der Schussfolge den rechten Vorderlauf nicht mehr benutzt haben. Auf dem zweiten Anschuss würden Borsten liegen. Weitere Pirschzeichen hatten die beiden Jäger nicht gefunden.

Mit dem munteren Jagdaufseher Hubert Helmstetter fuhr ich umgehend zum Ort des Geschehens. Wegen der unsicheren Witterungsverhältnisse wollten wir trotz der vorgerückten Stunde die erforderliche Kontrolle sofort durchführen und gegebenenfalls die Suche noch voranbringen.



Der Rüde bestätigte beim letzten Anschuss die Angaben des Schützen. Dieser, ein zwar korpulenter, aber durchaus noch wendiger „Medizinmann“ der mittleren Altersklasse, hatte den Keiler von links beschossen. Nach den am Anschuss vorgefundenen Borsten war die Kugel wahrscheinlich im „Taschenbereich“ des rechten Vorderlaufes in den Wildkörper eingedrungen. Auf der Schneedecke konnten wir dennoch weder Schweiß noch Knochensplitter finden. Doch der Lauf war offensichtlich verletzt. Er schleifte im Schnee. Etwa vierzig Meter weiter kennzeichnete heller Wildbretschweiß die Fluchtfährte.

Sie führte in den aufgelassenen „Kaisersteinbruch“. Er umgibt eine Wildnis aus Felsen, Gesteinsbrocken, Baumbewuchs, Windwürfen, Sträuchern und Brombeergestrüpp. Das Terrain ist ein idealer Einstand für Schalenwild. Aber der Keiler hatte sich nicht gesteckt. Da mein rechter „Hinterlauf“ ob eines abklingenden Bandscheibenvorfalles und stärkerer Hüftbeschwerden nicht standfest war, setzte ich mich auf den Hosenboden und fuhr den Stutz der Anhöhe hinab. Helmstetter und Alf warteten bereits unten.

Die kranke Sau war über freies Feld in eine Mulde voller Schlehen gewechselt. Der Begleiter umschlug die „Dorneninsel“ und meldete, dass der Keiler stecken würde. Doch der Jagdaufseher hatte sich geirrt. Das laufkranke Schwein war durchgezogen und hatte im tief eingeschnittenen „Brunnengraben“ Zuflucht gesucht. Der Widerruf kam jedoch zu spät. Alf war bereits geschnallt und enteilte auf der Schweißfährte. Ich humpelte so gut es ging hinterher, Helmstetter blieb an meiner Seite.

Die Dämmerung fiel ein, da ertönte vor uns Standlaut. Hatte der Rüde den Keiler gestellt? Wir gingen den Ball an. Plötzlich tauchten Sauen auf. Sie flüchteten aus der Tiefe des Grabens den Gegenhang hinauf. Alf musste sie locker gemacht oder gekreuzt haben. Ich fluchte vor mich hin und wurde lauthals, als ein Schuss neben mir fiel.

Meinem „zweiten Mann“ war offensichtlich die Passion durchgegangen. Er hatte eine der vier flüchtigen Sauen beschossen. Noch nie habe ich einen Helfer so scharf zurechtgewiesen wie diesen hilfsbereiten und jagdlich durchaus schon versierten jungen Mann. Auf Nachsuchen darf um der Ordnung und des angestrebten Erfolges willen nur das gesuchte kranke Wild beschossen werden. Und erst recht soll man sich bei einer gestatteten Wildfolge an diese unabdingbare „Spielregel“ halten.



Fährtenlaut folgte Alf den entschwundenen Sauen. Nach kurzem Hetzlaut erklang direkt unter uns im Graben der tiefe Bass des Hundes. Er stellte eine Sau. Sie klagte ab und an. Der Standlaut blieb. Ich musste hinab und „rodelte“ wieder auf dem Hosenleder hinunter. Am Ufer des sprudelnden Baches „badete ich die Füße“, stand auf, lud durch und näherte mich dem Bail.

Das kranke Schwein hatte sich unter einer unterspülten Felsplatte eingeschoben. Der Rüde stand lautgebend davor. Er konnte das Stück nicht packen. Aber irgendwie zwickte der Hund die Sau dann doch. Plötzlich stand ein schwacher Frischling vor mir im Wasser. Blitzschnell brach im schwindenden Büchsenlicht mein Schuss. Der Frosch tauchte unter und schlegelte. Das Wasser spritzte auf. Alf griff zu. Als ich den verendeten kleinen Schwarzkittel an das Ufer gezogen hatte, entdeckte ich die Verletzung des ersten Schusses: Die Kugel war etwas weit hinten in den Rumpf gedrungen und hatte in Fluchtrichtung die linke Keule durchschlagen.

Der Ausstieg aus dem Bachbett fiel mir schwer. Die Böschung war eisglatt und mein beschädigter Hinterlauf rutschte ständig weg. Da warf mir Helmstetter den Schweißriemen zu. Meter um Meter zog ich mich an ihm empor. Das „Seilzugverfahren" wurde wiederholt. Schließlich erreichte ich die obere Kante des Brunnengrabens.

Zum Schüsseltreiben kamen wir noch rechtzeitig. Aber zunächst wurde dem Jagdherren Bericht erstattet. Er verständigte den benachbarten Pächter, in dessen Revier wir nachgesucht hatten. Der Nachbar zeigte Verständnis und genehmigte entgegenkommenderweise für den nächsten Tag die Fortsetzung der Schweißarbeit auf den Keiler.

In der Nacht hatte die Kälte nachgelassen. Am Morgen nieselte es. Der Schnee begann zu tauen. Das Eis wurde brüchig.

Vor dem Treffen zur Wiederaufnahme der Suche hatte Helmstetter bereits im Bereich des Brunnengrabens gekreist. Nach seinen Angaben war der kranke Keiler in eine langgezogene, schmale Douglasien-Dickung eingewechselt. Alf bestätigte am langen Riemen diesen Befund. Dann griffen wir auf einem den Jungwuchs begleitenden Holzabfuhrweg vor. Dabei zeigte uns der Rüde, dass die Sau den Weg überfallen hatte und steil hangauf in ein Kiefern-Baumholz gezogen war.



Unter Zuhilfenahme von zwei Geländewagen wurde die Suche fortgesetzt. Die Kraftwagen ermöglichten ein schnelles Vorgreifen. Das gebot auch die Wetterprognose. Für den Nachmittag war Regen mit erneuter Glatteisbildung angesagt. Außerdem behinderten mich die anhaltenden Beschwerden.

So fuhren Helmstetter, Alf und ich in einem Wagen vorweg, um auf Rückewegen, die parallel zum Hang verlaufende Hauptwege verbinden, den Verbleib des Keilers zu erkunden. Dazu kam der Hund jedes Mal an den langen Riemen. Markierte der Rüde eine Schwarzwildfährte, wurde sie kontrolliert, hielten der Jagdaufseher und ich nach Schweißspritzern Ausschau.

Peter Kothe lenkte den zweiten Wagen. Er war über Helmstetter mit dem Suchengespann per Funk verbunden und folgte uns auf Abruf. Zwei zusätzliche Schützen begleiteten den Jagdherrn als „mobiles Einsatzkommando".

Zunächst war der Keiler dem Fernwechsel im halben Hang gefolgt. Dann hatte er jedoch die „Autobahn der Schweine" verlassen und seinen Kurs geändert. Auf einer Geländerippe war er trotz des verletzten Vorderlaufes talwärts gezogen. Die Schweißfährte führte über den Hauptweg in ein junges Eichenholz, dem sich ein dichteres Fichten-Stangenholz anschloss. Schnell wurden die zwei Schützen Kothes im Mittelhang postiert, dann ging es mit den Kraftfahrzeugen in das Tal hinab. An der Wald-Feld-Grenze griffen wir erneut vor und glaubten schon, den Kreis um den Keiler schließen zu können. Aber wie Alf dokumentierte, stand die Wundfährte außerhalb des dichten Holzes im Schnee. Sie führte an einer breiten Schlehenhecke vorbei in die offene Feldflur. Über verschneites Feld ging es mit dem Hund am langen Riemen in Richtung Röllbach, der sich unweit der Straße zwischen den Orten Röllfeld und Röllbach durch das Tal schlängelt.

Der Keiler hatte den eisfreien Bach nicht durchronnen. Neben der Hinfährte stand die Rückfährte. Sie führte in einen schmalen, aber dichten Schilfgürtel. Der Streifen hatte die Form eines spitzen Dreiecks. Es wurde umschlagen. Das Schwein steckte. Wir waren am Ziel der Suche. Kothe besetzte die Spitze des Dreiecks, während Helmstetter und ich an den Ecken der Grundlinie Posten bezogen. Alf wurde geschnallt. Der letzte Akt begann.



Mit tiefem Standlaut meldete der Rüde, dass er gefunden hatte. Dann folgte das Wetzen des Gewaffs, Grunzen, Knurren, Hetzlaut, Standlaut und Gepolter. Alf biss zu, der Keiler rumorte. Ein Mordsspektakel entwickelte sich im Rohr. Ich verließ meinen Stand nicht. Die lange Flucht zum Feld musste gemeinsam mit Kothe abgedeckt werden, während Helmstetter den Bachlauf kontrollierte.

Im Schilf kann man überdies leicht den Hund und sich selbst gefährden. Also wartete ich mit dem Angehen noch zu und erschrak, als der Hund plötzlich klagte. Der Laut brach ab. Aber da fielen auch schon bei Kothe zwei Schüsse, ertönte der erlösende Ruf „Sau tot!". Doch ich jubelte erst auf, als Alf zum verendeten Keiler fand und ihn zu zausen begann.

Keiler? Nun ja, ein Überläuferkeiler im Alter von 20 bis 22 Monaten war zur Strecke gekommen. Aber das Keilerchen war mit 44 Kilogramm Wildbretgewicht ein rechter „Hosenflicker", dem die Kugel des Medizinmannes Helldorfer Elle und Speiche des rechten Vorderlaufes unterhalb des Oberarmbeines zerschlagen hatte. Eingedrungen in den Wildkörper war das Geschoss im Taschenbereich. Der „Herr Doktor" freute sich über den Ausgang der Schweißarbeit.

Wäre er nur eine Kleinigkeit höher abgekommen, hätte der Kujel im Umkreis des Anschusses gelegen.

Alf hatte Glück gehabt. Beim Abtasten seines Körpers am Abend entdeckte ich, dass an der Unterseite der Rute ein etwa drei Zentimeter langer und daumenbreiter Hautfetzen fehlte. Deutlich hatte der Überläufer im Bereich der Wunde zwei Zahnabdrücke hinterlassen, und auf der Oberseite der Rute war ein Hautriss zu erkennen. Fast hätte der Hund den Rest seines Lebens mit verkürztem Schwanz umherlaufen müssen.

Zum Keiler: Manche Jäger bekommen große Augen, die zu Vergrößerungen neigen, wenn sie stärkeres Schwarzwild sehen. Und seien wir ehrlich, die schwarzen Gesellen „wachsen", wenn sie über Schnee mit aufgestellten Federn und gestrecktem Pürzel flüchten.

Ich selbst habe bisher nur zwei Hauptschweine vor mir gehabt. Den ersten groben Keiler sah ich in frühen Jahren beim Nachbarn Karl-Theodor Paul im „Klinggrund" des Forstamtes Bad Soden-Salmünster auf einer Winterjagd, dort etwa, wo einst der längst verstorbene Büroleiter Roempler einen reifen Spessart-Keiler schoss. Ich wollte es ihm nachmachen, aber ging leer aus. Als ich schießen konnte, tauchte in Schussrichtung die Treiberwehr auf, und das Schwein wechselte zwischen ihr und mir im gemütlichen Troll die Breitseite zeigend hangauf.



Das andere Hauptschwein kam mir im Dezember 1998 auf der Einzeljagd im mecklenburgischen Forstamt Jasnitz. Der „Hochzeiter" querte mit einer starken Bache die „Maucker-Wiese" und verschwand mit seiner „Dame" im angrenzenden „Lembkenort-Bruch". Ich hätte abdrücken können, aber unterließ es, denn ich glaubte, den Keiler nicht freizuhaben. Es war ein Missverständnis zwischen Forstoberrat Schoop und mir. Meine Frau verlieh darob dem Forstamtsleiter den „Hoppschen Familienorden Erster Klasse". Sie meinte, dass ihr Mann im auslaufenden Jahr ausreichend Taler der Haushaltskasse für die Jagd entnommen habe.

Mit der „Doppelsuche" von Großheubach endete zugleich meine erfolgreiche Zusammenarbeit mit Alf. Längere Zeit konnte ich kaum gehen. Ich vermochte weder zu jagen noch nachzusuchen. Erst im Spätsommer 1997 brachten mich die Doktoren wieder auf die Läufe und zur Jagd. Schon Ende November verband ich eine Herbstreise nach Mecklenburg-Vorpommern mit einem Jagdaufenthalt. Ich jagte wieder unbeschwert und frohgemut. Die Forstämter Jasnitz, Lüttenhagen und Hinrichshagen bescherten mir erlebnisreiche Tage.

Kurz vor der Rückreise in den Spessart erreichte mich Anfang Dezember ein Anruf meiner Frau. Sie berichtete, dass Alf bei einem Spaziergang zusammengebrochen sei. Als ich heimkehrte, freute sich der Rüde. Die Rute wedelte, aber der Hund schleppte sich nur noch mühsam mir entgegen. Dann verschlechterte sich sein Zustand rapide. Alf ging hinüber. Ein Rüdemann trat ab.

# Erbsen aus Neuengronau

Der plattdeutsche Ausdruck „mankkaakt Äten“ entspricht dem hochdeutschen Begriff „Eintopf“. Zu den Eintopfgerichten zählt zum Beispiel die Erbsensuppe. Für sie werden außer Wasser, Erbsen, Möhren, Porree und Sellerie auch einige Kartoffeln benötigt. Gemeinsam mit Speckschwarten, Schinkenresten und Dörrfleisch oder Schnuten un Poten lässt man dieses Gemenge „in einem Topf zusammen kochen“. Danach werden der Suppe gebräunte Zwiebeln beigegeben. Sobald der Eintopf mit ein wenig Salz, Majoran und Suppenwürze abgeschmeckt ist, kann er mit gerösteten Semmelwürfeln und gehackten Kräutern angerichtet werden.

Eine derart zubereitete und vielleicht noch mit prallen Rinds- oder Bockwürsten versehene Erbsensuppe findet auf Gesellschaftsjagden zur Mittagszeit am Feuer großen Zuspruch bei Treibern und Jägersleuten. Aber nicht immer bleibt der Genuss von Erbsen ohne Folgen. Deshalb empfiehlt sich die Order, dass Feldküchen stets einige Flaschen eines heilsamen „Magen-Kräuter-Elixiers“ mitzuführen haben.



Neuengronau heißt ein kleines Dorf zwischen Spessart und Rhön am Rande des „Bergwinkels“. Das dort gelegene Gasthaus „Jägerhof“ diente über viele Jahre hinweg den Jagdpächtern Helmut Röder und Hans-Dieter Rösch als „Fuchsbau“. Seit 1965 jagten sie gemeinsam im GJB Neuengronau und später auch in dem von Röder gepachteten benachbarten staatlichen Eigenjagdbezirk „Lagerts“. In beiden Revieren konnte man früher Rotwild, Sauen und Rehe aussichtsreich bejagen. Selbst Hasen gab es dort in den sechziger und siebziger Jahren noch ausreichend.

Rechtsanwalt und Notar Röder, ein besonders tatkräftiger Pionier des Rotwildringes Rotwildgebiet Spessart, starb 1997, und Rösch gab das Revier Neuengronau schon im Jahr 1994 auf. Beide Jäger sind aber im Dorf unvergessen und geachtet, weil sie als Großstädter, die das „einfache Leben auf dem Lande“ suchten, ohne Kumpanei mit der ländlichen Bevölkerung zusammen lebten und für ihre Nachbarn Ansprechpartner und Helfer zugleich waren.

Andererseits sind in der Erinnerung vieler Neuengronauer Jagdgäste „Philippine“ und „Kösper“ Röder, einst die „guten Geister“ des Jägerhofes, unvergänglich. Die Jungfer Philippine, eine äußerst hagere Frau mit herbem Gesicht, war fürwahr keine Grazie, aber ein fleißiges und fürsorgendes Weib mit Herz für Jägersleute. Ihr Bruder, der Junggeselle Kösper (Kaspar), verstand sein Handwerk als Metzger. Wurst und Schinken dieses spitzbübischen Gastwirtes waren ebenso gefragt wie die von ihm zugeschnittenen „Riesenschnitzel“, und keiner konnte so schnell wie er „Rhöndiesel“, ein mörderisches Schnapsgemisch, einschenken. Die getreuen Geschwister, keine Blutsverwandten des Notars, ruhen schon längst auf dem Friedhof des Ortes.

Die Zutaten zum mankkaakt Äten sind zusammengerührt, das Rezept des Gerichtes wurde erläutert, der Ort gezeichnet und die Handelnden präsentiert. Also kommen wir zu den Erbsen aus Neuengronau, die am 28. Dezember 1993 als Suppe daselbst gelöffelt wurden.



An diesem Tag veranstaltete Helmut Röder unterstützt von Hans-Dieter Rösch im Lagerts eine Treibjagd. Rot- und Schwarzwild, Rehe, Füchse und Hasen sollten bejagt werden. Da ich zur Weihnacht und zum Jahreswechsel aus Schwerin in den Jossgrund gekommen war, konnte ich an der Jagd teilnehmen. Ich freute mich auf das Wiedersehen mit Jagdfreunden des Neuengronauer Kreises.

Aber wo waren die Mitarbeiter der Sozietät und die Politiker, die Forstleute und die Karnevalisten, die Studenten und die Klienten, die in den früheren Jahren auf den Jagden in Neuengronau als Treiber oder Schützen mitwirkten, geblieben? Einzelne von ihnen sind uns vorausgegangen, „über den Fluss und in die Wälder“. Einige scheiterten im Auf und Ab der Wirtschaft. Andere verließen den südhessischen Raum. Und sicherlich gab es auch ehemalige Teilnehmer, die des einfachen Lebens zwischen Spessart und Rhön überdrüssig waren. Ich entdeckte jedenfalls nur noch wenige bekannte Gesichter in der Schar der wartenden Jäger und Jagdhelfer.

Auch Philippine und Kösper vermisste ich. Mit ihrem Fortgang lockerte sich die Bindung des Jägerhofes zur Jägerei. Am Ende der Ära Röder/Rösch diente daher der Jagdkeller des Jagdaufsehers

Christel Röder den Jägern als Treffpunkt. Christel und seine Familie waren liebenswerte Gastgeber, unermüdlich und zuvorkommend ihrem „Namensvetter" und seinen Gästen zu Diensten.

Am Jagdtag war der Wald tief verschneit, ein „Märchenwald" umgab die Jagdgesellschaft. In der „Lederhose" kam Rotwild vor, und im Lagerts stoben Sauen aus den Kesseln. Nur im einst so wildreichen „Westerngrund" zeigte sich kein Hochwild. Dafür spürten sich in allen drei Treiben Füchse. Ein Hase, der „letzte Mümmelmann", rettete in der Nähe des Essensplatzes unbeschossen seinen Balg. Er hielt den Pass in das neue Jahr.

Zur Mittagszeit wärmte das knisternde, Funken speiende Feuer der Eichenscheite und Buchenkloben. Es gab die angekündigte steife Erbsensuppe. Die Erbsen waren nicht zerkocht, sondern kugelrund. Das scharf geräucherte Dörrfleisch schmeckte pikant und überlagerte einen kaum wahrnehmbaren säuerlichen Beigeschmack.

Waren morgens nur vereinzelt Schüsse gefallen, so hallten am Nachmittag Salven durch den Winterwald. Pulverschnee stiebte von den Zweigen. Aber nicht jeder Schuss war ein Kugel- oder Schrotschuss. Es waren die Erbsen, die da tönten, gleich Kanonenschlägen platzten. So lagen am Abend nur fünf Rehe auf der Strecke. Die Jägerei hatte schlecht und teilweise mit untauglicher „Munition" geschossen.



Zum Schüsseltreiben warteten Ursula und Christel Röder mit deftiger Hausmannskost auf. Es gab Leberkäs, saftigen Schwartemagen, steinharte Blutwürste und fette Leberwurst aus Dosen, dazu frisches Bauernbrot, gesalzene Butter, Kartoffelsalat und Gewürzgurken. Und alles vermengte sich im Gescheide mit den Erbsen des Mittagessens zu einer hochexplosiven Masse.

In den Mägen begann es zu rumoren. Das Gedärm drehte sich. Ächzen und Stöhnen drang aus den Türen mit Herz. Die ersten Opfer meldeten sich, bleich und erschöpft kehrten sie an die Tische zurück. Aber es sollte noch schlimmer kommen! Einige mussten auf der Heimfahrt die Kraftwagen verlassen, sie wendeten am Rand der Straße die Hosen. Andere unterbrachen die Rückreise und schlieften gekrümmt in Motels oder Gasthäusern ein. Doch dort gab es kein Erbarmen! Wegen ruhestörenden Lärms und übler Duftmarken wies man den Jammernden die Türen. Selbst die ihr Zuhause erreichten, spürten die Härte der Erbsen. Die Ehefrauen verließen das gemeinsame Bett, und die Herren der Schöpfung bedienten die Spülung. Erst Wochen nach der Tortur wandelten sich die Erbsen aus Neuengronau zu Perlen der Erinnerung.

# Weiß man's?

Im Jahr 1986 lernte ich das Revier Großheubach I kennen. Zur Blattzeit versuchte ich mich dort auf einen Rehbock. Ich schoss, aber traf nicht. Doch der Beständer Peter Kothe hatte die Güte, mich für das nächste Jahr erneut zur Rehbrunft einzuladen. So weilte ich Ende Juli 1987 wieder am Main.

Das Ehepaar Kothe begrüßte mich herzlich. Wir vesperten und tranken zu Bauernbrot und Hausmacherwurst einen kräftigen roten „Bischofsberger". Dann ging es sogleich hinaus in das Revier.

Bald saß ich in einer schiefen Kanzel, die im Zentrum des Jagdbezirkes an einem verfilzten Dickicht aus Dornen, Sträuchern und Kräutern mit einzelnen Laubbäumen steht und den seltsamen Namen „Katzenhütte" trägt. Am Rande dieses Wildeinstandes für Rehe und Sauen fehlte ich im vorausgegangenen Jahr den besagten Bock. Der Schuss von dem in Schräglage befindlichen Sitz war schwierig gewesen, und die Störung durch ständig an- und abfliegende Wespen, die sich in der geschlossenen „Luftschaukel" als Untermieter einquartiert hatten, empfand ich als unangenehm. Ein Jahr später fehlten die Plagegeister und im Tarieren des Gleichgewichtes besaß ich noch Übung.



Aber ich sah trotz der Blattzeit kein Rehwild. Weder in der Frucht zwischen den Feldgehölzen noch auf den einsehbaren Wiesen trieb ein Bock. Dafür knackte es plötzlich im Dschungel neben mir. Drei Sechser, ein Eissprossenzehner und ein ungerader Vierzehnender, alles Rothirsche vom zweiten bis zum fünften Kopf, zogen in den Weizen und taten sich gütlich. Sie wussten offenbar, dass sie die Schonzeit noch schützte.

Am nächsten Morgen pirschte ich in den Weinbergen am Main. Bedächtig folgte ich vorsichtig den Windungen des Grasweges. Immer wieder hielt ich inne und leuchtete mit dem Glas kleine Blößen im Hang ab. Aber ich sah nur eine Ricke, doch keinen Freier. Dafür erlegte der Gastgeber einen alten, heimlichen Sechser auf dem relativ schmalen Feldstreifen zwischen dem Fluss und der Talstraße. Ich freute mich mit dem Jagdherrn. Das Frühstück schmeckte, und der Wein mundete schon zur frühen Stunde.

Den zweiten Abend verbrachte ich wieder auf dem Plateau unweit des Rosshofes. Aber ich blieb erfolglos. War die Blattzeit schon abgeklungen? Wir rätselten über den Verbleib der Rehe. Kothe empfahl einen „Stellungswechsel". So saß ich am neuen Morgen auf dem „Birkensitz" am „Dachsgraben". Schlehen und Obstbäume umgaben mich, dazu der grüne Teppich einer ungepflegten Wiese. Alles in allem ein idealer Biotop für Rehe.

Als ich beim Blick über die Schulter ein unruhiges Schmalreh wahrnahm, machte ich mich fertig. Und da stand auch schon der lüsterne „Schlehenkönig" auf der Matte. Der Bock trug ein dunkles, knuffiges und gut geperltes Gehörn. An den etwas schrägen und gegeneinander verschobenen Stangen markierten aufgestülpte Fortsätze den Ansatz zum Gabler. Dieses Gewichtl mit den ausgeprägten Rosen war begehrenswert. Ich drehte meinen Körper und kniete mit dem rechten Bein auf dem Sitz. Endlich war ich in Schussposition.

Der Bock verhoffte noch, und das brunftige Schmalreh erwartete ihn. Das Paar auf Zeit hatte mein Wendemanöver auf der Leiter nicht bemerkt. Ich zielte durch eine Lücke im Blattwerk. Der Schuss brach. Die Kugel riss den Hochzeiter mit einem Blattschuss von den Läufen.



Den versorgten Bock zog ich zum nahen Feldweg. Bald brummte der Wagen des Beständers heran und hielt neben mir. Behände sprang Peter Kothe aus dem Wagen und fragte mich nach dem Ergebnis des Ansitzes. Ich wies stumm auf den gestreckten Bock im taunassen Gras. Der Beständer staunte und packte die Stangen. Dann gratulierte er mir mit einem herzlichen „Waidmannsheil!".

Im Domizil der Familie Kothe in Großheubach erwarteten uns schon die Dame des Hauses und der „Mühlenmichel", der damals achtjährige, aber vom Vater bereits jagdlich geführte Sohn. Der Hausherr schwenkte das abgeschlagene Haupt des angedeuteten Gablers und rief dabei freudig: „Der Hopp hat einen Mordsbock geschossen!" Der Bub lief hinzu und „begutachtete" kritisch das Gehörn. Dann blickte er auf zum Vater und sagte: „Aber Papi, der Herr Hopp sollte doch gar keinen guten Bock schießen."

Dieser Satz schlug wie ein Blitz in die Runde. Die Eltern schwiegen und der Erleger sagte ebenfalls kein Wort. Der Blick des Sohnes verharrte einen Moment beim Vater, dann wanderte er zur Mutter, um schließlich bei mir zu verweilen. Die Wangen der Erwachsenen röteten sich. Schließlich brach der Jagdherr das Schweigen, lakonisch bemerkte er: „Das stimmt nicht!“ Und Hopp kommentierte diesen Ausspruch ebenso knapp, aber schelmisch mit der Frage: „Weiß man’s?“ Erst danach erschallte ein allseitig befreiendes Lachen.

# Schwarze Tage

Wer unter uns Jägern kennt sie nicht, die „schwarzen Tage"? Es sind Tage der Betroffenheit, an denen man durch Unachtsamkeit, Konzentrationsschwäche oder Benutzung einer nicht vertrauten Waffe gegen eine Anordnung des Jagdherrn verstoßen oder die ungeschriebenen Gesetze der Waidgerechtigkeit verletzt beziehungsweise eigene Maxime missachtet hat.

Schwarze Tage werden mithin von einem jagdlichen Fehlverhalten geprägt, das zwar vom Gesetz noch getragen wird, aber aus jagdethischen Gründen dennoch zu verurteilen ist. Das Gewissen der Jäger sollte früher aufleuchten und Halt gebieten als das Rot der gesetzlichen Norm.

Mir ist die Pein derartiger Fehler, die Stunden der Selbstprüfung bedingen, aber auch Häme von selbstgerechten Jägern nach sich ziehen, nicht fremd. Da Schuld nicht abwälzbar ist, muss man hindurch.



Das Forstamt Rothemühl, im östlichen Teil von Mecklenburg-Vorpommern in der Spitze des Dreiecks Pasewalk – Strasburg – Ferdinandshof gelegen, wies zur Zeit der DDR reiche Bestände an Rotwild und Sauen auf und beherbergte damals in nennenswertem Umfang auch Dam- und Muffelwild sowie Rehe. Es war als „Jagdforstamt" bekannt. Noch heute zieht dort das genannte Schalenwild relativ zahlreich seine Fährte. Doch wurden die örtlichen Populationen beim Rot-, Dam- und Schwarzwild erheblich reduziert. Lediglich der Bestand an Muffelwild blieb mit rund 50 Stück seit Jahren konstant. Die Mufflons sind aber kein Wild der Tiefebene.

Forstlich wächst in den Laubholzbeständen von Rothemühl in beachtlichem Umfang Wertholz heran. Beim Nadelholz fallen Lärchen-Althölzer mit Starkholz auf.

Die Brohmer-Berge und der Galenbecker-See, der an die Friedländer Große Wiese grenzt, prägen die Landschaft. Der Flachwassersee ist zudem ein Naturschutzgebiet von hohem Rang. In ihm waren bis vor kurzem Enten und Wildgänse zahl- und artenreich als Brutvögel und Zuggäste vertreten. See- und Schreiadler horsten hier.

Allerdings hat sich die Wasserqualität des Galenbecker-Sees in den letzten Jahren offensichtlich verändert. Zu beobachten ist, dass Wasservögel abziehen und ausbleiben. Dennoch ist das Forstamt Rothemühl ein floristisches und faunistisches Kleinod sowie forstlich und jagdlich interessant. Möge das – allen wirtschaftlichen Zwängen zum Trotz – so bleiben.

Ich lernte dieses Forstamt während meiner Schweriner Dienstzeit kennen. Jagdlich hatte ich mich in Rothemühl im Herbst 1992 erfolgreich eingeführt. Ich nahm dort an der Jagd für den DJV-Schalenwildausschuss teil und war auch Teilnehmer an der „ersten Holzjagd", die der Landwirtschaftsminister des Bundeslandes M-V für Vertreter der Holzindustrie gab. Meine persönliche Strecke betrug auf diesen Jagden insgesamt ein Hirschkalb (29 kg), eine nichtführende Überläuferbache (47 kg) und eine Frischlingsbache (17 kg). Alle drei Stücke waren für mecklenburgische Verhältnisse untergewichtig.

Zum Abschluss meiner Dienstzeit hatte ich noch einmal Gelegenheit, in Rothemühl zu jagen. Die Jagd fand am 15. Januar 1994, einem Freitag, statt. Ich erreichte das Forstamt am Vorabend mit dem Kraftwagen. Die Fahrt auf den winterlichen Straßen hatte angestrengt. Doch ich wurde bald wieder munter. Forstamtsleiter Neumann und seine Frau erwiesen sich als liebenswürdige Gastgeber. Das Abendbrot schmeckte und der Wein mundete. Erst nach Mitternacht bezogen die Gäste ihre Zimmer.



Am nächsten Morgen wurde zeitig geweckt und gefrühstückt. Dann ging es hinaus in den Wald. Auf dem Sammelplatz trafen sich etwa 75 Jägerinnen und Jäger. Dazu gesellten sich etliche Treiber. Bejagt werden sollten Rotwild, Sauen, Rehe und Füchse.

Forstoberrat Peter Neumann führte mich zu einem niedrigen Hochstand ohne Dach und lächelte spitzbübisch, als er mich zurückließ. Die Jagdeinrichtung befand sich an einem Hang zwischen zwei Eichen-Gattern, die gut 80 Meter voneinander entfernt und durch eine Buchen-Naturverjüngung getrennt waren. Hangabwärts stießen die Eichen-Kulturen und der Buchen-Jungwuchs an einen Grasweg, der zugleich als Schussschneise diente und den Verjüngungsblock von einer flachen Mulde mit Lärchen und Fichten trennte. Der Platz war erfolgversprechend, denn von ihm aus kontrollierte man den vorgegebenen Zwangswechsel. Hier hieß es schnell ansprechen und schießen, konnte Hopp sich bewähren oder verlieren.

Aber das erwartete Wild ließ zunächst auf sich warten. 69 Schüsse hatte ich schon gezählt, als endlich auf einer Lücke an einem der Gatter drei stärkere Sauen erschienen. Sie verhofften vor dem Zaun. Ich schoss über die Naturverjüngung hinweg auf das mittlere Stück. Es zeichnete und ging mit den beiden anderen Wildschweinen hangauf.

Bald danach sah ich wieder Schwarzwild. Dieses Mal zog es im vorderen Gatter. Die erste Rotte konnte ich nicht bejagen. Sie war zu weit entfernt. Von der zweiten Rotte, die am Draht entlang wechselte, beschoss ich einen schwächeren Kujel, der sichtlich krank in der Kultur verschwand.

Plötzlich schrien zwei unbemerkt herangekommene Treiber in der Verjüngung. Rotwild stürmte hangab. Ein Rudel von etwa 30 Stück Kahlwild querte den Grasweg. Das Kalb hinter dem Leittier fehlte ich, doch auf ein einzelnes Tier, das etwas abgehängt dem Rudel folgte, kam ich gut ab. Das Alttier quittierte die Kugel deutlich. Es flüchtete wie der Pulk in die Lärchen-Mulde.

Dann wurde es still um mich. Ich kam zur Besinnung und war verzweifelt. Das hatte ich noch nicht erlebt: Vier gute Chancen, vier Schüsse und sicherlich drei Treffer, aber kein Stück lag.



Die Pausen zwischen den Schüssen im Umfeld nahmen zu. Die Zeit des Abblasens rückte näher. Da überfiel just im letzten Moment ein Überläuferkeiler den Weg. Er kam aus dem Lärchen-Bestand und wollte in den Buchen-Jungwuchs. Schon war die Waffe im Anschlag, wurde gezielt, geschossen und repetiert. Noch einmal sprach die Büchse. Der Keiler von 61 Kilogramm erreichte die Deckung nicht mehr, zwei Blattschüsse hatten ihn vor dem Jungwuchs gebannt. Hopp war aufgewacht.

Aber mein übriges Resultat befriedigte nicht. Die stärkere Sau kam im Oberhang zur Strecke. Es war leider eine 3- bis 4-jährige Bache. Sie war dem Schützen mit durchgeschossenem Zwerchfell weidewund gekommen. Das zweite beschossene Stück Schwarzwild, das drei Wundbetten hinterlassen hatte, entkam trotz Nachsuche. Dem Alttier hatte meine Kugel den rechten Vorderlauf im Ellenbogengelenk zerschlagen. Es wurde zum Glück die Beute eines Standnachbarn. Das Tier hatte nicht geführt.

Der Sitz der Kugeln verriet, das ich gar nicht so schlecht getroffen hatte. Bei den beiden kranken, durch andere Schützen gestreckten

Stücke fehlten jeweils nur wenige Zentimeter für einen im Anschussbereich bindenden und schnell tötenden Schuss. Noch müde vom langen und anstrengenden Vortag war die Konzentrationsfähigkeit am Morgen des Jagdtages zunächst offensichtlich beeinträchtigt gewesen. Den Schüssen fehlte die erforderliche Präzision. Ich wäre am Begrüßungsabend besser mit einem „Gute-Nacht-Schluck“ sofort ins Bett gegangen. Aber hinterher ist man immer klüger.

Es verging einige Zeit, bis ich die selbstverschuldete Pechsträhne in den jagdlichen Alltag eingeordnet hatte. Dabei merkte ich mir, dass man auf einer Gesellschaftsjagd tunlichst nicht mehr als zwei ungewisse Anschüsse von einem Stand aus verursachen soll. Diese Zurückhaltung wird schon seit längerem und zunehmend auf vielen Gemeinschaftsjagden von der Jagdleitung bei der Verkündung der Regularien gefordert. Die Befolgung des Gebotes erleichtert den Nachsuchengespannen die Schweißarbeit.

Im Übrigen kamen auf der Jagd am „schwarzen Freitag von Rothemühl“ mit rund 150 Schüssen 20 Stücke Rotwild, 23 Sauen, 5 Stücke Rehwild und 5 Füchse zur Strecke. Das ist ein beachtliches Ergebnis. Der durchschnittliche Verbrauch von 2,8 Patronen je erlegtem Stück Wild befriedigt jedoch nicht. Es war nasskalt am Jagdtag.



Heinrich und Christa Battermann bewirtschafteten fast vier Jahrzehnte einen größeren Bauernhof in Ramhorst bei Lehrte. Jetzt betreibt die mittlere Generation die Landwirtschaft. Eltern, Kinder und Enkel leben gemeinsam unter einem Dach. Die Familie ist intakt. Auf einer Geburtstagsfeier zitierte der Senior seine Schwiegertochter mit dem Satz: „Wir sind eine ganz normale Familie, für die heutige Zeit schon zu normal.“ Dieser Satz war der Mittelpunkt der Rede des 70 Jahre alt gewordenen Landwirtes, und zwischen den Worten spürte man Liebe und Stolz.

Battermanns lernte ich über die Jagd durch den inzwischen verstorbenen und von mir im Buch „Weite Pürsch“ gezeichneten Dr. Georg Jacobs aus Lehrte kennen. Er führte seinen Freund Heinrich Battermann im Jossgrund als Jagdgast ein. Der Verbund zwischen der Familie des Landwirtes und der des Forstmannes wurde enger, es entwickelte sich eine Freundschaft.

Der alte Battermann, den auch mein Nachfolger Bachmann entgegenkommenderweise zum Jagen in das Forstamt Jossgrund einlädt, schoss im Spessart einige Stücke Rotwild und eine Sau. Andererseits erlegte ich in der Steinwedeler Jagd des Ramhorster Bauern ein paar Hasen, Gockel und Enten. Während meiner Tätigkeit in Mecklenburg wurde Battermanns Hof mein „Landeplatz zum Auftanken". Beim Rasten trank ich Tee und vertilgte säuten Platenkauken. Die niedersächsischen Freunde stopften das (freche) „Süßmaul".

Dass ich ein nur wenig geübter Flintenschütze bin, habe ich schon berichtet. Aber ich konnte mich meistens mit einem „Trostpreis" aus der Affäre ziehen. Einen lebensmüden Mümmelmann oder einen zu kessen Gockel trafen selbst die Schrote meiner Flinte. Manchmal fiel auch ein Erpel oder eine Ente vom Himmel. Gelegentlich schoss ich sogar mehrere Aanten, aber einmal ging auch alles verquer.

Es war später Nachmittag. Heinrich Battermann, Jagdaufseher Achim Mager und ich standen an der „Mergelkuhle" in der Nähe von Ramhorst. Zwei Hunde, eine erfahrene Hündin aus der „Sippe der Deutsch-Langhaar" und eine junge Labrador-Hündin begleiteten uns. Wir wollten Aanten auf dem Strich bejagen.

Die Mergelkuhle ist ein relativ langgezogener, überwiegend flacher und fischreicher Teich. Er grenzt einseitig an einen „Eichenbusch", dem einzelne Buchen und Birken beigemischt sind. Den Boden dieses Gehölzes deckt ein Gestrüpp von zahlreichen Sträuchern und Brombeerranken. Der Filz ist dicht und manchmal Einstand von Sauen.



Das ruhige Wasser, die schon herbstliche Tönung des Laubes und das Klickern fallender Eicheln entspannte von der anstrengenden Fahrt im Stau. Langsam kam die Ulenflucht.

Und plötzlich ein feines Klingeln, dem das Rauschen vieler Flügel folgte. Enten strichen über uns hinweg. Dann fielen sie ein, einzeln, zu zweit oder in kleinen Schofen. Die ersten Schüsse zerrissen die Stille. Eine getroffene Ente klatschte auf das Wasser. Als es dunkelte, blies Heinrich Battermann die Jagd ab. Fünf Stockenten apportierten die Hunde. Ich hatte viermal geschossen, aber keine Ente getroffen.

Am nächsten Morgen streiften wir mit den Hunden durch die Flur, revidierten eine Hecke oder schnallten die Hunde zum Stöbern in einem Busch. Außerdem schauten wir nach den Enten auf der Aue. Mir kamen, jeweils einzeln und schussgerecht, drei Fasanenhähne. Ich fehlte sie alle und kam erneut mit den Enten nicht zurecht. So bestand die Strecke am Morgen nur aus zwei Erpeln, die Beute der Begleiter.

Meine neu erworbene Flinte vom Kaliber 16 wurde begutachtet und für etwas zu kurz befunden. Auch rüstete man mich nun mit 2,7-mm-Streupatronen für den rechten und 3,0-mm-Schrotpatronen für den linken Lauf aus. Die bisher benutzten 3½-mm-Patronen wurden verbannt.

Der zweite Abend war regnerisch, doch die Enten strichen an der Mergelkuhle. Sie kamen später als am Vortag, aber zahlreicher. Mir schien es, dass sie schneller einfielen, und rasch von der aufkommenden Dunkelheit über dem Wasser „geschluckt" wurden. Wie glücklich war ich deshalb, als ich mit einem hingeworfenen Schuss endlich eine Ente von zweien herunterholte. Sie trieb auf dem Wasser, aber dann begann sie zu rudern und strich davon. Ich hatte buchstäblich das Nachsehen und nichts gelang mir mehr. Es war gleich, ob die Enten hoch oder flach, nah oder etwas weiter entfernt strichen oder einfallen wollten, ich fehlte stets. Einmal soll ich zornig einem Fehlschuss ein derbes Schimpfwort hinterhergeschrien haben. Plattdeutsch heißt es harmlos „Schiet". Selten habe ich so schlecht mit einer Flinte geschossen wie an jenen beiden Tagen im Oktober 1995. Hahns un Aanten har dat nauch gäwen, un ballert har dat väl, blot drapen har ik nicks.

Wer eine neue Waffe erwirbt, der sollte sich mit ihr vertraut machen. Das gilt in besonderem Maße für eine Flinte. Sie muss unbedingt dem Schützen liegen, wenn sich Erfolg einstellen soll. Erforderlichenfalls ist der Schaft dem Schützen anzupassen. Vor allem aber gilt es, zu üben: den Anschlag, das Mitschwingen und den Schuss. „Übung macht den Meister!"

# Zwei Überraschungen

Bei einem Besuch in St. Andreasberg zeigte mir Kurt Reulecke im Frühsommer des Jahres 1996 eine kurz zuvor erworbene Kipplaufbüchse der Firma Blaser. Es handelte sich um eine K 95 in Luxusausführung. Ich war begeistert, als ich die leichte, führige und elegante Waffe in meinen Händen hielt. Der Freund rüstete sie zur Bejagung von Rehwild mit einem Lauf des Kalibers 5,6 x 52 R aus, während er für die Jagdausübung auf Hochwild die Büchse mit einem Wechsellauf des Kalibers 8 x 57 IRS versieht.

Die „Braut des alten Mannes" verführte mich im Nu. Ich war entschlossen, es dem Freunde gleich zu tun. Gemeinsam mit ihm stellte ich meine Wünsche für die Fertigung des Gewehres zusammen. Dann erfolgte die Bestellung einer entsprechenden K 95 bei Frankonia Jagd in Würzburg.

Schon Ende August besaß ich die Waffe. Die Sicherheit des Systems, das leichte Gewicht, das feine Spiel des Nussbaum-Maserschaftes und die dezente Distellaubgravur sind zweckmäßige technische Eigenschaften oder liebenswerte Attribute einer zeitlosen Schönheit.



Zum Zubehör gehört ein 6 x 42 Diatal – ZM Zeiss-Zielfernrohr für den Ansitz und ein variables Zielfernrohr der Fa. Schmidt & Bender mit einer Vergrößerungsspanne von 1¼ bis 4 x 20 für Pirsch und Drückjagd. Beide Zielfernrohre sind mit dem Absehen 1 ausgestattet und lassen sich leicht mittels der Blaser-Sattelmontage wechseln.

Das Kaliber der Waffe beträgt 7 x 65 R. Als Munition verwende ich das „Original Brenneke Torpedo Ideal Geschoss"/10,5 g. Mit ihm habe ich bislang gute Erfahrungen gesammelt. Die Kipplaufbüchse schießt genau.

Man spürt, dass ich mit dieser Waffe zufrieden bin, vielleicht liebe ich sie sogar ein bisschen. Aber eine derartige Zuneigung ist gemessen an anderen Torheiten der Reifezeit ein relativ harmloses Altersvergnügen.

*Im Dienstbezirk Villbach kam in der Brunft 1984 am „Hirscheck" der mächtige „Kardinal", ein ungerader Zwanzigender, zur Strecke. Ein Jahr zuvor (1983) war im benachbarten Forstort „Schöne Aussicht" der „Burgunder", ein 10- bis 11-jähriger„Spitzensechser" gefallen.*

Die Brunft war schon vorüber, da führte ich Mitte Oktober 1996 erstmals die „schöne Maid“ in den Pirschbezirk im alten Villbacher Revier. Ich wollte Kahlwild bejagen, möglichst ein Kalb für die Küche erlegen und wählte dafür den Hochsitz an der „Schönen Aussicht“ als Ansitzplatz. Diese Forstortbezeichnung wurde zu Beginn meiner Forstamtsleitertätigkeit im Jossgrund kreiert, als ein Loshieb den heute zugewachsenen Blick auf das im Tal gelegene Bad Orb öffnete.

Vor dem Sitz befindet sich eine größere, teilweise von Gräben durchzogene Blöße, die in der Vegetationszeit von einem dichten Pfeifengras-Teppich bedeckt ist und an die Zunge eines durchgewachsenen Eichen-Niederwaldes grenzt. Die Schöne Aussicht ist eine Art „Wildverteilerkopf“ zwischen der Daueräsungsfläche am Staatssekretär, der Wildwiese im „Neuland“ und „Willis Wieschen“ am Rand vom „Gipfelsberg“.

Aber wider Erwarten hat der Hochsitz bisher nur wenig Wild gebracht. Die Windverhältnisse sind im Bereich der unmittelbar benachbarten „Bieber Höhe“ (533 m ü. NN) häufig unstet. Dennoch erlegte ich im Juni 1972 nach einem Gewitterregen just hier den „Bananenbock“. Luxurierendes Wachstum hatte die Stangen seines „Ledergehörns“ ohne Vereckung gelassen und bananenförmig ausgebildet. Auch stand in der Jagdzeit des Jahres 1981 eines Tages der „Burgunder“, ein älterer Rothirsch mit sechs Enden im Geweih, vor der zwar überdachten, aber sonst offenen Kanzel. Doch ich kam nicht zum Schuss.



Dafür hatte ich das Vernügen, die Bekanntschaft mit dem etwas schwerhörigen Korvettenkapitän a. d. Goertz aus Hamburg zu machen. Er saß in einem eleganten weissen Sommeranzug auf dem Sitz und deutete, als ich die Leiter emporstieg, unentwegt wort- und gestenreich auf den schon längst von mir georteten Hirsch.

Der Sechser warf auf und empfahl sich. Er reifte zu einem beachtlichen „Spätburgunder“, zu einem hessischen „Spitzensechser“ mit langen Stangen, guter Auslage und bemerkenswerten Aug- und Mittelsprossen heran. Dieser Hirsch fiel in der Brunft 1983. Sein Alter wurde auf 10 bis 11 Jahre geschätzt. Glücklicher Erleger war der damalige Forstrat Heitmann, heute Leiter des Forstamtes Königstein. Der Schütze und sein Führer, Forstamtmann Rohland, wussten vor Freude gar nicht, wie oft sie geschossen hatten. Ich hatte fernab vom Geschehen fünf Schüsse gezählt. Der erste Schuss hatte weidewund getroffen. Als der kranke Hirsch den Jägern auf dem Weg zum Kraftwagen nochmals kam, setzte die „Kanonade“ ein. Der Sechser sollte von seinen Qualen erlöst und eine Nachsuche wegen des Brunftbetriebes möglichst vermieden werden. Die Salve war zugleich ein vorweggenommener Ehrensalut für den liebenswürdigen Käpten, der im Forstamt Jossgrund zum Jagdgast avancierte und 1986 auf „Große Fahrt“ ging.

Doch zurück zum ersten Reviergang mit der K 95. Da saß ich nun bei leidlichem Wind auf dem Hochsitz an der Schönen Aussicht und wartete auf Kahlwild, das ich im nahen, früher gern von mir bejagten Hirscheck vermutete. Aber ich konnte weder ziehendes Wild hören noch sehen. Sollte der gute Platz wieder mehr versprochen haben, als er zu halten vermochte? Die Aussicht auf einen Erfolg nahm ab. Die Dämmerung kam. Ich döste vor mich hin.

Da erhaschte ich plötzlich im Stockschlag vor der Blöße eine Bewegung. Drei Stück Rotwild zogen durch die schwachen Eichen. Es musste sich um eine Familie handeln. Alttier, Schmaltier und Kalb sprach ich an. Das führende Tier drängte auf die Freifläche, die beiden anderen Stücke zögerten. Schnell senkte ich den Blick auf die neue Waffe und schob den Spannschieber nach vorn. Damit war das Schloss zugleich gespannt und entsichert. Sofort folgte der Anschlag. Mit dem Zielfernrohr suchte ich die beiden zurückgebliebenen Stücke. Sie folgten jetzt dem Leittier, aber befanden sich noch zwischen den Bäumen. Als der Zielstachel im Zielfernrohr über das Blatt des ersten Stückes der Nachzügler glitt, schwang ich leicht mit und löste den Schuss. Das Mündungsfeuer blendete mich, doch dann sah ich mit dem Fernglas Leittier und Schmaltier durch das Holz flüchten. Auch glaubte ich vor mir in Richtung Bieber Höhe das Zusammenbrechen und Schlegeln des Kalbes gehört zu haben.

Als ich aufblickte, traute ich meinen Augen nicht. Überall in den Gräben und im Pfeifengras standen Sauen auf: fünf, zehn, fünfzehn oder gar zwanzig Stücke. Aber ich war nur wenige Augenblicke verblüfft. Rasch lud ich nach, spannte und entsicherte wieder, schlug an, suchte mir einen Frischling, zielte und schoss. Der Frosch rutschte zusammen und lag. Die „Schweinerei“ brach davon.

Schnell versorgte ich das verendete Bächelchen. Es wies einen schrägen Durchschuss ohne nennenswerte Wildbretzerstörung auf. Dann überquerte ich die Freifläche und suchte im Douglasien-

Baumholz vor der Kreuzung an der Bieber Höhe das beschossene Kalb. Bald sah ich es verendet im Bestand liegen. Als ich näher herantrat, wurde es immer größer, meine Augen auch. Das Stück, das dort lag, war kein Kalb, es war ein Tier, ein Übergehendtier. Es musste, während ich den Spannschieber bediente, das Kalb überholt haben. Ich war unachtsam beim Ansprechen vor dem Schuss gewesen.

Das zweijährige Stück, das noch nicht geführt hatte, war mit einem Blattschuss zur Strecke gekommen. Es wog 61 Kilogramm, der Frosch nur 18. Wildbiologisch konnten beide Stücke der Wildbahn entnommen werden und dennoch dämpfte die Fehlansprache meine Freude über die sicherlich seltene Dublette von einem Stück Rotwild und einer Sau. Der Erfolg hatte sich als eine doppelte Überraschung entpuppt. Nur die Kipplaufbüchse wurde gestreichelt, sie hatte ihre „Feuertaufe" bestanden.

# *Baden verboten!*

Es herrschte Sonnenschein als Ende Oktober 1997 58 Schützen im Forstamt Sinntal Hochwild, Rehe und Füchse bejagten, aber es war kein Sommer mehr. Der Herbst war in das Land gezogen und rief schon den Winter herbei. Glitzernder Raureif zierte am Morgen das Tal und die bewaldeten Hänge der Jossa. Man trug Loden, Sweater mit Wetterfleck oder Parka und genoss den Hauch Wärme, den die Sonne noch spenden konnte.

In zwei Treiben wurde auf insgesamt 1 500 Hektar in den Revieren Bellings, Marjoß und Mernes gejagt. Elf Treiber durchstreiften einzeln oder zu zweit und zu dritt die Einstände. 25 Bracken, Wachtel, Teckel und Jagdterrier unterstützten die Jagdhelfer. Nah und fern erklang das Geläut der Hunde. Sie hatten gefunden und jagten am Wild.

Dennoch sah ich im ersten Treiben nur ein Reh. Es flüchtete in der „Breiten Leite" über eine Wildwiese. Ab und an fiel ein Schuss. Die Zeiten der großen Wildjagden des Forstamtes Marjoß, das den Kern des 1974 entstandenen Forstamtes Sinntal bildet, sind längst Vergangenheit. Die „Wildkammern" im Westerngrund, „Zirkel" und „Kreuzgrund" sind heute wildarme Zonen. Allgemein ist der Wildbestand im Spessart über das aus ökologischen und ökonomischen Gründen erforderliche Maß hinaus abgesenkt worden. Insbesondere hat die Reduzierung des Rotwildes gegriffen und zum Teil seine Strukturen angeschlagen.



Im zweiten Treiben besetzte ich an einem Wegekreuz den „Suhlensitz" im „Grasbuch". An die Schneisen grenzen sowohl junge Bestände als auch Althölzer. Die Suhle befindet sich auf einem Rückeweg. In ihr stand Wasser. Auf dem „Teich" schwamm ein Teppich sattgrüner Entengrütze. Sollten hier Enten einfallen?

Der gut platzierte Hochsitz eignet sich leider nicht für den Schuss auf flüchtiges Wild. Man ist beengt und kann mit der Waffe nicht schwingen. Deshalb richtete ich mir mit einer greifbaren Latte einen Notsitz auf dem Vorbau der Kanzel ein.

Als helles Geläut sich näherte, erhob ich mich lautlos und ging in Voranschlag. Da erschien auch schon ein Fuchs. Es war ein „Mordsfuchs", fast ein kleiner Wolf, der da im zerbrochenen Fichten-Stangenholz herantrabte. Reineke nahm Kurs Hochsitz. Als er für einen Moment an der Leiter stutzte, fasste ihn meine Kugel von oben. Für ihn kam der Tod buchstäblich „aus heiterem Himmel". Dann folgte auf der Spur des Fuchses sein Verfolger, ein kleiner Rauhaarteckel. Er verbiss sich im Balg des Rotrocks. David hatte Goliath besiegt.

Später fielen unweit mehrere Schüsse nacheinander. Vermutlich waren einigen Schützen Sauen gekommen. Dann trat Stille ein. Plötzlich planschte es vor mir im Wasser. Die Enten waren da! Nein, ein Hund kühlte sich ab. Wirklich? Ich konnte den „Besuch im Bade" nicht ansprechen. Die Sonne blendete mich, und das Wasser spritzte immer wieder auf.

Ich rutschte etwas zur Seite, suchte den Blendschutz eines Buchenstammes und erkannte plötzlich das Haupt einer Sau! Ein wildes Schwein suhlte während des Treibens. Das war fürwahr eine Dreistigkeit, und ich tat das, was mich danach bedrückte: Ich schoss auf die fidele und graziöse „Wassernixe". Nur sechs bis sieben Monate wurde die Frischlingsbache alt. Ihr Wildbretgewicht betrug 17 Kilogramm. Ich musste an „das Bad auf der Tenne" denken: Die Jungfrau im Bottich, der Heuboden darüber und ein lüsterner Alter vor einem Astloch des Scheunentores. Jäger wappnet Euch wider die Sünde!



Das Ergebnis der Jagd: Mit 28 Schüssen wurden ein Hirschkalb, zwei Überläuferkeiler, eine Überläuferbache, vier Frischlinge, sieben Rehe und fünf Füchse erlegt. Die Zusammensetzung der Strecke dokumentiert die Verhältnisse in der Wildbahn zum Zeitpunkt der Jagd: wenig Rotwild, ein stückzahlmäßig ausreichender, aber im Altersklassenaufbau ungeordneter Schwarzwildbestand und eine stark aufkommende Fuchspopulation. Zugleich beweist das Resultat die vorbildliche Umsetzung der Vorgaben der Jagdleitung durch die Jäger. Sie bejagten beim Rot- und Schwarzwild nur Stücke der Jugendklasse. Die Trefferquote befriedigte voll. An den acht Fehlschüssen beteiligte ich mich mit einer „Fahrkarte" auf einen Überläuferkeiler, das Ansprechen im Reisig währte zu lange.

# *Mayer mit A und Ypsilon*

Auf einer meiner Jagdreisen im europäischen Ausland lernte ich einen älteren deutschen Jäger kennen, den wir Mayer – schlicht Mayer mit A und Ypsilon – nannten. Einfach Mayer: ohne Vornamen, ohne Titel und ohne die Anrede „Herr". Er war ein großes und etwas fülliges, aber noch fleischfestes Mannsbild mit Entengang.

Vielleicht war Mayer auch gar kein „Herr", sondern nur ein „armes Schwein". Er litt offensichtlich an einer Neurose, einem Relikt aus dem unseligen Krieg. Nach der Frühpirsch, vor dem Frühstück, pflegte er im Wald mit kräftiger und harter Stimme den im Mittelteil gedehnten und sonst abgehackten Befehl „Bat – te – riiie – Feuer!" herauszuschreien.

An einem sonnigen Morgen fehlte Mayer beim Frühstück, das wir unweit des Jagdhauses im Freien einnahmen. Er hatte sich wahrscheinlich verspätet, sein tägliches „Kriegsgeschrei" war bislang ausgeblieben. Als ich mit frischem Kaffee zur Runde trat und mich nach dem Verbleib unseres Bruders Mayer erkundigte, beschied mich der Sprecher der Korona, dass Mayer gerade „in Stellung" gegangen sei.



Und wie zur Bestätigung des Hinweises erklang unmittelbar danach aus Richtung „Donnerbalken" der „Hahnenschrei" des Vermissten: „Bat – te – riiie – Feuer!" Ein ohrenbetäubender Knall folgte. Diese Lärmbelästigung konnte man zwar noch ertragen, aber die mit ihr verbundenen und von einer leichten Brise herangetragenen „Pulvergase" waren penetrant.

Einige Teilnehmer der Frühstücksrunde rümpften die Nase und verließen den Tisch, als Mayer leicht vornübergebeugt und watschelnd aus dem Walde trat. Er lachte verlegen und meckerte dabei wie ein Ziegenbock. Der erleichterte Jäger streckte sich, zog die seitwärts baumelnden Hosenträger über die Schultern und dehnte die Bänder mit den aufgerichteten Daumen. In dieser Positur ließ er dann bei vorgestrecktem Bauch das Gummi auf das grüne „Speckhemd" klatschen.

Anschließend beendete Waidgenosse Mayer das morgendliche Ritual, er verschloss den noch geöffneten Hosenlatz und setzte sich zu uns. Mayer war selig, für ihn begann das Frühstück, er sagte: „Guten Appetit!"

# „Oh, là, là!“

Wenn der wilde Wein über dem Mauerbogen im Burghof des Forstamtes Jossgrund sich zu verfärben beginnt, naht in den Revieren des Spessarts die „Hohe Zeit“ des Rotwildes. Einzelne Hirsche melden zwar schon im August, doch erst zum Herbstbeginn im „Scheiding“ hat sich die Brunft eingespielt. Dann tönt der raue Schrei der Hirsche, lenkt die Jäger zum Wild.

Leuchteten die Blätter des Weines purpurrot über dem Gestein, musste früher der erste Hirsch auf dem Hof des Amtes verblasen sein, wenn das Jahressoll an alten Hirschen erfüllt werden sollte. Ende September verflacht die Brunft im Jossgrund, um Anfang Oktober zu erlöschen. Da war die Zeit knapp bemessen, wenn – wie seit dem Jagdjahr 1976 – jährlich mehrere Hirsche der Altersklasse I (3 bis 7 Stück) in der Verwaltungsjagd erfolgreich bejagt werden sollten.



In der Brunft war die Mannschaft des Forstamtes besonders gefordert. Neben dem normalen Dienstbetrieb galt es, morgens und abends Hirsche zu verhören und zu beobachten. Die Wahrnehmungen wurden mittags und nach dem Abendansitz dem Forstamt gemeldet. Hier erfolgte die Auswertung der Berichte und die Absprache einer eventuellen Führung. Sie oblag in der Mehrzahl der Fälle örtlich kundigen und jagdlich erfahrenen Beamten.

Bei der Jagd auf den Brunfthirsch muss der Führer im Interesse des angestrebten Erfolges nicht nur das betreffende Revier kennen und das jagdliche Handwerk beherrschen, er muss vielmehr auch über die Gabe der Intuition verfügen und das Leistungsvermögen des ihm anvertrauten Jagdgastes einschätzen können. Außerdem sind Verantwortungsbewusstsein und Entschlussfreudigkeit gefragt.

Für mich war die Gestaltung der „Dreiecksbeziehung von Wild, Jagdgast und Führer“ stets besonders reizvoll. Der Erfolg des Gastes erfüllte auch mich, und wie ihn bedrückte mich das Scheitern einer gemeinsamen Unternehmung.

In der Brunft wurde das Familienleben durch den alltäglichen Dienstbetrieb mit der verstärkten Jagdausübung extrem belastet, zumal wenn sich für Eckel und mich im September die Nachsuchen häuften. Am Ende der Brunft wurden nicht nur die Hirsche, sondern auch die Jäger müde. Selbst eine „Hirschfeier" oder ein „Nachsuchen-Umtrunk" reizten nicht mehr. Man wollte nur ausschlafen.

In der Brunft des Jahres 1989 bemühten wir uns längere Zeit vergebens, für Oberamtsrat Karl Blume einen alten Hirsch zu bestätigen. Möglichst sollte dieser „Abschiedshirsch" ein besseres Geweih tragen, denn bislang hatte Blume noch keinen Hirsch mit stärkerer Geweihbildung erlegt. Überhaupt konnten die Forstbeamten des Hessischen Forstamtes Jossgrund nur selten Hirsche mit starken Geweihen bejagen. Die Gäste hatten Vorrang.

Endlich entdeckte Klaus Eckel in der Frühe des 21. Septembers im Bereich des „Kurzen Udo", eines Hochsitzes am „Lohrhaupter Weg" in der Revierförsterei Birkenacker, einen brunftenden alten Eissprossenzwölfer mit beeindruckendem Geweih. Schon am Nachmittag desselben Tages hockten deshalb Blume und ich auf dem „Blitzsitz" im Forstort „Scheibenwald". Wir vermuteten, dass das Wild auf der benachbarten Wildwiese brunften würde.



Dem Müßiggang hingegeben träumten wir bei herrlichem Sonnenschein dem Einsetzen des Brunftbetriebes entgegen. Wir brauchten nicht lange zu warten. Bald knörte ein Hirsch, und schon erschien vor uns im Fichten-Jungwuchs ein Schmaltier mit angehobenem Wedel. Das brunftige Stück äugte zurück, und der am Morgen gesichtete Hirsch trat aus der Deckung hervor. Es war keine Frage, dieser Eissprossenzwölfer hatte das erforderliche Alter von mindestens 10 Jahren. Auf dem bulligen Haupt saß ein von langen und nackten Stangen sowie wuchtigen Kronen geprägtes Geweih.

Der Hirsch verhoffte nicht. Er blieb in Bewegung und trieb das Tier in die Dickung zurück. Doch bereits nach kurzer Zeit zeigte sich das Jährlingsstück erneut. Es zog durch ein angrenzendes Stangenholz in Richtung Äsungsfläche. Der alte Freier schrie und folgte dem Tier. Als er in etwa 100 bis 120 Meter Entfernung auf einer Windwurflücke innehielt, brach der Schuss.

Hirsch und Schmaltier gingen flüchtig ab, Schütze und Führer waren verdutzt. Blume meinte, dass er den Zwölfer überschossen habe. Ich wollte das nicht wahrhaben, denn Blume gilt trotz seiner im Krieg zerschossenen linken Schulter, die beim Schießen den Einsatz der Stützhand beeinträchtigt, als guter Schütze. Allein, dieses Mal hatte er nicht getroffen. Die Kugel steckte in einer Lärche, und eine am nächsten Morgen mit Alf durchgeführte Kontrolle bestätigte die Vermutung: Fehlschuss.

Eingedenk der verursachten Störung im Birkenacker wechselten wir das Revier. Wir wollten nun unser Glück im Dienstbezirk Villbach versuchen. Dort sollte zwischen dem Wegekreuz „Dreimärker" und dem Hochsitz „Café Zentral" ein älterer Platzhirsch die Brunft bestimmen.

So zog es uns am 23. September im Morgengrauen in die Nähe des Dreimärkers. Wir besetzten den „Kanonier". Just jenen Hochsitz also, von dem aus Forstdirektor a. D. Hubertus Schroeter zur Brunft 1987 seinen Abschiedshirsch streckte. Es war ein 12-jähriger Kronenzehner mit massigem Körper und einem gedrungenen Geweih, der trotz mehrerer gut platzierter Schüsse nicht sterben wollte. Darob erregte sich der herzkranke Jagdgast derart, dass er blau anlief und mich erschreckte. Doch es ging alles gut. Der Hirsch verendete, und der Erleger erholte sich. Zur abendlichen Hirschfeier im Lärchenzimmer spendierte „Herzchen" Schroeter Bergsträßer Wein und sang herzhaft die alten Jäger- und Wandervogellieder mit. Den Jägerchor des Forstamtes dirigierte wie so oft der Ministerialdirigent a. D. Heinrich Trüller.



Aber Blume und mir war der Kanonier 1989 nicht wohlgesinnt. Ringsum war es öde. Kein Hirsch schrie, und kein Wild zeigte sich. Daher packten wir, als die Sonne hinter den Wipfeln hervorlugte, leicht fröstelnd unser „Sturmgepäck" und pirschten oberhalb des „Neuland-Planes" auf der ehemaligen Grenze der Forstämter Burgjoß und Cassel in Richtung Staatssekretär. Und plötzlich meldeten sich an der Wildwiese dieses Hochsitzes zwei Hirsche. Sie schrien sich ein. Einer der Rivalen stand offenbar in der „Branddickung", während der andere sich vermutlich unterhalb dieser Partie jüngerer Fichten im durchgewachsenen Eichen-Stockschlag befand.

Als wir den Verbindungsweg zwischen dem Neuland und dem „Villbacher-Grund" erreicht hatten, leuchteten wir mit den Gläsern die vor uns liegenden Bestände und die Äsungsfläche ab. Auf der Wiese brunftete kein Rotwild mehr, aber in den Eichen war noch Bewegung. Drei oder vier Stück Kahlwild und ein Hirsch zogen im

Baumholz hin und her. Ab und an meldete sich der zweite Hirsch mit rauem Schrei in der Dickung.

Wir mussten näher heran, wenn wir ansprechen wollten. Daher legten wir alle überflüssigen Sachen ab, hängten nur die Ferngläser wieder um und nahmen die Waffen auf. Dann begann in leichter Montur das Angehen des Brunftrudels. Von Baum zu Baum pirschten wir voran. Fast aufrecht näherten wir uns dem Wild. Es war mit sich selbst beschäftigt, aber wohl auch durch den in der Nähe stehenden Konkurrenten beunruhigt.

Bald konnten wir den Hirsch in den Eichen ansprechen. Ein 6- bis 7-jähriger Achter gebärdete sich dort wie ein Herrscher, aber war wohl nur ein Beihirsch vom unsichtbaren Pascha, den wir in der Branddickung vermuteten. Das Geweih des mittelalten Hirsches imponierte durch eine gute Auslage und weit geöffnete Gabeln. Alle Enden waren relativ lang und schwungvoll, aber etwas spillerig. Den Stangen fehlte die Stärke, sie waren dünn.

Der Achter konnte nach den damaligen Richtlinien als IIb-Hirsch mit geringem Geweihgewicht (unter 3000 g) bejagt werden, aber erschien mir für einen Abschiedshirsch zu gering. Als das Kahlwild Wind bekam und samt Hirsch davontrollte, war ich deshalb nicht traurig. Der Morgen war erlebnisreich gewesen. Die Jäger traten frohgemut den Rückmarsch an.



Aber irgendwo zwickte mich doch der Ehrgeiz, interessierte mich der Hirsch in der Branddickung. Ich empfahl daher Blume, dass wir uns in einem nahen Tiefsitz in „Lauerstellung“ begeben sollten. Gerade hatten wir das Geviert aus Fichten-Stangen erreicht, da hörte ich hinter uns Wild anziehen. Ich wandte mich um und sah den Achter. Er revidierte die Eichen.

Blume nahm sein Fernglas und schaute zum Hirsch. Er beschäftigte offensichtlich meinen Begleiter. Als ich ihn fragte, ob er diesen Hirsch etwa bejagen möchte, wurde die Frage prompt bejaht. Also wendeten wir und pirschten dem abziehenden Beihirsch hinterher. Als der uns vernahm, drehte er bei, eräugte uns und stutzte. Dieser Moment des Verhoffens genügte Blume, um dem Achter in Sekundenschnelle stehend angestrichen die Kugel anzutragen. Der Hirsch brach im Feuer zusammen und schlegelte. Ich lief auf ihn zu. Die Kugel saß im Widerrist, der Fangschuss löschte das Leben.

Voller Freude standen Blume und ich am Hirsch. Das war noch Jagd: Chancengleichheit für Wild und Jäger, gekonntes Pirschen beim Angehen und krönender Abschluss durch schnellen Schuss. Auch ein Hirsch mit geringem Geweih kann große Freude bereiten, wenn man ihn sich buchstäblich erjagt hat. Passionierte und erfahrene Jäger schätzen einen solchen Erfolg höher ein als die Erlegung eines starken Hirsches beim Ansitz.

Doch plötzlich trauten wir unseren Augen nicht: Nur wenige Meter neben uns tauchte pilzförmig ein Tarnzelt aus dem hohen Heidelbeerkraut auf. Bald stand eine blonde Maid vor uns. Sie zitterte leicht. Ein junger Mann folgte. Das Paar hatte die Nacht im Freien verbracht und Hirsche verhört. Wenn Brunft nach Brunft im Walde schreit!

Aber die beiden Jäger waren wohl noch mehr erschrocken als die kältesteifen „Hirschbrüllengeher". Blume und ich waren sprachlos. Was hätte nicht alles passieren können! Erst allmählich löste sich der Schock. Meine Zunge formte zunächst nur drei Silben: „Oh, là, là!" Etwas süffisant hatte der namenlose Achter seinen Namen erhalten.

# Letzte Führungen

Die Brunft 1989 war begleitet vom Wetterleuchten des Zerfalls der DDR. Einen Monat nach der Hohen Zeit wurde in Berlin die Mauer durchbrochen. Die Wiedervereinigung kündigte sich an. Ihre Verwirklichung bewegte mich. Nach dem Wiedersehen mit Mecklenburg im April 1990 begann ich mein „Päckchen“ in Hessen zu schnüren. Aber vorerst blieb ich noch im Spessart, erlebte noch einmal als Forstamtsleiter die Brunft des Rotwildes im Jossgrund.

Im Jagdjahr 1990 sollten in der Verwaltungsjagd des Forstamtes drei Hirsche der Klasse I bejagt werden. Amtsrat Eckel eröffnete die Jagd auf die Brunfthirsche mit der Erlegung eines Vierzehnenders im Forstort „Heizgesberg“ der Revierförsterei Birkenacker. Das Geweih dieses Hirsches entspricht mit gut 175 IP der Durchschnittsstärke der Geweihe der alten Spessarthirsche.

Als erster Gast traf Oberamtsrat Willi Schepp vom Versuchs- und Lehrbetrieb für Waldarbeit und Forsttechnik beim Hessischen Forstamt Lampertheim in Burgjoß ein. Er hatte schon ein Jahr zuvor sein Glück versucht, aber war ohne Beute abgereist. Das kam im Jossgrund höchst selten vor. Doch 1989 gelang einfach nichts. Ich konnte Schepp kaum eine Chance bieten, allerdings war er auch schwer zu führen gewesen.



Mit einer Größe von 184 Zentimetern und einem Gewicht von gut 100 Kilogramm war der Forstmann aus Südhessen ein Hüne. Aber das beeinträchtigte das gemeinsame Jagen nur gering. Dagegen störte das unentwegte Rauchen. Zwar wusste man beim „Kettenraucher“ Schepp stets wie der Wind stand, doch verrieten wir uns dennoch. Die mit dem starken Rauchen verbundenen Hustenanfälle, dem Geräusch einer Treiberrassel ähnlich, vergrämten das Wild. Außerdem klatschten die weiten Gummistiefel bei der Pirsch wie Elefantenohren. Schepp war verzagt, und Hopp wusste zunächst keinen Rat.

Aber ich wollte auch diesen Jagdgast zu Schuss bringen. Deshalb verständigte ich mich mit der vorgesetzten Behörde über die Wiederkehr des Arbeitslehrers zur Brunft im kommenden Jahr. Dem niedergeschlagenen Jäger empfahl ich für den nächsten Sommer die vorübergehende Drosselung des Rauchens und ein Lauftraining. Außerdem sollte er sich für Pirschgänge eng anliegende Gummistiefel oder Bergschuhe beschaffen.

Als Schepp in der zweiten Hälfte des Monats September 1990 die Wendeltreppe im Forstamt hinaufstieg, hatte er die Ratschläge befolgt. Er schnaufte nicht mehr, hustete kaum noch, unterließ in meiner Gegenwart das Rauchen und trug Gummistiefel, die seine strammen Waden vorteilhaft betonten.

Schepp war guten Mutes und ich ebenfalls. Dieses Mal musste es klappen. Und dann war es so weit: Am ersten Morgen erwarteten wir Wild vor dem Bergsitz in der Abteilung 27. Die Hirsche schrien verhalten im großen Fichten-Komplex. Plötzlich erschien ein alter Hirsch mit besserem Geweih in einem Jungwuchs. Als er den „Roteichen-Weg" überfiel, mahnte ich. Der Zwölfer oder Vierzehnender verhoffte kurz auf dem parallel zum Hauptweg verlaufenden Äsungsstreifen. Beim Anziehen fiel der freigegebene Schuss. Der Hirsch ruckte leicht, wendete und verschwand in der sich schließenden Kultur.

Das einzig Gute bei dieser Aktion war, dass auch ich mit einem nachgeworfenen Schuss den Hirsch nicht bannen konnte, denn die erste Kugel hatte ihn verfehlt. Eine Kontrollsuche gab uns die Gewissheit, dass der Platzhirsch am Bergsitz die zweifache Attacke auf sein Leben überstanden hatte. Er brunftete am Abend wieder im Schwarzen Grund.



Dieser Hinweis und eine längere „Seelenmassage" richteten den geknickten Gast wieder auf. Er wollte weiter am Bergsitz jagen. So saßen wir am nächsten Morgen wieder auf dem schon vertrauten Sitz. Aber das Wetter schlug um, es war warm geworden, und die Hirsche schwiegen.

Dann aber vernahm ich in der Ferne, jenseits der „Hindenburg-Straße" in Richtung „Hoher Berg", den Schrei eines Hirsches. Er meldete sich konstant. Offensichtlich zog der Unbekannte suchend auf den „Stelzengarten" zu. Schließlich musste er die Straße überquert haben, denn plötzlich ertönte sein Schrei an der relativ nahen „John Buche".

Ein Blick zu Schepp, eine Aufmunterung und wir verließen die Kanzel. Im Trab nahm das Gespann der Hirschjäger auf dem Roteichen-Weg Kurs „Bismarck-Eiche". Dabei näherten sich Hirsch

*Die Burg an der Jossa ist der Sitz des Hessischen Forstamtes Jossgrund in Burgjoß*

und Jäger einander. Das veranlasste sie, schnell einen Sitz am Wegesrand zu erklimmen. Als der Hirsch unmittelbar vor uns im Fichten-Stangenholz nahe eines einsehbaren Jungwuchshorstes hin und her trat, mahnte ich. Doch der Unbekannte blieb verborgen, ließ sich nicht locken. Er drehte ab.

Da wagte ich im Interesse meines Begleiters, der am nächsten Tag aus dienstlichen Gründen vorübergehend den Jossgrund verlassen musste, das Äußerste: Erstmals ging ich bei gutem Wind zu zweit einen Brunfthirsch im Stangenholz an. Der Hirsch vorweg und wir hinterher. Wenn bei unserer Folge ein Ast brach, hielten wir inne. Zwei- oder dreimal stand der Hirsch dann zu, schrie zornig seinem vermeintlichen nachdrängenden Widersacher entgegen. Aber wir bekamen unseren „Vorläufer" nicht frei. Ich konnte ihn nicht ansprechen.

Als unser „Gegenspieler" in eine vorgelagerte Dickung zog, brach ich das Nachhängen ab. Es erschien mir sinnlos, im Dickicht einen wenig erfolgversprechenden Zusammenstoß mit dem Hirsch zu riskieren. Wir mussten ihn seitlich überholen und dann an einem Wechsel abpassen. Also setzten sich Gast und Führer nach rückwärts ab. Im Sturmschritt erreichten wir den Verbindungsweg zwischen der Waldstraße des Schwarzen Grundes und dem Hauptweg im Forstort Stelzengarten.



Dann „sprinteten" wir zur John-Buche. Erst dort begann das vorsichtige Vorgreifen auf dem Weg zur „Friedensburg-Hütte". Der Hirsch schrie nicht mehr. Dennoch vermutete ich, dass er den Mittelhang noch nicht in Richtung Stelzengarten oder „Eisenbahn-Dickung" verlassen hätte.

In der ersten Kurve der Zufahrt zur Jagdhütte versperrte uns eine gebrochene Fichte den Weg. Als wir den angewinkelten Wipfel umgehen wollten, erkannte ich bei einem Blick durch das Gewirr der Äste einen rötlich-braunen Fleck, der bei genauem Hinsehen die Figur eines Hirsches annahm. Es war ein alter Kronenzwölfer mit kompaktem Körper und schwachem Geweih, der vor uns auf dem Weg verhoffte.

Die Zeit reichte, um Schepp mittels Zeichensprache einzuweisen und zum Schuss aufzufordern. Während der hochgewachsene Jäger die Waffe durch eine Lücke der noch grünen Zweige schob, auflegte und zielte, rollte ich in den Seitengraben des Weges. Als der Schuss fiel, war ich sofort wieder auf den Läufen und suchte mit den Augen den Hirsch.

Der Hirsch war weg. Aber der Gast sagte mir ruhig und bestimmt, dass er gut abgekommen sei und getroffen habe. Allerdings konnte ich im Bereich des Anschusses, der sich vor einem kleinen Stammholzpolter befand, weder Schnitthaare, Schweiß noch Knochensplitter finden. Lediglich die Eingriffe des Hirsches standen tief und gespreizt im Wegekörper. Schließlich entdeckte ich auf dem Stammholz einige winzige Schweißspritzer. Ich kletterte auf das Polter und sah den verendeten Hirsch auf der Gegenseite am Rand der Böschung liegen. Er hatte in der Todesflucht die gepolterten Stämme überfallen.

Wenig später stand der Erleger neben mir. Ihn packte das „Hirschfieber". Schepp vergaß alle Enttäuschungen. Er war glücklich, und ich freute mich mit ihm. Dabei sah man, dass die geringe Trophäe der Hauptschmuck eines „Moglers" war (158,54 IP). Doch das Jagderlebnis war hochkarätig. Ich habe manchen Hirsch im Angehen schießen lassen oder selbst erlegt, aber nie hat mir bislang ein Brunfthirsch so viel abverlangt und Freude gegeben wie dieser unbekannte zehnjährige Kronenzwölfer aus dem oberen Schwarzen Grund. 

Schepp hatte Burgjoß schon verlassen, aber Lampertheim mit Sicherheit noch nicht erreicht, als FOI Pfeifer mir berichtete, dass er in der Abteilung 18 der Revierförsterei Stelzengarten, im Bereich der so genannten Arena, einen „ansehenswerten" älteren Hirsch mit knuffigem Geweih und markanten Kronen entdeckt habe. Das war das Signal, um den zweiten Jagdgast der Brunft 1990, den Bankdirektor Jürgen Madaus aus Achim-Uesen, abzurufen. Wir verständigten uns telefonisch auf den 24. September als Anreisetag. Bis dahin sollten Pfeifer und FOI Herröder weiterhin vom Rande des Brunftgebietes aus das Geschehen in der Arena kontrollieren.

In der weiten Mulde mit Fichten-Naturverjüngung unterschiedlichen Alters und wenigen Altholzresten waren bereits in vorangegangenen Jahren drei Brunfthirsche mit beachtlichen Geweihen zur Strecke gekommen. 1983 fiel dort der alte Sechzehnender Bacchus (Erleger: Kothe). Ihm folgte 1984 der gleichfalls reife „Schrittmacher", ein Kronenzwölfer, der vom österreichischen Herzchirurgen Professor Dr. Peter Satter, seinerzeit Frankfurt am Main, mit einem „Gamsschuss" auf große Distanz erlegt wurde. Der dritte

Hirsch, wiederum ein Kronenzwölfer, konnte 1989 (Erleger: Dr. Zeilfelder) gestreckt werden. Und nun sollte im Jahr 1990 vielleicht erneut ein Sechzehnender die Serie der begehrenswerten Hirsche aus der Arena fortsetzen.

Bei schönstem Herbstwetter erschien Freund Madaus auf dem Forstamt. Nach kurzem Verweilen ging es hinaus in das Revier. Unterhalb der Arena erwarteten uns schon die Revierleiter Pfeifer und Herröder. Sie wollten bei der Bejagung des „Schauflers", so hatten wir den Hirsch auf Grund seiner flächigen Kronen „getauft", dabei sein. Während die beiden Mitarbeiter den Hochsitz „Panorama" oberhalb der Talsohle des Schwarzen Grundes besetzten, stiegen der Gast und ich langsam zur „Loge" in der Arena hinauf.

Wir hatten kaum auf dem Hochsitz Platz genommen, da knörte bereits gegenüber von uns in einem Horst älterer Douglasien ein Hirsch. Unmittelbar danach tauchte im Fichten-Aufwuchs am Oberhang ein Alttier auf. Es näherte sich dem Sitz. Das Stück war brunftig, denn der Wedel stand.

Meiner Bitte, sich rittlings auf die Bank der Kanzel zu setzen und auf die Schussschneise zu achten, kam Madaus nur zögernd nach. Die Aufforderung, die Büchse zu ergreifen und zu entsichern, befolgte er mit fragendem Blick. Denn wo war der Hirsch, den ich offensichtlich erwartete?



Der Sechzehnender ließ nicht lange auf sich warten. Er folgte dem Tier, das den Aufhieb bereits überquert hatte. Über den Spitzen der jungen Fichten schaukelte das wuchtige Geweih mit den mächtigen, jeweils fünf Enden zählenden Kronen. Als der Hirsch auf die Schneise trat, erfasste ich mit einem Blick, dass er alt war und gab den Schuss frei. Er folgte sofort und warf den Brunfthirsch auf die mit Drahtschmiele geschmückte Heidelbeerdecke.

Bald erschienen Pfeifer und Herröder. Sie waren überrascht vom schnellen Erfolg. Aber so ist es eben auf der Jagd: Der eine braucht für einen Hirsch die Zeit zweier Brunften, der andere nur eine knappe Viertelstunde. Der Tiefgang des Glücks ist jedoch unterschiedlich.

Dem Leser sei noch verraten, dass das Tottrinken des Hirsches wesentlich länger dauerte als seine Bejagung. Erst am Tage danach wurde auch dem Schützen bewusst, dass er im Jossgrund einen Hirsch, den Schaufler, erlegt hatte.

*AR Eckel und der Verfasser mit „Arko“ am „Schrittmacher“ in der „Arena“ der Revierförsterei Stelzengarten/ Forstamt Jossgrund, Brunft 1984 (Kronenzwölfer, 11- bis 12-j.).*

*Der „Schaufler“, ein 11-j. Sechzehnender mit mächtigem, gedrungen wirkendem Geweih, wurde 1990 ebenfalls in der „Arena“ erlegt.*

# *Der „Fetthammelhirsch"*

Ende Februar 1998 wechselte ich in das achte Jahrzehnt. Das war, wie mich das Leben gelehrt hat, kein selbstverständliches Ereignis. Es wurde daher froh und dankbar gestaltet und mit dem Wunsch verbunden, in Mecklenburg-Vorpommern gegen Erstattung des Jagdbetriebskostenbeitrages auf einen Rothirsch der Altersklasse I jagen zu dürfen. Der Landwirtschaftsminister stimmte meinem Antrag zu und wies mich zur Jagdausübung in das Forstamt Schuenhagen ein. Die Freude war groß.

Zur Einstimmung auf die Jagdtage in Vorpommern las ich erneut in dem Buch „Jagen und Reiten – Passion meines Lebens" von Roman Maximilian Beninde (1969). Dieses Werk, das vornehmlich um das ehemalige Preußische Forstamt Pflastermühl kreist, ist mehr als ein Jagdbuch. Es zeichnet das Bild des verlorengegangenen Westpreußens, die Landschaft der Schlochauer Heide, berichtet von ihren Menschen und vom dortigen Lebensraum der Wildtiere. Vor allem aber dokumentiert die Schrift das Leben eines Forstmeisters, so wie es zwischen den beiden großen Kriegen verlief. Das Buch ist mithin ein Sammelband von jagdlichen Erlebnissen und ein kulturhistorisches Dokument zugleich.



Beninde, der 1973 mein erstes Buch, „Das magische Gespann", in der Jagdzeitschrift „Wild und Hund" liebenswürdig besprach, besuchte mich später im Spessart. Er, der einst im geliebten Pflastermühl Hirsche nach dem Rezept „100 Meter Trab, 100 Meter Schritt zum Verpusten" erjagt hatte, war damals schon geschwächt. Der pensionierte Landforstmeister schaffte im Revier Villbach die ebene und etwa 450 Meter lange Verbindung zwischen der Bieber Höhe und dem Staatssekretär nur mühsam. Wir alle müssen lernen, dass mit zunehmendem Alter die Kräfte nachlassen, wenngleich Reulecke frei nach dem verstorbenen Harzer „Leitwolf" Forstamtmann Wilhelm Holldorf aus Mecklenburg verkündet, „dass mecklenburgische Förster selbst hochbetagt noch die Kraft ihrer Lenden mit in das Grab nehmen würden".

Mitte September brach ich voller Tatendrang zur Reise nach Vorpommern auf. Bei meiner Ankunft in Schuenhagen lugte zur Mittagszeit die Sonne hinter aufgelockerten Wolken hervor. Nach einer vierzehntägigen Regenperiode mit erheblichen Niederschlägen zeigten sich die ersten, noch schüchternen Vorboten des ersehnten Altweibersommers.

Im Forstamt erwartete mich Forstmeister Krüger. Er berichtete, dass am Morgen im „Endinger Bruch" mehrere Hirsche gut geschrien hätten. Sie würden besonders am Brunftplatz an der „Erlenkoppel" stehen. Der Platzhirsch sei ein älterer ungerader Sechzehnender. Die linke Stange würde acht Enden besitzen, die rechte sechs aufweisen. Sowohl die leicht bizarre doppelte Stiefelknechtskrone links als auch die Dreierkrone rechts seien jeweils durch ein langes durchlaufendes Ende, einem „Hahnensporn" ähnlich, gekennzeichnet. Der linke Sporn würde zusätzlich ein kleines, aber zählendes Ende tragen. Aug-, Eis- und Mittelsprossen seien beiderseits gut entwickelt. Diesen Hirsch schlüge er zur gemeinsamen Bejagung vor.

Das Endinger Bruch ist eine etwa 250 Hektar große Senke mit einzelnen kleinflächigen und geringen Erhebungen. Durch die Niederung fließt träge das Wasser vom „Hohen Birkengraben". Er mündet in die Barthe. Auf den kräftigen organischen Nass-Standorten finden sich einzelne größere Wiesen. Sonst bestimmt auf den Freiflächen eine üppige, oft mannshohe Kraut- und Schilfvegetation mit „Sauburgen" aus Schwarz- und Weißdorn das Landschaftsbild.



Die Roterle ist Hauptbaumart im Bruch. Ihre älteren, meist aufgelockerten Bestände haben sich zumeist aus Stockschlag entwickelt. Zunehmend wird die „Eller" bestandsweise angebaut. Mächtige Stieleichen, Modelle für Landschaftsmaler, stocken als Solitäre und in Gruppen auf etwas trockeneren Partien. Heute versucht man, diese Baumart in aufgelichteten jüngeren Roterlenbeständen einzubringen. Die Erlen sollen die Stieleichen vor den häufigen Spätfrösten schützen. Auch Eschen und Rotbuchen werden auf kleineren Erhebungen angepflanzt. Alle Bestände sind mit „natürlichen Sichtblenden" aus Sträuchern, Kräutern und Schilfpartien durchstellt. Das Gelände ist unwegsam und schwer zu begehen. Bei Hochwasser können zeitweise selbst die wenigen Waldwege nicht befahren werden.

Die Wildnis ist eine sichere Heimstatt für Rotwild und Sauen. Auch Rehe leben im Bruch, aber sie sind im hohen Aufwuchs kaum zu orten. Im deckungsreichen Lebensraum des Endinger Bruches ist die Jagdausübung erschwert, und die Bringung von erlegtem starken Wild bereitet trotz des Einsatzes von geeignetem technischen Gerät Schwierigkeiten. Dafür kann der Jäger hier noch Seeadler und Fischotter beobachten, erfreut ihn der Gänse Ruf und das Klingeln pfeilschneller Enten, ist die jagdliche Herausforderung ein besonderer Reiz.

Der ungerade Sechzehnender, den ich bejagen sollte, zog aber nicht nur im Endinger Bruch seine Fährte, sondern war auch im benachbarten „Fetthammel-Brauk" (Brauk = Brok = Bruch) „zu Hause". Diesem Forstort, dessen meliorierte forstfiskalischen Wiesenflächen früher von Waldarbeitern als Deputat zur Mast von Schafen genutzt wurden, verdankt der Hirsch auch seinen von Revierförster a. D. Hans-Jürgen Helm kreierten Namen: „Fetthammelhirsch". Heute sind die Wiesen vom Fetthammel-Brauk weitgehend verwildert und bilden mit den übrigen Flächen dieses Bruches ebenfalls einen bevorzugten Einstand für Schalenwild. Am Abend des Anreisetages schrien die Hirsche wieder im Endinger-Bruch. Krüger, der mich führte, glaubte die Stimme des gesuchten Hirsches im „Brunftkonzert" herauszuhören. Aber der Fetthammelhirsch zeigte sich nicht. Wir sahen nur eine Ricke, ein einzelnes Alttier und kurz vor dem Schwinden des Büchsenlichtes einen Eissprossenzwölfer vom fünften, allenfalls sechsten Kopf.



In der Nacht schlug das Wetter um. Aber trotz der aufgekommenen Schwüle und einiger Regentropfen stimmte uns am Morgen das Verhören an der „Nordweg-Brücke" zuversichtlich. Im Bruch meldeten fünf, vielleicht sogar sechs Hirsche. Als der Tag graute, pirschten wir entlang des Hohen Birkengrabens in das Bruch hinein. Bei gutem Wind kamen wir zügig und ohne Störung des Brunftbetriebes voran. Schließlich besetzten wir eine geräumige, doch höchst unbequeme Kanzel. Sie stand nahe einer Furt des Hochwasser führenden Gewässers.

Unmittelbar neben uns, im Ufergehölz jenseits des Wassers, brunftete ein Hirsch. Er stieß häufig an. Nur einmal schrie er tief und zornig durch. Ich vermutete, dass er Kahlwild bei sich hatte und von einem Beihirsch gestört wurde. Es überraschte uns daher nicht, dass zunächst ein jüngerer und höchst verunsicherter Kronenhirsch auf einer Blöße erschien. Dann zogen Tier und Kalb auf die Freifläche.

*Oben: Das „Endinger Bruch" wird vom Wasser des „Hohen Birkengrabens" durchflossen. Es bietet Äsung und Deckung in Hülle und Fülle. Unten: Der „Fetthammelhirsch" gestreckt im „Endinger Bruch", Forstamt Schuenhagen, Brunft 1998.*

Endlich zeigte sich auch der „Minnesänger“: ein älterer Hirsch mit massigem Rumpf und kurz angesetztem, bullig wirkenden Haupt. Die langen, aber relativ dünnen Stangen des Geweihes ragten steil auf und endeten links wie rechts in einer jeweils ein wenig nach innen geneigten vierendigen Krone. Das Geweih war nicht besonders stark, aber interessant. Ich griff zur Kipplaufbüchse, und der Führer nickte. Doch als ich anbackte, zog der Vierzehnender spitz von uns weg und verschwand mit dem Kahlwild in einem nicht einsehbaren Erlengehölz.

Nachmittags bezogen Forstmeister Krüger und ich wieder den Sitz am Graben. Der Amtsleiter hatte ihn noch am Mittag mit einer zusätzlichen Bank ausgestattet und dadurch eine bessere Möglichkeit für das Auflegen der Waffe geschaffen. Die Kanzel glich nun einem Eisenbahnabteil vierter Klasse der Vorkriegszeit, in dem damals ärmere und mit Gepäck beladene Leute auf einfachen Holzbänken sitzend zu reisen pflegten. Für jagdliche Verhältnisse war jedoch ein äußerst bequemes „Coupé“ entstanden.



Gegen 18.00 Uhr begannen einzelne Hirsche verhalten zu melden. Ihr Schreien klang müde und lustlos. Es war zu warm, die Schwüle hatte sich in der Niederung gehalten. Lediglich ein angedeuteter ungerader Kronenzehner wechselte über die einsehbare Blöße und durchrann im Bereich einer Furt den etwa acht Meter breiten und zwei Meter tiefen Hohen Birkengraben. Erst auf dem Rückweg zum Wagen begann eine „Kleine Nachtmusik“. Der Samstagabend hatte die Erwartungen nicht erfüllt. Also hofften wir auf den Sonntagmorgen.

Doch wir wurden enttäuscht. Morgens schrie kein Hirsch im weiten Rund, als wir wiederum an der Brücke, die den Nordweg über den Graben führt, den „Morgenchoral“ verhören wollten. Erst später erklang hier und dort ein müder Schrei. Krüger und ich wussten jedoch nicht, wohin wir uns wenden sollten. So beschlossen wir, das Coupé als „Warteraum“ zu nutzen.

Behutsam fand der Tag den Pfad durch die Wolken, wurden die Umrisse der Bäume deutlicher, begann ihr nasses Laub zu glänzen. Da meldete unverhofft ein Hirsch jenseits des Grabens. Vermutlich vernahmen wir die Stimme des Vierzehnenders mit den „spindeldürren Stangen“, dem wir deshalb den Namen „Spindler“ gegeben hatten. Kaum war sein Schrei verklungen, als uns der Bass eines Hirsches an der Erlenkoppel elektrisierte. Beide Hirsche schrien sich ein. Dem Ruf des einen folgte die Antwort des anderen, der Behauptung des Platzes die Herausforderung zum Kampf. Dabei näherte sich der Hirsch von der Erlenkoppel dem Wasser.

Den Satz Krügers: „Da ist er!", werde ich nicht vergessen, und auch die Bestätigung dieses Ausrufes durch den Nachsatz: „Er ist es.", bleibt in der Erinnerung haften. Am Hohen Birkengraben verhoffte der Fetthammelhirsch, unschlüssig, ob er hier oder an einer anderen Stelle den Graben zum Streit mit dem Spindler durchrinnen sollte. Der ungerade Sechzehnender mit dem schweren Körper und dem deutlichen Vorschlag wendete gemächlich und zog dem Coupé entgegen. Er suchte den Hauptwechsel zur Furt, fand ihn und drehte bei.

Die Büchse lag an meiner Wange. Zuvor hatte ich den Spannschieber betätigt. Die Waffe war schussfertig. Mit dem Zielfernrohr erfasste ich den Hirsch. Als dieser verhoffte, wanderte der Zielstachel im Glas sofort auf das Blatt. Ich krümmte den Zeigefinger, aber der Schuss brach nicht.

Ein Fluch presste sich durch meine Lippen. Krüger beruhigte mich, während der Fetthammelhirsch unbekümmert weiterzog. Schnell kippte ich den Lauf ab, kontrollierte mit den Augen das Zündhütchen der Patrone, ließ den Verschlussblock einrasten und zog den Verschlusshebel nach. Dann glitt der Spannschieber erneut nach vorn. Die Büchse war schussfertig. In der Einstiegsluke des Sitzes brachte ich sie in Anschlag und zielte im Sitzen freihändig mitschwingend auf den Hirsch. Im Schuss versank er im Aufwuchs. Der hochangesetzte Blattschuss hatte die Wirbelsäule gebrochen.



Der „Steckbrief" des Gesuchten traf zu. Ich hatte den mir zugedachten ungeraden Sechzehnender erlegt. Das Geweih ist knuffig und markant. Immer wieder glitten meine Hände über die rau geperlten, dunkelbraunen Stangen und Enden. Der Fetthammelhirsch war mein geworden. Als im Endinger Bruch für ihn das Signal „Hirsch tot" erklang, hatte sich der Wunsch, einmal auf einen Rothirsch in Mecklenburg-Vorpommern jagen zu dürfen, erfüllt.

Die Bringung des Hirsches, der bahnfertig 152 Kilogramm wog, gestaltete sich schwierig. Kurz vor dem Ziel sackte der LKT 81 im anmoorigen Boden ab. Erst beim zweiten Versuch gelangte der Schlepper zum Hirsch.

Was wird nun bleiben von dieser Brunft?: die Erinnerung an das Jagen in einem urwüchsigen Biotop, das Zusammenspiel mit einem verschmitzten Führer, das Auftauchen und das Ende des Fetthammelhirsches, die Gastfreundschaft der Familie Krüger und die gemütlichen Stunden der „Hirschfeier" im Kreis bekannter Beamter. Nicht zuletzt aber empfinde ich Dankbarkeit gegenüber einem Geschick, das mir die herbstlichen Jagdtage in Schuenhagen bescherte.

Abschließend noch die Nachricht, dass der Spindler zwar die Brunft überlebte, aber am 27. Januar 1999 im Jagdbezirk Bussin zur Strecke kam. Meine Beschreibung des Vierzehnenders erwies sich als zutreffend. Die langen und dünnen, etwas steil gestellten Stangen – das Kennzeichen des Geweihes – messen 109 und 105 cm.

# Aufgedockt

Die Hunde sind nicht mehr. Sie liegen auf dem Hundekopf im Äppelsrain. Der lange Riemen ist aufgedockt. Er hängt auf der Diele.

Dennoch suchen wir weiter, folgen den Fährten der Erinnerung, bis die Kälte der Nacht die Pirschzeichen bedeckt.

Freund Reulecke, der so vieles bedenkt, beschäftigt sich mit Grabinschriften. Unlängst hat er für mich einen Spruch gefunden:

„Hier ruht Paul-Joachim Hopp. Wer war das?"

Dies war er.

# Dank

Bei der Niederschrift des Textes erfuhr ich vielfältige Unterstützung in Form von Auskünften, Empfehlungen und Berichtigungen. Allen Helferinnen und Helfern danke ich. Mein Dank gilt insbesondere:

Hans Jürgen Bachmann, Heinrich Battermann, Frau Dr. Angelika Beck, Klaus-Jürgen Beindorf, Christoph Binnewies, Hans-Jürgen Blank, Karl Blume, Lutz Bockisch, Jürgen Böhle, Peter Boettcher, Klaus Borrmann, Walter Corell, Udo Dallmann, Hans Dersch, Carl Dincklage, Gerhard Dumm, Julius Durst, Klaus Eckel, Horst Eich, Dr. Rolf Eversheim, René Geddé, Dr. Karl Friedrich Gillhoff, Otto Glaser, Rudolf Graulich, Rudolf Grimm, Eckhard Hackert, Alfred Hahner, Dr. Wolfram Hammes, Frank Hartzsch, Heinrich Hecker, Karl Heimbach jun., Hans Jürgen Helm, Hans Kanzow, Karl Kessler, Dr. Dietrich Köhler, Peter Kothe, Helmut Kreusler, Albrecht Kröckel, Jürgen Krüger, Peter Krüger, Christian Lange, Hubertus Langer, Heinz Leonhardt, Otto Ling, Rainer Loos, Jürgen Madaus, Ludwig Messner, Ingo Nadler, Peter Neumann, Rüdiger Ulrich Neumann, Karl Theodor Paul, Klaus Pfeifer, Dr. Holger Piegert, Hubertus Pönicke, Heiko Prüß, Dr. Helmut Puchert, Wilhelm Puchmüller, Martin Rackwitz, Dr. Gerhard Riehl, Eberhard Roeder, Klaus Rogga, Hermann Rohland, Hans Dieter Rösch, Frank Rosenthal, Hans Jürgen Rupp, Wolfgang Sailer, Reinhard Schade, Walter Scharmann, Werner Scharmann, Peter Scheel, Christoph Scheer (†), Willi Schepp, Ludwig Schneider, Dietmar Schoop, Karl-Heinz Seibert, Werner von Seydlitz, Udo Sieges, Albrecht Stein von Kamienski, Norbert Sündermann, Walter Tassius, Uwe Thomé, Bernd Vollerthun, Dr. Hartmut Wagner, Willi Walcher, Kurt Weismantel, Dr. Eberhard Westernacher und Roland Zenke.

Zu großem Dank bin ich dem bekannten Harzer Forstmann und Jäger Kurt Reulecke verpflichtet. Ausgestattet mit einem bedeutenden forstlichen und jagdlichen Erfahrungsschatz sowie einem weitgefächerten wildbiologischen Wissen war er mir ein stets hilfsbereiter Ansprechpartner. Die Zusammenarbeit mit ihm hat das Buch bereichert.

Außerordentlich hat sich auch der Dipl.-Biologe Andreas David, Gödenstorf, um dieses Buch bemüht. Er förderte den fachlichen Inhalt und die Prägnanz der Sprache. Ich bin ihm sehr dankbar.

Oberlandforstmeister a. D. Dr. Helmuth Schrötter und Ministerialdirigent Reinhard Hube, dem ersten und dem derzeitigen Leiter der Landesforstverwaltung des Bundeslandes Mecklenburg-Vorpommern, danke ich besonders für ihre Hinweise zur Gestaltung der Mecklenburg und Vorpommern betreffenden Kapitel.

Der Jurist Wolfgang Weitz aus Nidda, ein profunder Kenner der Geschichte des Hessenlandes, erläuterte mir historische Bezüge zur Entwicklung der Jagd im hessischen Raum. Ich bedanke mich für manches Gespräch.

Für das Dia des Bildes „Sichern am Dickungsrand“ vom bekannten Tier- und Landschaftsmaler Fritz Laube (1914–1993) bedanken sich Verfasser und Verlag bei Hans-Georg Kaul, dem Schwiegersohn des Künstlers. Das Gemälde in Temperamalerei ist Bestandteil der ständigen Gedenkausstellung für Fritz Laube in Bad Harzburg. Die Ausstellung wird von Agnes Laube und Tochter Uta Kaul betreut.

Schließlich verdient meine Frau Ingeborg Erwähnung und Dank. Sie hat unermüdlich und zuverlässig das Korrekturlesen besorgt und mich vielfach bei der Gestaltung des Textes beraten.

Bei den Schreibarbeiten unterstützten mich dankenswerterweise Frau Rosemarie Lingenfelder und Frau Helga Schade, beide Burgjoß.

# *Quellenangaben*

**Bachmann**, Hans Jürgen, 1998: Zeitliche und örtliche Schwerpunkte der Jagdausübung, Forstamtsverfügung Hess. Forstamt Jossgrund vom 14. Mai, Az.: J 43.1 b.

**Beninde**, Roman Maximilian, 1969: Jagen und Reiten – Passion meines Lebens, Verlag Paul Parey, Hamburg und Berlin.

–, 1973: Das magische Gespann (Buchbesprechung), Wild und Hund, 76., Heft Nr. 16, S. 668.

**Bing**, Gerhard, 1976: Schloss Romrod, Romrod, Selbstverlag.

**Blank**, Hans-Jürgen, 1998: Schriftliche Mitteilung zum Muffelwildgebiet „Alsfeld"/Muffelwildvorkommen „Schellnhausen" und fernmündliche Auskünfte zum Kapitel „Romrod und seine Zeiten" vom 23. 08.

**Blume**, Karl; **Hopp**, Paul-Joachim, 1998: Jäger, hört die Signale!, Wild und Hund, 101., Heft Nr. 12, S. 44.

**Bock**, Oliver, 1998: 1:0 für die Sauen. Vergebliche Hatz auf weintraubenliebende Wildschweine, Frankfurter Allgemeine Zeitung/Rhein-Main-Zeitung, 9. September, Nr. 209, S. 58.



**Bubenik**, Anthony B., 1976: Verhaltensphysiologische Probleme der Schalenwildbewirtschaftung, Jagd in Tirol, 28., Heft Nr. 11, S. 1.

**Bülow**, Alexander von, 1951: Jägerleben aus dem Vollen, Verlag Paul Parey, Hamburg und Berlin.

**Dahnke**, Walter, 1954: Geologie des Kreises Parchim.

**Depner**, Klaus R.; **Granzow**, Harald; **Kern**, Brigitte; **Liess**, Bernd; **Müller**, Paul, 1998: Schweinepest – uneingeschränkte Jagd ist kontraproduktiv, Wild und Hund, 101., Heft Nr. 15, S. 34.

**Der Hessische Minister für Landwirtschaft und Forsten**, 1987: Richtlinien für die Hege und Bejagung des Rehwildes in Hessen vom 1. April 1987, GE-Nr. 8/87, Az.: III B 3 – 5100 – J 40.

**Der Landwirtschaftsminister des Landes Mecklenburg-Vorpommern**, Herausgeber, 1993: Richtlinien für die Hege und Bejagung des Schalenwildes im Land Mecklenburg-Vorpommern – Wildbewirtschaftungsrichtlinie, Erlass des Landwirtschaftsministeriums vom 07. 05.

**Dersch**, Hans; **Hahner**, Alfred; **Kreusler**, Helmut; **Thomé**, Uwe, 1998: Mündliche Mitteilungen zur Wilderei im Hess. Forstamt Marjoß in den Jahren 1969, 1971 und 1974.

**Deutscher Jagdschutz-Verband e.V.,** Herausgeber, 1974: 25 Jahre DJV, Festschrift der DJV-Delegiertenversammlung in Bonn, bearbeitet von Herbert **Selle,** Hauptgeschäftsführer.

**Dewitz-Cölpin,** Fritz von, 1952: Überm Wald im stillen Schein, Verlag Paul Parey, Hamburg und Berlin.

**Frank,** Wolfgang, 1992: Verklungen Horn und Geläut. Die Chronik des Forstmeisters Mueller-Darß, BLV-Verlagsgesellschaft mbH, München, 14. Auflage.

**Georgi,** Friedrich, 1998: Soldat im Widerstand/General der Infanterie Friedrich Olbricht, Verlag Paul Parey, Berlin und Hamburg.

**Hopp,** Paul-Joachim, 1972: Für einen Hund, Wild und Hund, 75., Heft Nr. 18, S. 420.

–, 1979: Buchbesprechung über Ferdinand von Raesfeld/Friedrich Vorreyer, Das Rotwild, 1978, 8. Auflage, Verlag Paul Parey, Hamburg und Berlin, völlig neu bearbeitet von Friedrich Vorreyer, Wild und Hund, 82., Heft Nr. 9, S. 478.

–, 1984: Weite Pürsch, Verlag Paul Parey, Hamburg und Berlin.

–, 1996: Wider die Unordnung in der Wildbahn, Wild und Hund, 99., Heft Nr. 13, S. 24 – Heft Nr. 14, S. 34 – Heft Nr. 15, S. 34.

–, 1997: Symposium „Bewegungsjagd: Aspekte der Jagdmethodik, des Tierschutzes und der Wildbretqualität" – Informationsveranstaltung vom 5. Sept. 1996 in Bonn, herausgegeben vom Auswertungs- und Informationsdienst für Ernährung, Landwirtschaft und Forsten (aid) e.V., 3409/1997, hier: Referat Hopp, Bemerkungen zur „sogenannten Bewegungsjagd".

–, 1998: Auerwild nimmt übel, gekürzte Wiedergabe des Manuskriptes „Vom Niedergang der Auerhühner im Spessart und zur Chance ihrer Rückkehr durch Auswilderung", Wild und Hund, 101., Heft Nr. 19, S. 48.

–; **Reulecke,** Kurt, 1993: Überlegungen zur Einzel- und Gemeinschaftsjagd, Wild und Hund, 96., Heft Nr. 22, S. 50.

**Kothe,** Karl-Peter, 1997 und 1998: Schriftliche und mündliche Angaben zur Bejagung des Schwarzwildes im GJB Großheubach I.

**Preussische Oberförsterei Burgjoss,** 1920: Taxations-Notizenbuch (später Hauptmerkbuch genannt) für die Oberförsterei Burgjoss, Forstinspektion Hanau, Regierungs-Bezirk Cassel, Band ab Wirtschaftsjahr 1878/79, Allgemeiner Teil, S. 305.

**Preussische Oberförsterei Burgjoss (Preussisches Forstamt Burgjoss und Hessisches Forstamt Burgjoss),** 1932: Haupt-

merkbuch, Band ab 1928, Teil III, Abschnitt 0 – Beim Forst- und Jagdschutz vorgekommene Widersetzlichkeiten und andere Hinweise.
**Preussische Oberförsterei ORB**, 1900: Hauptmerkbuch (angelegt 1900), Allgemeiner Teil, Jagt-Verhältnisse, § 4 Wilddieberei.
**Puchmüller**, Wilhelm; **Verein Hirschmann e.V.**, Herausgeber, 1982: Hirschmann-Chronik 1894–1980, Hannover.
**Raesfeld**, Ferdinand von; **Reulecke**, Kurt, 1988: Das Rotwild, neunte Auflage, völlig neu bearbeitet und erweitert von Kurt Reulecke, Verlag Paul Parey, Hamburg und Berlin.
–; **Vorreyer**, Friedrich, 1974: Das Rotwild, siebte Auflage, neu bearbeitet von Friedrich Vorreyer, Verlag Paul Parey, Hamburg und Berlin.
**Reulecke**, Kurt, 1997: Vom Gagern-, Fernlaster- und Bizarren Bock – Zu Gast in Slowenien, Wild und Hund, 96., Heft Nr. 22, S. 50.
–, 1998: Flagge auf Halbmast?, Niedersächsischer Jäger, 43., Heft Nr. 11, S. 18 – Heft Nr. 12, S. 16 – Heft Nr. 13, S. 11 – Heft Nr. 14, S. 20 – Heft Nr. 15, S. 20 sowie mündliche Ergänzungen zu diesem Aufsatz.
**Rothmann**, (Ludwig), 1968: Vorschläge zur Reform der Rehwildbewirtschaftung, Hess. Jäger, 12., Heft Nr. 9, S. 1.
**Rupp**, Hans Jürgen, 1998: Schriftliche und mündliche Mitteilungen zum Kapitel „Romrod und seine Zeiten", 12. 08. und andere Termine.

**Schwab**, Paul, 1977: Achenkirch – ein jagd- und forstwirtschaftlicher Modellversuch in Forschung und Praxis, Jagd in Tirol, 29., Heft Nr. 1, S. 8 – Heft Nr. 2, S. 9 – Heft Nr. 3, S.10.
**Tucholsky**, Kurt, 1958: Ausgewählte Werke, Auswahl und Anmerkungen wurden besorgt von Fritz J. **Raddatz**, Band „Panter, Tiger und andere", Verlag Volk und Welt, Berlin, S. 307.
**Wegener**, Ernst, 1999: Ein Herrschaftszentrum schon vor den Staufern. „Sensationelle" Grabungsfunde im Jagdschloss Romrod/Sanierung für 20 Millionen Mark, Frankfurter Allgemeine Zeitung/Rhein-Main-Zeitung, 8. Juni, Nr. 129, S. 68.
**Weyershäuser**, Heinz, 1998: Fernmündliche Mitteilung vom 10. 09.
**Wölfel**, Helmuth; **Reinecke**, Horst, 1998: Grundsätzliche Überlegungen zu und praktische Erfahrungen mit artangepassten Bejagungsmethoden, Forst und Holz, 53., Heft Nr. 1, S. 10.

## Weitere Hinweise auf Quellen:

Für die statistischen Angaben im Kapitel „Rothebude in Masuren" wurden die nachstehenden Quellen benutzt:

Bundeszentrale für politische Bildung, 1997: Handbuch der Deutschen Bundesländer.

Hessisches Statistisches Landesamt, Wiesbaden, 1997: Fernmündliche Mitteilung über Daten zur Flächengröße und Einwohnerzahl des Landes Hessen, Stichtag 30. 06.1997; eingeholt von FOR Hubertus Langer, Hessische Landesanstalt für Forsteinrichtung, Waldforschung und Waldökologie, Gießen.

Statistisches Jahrbuch für das Deutsche Reich, 1941/42: I. Gebietseinteilung und Bevölkerung/1. Fläche und Bevölkerung des Reiches und der Reichsteile 1939 und 1933.

Zur Abfassung der Einführung in das Kapitel „Zur Jagd in Habsburger Landen" wurde folgende Schrift herangezogen:

Spiel, Hilde, 1995: Glanz und Untergang – Wien 1866 bis 1938, Deutscher Taschenbuch Verlag, München, 2. Auflage.

Das Kapitel „Es waren ihrer sechs" basiert inhaltlich teilweise auf Ausführungen im Buch:

Hopp, Paul-Joachim, 1973: Das magische Gespann, Verlag Paul Parey, Hamburg und Berlin.

Bei jagdrechtlichen Aspekten wurde erforderlichenfalls auf die entsprechenden Bestimmungen der Jagdgesetze der Bundesländer Hessen und Mecklenburg-Vorpommern zurückgegriffen:

Hessisches Jagdgesetz (HJagdG) vom 12. Oktober 1994, GVBl. für das Land Hessen, Teil I, S. 606 zuletzt geändert durch Gesetz vom 17. Dezember 1998, GVBl. für das Land Hessen, Teil I. S. 562.

Jagdgesetz des Landes Mecklenburg-Vorpommern (Landesjagd-gesetz – LJagdG) vom 10. Februar 1992, GVOBl. für Mecklenburg-Vorpommern, S. 30, geändert durch Artikel 26 des Gesetzes zur Funktionalreform vom 5. Mai 1994, GVOBl. für Mecklenburg-Vorpommern, S. 166.

Für Ausführungen und Empfehlungen zur Hege und Bejagung des Rotwildes, insbesondere zum „Altersklassenprinzip", dienten auch die nachstehenden Richtlinien als Grundlage:

Rotwildring Rotwildgebiet Spessart, Herausgeber, 1994: Richtlinien für die Hege und Bejagung des Rotwildes im Rotwildgebiet Spessart vom 21. November 1994.

# *Bildquellennachweis*

Archiv Dr. Paul-Joachim Hopp, Seiten 161 (unten) und 301 (oben)
Seeben Arjes, Buchrückseite
Klaus Eckel, Seiten 296/297
Dieter Gutzmann, Seite 61 (unten)
Werner Horn, Seiten 104/105
Hans-Georg Kaul, Seite 85
Peter Krüger, Seiten 77 (unten) und 305 (oben u. unten)
Hubertus Langer, Seite 248
Wilhelm Puchmüller, Seiten 36/37
Frank Rosenthal, Seite 165 (Bock)
Dr. Manfred Schorcht, Seiten 68/69
Carl-Heinz Splanemann, Seite 13
Verfasser, Seiten 61 (oben), 77 (oben), 121, 148, 149, 161 (oben), 165 (Erlegegungsort), 241 (oben u. unten), 281 (oben u. unten) und 301 (unten)
Jürgen Weber, Titelbild

# *Angaben zur Karte von Mecklenburg-Vorpommern*

Das Landesamt für Forsten und Großschutzgebiete in Malchin/ Außenstelle Schwerin stellte für die Ausstattung des Buches die Kopie einer Grundkarte des Bundeslandes Mecklenburg-Vorpommern zur Verfügung. Sie wurde von Frau Rosemarie Haberland gezeichnet.
Die grafische Überarbeitung sowie textbezogene Änderungen und Ergänzungen nahm das Unternehmen Leidecker & Schormann, Kommunikations-Design, Hannover/Bad Oeynhausen, vor.
Autor und Verlag danken dem Landesamt, der Zeichnerin und der Unternehmung.

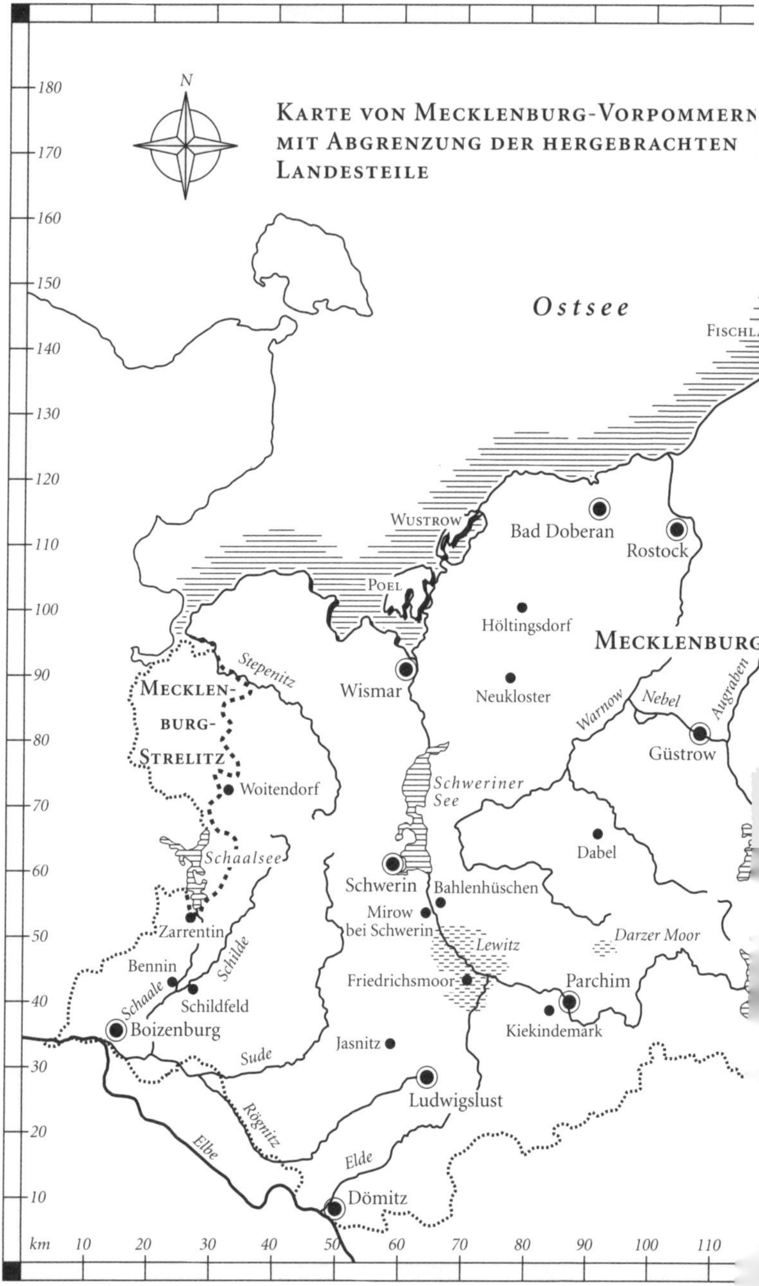
N
KARTE VON MECKLENBURG-VORPOMMERN
MIT ABGRENZUNG DER HERGEBRACHTEN
LANDESTEILE
Ostsee
WUSTROW
POEL
Bad Doberan
Rostock
Höltingsdorf
MECKLENBURG
Wismar
Neukloster
Warnow
Nebel
Augraben
Güstrow
MECKLEN-
BURG-
STRELITZ
Stepenitz
Woitendorf
Schweriner
See
Dabel
Schaalsee
Schwerin
Bahlenhüschen
Mirow
bei Schwerin
Lewitz
Darzer Moor
Zarrentin
Schilde
Bennin
Schaale
Schildfeld
Friedrichsmoor
Parchim
Kiekindemark
Boizenburg
Jasnitz
Sude
Ludwigslust
Rögnitz
Elbe
Elde
Dömitz
km

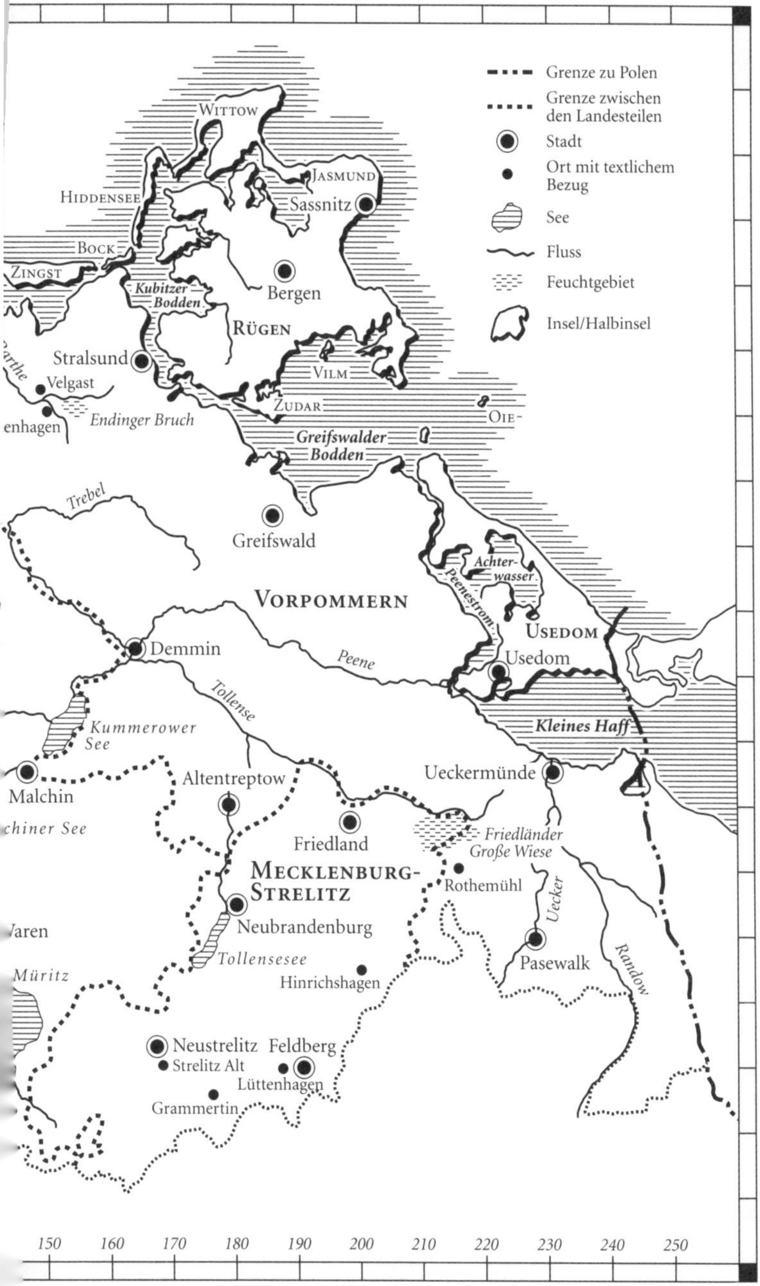

Grenze zu Polen
Grenze zwischen den Landesteilen
Stadt
Ort mit textlichem Bezug
See
Fluss
Feuchtgebiet
Insel/Halbinsel
Wittow
Jasmund
Hiddensee
Sassnitz
Bock
Zingst
Kubitzer Bodden
Bergen
Rügen
Stralsund
Velgast
Vilm
Endinger Bruch
Zudar
Oie
Greifswalder Bodden
Trebel
Greifswald
Achterwasser
Peenestrom
Vorpommern
Usedom
Demmin
Peene
Usedom
Tollense
Kleines Haff
Kummerower See
Altentreptow
Ueckermünde
Malchin
Friedland
Friedländer Große Wiese
Mecklenburg-Strelitz
Rothemühl
Neubrandenburg
Uecker
Pasewalk
Tollensesee
Randow
Müritz
Hinrichshagen
Neustrelitz
Feldberg
Strelitz Alt
Lüttenhagen
Grammertin
150
160
170
180
190
200
210
220
230
240
250